REAL ESTATE

Blucher

REAL ESTATE

Fundamentos para análise de investimentos

2ª edição

João da Rocha Lima Jr.

Eliane Monetti

Claudio Tavares de Alencar

Real estate: fundamentos para análise de investimentos, 2ª edição

Editora Edgard Blücher Ltda.

Publisher Edgard Blücher
Editor Eduardo Blücher
Coordenação editorial Jonatas Eliakim
Produção editorial Thaís Costa
Preparação de texto Évia Yasumaru
Diagramação Taís Lago
Revisão de texto MPMB
Capa Laércio Flenic
Imagem da capa IStockphotos

Blucher

Rua Pedroso Alvarenga, 1245, 4º andar
04531-934 – São Paulo – SP – Brasil
Tel.: 55 11 3078-5366
contato@blucher.com.br
www.blucher.com.br

Segundo o Novo Acordo Ortográfico, conforme 6. ed. do *Vocabulário Ortográfico da Língua Portuguesa*, Academia Brasileira de Letras, julho de 2021.

Dados Internacionais de Catalogação na Publicação (CIP)
Angélica Ilacqua CRB-8/7057

Real estate : fundamentos para análise de investimentos / organizado por João da Rocha Lima Jr., Eliane Monetti, Claudio Tavares de Alencar. -- 2. ed -- São Paulo : Blucher, 2023.
380 p.

ISBN 978-65-5506-344-8

1. Investimentos imobiliários 2. Empreendedorismo I. Alencar, Claudio Tavares II. Lima Junior, João da Rocha III. Monetti, Eliane

23-0516 CDD 658.152

Índices para catálogo sistemático:
1. Investimentos imobiliários

PREFÁCIO

O ambiente do real estate brasileiro, ostentando um conjunto de empresas empreendedoras, muitas de capital aberto e apresentando uma soma de recursos de poupança aplicados em fundos de investimento imobiliário, exige conhecimento e rotinas de decisão de investimento diante do risco de qualificação elevada. O mercado brasileiro é hoje formado por empresas capitalizadas, capazes de movimentos agressivos de mercado, de implantação de grandes empreendimentos, devoradores de grandes massas de investimento e financiamento, mas que só se tornam um sucesso quando encontram demanda na mesma escala da oferta – estoques de produtos de real estate consomem resultados com uma velocidade muito alta. As empresas conhecem os riscos a que estão submetidas e os analisam com cuidado adequado, para não submeter seus investidores (são companhias de capital aberto) a prejuízos? Pode-se perguntar também sobre os fundos de investimento, na sua maioria com investidores em imóveis para renda, cuja estabilidade e harmonia de geração de renda são a raiz de segurança buscada pelos investidores: são administrados com visão de valor justo dos imóveis, ou são passivos de decisões focadas em renda imediata?

Análises da qualidade dos investimentos no mercado de real estate, na medida das necessidades de um setor que trabalha com um grau de flexibilidade nulo nos seus projetos, devem penetrar no âmago dos riscos de investir, para não consolidar em concreto e aço o resultado de erros de decisões tomadas sem sustentação técnica, mas respaldadas pela sensibilidade inabalável dos empreendedores.

No real estate do passado, quase tudo que representa análise e técnica de julgamento da qualidade de investimento em empreendimentos era considerado custo que não agrega valor. Empreendedores eram os que tinham a qualificação sensorial para perceber o que e onde implantar, e os movimentos das grandes cidades, para encontrar os vetores de expansão de atuação. Esses atores apostavam a sua capacidade de investimento às escuras.

No real estate atual, os empreendedores, ou os executivos líderes de empresas e fundos, carregam a responsabilidade de aplicar recursos de inúmeros investidores, não sendo razoável continuar apostando, porque não vitimarão seus recursos, mas os dos parceiros passivos, ocultos nas ações das companhias e nas cotas dos fundos imobiliários.

Empresas de capital fechado, para se mostrarem competitivas, devem buscar nichos de mercado, ou superar as grandes companhias de capital aberto em velocidade de atuação, qualidade de produtos, processos e sistemas de decisão e gerenciamento. Fundos de investimento especializados, agregando tanto capitais nacionais quanto estrangeiros, complementam o setor e carregam as mesmas necessidades para serem competitivos, ou então se abrigam em parcerias com empresas. Na segunda hipótese, embarcam na qualidade gerencial percebida das parceiras.

À vista dos sucessos e erros evidenciados, a avaliação de comportamento dos empreendedores no passado recente leva à questão: o setor agrega o conhecimento técnico necessário para decidir diante da incerteza dos negócios do real estate?

O patamar de conhecimento exigido no mercado contempla a formação acadêmica e a educação continuada, na especialização para o real estate. No Brasil, cabe aos cursos de engenharia civil ensinar real estate. Na Escola Politécnica da USP fazemos a defesa desse conceito e o aplicamos na graduação, no programa do MBA, com foco na especialização e na pós-graduação, na formação de professores e pesquisadores. O modelo que implantamos na Politécnica diverge integralmente, por exemplo, do modelo preferencial norte-americano, em escolas nas quais o ensino do real estate está vinculado a visões macroeconômicas e à sua imersão no mercado de capitais, enquanto aqui tratamos da economia setorial e dos mercados, com ênfase na decisão sobre os investimentos nos empreendimentos.

Na graduação, entendemos que é razoável ensinar fundamentos, dos processos de decisão à análise da qualidade, cobrindo o ainda pequeno espaço curricular que se dedica aos negócios, na formação do engenheiro civil no Brasil. Devido a um grande viés de foco, na leitura da integração dos profissionais às demandas do mercado de trabalho, as escolas ainda formam engenheiros civis com ênfase em projeto. No ensino pós-graduado especializamos profissionais, voltando aos temas da graduação em maior profundidade, e ensinamos planejamento de produtos e meios de financiamento e partilhamento do investimento, através de operações estruturadas e de securitização. Abrimos o espectro do setor, mais timidamente na graduação e com força no ensino pós-graduado, ensinando produtos e análise da qualidade e riscos dos empreendimentos, desde residenciais até edifícios de escritórios para renda, shopping centers e hotéis.

O Grupo de Ensino e Pesquisa em Real Estate do Departamento de Engenharia de Construção Civil da Escola Politécnica USP, do qual fazemos parte, é uma referência brasileira no real estate, tendo construído, desde sua incipiente formação nos anos 1970, até a consolidação nos anos 1990, uma doutrina dentro da qual acreditamos devem ser entendidos os diferentes temas que envolvem as empresas e empreendimentos do setor. Os aspectos fundamentais desta doutrina estão neste livro, no qual abordamos, desde o tema da decisão, passando pela hierarquização e escolha de oportunidades de investimento, até as técnicas de análise. Quanto às técnicas, em vez de meramente enunciar temas aparentemente já cobertos na literatura, como a formação de fluxos de caixa e a medida dos indicadores da qualidade de um investimento, penetramos nos assuntos, para mostrar ao estudante como entender os rudimentos de análise dos negócios com as características particulares da estrutura do real estate produção por projeto e não seriada, flexibilidade nula, investimentos de prazos longos e empreendimentos submetidos a pressões inflacionárias e a perturbações de comportamento pouco ou nada monitoráveis ou mitigáveis. Consolidamos a doutrina exposta nos dois capítulos finais, nos quais mostramos, com detalhes, a rotina para avaliar a qualidade e os riscos dos empreendimentos do real estate, divididos nos grupos mais evidenciados de empreendimentos imobiliários para venda e empreendimentos de base imobiliária para renda.

Este livro é destinado ao suporte do ensino do real estate, na graduação e na pós-graduação. O profissional pode também dele se valer para agregar conhecimentos especializados, que, usualmente, as escolas de engenharia civil ainda não transmitem com a ênfase necessária para apoiar o exercício profissional.

CONTEÚDO

CAPÍTULO 1
Decisão e planejamento

João da Rocha Lima Jr.

CONCEITOS APRESENTADOS NESTE CAPÍTULO

Estudar planejamento de investimentos em empreendimentos, que é o tema coberto de forma abrangente por este livro, abarca privilegiadamente a discussão sobre a rotina do planejamento entendido como "o processo de geração de informações para melhor fundamentar as decisões". No real estate, a decisão de investir é inflexível, porque compreende construir edifícios, cuja finalidade e função são rígidos, o que exige muita segurança para fundamentar as decisões. Não há decisão perfeita, mas sim bem fundamentada, e o que apoia a qualidade da decisão é informação do planejamento. Neste primeiro capítulo discutimos essa relação entre a qualidade da informação (planejamento) e a segurança da decisão.

1.1. INTRODUÇÃO

Empreender em real estate obriga a tomada de decisões que comprometem grande capacidade de investimento, para fazer empreendimentos sem flexibilidade, cujos resultados serão alcançados num prazo muito longo, relativamente ao momento da decisão.

Exemplo: decidir sobre a compra de um terreno e a construção de um edifício de apartamentos (empreendimento imobiliário) para venda. Nesse empreendimento, decidir fazer corresponderá a comprar o terreno, aprovar um projeto e buscar mercado para vender as unidades a serem construídas. Vendidas as unidades, há que construir o edifício, num ciclo em que se recebe uma parte do preço (20% a 25%), e entregar o produto aos compradores, recebendo o saldo do preço. Da decisão de comprar o terreno até receber o saldo do preço, podem ter passado quatro anos, nos quais o que se praticou foi consolidar em produto (os custos da construção) e nas transações de mercado (as vendas) aquela decisão de fazer, tomada há quatro anos. A decisão provocou uma sequência de ações que foram enrijecendo a flexibilidade: i. quando se decidiu pelo produto (o edifício) e foi aprovado o projeto, o terreno deixou de ser flexível, no sentido de que poderia abrigar diferentes projetos, para se prender a esse projeto aprovado – deixamos de ter um terreno, para ter um terreno mais um projeto; ii. quando se venderam os apartamentos antes de construir, foi constituída uma obrigação com o conjunto dos compradores, de erigir aquele projeto (desenho), com uma certa especificação (os acabamentos) – ficamos mais rígidos; iii. quando se iniciou a construção, admitindo que os apartamentos foram vendidos, todo o projeto se enrijeceu. Esses três passos indicam que o empreendedor se comprometeu com um custo (terreno, projeto e construção com especificação definida), mas o custo só acontecerá e será reconhecido durante a construção (aproximadamente 80% dos custos são representados pelas obras) e o preço foi definido, sem margem de alteração. Nessa situação, temos o custo aberto (80% está por acontecer) e o preço fechado (vendas foram realizadas). Daqui em diante, o empreendedor corre riscos para chegar ao final controlando custos, com o objetivo de ficar dentro do orçamento, que deverá ter sido a informação usada para que ele fizesse o preço. Entretanto, o empreendedor está sem nenhuma flexibilidade de agir sobre as especificações, que levam ao custo, porque o empreendimento foi vendido. Nesse exemplo, com qual grau de segurança o empreendedor decidiu comprar o terreno, depois com qual grau de segurança decidiu fazer o preço e vender os apartamentos? Quando decidiu comprar o terreno, qual informação seria adequada para que o empreendedor se sentisse confortável (seguro) em dizer "compro por um certo preço"? Da mesma forma, qual é o conteúdo da informação que seria recomendável para apoiar a decisão de vender por um certo preço antes de construir e conhecer o custo?

Fazer informação é planejamento. Planejamento não compreende elaborar qualquer ou muita informação, mas um conjunto ajustado na medida adequada para dar sustentação às decisões de empreender, nas diferentes etapas dos negócios no setor real estate, e é disso que trata este capítulo. Antes de discutir sobre o conteúdo da informação, vamos primeiro estudar o processo de geração da informação e os processos de planejamento que dão apoio às rotinas de decisão.

1.2. PENSAR E FAZER

Uma empresa pode adotar rotinas primitivas de atuação, nas quais, do PENSAR (formular uma ideia) mergulha diretamente no FAZER (desenvolver um empreendimento) (Figura 1.1), sem estabelecer qualquer processo crítico intermediário. Ir da ideia diretamente à ação, para alguns, representa o mais puro símbolo do voluntarismo daqueles empreendedores que têm o sinal da coragem, da qual advém o sucesso. De forma equivocada, esse procedimento se vê confundido com a imagem do pensamento empresarial agressivo e inovador, em contrapartida com atitudes conservadoras, que se situariam no extremo oposto do espectro do pensamento empresarial.

Essa visão é imprópria, pois, seja num extremo, em que figura o pensamento empresarial conservador, seja no polo oposto, com o pensamento inovador, se vê a adoção de rotinas primitivas. Ou seja, o agir por impulso tanto se verifica em situações em que a empresa replica processos que já conhece, desenvolvendo empreendimento semelhante a outros que já implantaram, como se encontra no caso das inovações.

Na rotina de desenvolvimento de uma ação empresarial, considera-se que PENSAR e FAZER devem vislumbrar um objetivo. Ou seja, pensar e fazer se concluem por obter resultados, cuja imagem deverá, de alguma forma, estar na mente do decisor, quando, tendo formulado a sua ideia, decide por implantá-la.

Uma rotina primitiva seria descrita como na Figura 1.1, na qual a decisão empresarial tem início na formulação de uma ideia que resulta, voluntariosamente, no fazer, na busca de um determinado resultado, que, de forma vaga, se prognosticava quando da formulação da ideia.

Figura 1.1 – Rotinas primitivas de ação.

Nota: este livro é dedicado as empresas e empreendimentos do setor da Construção Civil, especialmente ao segmento dos negócios de real estate. Assim, é relevante que os princípios formulados não sejam lidos fora desse foco. O real estate tem estrutura muito particular, de forma que esses conceitos têm inequívoca sustentação nesse ambiente, o que não elimina a oportunidade de, fazendo os ajustes necessários, expandi-los para outros segmentos da economia, ou mesmo, quando se fala em decidir, para o âmbito dos indivíduos.

No desenvolvimento de um empreendimento acontecerão desvios de rota, provavelmente muitos. Então, a atitude arrojada de "PENSAR e FAZER" ilustrada na Figura 1.1 resultará num conjunto de eventos como mostra a Figura 1.2, indicando que o empreendedor embarcará numa sucessão de: i. fazer uma etapa, errar, corrigir; ii. continuar fazendo, errar em seguida, corrigir; iii. assim, adiante. O resultado desse processo é impor uma grande incerteza com respeito ao patamar de resultado que se poderá alcançar, porque, no ponto de partida, não é possível reconhecer entre quais fronteiras é possível esperar resultados.

É natural que, em qualquer circunstância dentro da qual se desenvolva um empreendimento, não se espera partir conhecendo os resultados. Todavia, reconhecer entre quais fronteiras é possível esperar resultados, mesmo que o intervalo entre elas seja largo, permite ao empreendedor penetrar no FAZER com balizas para orientar a ação, que, de outra forma, será desenvolvida ao acaso. Esse reconhecimento permitirá implementar estratégias para o desenvolvimento do empreendimento, instalar métodos de controle e impor meios de mitigação de riscos.

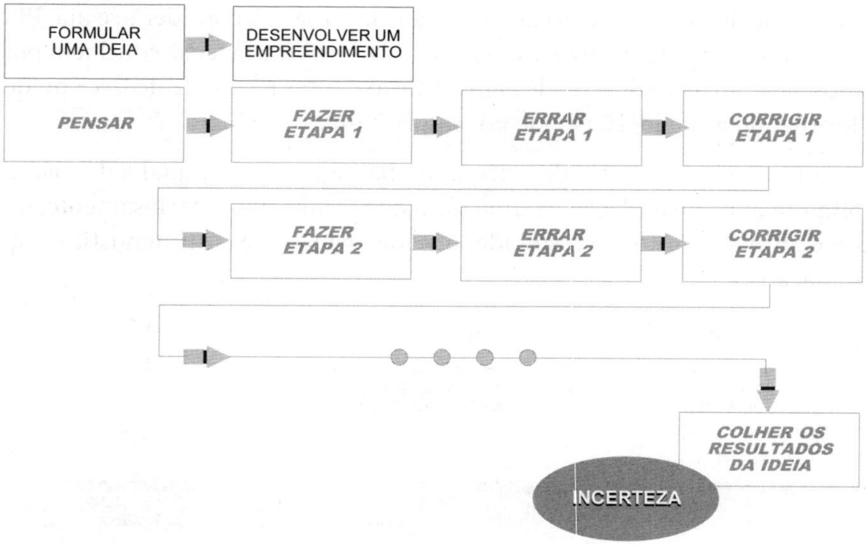

Figura 1.2 – [Errar e corrigir] e a incerteza.

Os empreendimentos do real estate têm a característica de se desenvolver em horizontes longos, o que faz aumentar essa incerteza. No ciclo do empreendimento ocorrerão desvios de rota, devido a pressões de fatores do ambiente, sobre as quais não se dispõe de qualquer grau de monitoramento, e de outros que, mesmo sendo estruturais, se dispõe de capacidade de monitoramento limitada.

Exemplo: i. inflação e preços de insumos para construir são fatores do ambiente diante dos quais o empreendedor é passivo e ii. produtividade na obra é fator estrutural ou sistêmico do processo de construir, sendo um fator monitorável, mas que, diante de um desajuste, pode não ensejar a oportunidade de compensação adiante. A inflação dos preços dos insumos no correr da implantação do empreendimento é um exemplo de variável do ambiente à qual o empreendimento está submetido, sem defesa para distorções. A produtividade na execução de uma tarefa qualquer de construção é exemplo de variável estrutural, sobre a qual se pode exercer certo grau de monitoramento, porque, ocorrendo desvios, pode ser possível encontrar estratégias que oferecem uma certa compensação aos desvios de comportamento verificados no curso da implantação. Não é possível corrigir os desvios, porque, se eles ocorreram já enrijeceram, mas, em certas circunstâncias, é possível compensá-los. Produtividade se mede depois da produção ocorrer. Então, quando se verifica que um custo está fora do orçamento, por causa da produtividade ter ocorrido abaixo do esperado, já se consumou um desvio de custos, que nada garante que poderá ser compensado no futuro com alguma outra atividade oferecendo economia. Produtividade ou consumo de insumos fora do previsto no orçamento, por reorganização da especificação de atividade na obra tem o mesmo efeito de produzir um custo acima do orçamento, sem evidência de que será possível compensar adiante. Encontrando, num certo estágio de obra, que os custos de uma atividade estiveram acima do orçamento, não há como corrigi-los, trazendo custos incorridos para baixo, mas poderá ser possível compensar o acréscimo de custos com economias em atividades subsequentes, o que não está assegurado. A raiz da incerteza dos custos, contra a expectativa de orçamento, pode estar no ambiente ou na própria obra, mas ela se instala tão pronto se decide implantar um empreendimento.

Voltando à Figura 1.2: errar pode ser resultado de decisões mal fundamentadas no curso da ação, mas desvios de rota podem ser resultados de distorção de comportamento de variáveis sobre as quais se tem controle relativo. Haverá erro, do ponto de vista do impacto de desvios de curso nos resultados do empreendimento, quando fatores gerenciais, estruturais ou do ambiente escaparem dos níveis de confiança, que levariam aos resultados desejados. Assim, quer porque decisões foram equivocadas, ou porque aconteceram desvios de rota fora da capacidade gerencial do empreendedor de compensar, sempre haverá erros a corrigir.

Podemos, entretanto, usar processos mais avançados para desenvolver um empreendimento, nos quais duas tarefas são introduzidas no meio dessa rotina do PENSAR e FAZER, cujo objetivo é o de buscar resultados com menor grau de incerteza. É falso imaginar a possibilidade de que se instalem sistemas ou processos de fazer, ou de apoiar o fazer, para fazer melhor, que levem a uma condição de certeza quanto aos resultados. Incertezas sempre existirão, porque esta é a natureza dos negócios no mercado. Sempre haverá riscos no desenvolvimento de um empreendimento, de sorte que é natural admitir resultados desviados em relação às expectativas, quando se formulou a ideia. Sistemas e processos para fazer melhor são capazes de mitigar os riscos de desvios nos resultados, contribuindo para diminuir a incerteza, mas esse é o limite. Não se deve esperar ser possível implantar sistemas e processos que confiram certeza ao resultado do desenvolvimento dos empreendimentos.

1.3. PLANEJAR

Empresarialmente, do pensar ao fazer, pode-se percorrer um caminho primitivo, submetendo-se o empreendedor a toda sorte de riscos que isto representa, ou utilizar rotinas de planejamento, cujo objetivo é mitigar a exposição do empreendimento a tais riscos. Planejando, fica possível sustentar decisões no curso da ação com um nível de informação que habilita o empreendedor a reconhecer os impactos diferenciados dos riscos associados a cada vetor de decisão possível. Em cada nó da árvore de decisões que compreende a complexidade de um empreendimento pode haver alternativas diferentes para o curso da ação e, quando a escolha do empreendedor se fizer sustentada por informações de qualidade, haverá maior chance de diminuir o impacto dos riscos nos resultados do empreendimento.

O pensamento moderno sobre planejamento e administração os entende como processos de contínua análise e controle comportamental, focados em mitigação de riscos. Deve-se reconhecer que a ênfase principal de gestão está na mitigação dos riscos, no sentido de se buscar resultados sólidos, traduzindo o significado de ser eficaz (ganhar) e eficiente (estar preparado para continuar ganhando).

i) pensar e fazer, num caminho primitivo (Figura 1.1), tem o significado de traçar uma linha reta, sem desvios, iniciando em conceber uma ideia para mergulhar diretamente em implantar o empreendimento.

   Este procedimento traz consigo a impressão de que a concepção apresenta um conteúdo de certeza, que permite ao empreendedor (o que decide) dar partida à implantação, bastando que tenha confiança na ideia. Essa distorção de pensamento não é particular do setor do real estate, mas, quando a ele nos referimos, podemos, de imediato, distinguir as graves repercussões que dela poderão decorrer em função de desvios de comportamento, ou conturbações no ambiente da inserção econômica do empreendimento, tendo em vista a rigidez estrutural dos negócios de empreendimentos do real estate.

   Empreendimentos de real estate têm reduzida capacidade de readaptação, em função de impactos de quebras de comportamento ocorridas durante a operação, relativamente às expectativas que fundamentaram a decisão de fazer. Se a decisão é fruto de rotina primitiva, que conduz da ideia à ação, sem crítica, então, qualquer distúrbio comportamental irá reduzir a geração de resultados, deixando ao decisor pouca margem de reorganização para compensar as quebras ocorridas. Essas evidências indicam que as rotinas da decisão devem passar por nós que concentram análise e crítica, para, antecipadamente, simular situações de quebras de comportamento no futuro, que auxiliem a decisão de como fazer, ou até permitam avaliar se é admissível correr o risco de fazer.

ii) Do pensar ao fazer há um percurso complexo, que não pode estar subjugado às ansiedades do decisor, mas, ao contrário, esse percurso deverá estar apoiado em informação de qualidade para que o decisor, diante de simulações de comportamento, em situações esperadas e de risco, conclua por uma decisão que agregue ao fazer o que significa uma resposta qualificada desse fazer, que está contida em colher os resultados da ideia. Ou seja, não se trata de fazer, mas fazer com qualidade, cuja resultante será colher resultados da ideia, com eficácia e eficiência.

   Assim, à rotina primitiva se agregam passos intermediários, que compreendem o núcleo do sistema de planejamento e controle, implantado para apoiar o desenvolvimento do empreendimento, como está descrito na Figura 1.3.

   O primeiro procedimento de planejamento (1) traça metas de comportamento, com uma determinada visão de resultado final do empreendimento.

Como ato contínuo com o início da operação implanta-se um sistema de controle, destinado a auditar o comportamento do empreendimento durante o desenrolar da ação.

As diferentes fases do planejamento (1, 2, 3...) resultam de se implantar um sistema de avaliação continuada de comportamento, que confronta o desenvolvimento da ação com as metas lançadas em etapas anteriores do planejamento. O sistema de controle verifica o comportamento, compara com as metas e oferece informações, para que uma nova rotina de planejamento construa, a partir do estado verificado de desenvolvimento do empreendimento, novas metas, procurando estabelecer um foco de resultado, o menos desviado possível da expectativa lançada na etapa anterior do planejamento. Sistemas confiáveis de planejamento e controle não são capazes de levar a resultados exatamente na medida preconizada quando se deu partida à ação, mas são mitigadores de riscos, permitindo que o empreendedor alcance resultados com menor grau de incerteza relativamente aos padrões que levaram à decisão de fazer.

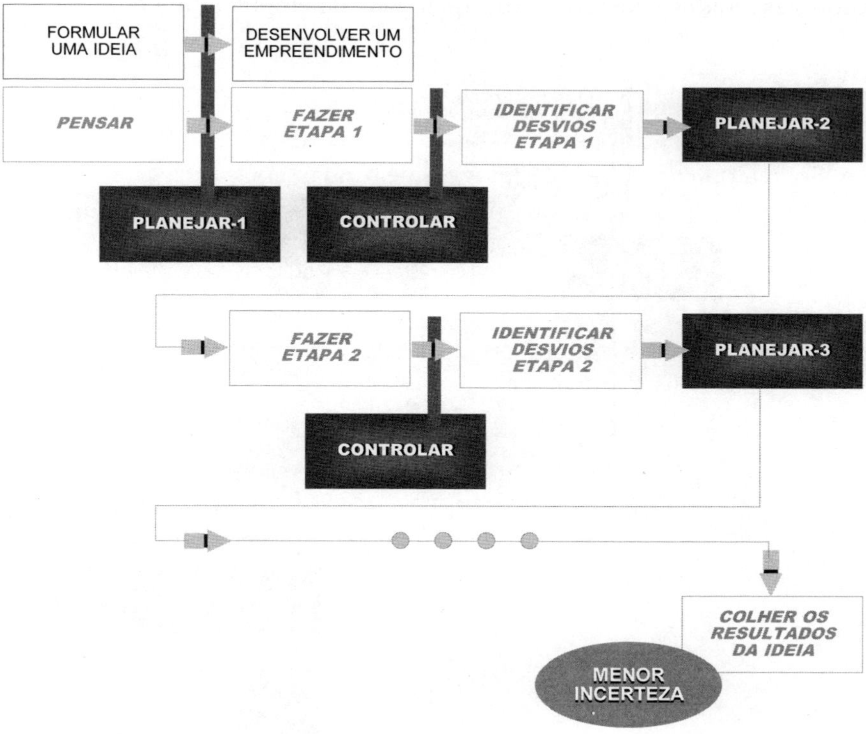

Figura 1.3 – Rotina de ação com apoio de planejamento.

O papel de cada rotina de planejamento, em cada um dos diferentes nós de decisão, é traçar metas de comportamento, desse nó até o final da ação, estimando o resultado final da ação. Essa estimativa é que orienta a decisão.

A decisão de fazer é fundamentada nas informações da primeira rotina de planejamento (1), estabelecida antes da partida do empreendimento, como está ilustrado na Figura 1.4. Essa rotina se repete continuadamente nos demais nós em que for exigida a intervenção do planejamento, por terem sido detectados desvios significativos no desenvolvimento da ação, que podem comprometer o desempenho do empreendimento, desviando a expectativa de resultado além do desejável, com respeito ao padrão esperado. Esse padrão de resultado esperado é aquele que foi admitido como viável na rotina de planejamento (1), com uma determinada faixa de flutuação para cobrir as incertezas de comportamento e desempenho do empreendimento.

Na primeira rotina de planejamento (1), a ideia concebida pelo empreendedor é submetida a uma análise prospectiva, para estimar os resultados do empreendimento, por meio de elementos que traduzem a imagem da qualidade do negócio a ser empreendido. A resposta desta exploração aparece através de um conjunto de indicadores da qualidade do empreendimento, extraídos por procedimentos de simulação de comportamento. Por intermédio de simulação, usando modelos apropriados, admite-se que o empreendimento vai até o seu final, para, daquele ponto de vista virtual, medir os indicadores esperados, que refletirão a qualidade do empreendimento.

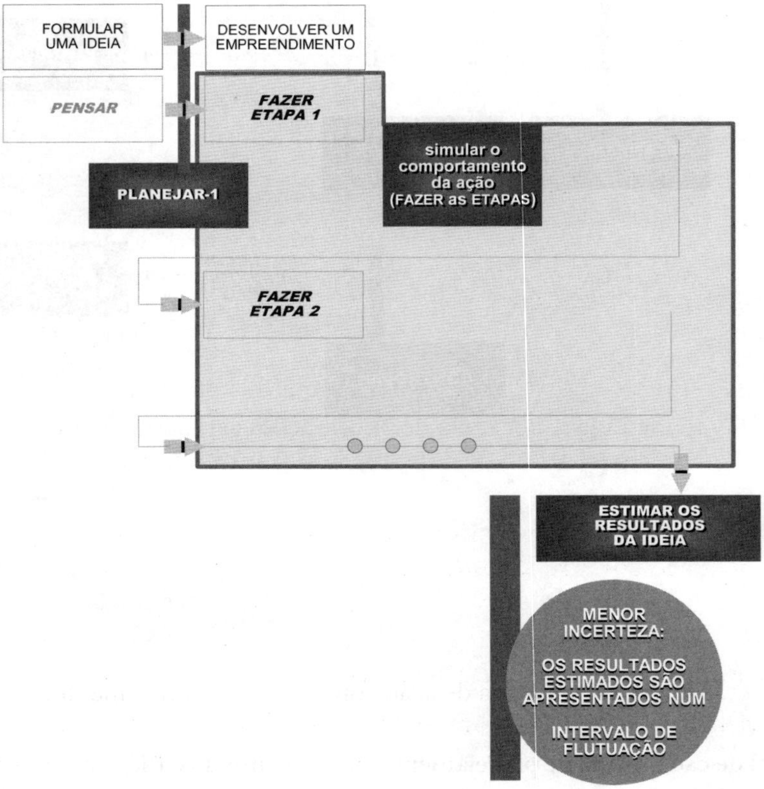

Figura 1.4 – A rotina inicial do planejamento (rotina PLANEJAR 1).

1.4. SIMULAÇÃO E MODELO SIMULADOR

Estimar resultados da ideia para dar suporte à decisão de empreender exige simular o desenvolvimento da ação. Se a decisão de fazer deve estar apoiada em "estimar os resultados da ideia" (Figura 1.4), a informação de planejamento será construída por meio de um processo que leva o planejador até o final do empreendimento, para fazer uma leitura de desempenho e que resultados podem ser esperados.

O planejador faz um voo virtual, do momento da decisão para o final do empreendimento, com o objetivo de, olhando para trás, medir indicadores capazes de refletir a qualidade do resultado (virtual) do empreendimento. Essas medidas são tomadas, portanto, diante de uma rotina de simulação. O planejador simula o desenvolvimento do empreendimento, impondo comportamentos, para medir desempenho esperado (Figura 1.5).

A etapa PLANEJAR-1 da Figura 1.4 enseja a introdução de um nó de decisão, antes de desenvolver o empreendimento, que corresponde a VALIDAR A IDEIA, diante das informações do planejamento (Figura 1.5).

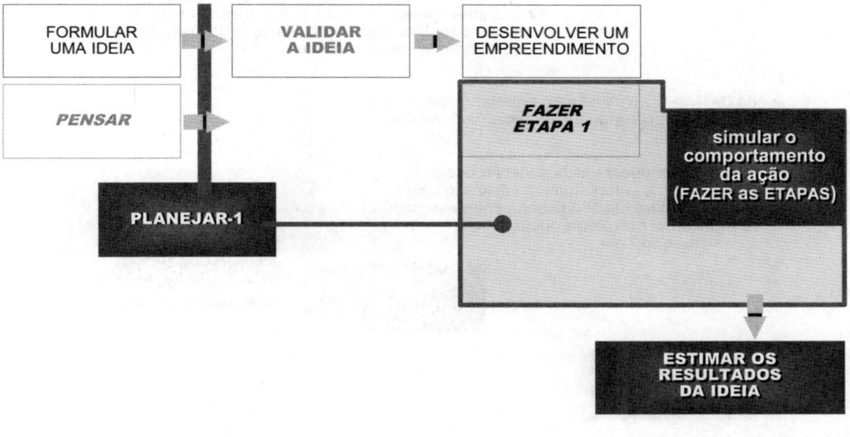

Figura 1.5 – Validar a ideia, por meio de informações geradas no planejamento, para apoio à decisão de desenvolver o empreendimento.

A validação da ideia não pode ocorrer diante de uma certeza, mas da identificação de que a qualidade dos resultados (intervalo, como está na Figura 1.4) é adequada, segundo o ponto de vista do empreendedor. Vale notar que não cabe ao planejador validar, mas somente informar sobre expectativas e grau de incerteza que elas carregam. Ao empreendedor, cabe "mergulhar na incerteza".

O voo virtual do planejador para medir resultados esperados (Figura 1.6) dentro do procedimento de simulação do desenvolvimento do empreendimento exige a construção de instrumentos de apoio à análise e à medida dos indicadores que refletem a expectativa de resultado, caso o empreendedor decida levar adiante a ação (desenvolver o empreendimento = fazer). O planejamento para dar apoio à decisão de fazer compreende a simulação das transações no ciclo do empreendimento. Transações são as ações de troca de posição de riqueza, nas quais primeiro o empreendedor troca moeda por insumos (compra os insumos para implantar o empreendimento) e depois troca o produto por moeda (vende o produto). O resultado é medido por meio de indicadores adequados, para ser possível validar a ideia, que deverão ser capazes de avaliar a qualidade do empreendimento, pela transformação da riqueza da entrada (compra dos insumos) na riqueza da saída (venda dos produtos). O que é um indicador adequado será mostrado nos capítulos seguintes.

Figura 1.6 – Simulação do empreendimento para medir indicadores adequados que mostrem as estimativas de resultado.

Para fazer a simulação, o planejador deverá se valer de um MODELO SIMULADOR, que, virtualmente, produz as transações no ciclo do empreendimento. A estrutura do modelo simulador de transações, para medir os indicadores adequados para decidir, será descrita adiante.

1.4.1. CENÁRIO REFERENCIAL

O modelo, operando do ponto de vista virtual da DATA FINAL, quando olha para o ciclo do empreendimento para simular as transações, perguntará sobre o comportamento das variáveis que implicam ou influem nas transações. Exemplo: quando um modelo simulador for ativado para avaliar os resultados esperados num empreendimento imobiliário que consiste em construir apartamentos para vender, ele explorará as transações para construir, o que corresponde a pagar as contas dos insumos. O modelo perguntará, então, a quantidade prevista de insumos, o preço estimado hoje (orçamento) e a inflação de preços desses insumos no ciclo do empreendimento e questionará qual o programa de suprimento da obra. Com estas informações poderá simular as transações de pagamento das contas da implantação. O modelo perguntará os preços dos apartamentos, a forma de pagamento e o sistema (se houver) de reajuste das parcelas de pagamento do preço. E então poderá simular as transações de recebimento do preço. Confrontando recebimento do preço contra custeio dos insumos, o modelo calculará os indicadores de resultado adequados.

O conjunto das expectativas de comportamento, que se traduzem nas transações, sejam as estruturais do empreendimento (exemplo: o consumo dos insumos na obra) sejam as do ambiente (exemplo: inflação e preços competitivos), deve ser introduzido no modelo pelo planejador, compondo o CENÁRIO REFERENCIAL DE COMPORTAMENTO.

> **Nota**: Quem faz o cenário referencial é o empreendedor, não o planejador. O empreendedor é quem vai tomar os riscos do empreendimento e é quem necessita de informação de planejamento para decidir se vai empreender e sob qual plano estratégico. Quem traça o plano é o planejador, usando métodos e técnicas apropriados e introduzindo no cenário variáveis que representem imagens de mercado, complementares às expectativas do empreendedor. Mesmo na hipótese de o empreendedor conferir ao planejador a construção do cenário referencial, ele deverá considerar que o cenário é seu e não responsabilizar o planejador pela sua qualidade. Nota-se muitas vezes que, nesta circunstância, o empreendedor delega a formatação do cenário ao planejador para poder culpá-lo mais adiante de erros e desvios de comportamento, o que é equivocado, na medida em que os riscos e as perdas que resultam de desvios são sempre de responsabilidade do empreendedor. Nota-se outras vezes que o planejador se veste, de forma arrogante, da capacidade de predizer o futuro, formatando o cenário que acaba impondo ao empreendedor. Esse é um viés perigoso, mas que é notado no ambiente do planejamento com muita frequência e é responsável pela ocorrência de perdas irrecuperáveis.

Com o objetivo de fazer a leitura de desempenho do ponto de vista (virtual) da data final, o sistema de planejamento trabalha com expectativas de comportamento desse cenário referencial, que contém a arbitragem do estado do conjunto de variáveis, que compõem as transações que configurarão o resultado. Exemplo: quando se trata de discutir os ganhos esperados com o investimento no empreendimento, as variáveis são do tipo preços, custos, capacidade de inserção de mercado e comportamento do ambiente econômico. Quando se trata da rotina de produção, as variáveis serão do tipo consumos, produtividade, prazos de execução.

Diante do comportamento esperado dentro dos parâmetros do cenário referencial, o modelo simulador fará a leitura de indicadores para o planejador fazer a informação necessária para dar sustentação à validação da ideia.

1.4.2. INDICADORES

i) Para decidir sobre o empreendimento, o empreendedor necessita de informações de planejamento, para compreender se é capaz de fazer.

Capacidade de fazer envolve as questões relacionadas com conhecimento, técnicas de produção e gestão, acesso aos insumos necessários para o empreendimento (materiais e componentes) e acesso aos equipamentos exigidos para as obras. Além disso, capacidade de fazer implica ser capaz de gerenciar, planejar e controlar.

Todas estas questões são determinantes, mas a questão dominante para definir a capacidade de fazer o empreendimento reside na validação da equação financeira para implantar e concluir o empreendimento. A equação financeira (funding) compreende a indicação dos recursos financeiros necessários para desenvolver o empreendimento, com a definição das suas fontes de suprimento. Simplesmente, significa medir o montante dos recursos financeiros necessários para desenvolver o empreendimento, mostrando como as fontes de suprimento de recursos colaborarão para satisfazer as necessidades financeiras. Nos empreendimentos do real estate, as fontes de suprimento são: i. investimentos do empreendedor; ii. financiamento à produção; e, iii. recursos das vendas.

Exemplo: na construção de edifícios para vender apartamentos pode-se vender produto antes de construir. Assim, parte dos custos da implantação é paga com a própria receita de vendas, antecipada à entrega do produto. Outra parte deve ser coberta com a capacidade de investir do empreendedor, havendo a oportunidade de se financiar a produção, por meio de linhas de crédito dedicadas, presentes no mercado em todas as economias. No Brasil o financiamento à produção é sustentado, na sua maioria, pelos recursos das cadernetas de poupança e do retorno de financiamentos que giram no denominado sistema financeiro da habitação (SFH).

O modelo simula as transações financeiras no curso do empreendimento, dentro do cenário referencial de comportamento, para apresentar ao empreendedor a configuração financeira esperada, cuja rigidez está associada à hipótese de admitir que o comportamento no ciclo do empreendimento será o do cenário referencial. A equação de fundos é validada contra o cenário referencial e o empreendedor deverá julgar esta informação contra as suas fontes de suprimento: capacidade de investimento, oportunidade de contratar financiamento à produção e aceitação de um determinado padrão de competitividade do produto, que resulta num fluxo de vendas e, dele, num fluxo de recursos financeiros para compor o funding.

Uma pergunta que, neste ponto, fica ainda sem resposta é "e o que ocorrerá se o comportamento dentro do ciclo do empreendimento fugir das expectativas traçadas no cenário referencial?". O empreendedor poderá precisar de maior capacidade de investimento, se o comportamento se desviar do desejado, e que volume de recursos isto representa? Como um empreendedor teria segurança de tomar a decisão de validar um empreendimento sem esta resposta? Haverá hipótese de desvio de comportamento, por exemplo, com vendas em velocidade mais lenta do que a do cenário referencial, que provocará a necessidade de investimentos acima da capacidade do empreendedor, paralisando o empreendimento por falta de recursos? Estas questões serão discutidas adiante, mas já se percebe que planejar usando indicadores que resultam das expectativas do cenário referencial é pouco. Planejar para decidir sobre empreendimentos exige medir indicadores numa condição de conforto para a decisão.

ii) Para decidir sobre o empreendimento, o empreendedor necessita de informações de planejamento, para resolver se INTERESSA FAZER.

A leitura primária sobre o interesse de fazer está associada ao indicador de resultado do empreendimento. No ciclo do empreendimento, o empreendedor vai trocando moeda por insumos – o empreendedor se imobiliza no ciclo do empreendimento, comprando terreno, projetos e insumos para obras. Adiante, o empreendedor troca o produto no mercado por moeda. A quantidade de moeda que se transformou em insumos está descrita pelo seu poder de compra na economia e a quantidade da saída, recebida em troca do produto, também. Ao empreendedor interessará fazer o empreendimento se o poder de compra da quantidade de moeda da saída for maior do que o poder de compra da quantidade de moeda da entrada, numa proporção atrativa. O significado de atrativo não é definido pelo planejador, mas pelo empreendedor (aqui o investidor). Ao planejador cabe medir o resultado do empreendimento, por meio de um indicador associado à diferença de poder de compra das suas quantidades de moeda, saída versus entrada.

O mesmo cenário referencial utilizado para medir a equação de fundos será suporte para medir o resultado do investimento no empreendimento. As medidas de qualidade (resultado) devem servir para comparar com outras oportunidades para as quais poderia ser derivado o investimento destinado ao empreendimento e devem também responder à questão "e se o comportamento fugir das expectativas do cenário referencial?".

iii) Para decidir sobre o empreendimento, o empreendedor necessita de informações de planejamento, para compreender a SEGURANÇA na qual se desenrola o empreendimento.

Quando investimento (moeda) é transformado em insumos, o empreendedor perde poder de compra na mesma proporção da imobilização. Exemplo: quando compra o terreno para fazer o edifício de apartamentos, o empreendedor troca poder de compra que detinha (a moeda) por um ativo (o terreno), que não representa intrinsecamente poder de compra. Quando tinha moeda, o empreendedor podia "entrar na economia" e comprar bens e serviços, tanto quanto a quantidade de moeda que dispunha fosse capaz. Quando passa a ter o terreno, ele pode servir de moeda, mas muito restritamente, seja pela indivisibilidade, como pela atratividade. Quem está no mercado para vender algo tende a requisitar moeda em troca e não um outro bem (escambo).

Então, quando investe no empreendimento e antes de receber moeda de volta pela venda do produto, o empreendedor está imobilizado, de forma que, para entender a segurança desse ciclo, é necessário compreender se o valor de troca dos insumos na economia protege a imobilização. Para alguns, o investimento em real estate é dos mais seguros, porque em toda imobilização num edifício o dono da moeda está seguro por deter um bem tangível, cujo valor de troca respeita a imobilização, com folga. Esse é um ponto de vista equivocado, porque esta afirmação traduz o conceito de que todo custo agrega valor ao ativo (o edifício) pelo menos na mesma medida do custo. Há muitas situações nas quais essa premissa não vige. Exemplo: quando se paga a elaboração e a aprovação de um projeto de construção de um edifício num terreno, o ativo do empreendedor vale o terreno mais o custo dos serviços? Pode valer mais ou menos do que o investimento completo, a depender de se encontrar um comprador no mercado que aproveite o custo (o projeto), ou que não tenha interesse por ele, porque pretende fazer outro projeto no mesmo terreno. No caso de que o eventual comprador não arbitre valor ao projeto, o investimento do empreendedor (custo) na elaboração do projeto trata-se de uma aplicação de recursos sem segurança, porque o seu custo não necessariamente corresponde a valor numa troca.

No exemplo de um edifício de apartamentos para venda: conforme vai se investindo – terreno, projetos, obras – os custos vão se consolidando em valor, até que, a partir de certo ponto, o conjunto dos custos vale o valor do produto, que tende a ter no mercado poder de troca por valor maior do que o conjunto dos custos (preço = custos + resultado).

A simulação por meio do modelo deve oferecer ao decisor indicadores da segurança do investimento, que se associa ao valor das imobilizações contra os custos e à perda de velocidade de troca (liquidez) que o empreendedor vai encontrando quando compara as suas imobilizações de moeda no empreendimento, contra o poder de troca da moeda imobilizada.

O cenário referencial já utilizado para medir a equação de fundos e o resultado do investimento sustenta as medidas de segurança. As medidas de segurança, em conjunto com as de resultado servem para comparar com outras oportunidades para as quais poderia ser derivado o investimento destinado ao empreendimento e, como nas outras vertentes, devem também responder à questão "e se o comportamento fugir das expectativas do cenário referencial?".

iv) Para decidir sobre o investimento no empreendimento, o empreendedor necessita de informações de planejamento, associadas a hipóteses de que o comportamento no ciclo do empreendimento fuja do cenário referencial. Quanto maiores puderem ser os desvios nos indicadores de funding, resultado e segurança do empreendimento, quando o comportamento desvia do esperado, maiores serão os RISCOS de investir.

Para responder à questão de como são os riscos do empreendimento, o modelo simulador deve fazer medidas de funding, resultado e segurança dentro de diferentes configurações de cenário, saindo do referencial para os cenários de comportamento em fronteira, denominados de cenários estressados.

Vale notar que cenários estressados não representam expectativas, porque o que o empreendedor espera que seja o comportamento do empreendimento está no cenário referencial. Tanto é assim que, dando partida ao empreendimento, o cenário referencial passa a representar para o empreendedor, no desenvolvimento da ação, o conjunto de suas metas operacionais. Caso, no desenvolvimento do empreendimento, as variáveis se comportarem com aderência completa às expectativas que estavam no cenário, a qualidade do empreendimento ao seu final será aquela que orientou a decisão de fazer. Então o plano tático do empreendimento compreende perseguir, como meta, que o comportamento seja aderente àquele arbitrado como expectativa, no cenário referencial.

Cenários estressados são desenhados para compreender a intensidade dos riscos, ou seja, para entender o grau de distensão dos indicadores utilizados para validar o empreendimento, quando o comportamento é submetido a pressões fora de controle, como, por exemplo: custos para cima, sem possibilidade de recuperação nos preços, preços para baixo, sem a possibilidade de reduzir as especificações do produto (menores custos de produção), inflação de custos acima do índice utilizado para reajuste das parcelas do preço, atrasos de cronograma, velocidade de absorção do produto mais lenta que o esperado etc.

Em processos de planejamento, para validar alternativas de investimento, não existem cenários otimistas e pessimistas. Cenário pessimista não é cenário estressado – o cenário referencial é mais conservador (não pessimista), quando o empreendedor tem reservas sobre o comportamento do mercado no ciclo do empreendimento em algum dos seus vetores (custos, preços, competitividade do produto). Cenário otimista não serve para medir indicadores. O cenário referencial é que terá um viés conservador (não pessimista), ou agressivo (não otimista), este na hipótese de que o empreendedor vislumbre para o ciclo do empreendimento condições de mercado mais favoráveis do que a da conjuntura em que decide empreender.

O desenho dos cenários estressados não deve ser aleatório – distorcer o comportamento sem limite ou crítica. Cenários estressados caracterizam as fronteiras de desvio de comportamento que, tanto quanto possível, representam situações derivadas de amostragem, ou de conjunturas equivalentes já reconhecidas pelo empreendedor. Exemplo: se o empreendedor reconhecer que seus sistemas de controle de custos têm permitido que os empreendimentos não apresentem desvios de custos de obra maiores que 10%, pode orientar que a fronteira de desvio de custos seja adotada nesse limite. Ou, então, a conjuntura adiante apresenta incertezas quanto à inflação de custos e o empreendedor pretende se proteger para desvios de custos mais elevados. Então deverá arbitrar uma fronteira de proteção mais conservadora.

O desenho de cenários estressados representa uma etapa que requer cuidados no planejamento, tendo em vista que não há o cenário correto – planejador ou empreendedor não conhecem o futuro, razão pela qual avaliam os riscos do investimento por meio dos cenários estressados. Quanto maior o desvio marcado nas fronteiras de estresse, mais agudos os riscos e, neste caso, se os indicadores ainda mostrarem capacidade de fazer, atratividade e segurança para fazer, mais confortável é a decisão de empreender. Muito estresse resultando em pouco desvio indica risco baixo. Pouco estresse, resultando em desvios agudos, representa risco alto. Empreender ou não diante dos indicadores de risco não é uma questão que se responde no planejamento. Aceitar fazer implica uma decisão solitária do empreendedor, porque ele é quem vai tomar os riscos.

Desenho de cenários estressados pode permitir a implementação de meios de mitigação de riscos. Exemplo: se a fronteira de estresse de 10% de crescimento de custos contra o orçamento mostra indicadores inadequados, mas contendo o empreendimento na fronteira de 5% o empreendedor se satisfaz, a compra da construção empreitada, por preço certo, mais um seguro do cumprimento do contrato de construção é meio de mitigação do risco. Nesse caso, o empreendedor tem 5% do custo orçado como verba para pagar o preço do seguro e para aceitar um preço empreitado acima do orçamento.

1.5. MODELAGEM PARA PLANEJAMENTO

No planejamento para decisão sobre investimentos em real estate (empreendimentos) o desenho do modelo simulador segue um processo rotineiro e deve obedecer a particularidades de um determinado empreendimento, ou a requisitos de um determinado empreendedor. Não há modelos universais que servem para o ambiente do real estate, ou para um dos seus segmentos. Não há também modelos que servem para todos os empreendedores.

A rotina de análise segue a Figura 1.7.

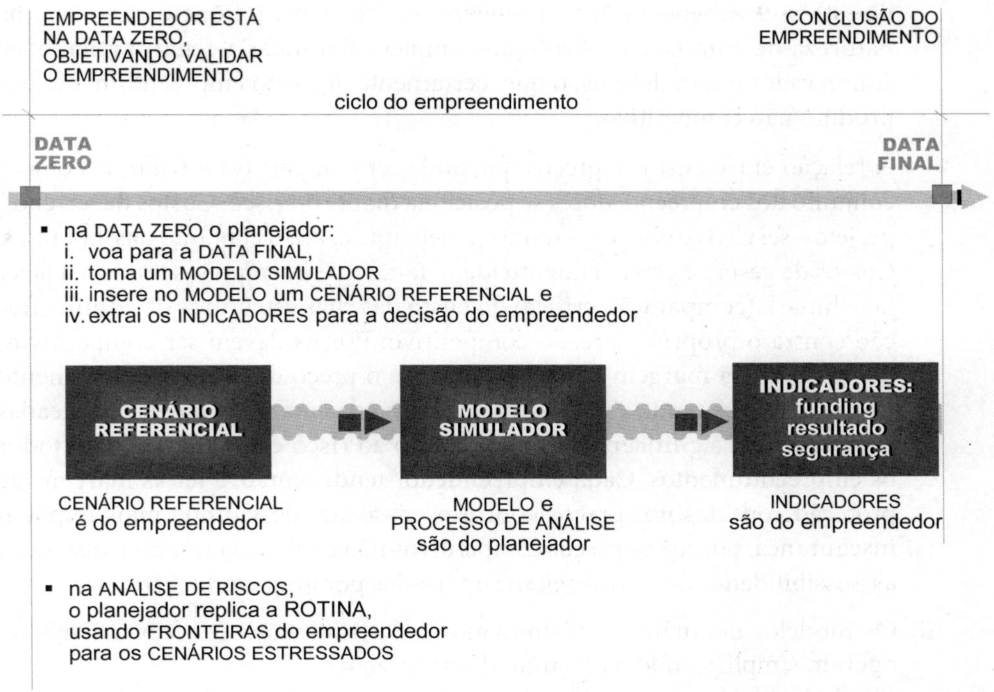

Figura 1.7 – Indicadores, modelo e cenários referencial e estressados, no planejamento para decisão de investimento.

i) A modelagem se inicia pela leitura de quais são os indicadores que deverão ser calculados, refletindo como o empreendedor avalia suas oportunidades de investimento, para validar as ideias. Há indicadores mais recomendados para os três vetores de avaliação, como será discutido nos capítulos mais adiante, mas cada empreendedor tem os seus princípios de decisão, o que deve ser respeitado no planejamento. Isso se verifica especialmente na forma segundo a qual cada decisor se posiciona diante do risco.

No real estate evidencia-se que a proteção ao risco, na maioria das circunstâncias, é um requisito derivado de experiências com o insucesso, do que de uma análise crítica exercitada diante de cada conjuntura e expectativas de comportamento no ciclo do empreendimento, que estão no cenário referencial. Um empreendedor que já viveu uma explosão de custos de obra, que o prejudicou, faz ênfase nos riscos do custo e tende a tratar como menores os impactos de perda de velocidade de vendas, por exemplo. Outro que convive com estoques de produtos acabados de comercialização lenta, foca os riscos na velocidade de vendas, deixando de lado impactos de crescimento de custos e perda de preços. A razão disso é que, se um empreendedor recomendar ao planejamento a análise de suas oportunidades de investimento diante de cenários de extremo desvio (todas as variáveis situadas na fronteira de limite de estresse) vai encontrar indicadores inadequados, porque o risco está na natureza de empreender. Proteção completa significaria cenário referencial conservador e sem desvios, o que, certamente, faria do empreendimento um produto não competitivo.

A relação entre custos e preços que pode ser competitiva é fruto de como o conjunto dos empreendedores se posiciona diante do risco. Custos de terrenos, projetos, serviços e obras são muito semelhantes para o conjunto das empresas. Custos de gestão e gerenciamento idem, tanto que as empresas tendem a fazer benchmark (comparação crítica) do custo das suas estruturas de administração contra o próprio mercado competitivo. Preços devem ser competitivos, de modo que a margem de resultado entre o preço de um empreendimento e os seus custos tende a ficar muito próxima das margens médias praticadas pelo mercado, significando que a proteção ao risco é semelhante para todos os empreendimentos. Cada empreendedor tende, então, a ler as margens de proteção contidas nos preços contra os riscos de desvio que mais impõem insegurança, porque os preços competitivos não tendem a fazer com que todas as possibilidades de desvio sejam suportadas por ampla proteção.

ii) Os modelos de análise são simuladores de transações e, necessariamente, operam simplificando o conjunto das transações.

Simular os movimentos de pagar custos e receber preço, em fluxos no ciclo do empreendimento é o núcleo dos modelos. Sua estrutura, entretanto, deverá estar preparada para absorver as informações de cenário no grau de detalhamento disponível, sem partir, nem aglutinar.

Se um custo de implantação está orçado, no planejamento, segundo um determinado plano de contas no cenário referencial, é natural que os sistemas de controle que serão implantados para acompanhar, ajustar e rever o planejamento durante a operação sejam compatíveis com este plano de contas. O modelo de planejamento deve seguir este plano de contas para explorar as transações de pagamento, porque o resultado (os indicadores) da análise usando o modelo se agregará ao comportamento do cenário referencial, para fazer as metas operacionais, que deverão ser perseguidas pelo empreendedor. Se o modelo aglutinar contas, perde-se a capacidade de explorar riscos e perde-se a capacidade de ajuste diante das evidências de controle, porque os desvios não serão reconhecidos como parte dos elementos manipulados no modelo. Se o modelo exigir contas em maior detalhe do que estão no cenário referencial, o próprio sistema de planejamento produzirá uma lógica numérica, que não respeita configuração específica do empreendimento, de modo que o resultado da análise pelo modelo não permite traçar metas de controle operacional.

Exemplos: i. As receitas e custos operacionais de um shopping center são apresentados segundo um plano de contas, em movimento semestral, e o modelo está formatado em ciclo mensal. O planejador não tem referências para traduzir os movimentos orçados em outra periodicidade, de modo que para ativar o modelo dividirá o orçamento segundo um modelo paramétrico, que não será o do empreendimento, produzindo indicadores desviados, porque são fruto de um comportamento fora do cenário referencial. ii. Os custos de implantação desse shopping center estão orçados em ciclo mensal e o planejador quer desenhar um modelo de periodicidade homogênea, entre implantação e operação. Como a operação (são vinte anos de ciclo operacional de análise) está sintetizada em semestres, impõe a aglutinação de custos na mesma periodicidade. Nesse caso, quando pretender explorar os riscos de inflação de custos acima do padrão do cenário referencial, medirá indicadores de baixa qualidade, porque estudará impactos semestrais, ciclo muito amplo para trabalhar com variações inflacionárias de custos de obras.

Modelos que pretendem impor no planejamento uma estrutura de cenário referencial que seja diferente daquela utilizada pelo empreendedor tendem a exigir informação que não está disponível no detalhamento preconizado, perturbando a qualidade das respostas de análise (os indicadores), tendo em vista que os dados de entrada do cenário referencial e dos cenários estressados deverão ser manipulados, por meio de aglutinação, ou de detalhamento paramétricos, feitos sem crítica.

Os modelos devem ter qualidade intrínseca quanto às questões técnicas de simulação, de finanças e de cálculo de indicadores segundo rotinas adequadas. São poucas as situações em que qualidade do modelo é passível de julgamento, tendo em vista de que ele se mostra por meio dos indicadores, na saída e não pela sua "memória de cálculo", o que representa risco. Esse risco faz com que empreendedores se prendam a modelos testados, o que pode provocar riscos, ao ser necessário ajustar empreendimentos às particularidades "universais" impostas nesses modelos, mesmo quando usados para empreendimentos semelhantes, mas de características próprias. Em real estate não há empreendimentos iguais.

Genericamente, cada planejamento de empreendimento, para validação da oportunidade de investimento, deve ensejar a construção de um modelo particular, que atenda: i. ao empreendedor, para calcular os indicadores que ele usa para decidir; ii. às características do empreendimento; iii. ao estado de evolução das técnicas de análise.

iii) O cenário referencial e os cenários estressados requisitados para ativar a operação dos modelos devem conter informação possível de ser encontrada e confiável.

Se um modelo exige um cenário referencial cujo conjunto de informações não será confiável, o empreendedor, que é quem informa o cenário referencial e os cenários estressados, terá como resultado da análise indicadores que transmitem insegurança. No setor do real estate evidenciam-se situações em que o planejador confere qualidade a parâmetros de entrada com uma certa formatação e os exige para acionar o modelo de planejamento, mas o empreendedor não dispõe da informação, ou não é capaz de construí-la no detalhamento requerido. A tentativa de produzir informação de cenário referencial no formato requerido pode desviar a qualidade da informação, sem que nem mesmo o planejador seja capaz de reconhecer o seu grau de influência nos indicadores. Isso quebra a confiança em todo o processo de planejamento.

Em casos em que o detalhamento impõe fragilidade à análise, por falta de informação disponível, cenários estressados em diferentes configurações para as variáveis que o modelo exige em maior detalhe do que o disponível respondem à influência desse viés.

Exemplo: está em análise a compra de um terreno para fazer um edifício de apartamentos para venda. O modelo requer um fluxo de custos de obra em regime mensal, sendo que, nesta fase de análise não se tem o projeto, nem orçamento detalhado, nem programa de obras. Uma curva de custos paramétrica é utilizada para traduzir uma expectativa de custos referenciada por uma massa, utilizando parâmetros prevalentes de mercado. Marca-se o orçamento pela massa de construção (m^2 equivalentes) multiplicada por parâmetro médio de mercado (um custo paramétrico calculado por instituição acreditada e utilizado na medida de índice de inflação setorial) e se usa uma curva de custos também paramétrica e que deve ser de estrutura simples. Calculam-se os indicadores e, num passo seguinte (análise de riscos), o planejador deverá especular sobre a influência da curva de custos nos indicadores, que serão informados em intervalo, caso a influência seja relevante.

Cenário referencial, com viés conservador ou agressivo, traduz como o empreendedor arbitra será o comportamento das variáveis estruturais do empreendimento e do seu ambiente, no ciclo do empreendimento. Quem dá o viés é o empreendedor, ao impor, no cenário referencial, o estado das variáveis. O que está no cenário referencial são as expectativas de custos e preços e outros elementos necessários para conduzir à simulação das transações, por meio do que se calculam os indicadores.

Cenários estressados não compreendem expectativas, otimistas ou pessimistas, mas refletem a imposição de fronteiras de comportamento, que não são esperadas, mas sobre as quais o empreendedor pretende reconhecer a influência na qualidade do empreendimento, caso o comportamento fuja do cenário referencial, sem possibilidade de ajuste. Impossibilidade de ajuste é comum no real estate, porque os mecanismos de controle são ativados para medir resultados, relatando, por consequência, o que já ocorreu e se consolidou – um atraso de obra ou um custo acima do orçamento, por exemplo. Dessa forma, um desvio não pode ser corrigido, só compensado e em muitas situações a compensação pode representar custos, ou mesmo ser impossível.

1.6. CASOS EXPLORANDO OS CONCEITOS DESTE CAPÍTULO

Caso 1.1: No planejamento de um empreendimento imobiliário, compreendendo a construção de um edifício para venda de apartamentos, o empreendedor traça um cenário referencial de comportamento e requisita do planejador informações sobre o desempenho do empreendimento, que o habilitem a decidir se é capaz de desenvolver o empreendimento e se o empreendimento é atrativo.

Para julgar se é capaz de fazer o empreendimento, a referência é a sua capacidade de aplicar recursos nesse negócio (investimento, INV) que, no ciclo do empreendimento, deve estar limitado a 8.000.[1]

Para caracterizar sua atratividade, o empreendedor faz a leitura da relação do resultado do empreendimento (RES) contra os recursos que aplicará no empreendimento = $\frac{RES}{INV}$.

Para balizar riscos, o empreendedor pede, como indicador, a relação entre o resultado e a receita e entre o resultado e os custos de implantação, denominados margem sobre o preço e margem sobre os custos. Margens baixas indicam que pequenas oscilações de preço ou custo podem comprometer o resultado de modo expressivo e margens altas, o inverso. O empreendedor toma referências no mercado competitivo e identifica que são prevalentes, dentro do comportamento do cenário referencial, margens sobre o preço no intervalo [11% - 15%].

O Quadro 1.1 mostra o balanço do empreendimento seguindo uma estratégia recomendada no mercado brasileiro na conjuntura de 2010. Esta estratégia tem apoio no planejamento tributário dos negócios do real estate e nos mecanismos de segurança recomendados para conforto dos compradores dos apartamentos, como também da segurança exigida pelos agentes financeiros que financiam a produção.

Nesta conjuntura, o modelo operacional recomendado propõe que o empreendimento seja segregado numa sociedade de propósito exclusivo (SPE). Uma SPE é uma empresa que se restringe a desenvolver um único empreendimento. Para a visão de risco do mercado, que compra os apartamentos, e para os agentes financeiros, que fornecem recursos para completar o funding da produção, estando o empreendimento segregado numa SPE não se configuram riscos cruzados entre os diferentes empreendimentos de um mesmo empreendedor, de forma que financiar a produção ou comprar um apartamento são ações cujo risco pode ser lido avaliando as características do empreendimento e a capacidade empreendedora restrita a este empreendimento, independente do conjunto de negócios do portfólio do empreendedor.

Nesta conjuntura (2010), usar o ambiente restrito de uma SPE oferece ao empreendedor a oportunidade de operar no sistema de Lucro Presumido, que, para as margens

---

[1] Neste livro, os valores anotados nos casos e exemplos estão numa moeda genérica, salvo quando estiver expresso diretamente no texto.

de resultado prevalentes no mercado, exige encargos mais moderados sobre a receita, como também menores impostos sobre o lucro.[2] Uma SPE-LP (sociedade de propósito exclusivo, operando sob o regime tributário do lucro presumido) oferece uma condição tributária mais favorável. Nesse regime, os impostos sobre o lucro são calculados e pagos por meio de taxas aplicadas sobre uma fração da receita, admitida como o lucro presumido dentro do preço.

Quadro 1.1 – Balanço projetado do empreendimento

balanço do empreendedor (dentro de uma SPE-LP)					
	valores na moeda da base da análise				
		I	II	III	IV
1	**receita bruta de vendas dos apartamentos**		**32.648**	**100,00%**	
2	encargos sobre a receita (SPE-LP)		(1.191)	-3,65%	
3	contas de propaganda, marketing e corretagem		(2.617)	-8,02%	
4	**receita líquida de vendas = 1-2-3**		**28.840**	**88,33%**	
5	preço do terreno	(8.750)		-26,80%	
6	projetos, planejamento e estruturação	(1.156)		-3,54%	
7	construção do edifício	(12.000)		-36,76%	
8	administração e gerenciamento	(1.609)		-4,93%	
9	**custo total para a implantação = 5+6+7+8**		**(23.515)**	**-45,23%**	**100,00%**
10	**EBITDA do empreendimento = 4-9**		**5.325**	**16,30%**	**22,65%**
11	custos do financiamento à produção		(340)	-1,04%	-1,45%
12	impostos sobre o lucro, aplicados sobre a receita (SPE-LP)		(1.007)	-3,08%	-4,28%
13	**resultado do empreendedor, depois dos impostos = 10-11-12**		**3.978**	**12,18%**	**16,92%**
				margem sobre o preço	margem sobre o custo

[2] Nesta conjuntura, a legislação brasileira impõe dois impostos sobre o preço, na forma de contribuição – o PIS (Programa de Integração Social) e a seguridade social (denominado de Cofins – Contribuição para o Financiamento da Seguridade Social) – e dois impostos sobre o lucro – imposto de renda e contribuição social sobre o lucro. Mesmo fora da linguagem jurídica, para simplificar e separar, adotaremos Encargos para denominar os impostos cujas taxas são aplicadas sobre o preço, e Impostos, os cobrados sobre o lucro.

Neste Quadro 1.1:

- vemos o balanço na coluna II, com os componentes das contas na coluna I. Os dados resultam das informações do cenário referencial compreendendo preços e custos estimados para o desenvolvimento do empreendimento;
- a linha 10 mostra o EBITDA do empreendimento, que é o EBITDA da SPE. O termo Earnings Before Interests, Taxes, Depreciation and Amortization, cuja leitura se faz no mercado de capitais para analisar desempenho de empresas, corresponde à medida da parte do seu resultado que é derivada exclusivamente do empreendimento, antes dos impactos dos juros, que são resultado da estrutura do funding adotado para desenvolver o empreendimento, dos impostos sobre o lucro e de depreciações e amortizações, que são fatores que afetam o ativo permanente das empresas, utilizados para geração do resultado e que nas SPE dedicadas a empreendimentos são sempre iguais a zero. EBITDA é LAJIDA (Lucro Antes dos Juros, Impostos sobre o lucro, Depreciações e Amortizações). EBITDA mede a qualidade do empreendimento, como capacidade de produzir resultado para o empreendedor;
- a linha 13 mostra o resultado do empreendimento que é derivado para o empreendedor, equivalente a [EBITDA – custo dos recursos financiados no funding – os impostos sobre o lucro tributável]. O resultado do empreendedor é o agregado de poder de compra que o empreendedor aufere relativamente ao poder de compra dos recursos que imobiliza no empreendimento. O poder de compra de entrada é o investimento, mostrado na equação de funding do Quadro 1.2 e o poder de compra de saída é a soma do de entrada com o resultado;
- margem sobre o preço ou sobre o custo são indicadores que os empreendedores usam para identificar a sensibilidade do empreendimento. Este empreendimento gera o resultado de 3.978 sobre o investimento de 7.661 (Quadro 1.2). Se a equação de funding fosse mais agressiva (maior volume de financiamento à produção), os custos financeiros seriam mais elevados, mas a relação $\frac{RES}{INV}$ seria maior. Com uma equação mais agressiva, portanto, a geração de resultado seria mais expressiva, quando lida na proporção do investimento, mas os custos financeiros mais elevados (mais financiamento, maiores custos financeiros) diminuiriam o resultado. Como a receita e os custos de implantação não se alteram, quando se muda a equação de funding, mais financiamento à produção faz: i. menos investimento; ii. menor resultado, mas melhor relação $\frac{RES}{INV}$ e iii. menor margem sobre preço ou custo. Alterações de custo (para cima), ou de preço (para baixo) também fazem margens menores. A medida da margem é usada pelos empreendedores para fazer benchmark da sensibilidade do empreendimento (riscos) contra outros empreendimentos da carteira de negócios ou da história do empreendedor, ou mesmo contra um protótipo do mercado competitivo.

O Quadro 1.2 mostra a equação de fundos para desenvolvimento do empreendimento, dividida em três blocos.

Quadro 1.2 – Estrutura da equação de fundos para o desenvolvimento do empreendimento

	equação de fundos no desenvolvimento do empreendimento, com financiamento à Produção			
	valores na moeda da base da análise			
	equação para cobertura dos recursos necessários para a implantação do empreendimento			
		V	VI	VII
14	**recursos necessários para o desenvolvimento do empreendimento = 15+16**		**(23.841)**	**100,00%**
15	contas vinculadas a vendas, não cobertas pela receita	(326)		1,37%
16	recursos necessários para a implantação = 9	(23.515)		98,63%
17	**provisionamento de recursos para o desenvolvimento do empreendimento = 18+19+20**		**23.841**	**100,00%**
18	financiamento à produção (líquido dos custos pagos durante a produção)	3.860		16,19%
19	recursos da receita de vendas usados na implantação	12.320		51,68%
20	recursos do empreendedor	7.661		32,13%
	geração dos recursos livres dentro do empreendimento			
		VIII	IX	X
21	**receita líquida de vendas = 4**		**28.840**	**100,00%**
22	contas vinculadas a vendas, não cobertas pela receita = -15	326		1,13%
23	parte da receita utilizada para cobertura de custos da implantação = 19	(12.320)		-42,72%
24	pagamento do financiamento à produção	(4.200)		-14,56%
25	impostos sobre o lucro, aplicados sobre a receita (SPE-LP) = 12	(1.007)		-3,49%
26	**recursos livres no empreendimento derivados para o empreendedor = 21+22-23-24-25**		**11.639**	**40,36%**
	geração do resultado do empreendedor no empreendimento			
		XI	XII	XIII
27	recursos do empreendedor aplicados no empreendimento = 20	(7.661)		100,00%
28	recursos livres no empreendimento derivados para o empreendedor = 26	11.639		151,93%
29	**resultado do empreendedor, depois dos impostos = 13 = 28-27**		**3.978**	**51,93%**

Neste Quadro 1.2, os blocos são assim identificados:

- da linha 14 até a 20, as colunas V e VI mostram a necessidade apresentada pelo empreendimento, comportando-se segundo o cenário referencial. Os 23.841 exigidos para construir e para custear parte das despesas vinculadas às vendas (propaganda antes da comercialização) são cobertos em 51,68% pela receita de vendas, o que mostra o risco de fazer vinculado com a eficácia de cumprir a meta de vendas no cenário referencial. O financiamento à produção contribuirá com 16,19% dos recursos necessários para fazer o empreendimento, ficando o empreendedor responsável por cobrir os 32,13% restantes. Como a contribuição do financiamento à produção é definida (3.860), o não cumprimento da meta de vendas força o empreendedor a cobrir as necessidades do empreendimento e como o empreendedor tem uma capacidade limitada a 8.000, já se percebe um risco elevado, tendo em vista que com o cumprimento da meta de vendas do cenário referencial a contribuição financeira do empreendedor já será de 7.661, muito próxima do limite.
- no segundo bloco (linhas 21 até 26) está identificado como são usados os recursos gerados com as vendas, concluindo-se que, no cenário referencial 40,36% da receita líquida gerada (linha 21 = linha 4 do Quadro 1.1) não são usados no funding do empreendimento, representando recursos livres para o empreendedor;
- o terceiro bloco (linhas 27 até 29) indica o resultado de 3.978 e que ele representa, no ciclo do empreendimento, um agregado de poder de compra de 51,93%, relativamente aos recursos que o empreendedor aplicou no empreendimento.

O conjunto dos recursos em giro no empreendimento respeita um fluxo no ciclo do empreendimento, cujos cálculos são vinculados ao programa de construção e à expectativa da velocidade de vendas dos apartamentos. Adiante no livro dedicaremos atenção particular às técnicas de elaborar fluxos financeiros. Os movimentos estão ilustrados no Gráfico 1.1.

No Gráfico 1.1, no eixo horizontal está o ciclo do empreendimento, fracionado em meses. No vertical, do lado positivo, os recursos que "entram" no empreendimento (na SPE), identificados nas linhas 18 a 20 do Quadro 1.2. No eixo vertical, do lado negativo, os recursos que "saem" do empreendimento, para pagar as contas de implantação, o financiamento à produção, sendo os recursos livres entregues de volta ao empreendedor.

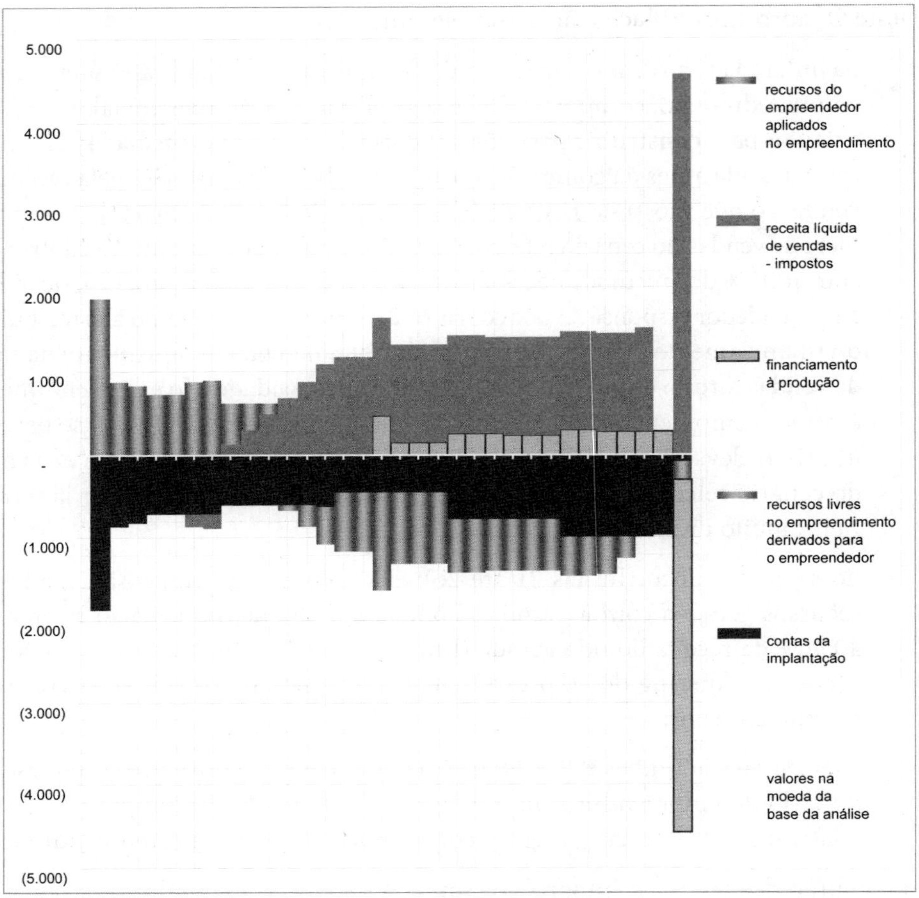

Gráfico 1.1 – Movimentos financeiros do empreendimento, respeitando as expectativas de comportamento do cenário referencial.

Caso 1.2: No planejamento do empreendimento imobiliário do Caso 1.1, o empreendedor, ao julgar as informações construídas nos Quadros 1.1 e 1.2 e no Gráfico 1.1, pretende requalificar os parâmetros de capacidade de fazer, atratividade e riscos, explorando comportamentos estressados, para só então validar (ou não) a alternativa de investimento (a ideia). O procedimento de análise sob cenários estressados compreende as perguntas do empreendedor e as respostas do planejamento, listadas a seguir. Não há limite para as perguntas, sendo estas as mais comuns e que oferecem informações mais qualificadas à decisão. Entretanto, a cada pergunta corresponde uma hipótese de comportamento do empreendimento fora do cenário referencial, cuja extensão não tem limites. Assim, o empreendedor pode perguntar, perguntar... interminavelmente. O decisor mais conservador faz mais perguntas, por querer entender com mais amplitude os riscos a que se submete quando decide fazer o empreendimento, enquanto os mais agressivos tendem a perguntar menos, porque não se dispõem a pagar os custos dos meios de mitigação dos riscos. Há decisores que não querem fazer e transferem seus medos para a extensão dos comportamentos estressados e seguem perguntando, até que o planejamento mostra um indicador inadequado. Exemplo: sempre haverá uma distorção do custo de obras, sem o correspondente ajuste nos preços, que causa prejuízo.

P.1 Os recursos que o empreendimento exige do empreendedor são usados no início do ciclo do empreendimento, como mostra o Gráfico 1.1. Nesse período, a maior pressão por investimento se deve ao pagamento do terreno. Quanto pode crescer o preço do terreno até que se esgote a capacidade de investir do empreendedor (limite = 8.000)?

R.1 Note que as questões de análise de comportamento diante de cenários estressados podem estar associadas à definição de um ou mais parâmetros de estresse e não a requalificar todos os indicadores de análise (Caso 1.1), usando cenários estressados. Quando se trata de operar com cenários estressados, o modelo de análise é ativado diante dos novos padrões de comportamento. Quando se trata de medir uma condição de estresse, mantendo um certo indicador na fronteira, em geral a resposta é encontrada por meio de tentativas. Considerada a complexidade dos modelos de análise de empreendimentos (muitas variáveis e de relacionamento complexo), dificilmente é possível modelar para responder a questões desse tipo. Usando o modelo e fazendo variar o valor do terreno, encontramos que 4,73% a mais de preço do terreno (414) leva os recursos exigidos de 7.661 para 8.000 (aumento de 339).

P.2 Qual é o acréscimo nos custos de construção que leva os investimentos ao limite de 8.000?

R.2 A conta de construção do edifício (linha 7 do Quadro 1.1), no cenário referencial em 12.000, somente se crescer 88,8%, mantendo a mesma distribuição de custos do cenário referencial, faz o empreendimento exigir do empreendedor 8.000 (339 a mais do que 7.661). Comparando o crescimento limite do preço do terreno com o crescimento limite do custo da construção do edifício, percebe-se que a construção pode crescer muito até exigir mais recursos acima da capacidade de investir do empreendedor, mas num patamar que gera prejuízo. Essa fronteira de crescimento de custos leva a conta da linha 7, do Quadro 1.1, de 12.000 para 22.670, aumentando os custos em 10.670, muito além do resultado, que é de 3.978 (linha 13, Quadro 1.1).

P.3 Por que isso?

R.3 Porque no ciclo desse empreendimento, os recursos da receita de vendas é que fazem a cobertura da maior parte dos custos da construção, de modo que é possível levá-lo ao final sob uma conta de custos que aumenta até consumir o lucro do cenário referencial mais os recursos que o empreendedor aplica no empreendimento. Nesta hipótese de fronteira, todos os investimentos (8.000) são consumidos. Do ponto de vista da capacidade de investimento, é de se notar, então, que o empreendimento não apresenta riscos com o aumento dos custos da construção, mas apresenta risco elevado com o aumento do preço do terreno.

P.4 E a margem? Como se comporta quando os custos de construção crescem contra a expectativa do cenário referencial?

R.4 Os cálculos para a R3 já indicam que, enquanto o crescimento dos custos de construção não apresenta risco sensível de que a capacidade de aplicar recursos do empreendedor seja superada, com relação à margem, o risco deve ser mais agudo. O resultado na linha 13 do Quadro 1.1 é de 3.978, significando margem sobre o preço de 12,18%. O empreendedor considera que a margem o deixa confortável para empreender no intervalo [11% – 15%] (descrição do Caso 1.1). O Gráfico 1.2 mostra a variação da margem contra posições estressadas de custos de construção, indicando que com 3% de acréscimo de custos já é rompida a barreira da margem = 11%. Essa posição indica risco acentuado para o investimento, se a atratividade do empreendedor for orientada pela margem sobre o preço.

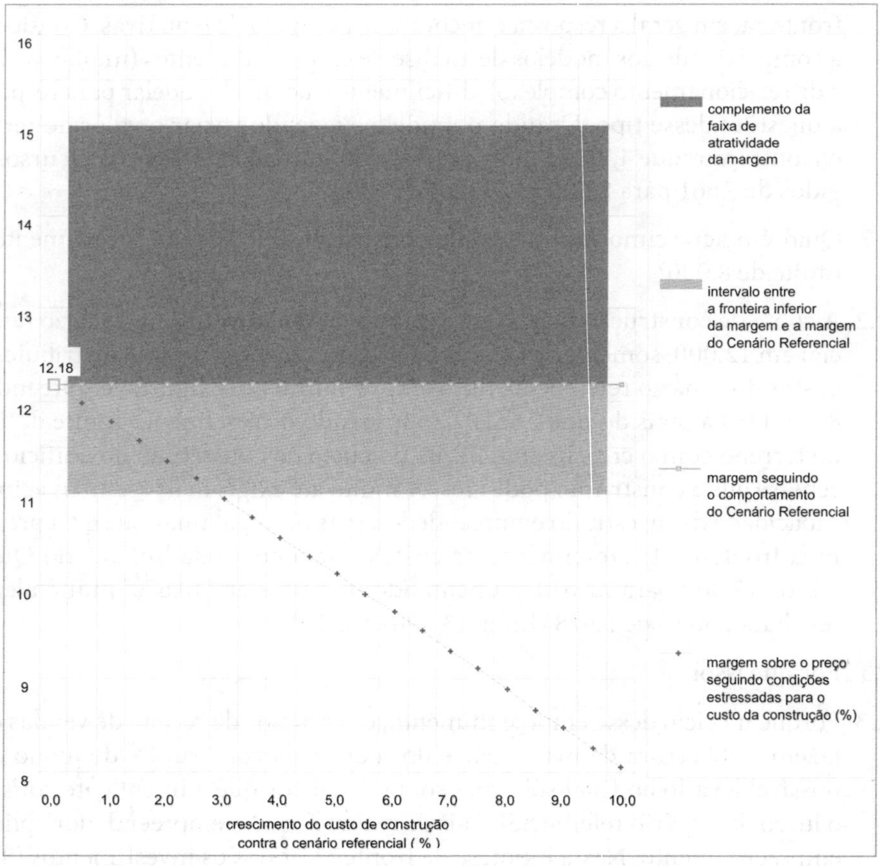

Gráfico 1.2 – Variação da margem sobre o preço (linha 13 do Quadro 1.1), fazendo flutuar o custo de construção do edifício (linha 7 do Quadro 1.1).

P.5 E uma queda de preços, como compromete e margem?

R.5 Um aumento de 3% nos custos já rompe a fronteira de margem = 11%. Para os preços, a ruptura se verifica muito antes, tendo em vista como é o balanço do empreendimento, no qual (Quadro 1.1) os custos de construção (linha 7) representam 36,73% da receita bruta de vendas (o preço). O Gráfico 1.3 ilustra como variações a menor no preço (ou na receita) podem provocar a queda de margem. Adiante no livro, na discussão de impactos de reajuste nos preços, mostramos como a impossibilidade de ajustar a receita de vendas numa curva que acompanhe a inflação dos custos de um determinado empreendimento pode prejudicar a margem e em quais proporções.

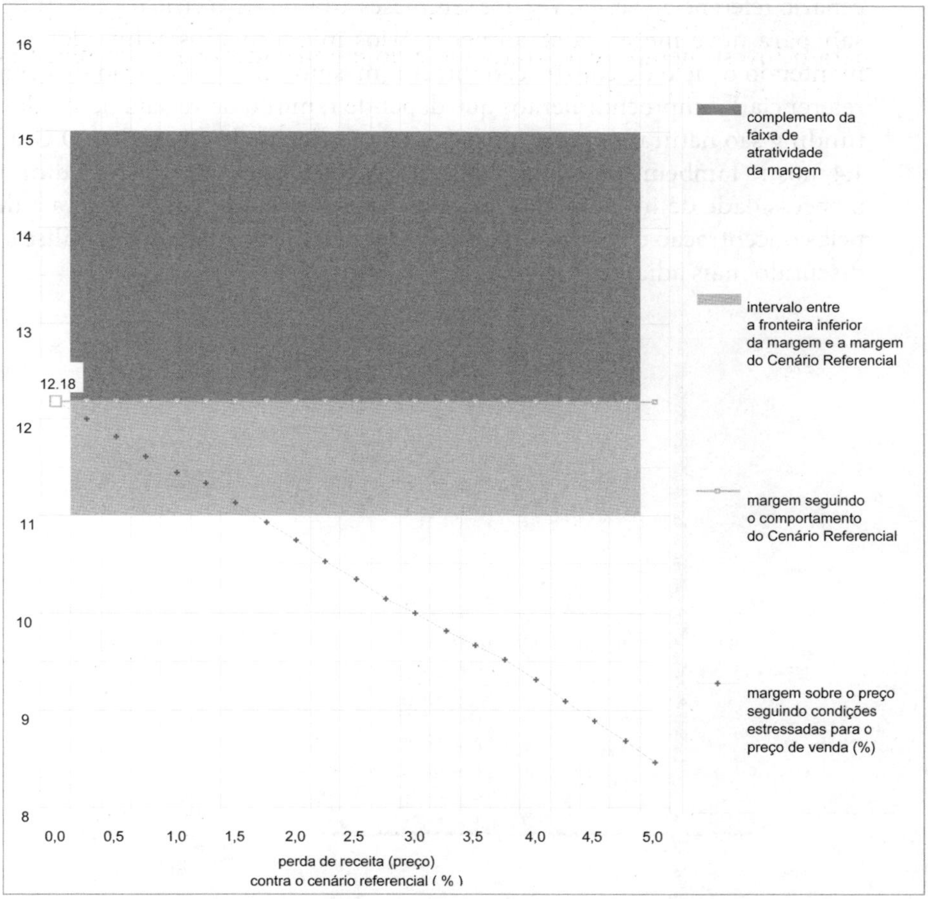

Gráfico 1.3 – Variação da margem sobre o preço (linha 13 do Quadro 1.1), fazendo flutuar a receita bruta de vendas (linha 1 do Quadro 1.1).

P.6 Já que o funding do empreendimento é composto com participação importante da receita de vendas (51,68% – linha 19 do Quadro 1.2), como a conta de investimento pode se comprometer, relativamente ao limite de 8.000, se a velocidade de vendas variar?

R.6 A velocidade de vendas arbitrada no cenário referencial admite que a totalidade das vendas ocorre nos primeiros seis meses após o lançamento do produto. O lançamento do produto é feito no mês 8, se o mês 1 for o da compra do terreno, quando se dá partida ao empreendimento. Vendas mais eficazes (ciclo menor do que seis meses) contribuem para diminuir a necessidade de investimento no empreendimento e vendas mais lentas, para aumentar. O Gráfico 1.4 mostra como varia a necessidade de investimento contra o prazo necessário para venda de 100% das unidades do empreendimento. Como se vê nesse gráfico, a fronteira dos 8.000 (limite da capacidade de investimento do empreendedor) é rompida com um pequeno atraso contra a expectativa do cenário referencial. Se, em vez dos seis meses arbitrados, o ciclo de investimento sair para nove meses, já serão necessários investimentos acima dos 8.000, mantendo o ciclo de construção intacto (mesmo início e duração do cenário referencial). Empreendimentos que dependem muito da receita de vendas no funding são naturalmente muito sensíveis à velocidade de vendas. O Gráfico 1.4 mostra também que vendas mais velozes (mais eficazes) tendem a diminuir a necessidade de investimento, ressalvada a posição de 1 mês contra a de 2, pela concentração da verba de publicidade (detalhe do modelo de análise a ser discutido mais adiante no livro).

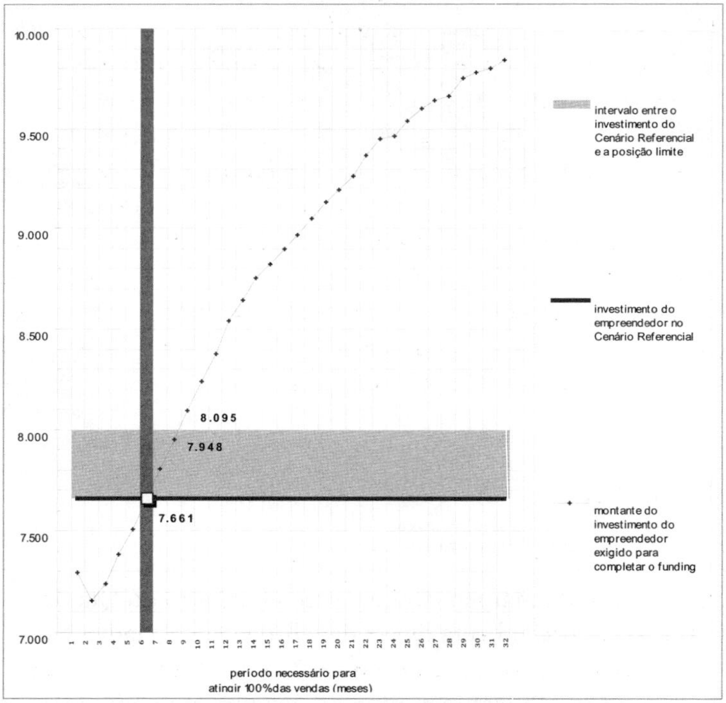

Gráfico 1.4 – Valor do investimento do empreendedor (linha 20 do Quadro 1.2), fazendo variar o ciclo de vendas de 100% dos apartamentos do empreendimento (no Cenário referencial = seis meses).

CAPÍTULO 2
Seleção e escolha de empreendimentos

João da Rocha Lima Jr.

CONCEITOS APRESENTADOS NESTE CAPÍTULO

Um empreendedor analisa uma oportunidade de investimento seguindo os padrões descritos no Capítulo 1 – avalia sua capacidade de fazer, atratividade para fazer, segurança e riscos de fazer. Capacidade de fazer é do empreendedor e se mede em critério absoluto, para responder sim ou não. Os outros fatores, entretanto, não podem ser medidos de modo absoluto, porque representam características do empreendimento, que devem ser julgados por comparação. Uma oportunidade de investimento pode atrair somente quando comparada, pode ser mais ou menos segura do que outra e apresenta riscos sempre em relação a parâmetros encontrados no mercado ou no portfólio de investimentos do empreendedor. Dedicamos este capítulo à discussão dessas análises comparadas – como avaliar a qualidade de um empreendimento, por meio de simulação, para extrair indicadores que permitam comparar oportunidades de investimento, como hierarquizar diferentes oportunidades de investimento e como escolher.

2.1. INTRODUÇÃO

Os empreendimentos são julgados pelo empreendedor por meio de estudos denominados Análise da Qualidade do Investimento (|AQI|). Uma |AQI| deve conter informações, na forma de indicadores da capacidade de fazer, dos resultados esperados, da segurança e dos riscos do investimento no empreendimento, que deem sustentação às avaliações do empreendedor destinadas a validar a oportunidade de investimento sob crítica (a ideia).

Em real estate, as ideias do empreendedor se materializam por meio de um portfólio de empreendimentos, tendo em vista diversificação de riscos (não concentrar a capacidade de investimento num único empreendimento).

Vislumbrando uma empresa, haverá, dessa forma, uma rotina de planejamento e decisão a percorrer, que leva das ideias até a composição do portfólio de empreendimentos e a sua operação. Ideias a empresa tem numa primeira hierarquia, ao se formar para atingir um objetivo dentro de um mercado, que, passado o processo de planejamento adequado, se traduz em metas de investimento e operação. Objetivos compreendem focos abrangentes de como se inserir e ser competitivo num mercado e de que meios utilizar para empreender, tanto os financeiros como os técnicos, de gestão e de relacionamento com o meio – concorrentes e clientes. Objetivos compreendem a posição estratégica da empresa no mercado em que compete e os meios de planejamento para aferir o seu cumprimento e o seu redirecionamento – processos de planejamento, sempre desaguam em rotinas de controle, que alimentam revisões continuadas do planejamento e das decisões que ele sustenta.

No real estate, planos estratégicos, derivados de objetivos, se implementam por meio de empreendimentos com a imposição de metas, que correspondem a volumes de produção (escala operacional) e resultados esperados (remuneração adequada dos investimentos alocados nos empreendimentos). Para cumprir metas, as hierarquias de decisão da empresa devem estabelecer uma rotina de pensar (os objetivos estratégicos), planejar (seleção e escolha dos empreendimentos) e fazer (operar, controlar, corrigir, planejar até entregar os produtos).

Neste capítulo exploramos os conceitos de planejamento dos negócios das empresas do real estate, desde a análise da rotina até enveredar pelo sistema de classificação das oportunidades de investimento que ela avalia, para se traduzir na composição do portfólio de empreendimentos. Diferentemente do segmento da indústria, no real estate estão sempre ativos os canais de planejamento de novos negócios, tendo em vista que os empreendimentos têm uma vida definida e devem ser substituídos por outros, num processo de recomposição continuada do portfólio de investimentos. Na indústria, berço e protótipo usualmente considerado para o estudo do planejamento, o ritmo de busca de novos negócios é mais lento, uma vez que, instalada a base de produção, ela deve ser utilizada por longos horizontes para produzir os resultados da concentração de investimentos na base da produção. No real estate, cada empreendimento, cujo objetivo é produzir para vender, tem vida mais curta do que uma instalação de produção industrial seriada, e é um sistema que se ativa, quando a empresa decide fazer, e se extingue no curto prazo. Mesmo os empreendimentos destinados à renda (exemplo: um edifício de escritórios para alugar) têm ciclo curto de implantação, tendo em vista que a operação já se insere em outro ciclo de negócio.

2.2. PENSAR, PLANEJAR E FAZER

Da ideia à implantação de um empreendimento, objetivando resultados de qualidade, a empresa de real estate (o empreendedor) cumpre uma rotina de decisões com certo grau de complexidade, cujos passos (nós de decisão) são ilustrados na Figura 2.1.

[1. Formular a ideia] Corresponde à identificação de uma estratégia operacional. A empresa, reconhecendo o mercado em que pretende atuar, por meio de parâmetros que caracterizam as fronteiras da competição e a demanda de mercado, formula um protótipo de produto, que admite que seja adequado aos anseios e capacidade de pagar do seu mercado-alvo e que seja vencedor, diante da oferta competitiva presente no mercado.

Já vimos que, num processo organizado de decisão, é inadequado pretender levar deste ponto – pensar – diretamente para fazer. Há diversas etapas a cumprir, já que o objetivo é fazer para colher resultados da ideia que tenham qualidade referenciada por padrões que a empresa aceita como atrativos. O grau dessa atratividade, abrigada em parâmetros que traduzem eficácia e eficiência, não é universal nos mercados, nem para um mesmo empreendedor, nem mesmo para qualquer estado do ambiente econômico em que se desenvolverá o empreendimento. Mais adiante o tema atratividade será explorado em maior detalhe.

A formulação de uma ideia não deve ser entendida como uma descoberta do empreendedor, resultado de uma visão iluminada sobre comportamento de mercado. A formulação de uma ideia pode, e, quanto possível, deve ser apoiada por instrumentos de ausculta de mercado e de avaliação da competição, para que o empreendedor reconheça os padrões da oferta competitiva e as pressões da demanda, especialmente a não atendida, ou a insatisfeita com o perfil de oferta disponível.

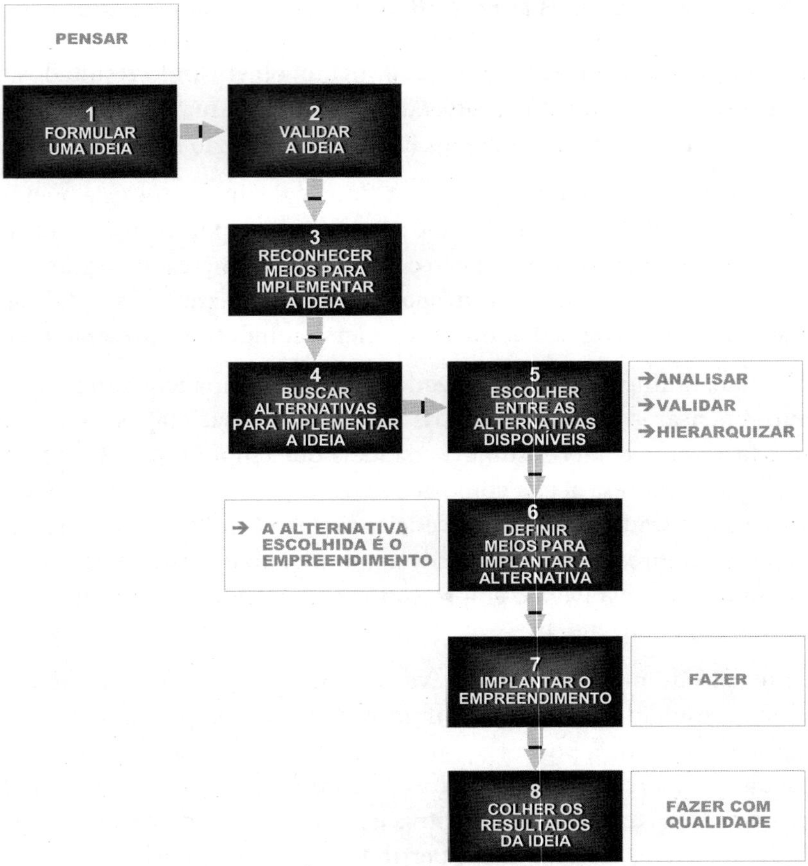

Figura 2.1 – Processo de decisão: da ideia à implantação do empreendimento.

Neste primeiro nó de decisão, como em todos os demais pelos quais a empresa deverá passar até concluir a ação, a decisão ancorada em informação de qualidade permite decidir de forma mais segura, vislumbrando resultados de qualidade. Em qualquer nó de decisão, mesmo nos mais preliminares, podem ser medidos resultados esperados. Neste primeiro nó, isso se faz por meio de indicadores que avaliam o desempenho dos produtos competitivos no mercado. A essência do processo de planejamento e o núcleo mais rígido (core) dos sistemas de planejamento estão na construção de informação de qualidade para que, em qualquer dos nós da árvore de decisão, no desenvolvimento de um empreendimento, a escolha de rota de ação seja feita pelo decisor com o máximo de segurança.

[2. Validar a ideia] corresponde às análises que permitem que o decisor confirme a qualidade da ideia. Em geral, um produto deve ser validado segundo os seguintes pontos de vista: i. inserção de mercado competitiva, o que significa ser capaz de atender o público-alvo e, no seu confronto com a oferta competitiva, ser vencedor; ii.

capacidade de gerar resultados para o empreendedor em padrões atrativos, segundo os referenciais do empreendedor; e iii. condição de ser desenvolvido com a capacidade e conhecimento que a empresa detém, ou que seja possível adquirir no mercado, por preços que validam a qualidade do investimento. Sintetizando: i. o produto deve ter mercado; ii. o empreendedor deve se sentir atraído pela capacidade que o produto tem de gerar resultados; e iii. o empreendedor deve ser capaz de fazer o produto com as técnicas que detém, ou que pode comprar a preço validado.

Em geral, os processos de validação da qualidade dos resultados esperados, no mercado do real estate, exploram protótipos de produto, modelados por instrumentos de planejamento capazes de simular o desenvolvimento dos empreendimentos e medir a expectativa de resultados.

Quanto à inserção de mercado, muitas vezes é necessário correr riscos, na medida em que somente em limitadas situações é possível auscultar o mercado sobre a qualidade de um produto. O comprador de produtos do real estate representa demanda de mercado até se satisfazer, porque não tende a repetir a compra em curto prazo. Dessa forma, quando se verifica, em certo momento, uma resposta de mercado, o que se está divisando é um estado de demanda que não se repete, porque, num outro momento futuro, o público que demandará por produto é diferente do anterior. Por esta razão, o que é possível reconhecer são estados de mercado, a partir dos quais se procura arbitrar tendências, para inferir movimentos futuros, que formatarão o mercado quando o empreendedor estiver agindo. Não se mede potencial de mercados para atuação do setor por instrumentos de planejamento, somente se ilustram tendências, arbitrando comportamentos futuros. Então, esse é um vetor de decisão de risco acentuado e que demanda, portanto, maiores meios de mitigação. Exemplo: a tendência de que as empresas exponham seus produtos residenciais à venda, para depois construir. As empresas preferem tomar riscos de que os custos de construção fiquem acima do orçamento, contra preços contratados antes de construir, do que mergulhar nos riscos da competitividade dos seus produtos. Encontrar mercado (vender) é mais relevante do que o risco do descolamento dos custos contra o preço, diminuindo os resultados.

[3. Reconhecer meios para implementar a ideia] Dois aspectos devem ser tratados, quando se discute meios para implementar ações em real estate: i. capacidade técnica; e ii. capacidade de administrar a equação de fundos no desenvolvimento do empreendimento.

Quanto à técnica, pode-se dizer que, na questão de construir no real estate não há inovação que não se disperse, a ponto de que todo o setor seja capaz, em curto espaço de tempo, de desfrutar novos estágios de capacitação e conhecimento, que as diversas empresas do mercado vão adquirindo. Os fornecedores de insumos, os prestadores de serviço e toda a rede terceirizada de que se vale o setor na produção, se encarregam de se fazer percolar os avanços pelos veios capilares das múltiplas operações que estão constantemente em andamento. O reconhecimento de meios, sistemas, insumos e processos se resume à identificação de necessidades e das competências já existentes no ambiente do empreendedor para equacionar como suprir as eventuais faltas.

Em geral, quando faltas existem, trata-se de supri-las investindo para capacitar a empresa. Na hipótese de que estas faltas só sejam cobertas aplicando recursos expressivos de investimento, cujo retorno deve ser analisado levando em conta uma escala de produção relevante para a empresa, processos paralelos de planejamento deverão ser implementados, com o objetivo de validar esses investimentos.

Com relação à equação de fundos, para terminar esta última etapa do planejamento estratégico, o empreendedor deve identificar: i. os recursos que dispõe para investir e o seu fluxo; ii. os recursos que é capaz de captar no mercado com a venda de seu produto, dentro do ciclo de produção; iii. a sua capacidade de endividamento, os recursos disponíveis no mercado para financiamento da produção e da comercialização, o custo financeiro desses fundos e a capacidade que tem o empreendimento de encaixar esse custo; iv. a capacidade que tem o empreendimento (ainda por meio de protótipo) de pagar os financiamentos e oferecer retorno para os investimentos (volume e fluxo), compatibilizando esse fluxo de retorno com condições de atratividade pré-definidas.

Desse reconhecimento de acessar recursos técnicos e financeiros é que o empreendedor poderá definir suas metas de atuação no mercado, concluindo seu plano estratégico de atuação pela definição: i. de objetivos – a ideia do produto e sua validação –; e ii. de metas – volume de produção e meios para sustentar esse volume.

Daí em diante, ocorrem ações que definem nós de decisão na rotina de planejamento tático. Definidos objetivos, metas e meios, o passo seguinte é formatar os empreendimentos.

[4. Buscar alternativas para implementar a ideia] Esta é uma etapa de reconhecimento de oportunidades de investimento (alternativas de empreendimento), cujo perfil se encaixe no tipo validado no ciclo de planejamento estratégico.

Não se trata de fazer uma busca descontrolada, analisando tudo o que estiver disponível, mas, ao inverso, fazer uma busca dirigida. Esse procedimento sempre pode ser implementado se o empreendedor extrair do ciclo de planejamento estratégico, quando trabalhou com protótipos, parâmetros que possam nortear a busca. Esses parâmetros compreendem fatores associados a mercado, características físicas do produto e configuração dos investimentos necessários para implantar e do eventual concurso de recursos de financiamento. Exemplo: se o empreendimento procurado for a construção e venda de um certo tipo de apartamento, para uma determinada faixa de renda, parâmetros de mercado indicarão as localizações mais adequadas para sua implantação e a exploração do protótipo, nas fases de validação e reconhecimento de meios, pode identificar o preço mais recomendado para o terreno e o limite máximo que pode ser pago. Esses serão parâmetros indutores da busca de alternativas.

No mesmo exemplo, outro parâmetro diz respeito à escala da obra, seja para validar custos de produção esperados, como para validar limites de concentração de oferta de produto, relativamente ao mercado competitivo. Para um mesmo volume de investimento, o empreendedor pode, com estes parâmetros, decidir por implantar maior concentração de apartamentos num mesmo empreendimento, ou dispersar a produção entre diferentes empreendimentos. Tomada essa decisão estratégica, ela induz o planejamento tático, de forma que, na busca de alternativas, a dimensão dos empreendimentos desejados já estará previamente identificada.

[5. Escolher entre as alternativas disponíveis] Identificadas as oportunidades de empreender, que se encaixem na estratégia da empresa, resta escolher e dar partida aos empreendimentos. Mas, o que significa escolher? Escolher dentre as oportunidades disponíveis deve representar "fazer a opção pelas melhores".

A empresa, no processo de escolha deverá, então, estabelecer um "critério de melhor, com apoio em indicadores". Qualquer que sejam os indicadores usados para definir as melhores dentre as oportunidades de investimento identificadas, esta etapa compreende um processo de análise. O que se analisa e com qual objetivo?

A análise deve compreender uma simulação de desenvolvimento do empreendimento, para buscar indicadores de comportamento e desempenho esperados, que tenham a qualidade de permitir que o empreendedor valide cada alternativa potencial de ser escolhida, em confronto com parâmetros extraídos de suas metas operacionais.

As metas indicarão parâmetros que envolvem aspectos vinculados: i. ao comportamento de mercado do empreendimento; ii. ao desempenho dos custos na sua produção; iii. ao comportamento financeiro, traduzido pelos fluxos de investimentos exigidos e a forma de equacioná-los; iv. ainda ao comportamento financeiro, para explorar os fluxos de retornos esperados e a adequação com os fundos usados para suprir a necessidade de investimentos; e v. ao resultado econômico esperado do empreendimento.

A análise deve simular o desenvolvimento de cada alternativa em discussão, para encontrar indicadores, na sua posição esperada (cenário referencial) e nas posições de desvio (cenários estressados), de modo a poder compará-los com as metas. Essa comparação permitirá validar certas alternativas e excluir outras, que serão aquelas cujas expectativas de comportamento e desempenho estejam em desacordo com as metas do empreendedor.

Nesta fase, então, numa primeira etapa, o processo de análise permitirá que se excluam oportunidades de investimento, permanecendo válidas somente as alternativas, cujos indicadores de comportamento e desempenho extraídos por meio de simulação estejam enquadrados dentro das metas lançadas ao final do ciclo de planejamento estratégico.

As alternativas que foram validadas não deverão ser implantadas obrigatoriamente, até porque será interessante que o empreendedor trabalhe com um espectro de oportunidades maior do que aquele que tem capacidade de desenvolver. Ocorre, então, uma segunda etapa, com ações de análise destinadas a hierarquizar as alternativas validadas.

Feita a escolha, inicia-se o desenvolvimento do empreendimento, e a rigidez estrutural dos negócios em real estate põe o empreendedor numa rotina de prazo longo, com poucas possibilidades de ajuste de rota na reordenação de perfil de produto, ou do sistema de produção (físico e financeiro).

Para hierarquizar as alternativas, o empreendedor deve estabelecer critérios de melhor, por meio dos quais se classificam as oportunidades de investimento validadas, da melhor para a pior. Para hierarquizar, o critério de melhor é do empreendedor, não é técnico.

Na primeira etapa do processo de análise das alternativas disponíveis, quando se trata somente de validar, alguns indicadores permitem ao empreendedor escolher as alternativas que é capaz de desenvolver, envolvendo aspectos de mercado, técnicos e financeiros.

Quanto ao mercado, os indicadores da análise devem transmitir segurança sobre a capacidade que o produto tem de se encaixar no mercado-alvo. O empreendimento deve apresentar uma imagem de liquidez que confira ao empreendedor o conforto de implantá-lo.

Do ponto de vista técnico, o empreendedor deve reconhecer, a partir dos indicadores da análise, sua capacidade de fazer a custos compatíveis com os limites impostos pelo preço do produto que se espera praticar no mercado.

Com respeito aos indicadores financeiros, se deve considerar: i. a medida de necessidade de investimento, para adequar com a capacidade de investir, e ii. a medida da velocidade de retorno, para mostrar o horizonte da imobilização de recursos no empreendimento.

Os indicadores medidos segundo essas raízes de análise permitem somente validar uma alternativa, excluindo algumas, mas não são capazes de fazer uma hierarquização entre aquelas que foram validadas.

A hierarquização se faz por indicadores econômico-financeiros. Nas rotinas de planejamento se produz a análise da qualidade da oportunidade de investimento (|AQI|), usando métodos de simulação para cada uma das oportunidades disponíveis e validadas. Nessa |AQI| são medidos indicadores que sustentam a hierarquização e a escolha, e eles devem permitir ao empreendedor responder:

i) A composição financeira indicada para desenvolver o empreendimento é sustentável?

   A equação de fundos para implantar o empreendimento pode contar com três fontes: capitais próprios de investimento, recursos derivados da comercialização do produto durante a fase de implantação e recursos de financiamento. Quanto aos capitais próprios, o empreendedor deve avaliar se tem a capacidade de investir e se interessa deixar esse capital imobilizado pelo ciclo que a análise mostra. Com respeito aos recursos derivados da venda, deve considerar as fontes alternativas de que se valerá para custear a implantação, na hipótese de que a velocidade de vendas seja inferior à simulada na análise. Os financiamentos para produção serão fornecidos levando em conta a capacidade de endividamento do empreendedor e a análise deve mostrar indicadores de como serão liquidados, sempre no conceito de project-finance, ou seja, liquidados com recursos derivados do próprio empreendimento.

ii) A condição econômica é aceitável?

Os resultados esperados do investimento no empreendimento "pagam" o prêmio do risco de desenvolvê-lo? A análise mede indicadores de resultado, que o empreendedor confronta com suas expectativas e com alternativas que dispõe para investir, para responder essa questão.

iii) Qual é a configuração de segurança do investimento – qual é o valor do lastro dos investimentos?

Na proporção da imobilização dos recursos, o empreendedor vai construindo um ativo, cujo valor, contra o montante dos investimentos, indicará um fator de segurança (lastro dos investimentos) que o empreendimento oferece. Nos empreendimentos imobiliários, por exemplo, os primeiros investimentos não tendem a agregar valor ao empreendimento, na mesma proporção do investimento, o que causa um viés de insegurança. Avançando na implantação, o empreendimento vai ganhando valor de produto de mercado, em princípio encaixando mais valia com respeito ao montante investido, invertendo-se a medida do lastro, para uma condição segura.

iv) Qual é a configuração de segurança do investimento – qual é a estabilidade dos indicadores usados para tomar as conclusões sobre os aspectos financeiros e econômicos antes referidos?

Como a medida dos indicadores usados para que o empreendedor escolha as alternativas de ação resulta de um processo de simulação, a medida deve ser feita em diferentes estados, para produzir uma imagem dos riscos do empreendimento. Essa imagem se materializa com o cálculo da distorção provável desses indicadores da qualidade do investimento, caso o comportamento do empreendimento, ou do ambiente econômico no qual estará inserido, sejam distorcidos, relativamente ao cenário referencial usado na simulação. Em síntese, a |AQI| mostrará diferentes níveis desses indicadores da qualidade, associados a diferentes cenários de comportamento do empreendimento e do ambiente, mostrando sua flutuação para cada hipótese de comportamento refletida nesses cenários alternativos ao cenário referencial.

Nesta etapa se encerram as tarefas de planejamento tático.

[6. Definir meios para implantar a alternativa (empreendimento)] Compreende preparar o desenvolvimento do empreendimento, reservando os recursos técnicos e financeiros para seguir com o processo. Já é uma tarefa de planejamento operacional, fora do escopo dos assuntos deste livro.

[7. Implantar o empreendimento] Está no plano operacional.

[8. Colher os resultados da ideia] É somente a indicação do final do processo.

2.3. A QUESTÃO DA ATRATIVIDADE

Na etapa 5 da Figura 2.1 (escolher entre as alternativas disponíveis – analisar, validar e hierarquizar) se identifica o núcleo da decisão, no processo de planejamento destinado a derivar do nível estratégico para a ação. Numa empresa de real estate, uma decisão de investimento equivocada nessa etapa potencializa perdas, que acontecerão sem que o empreendedor encontre flexibilidade para, no curso da implantação, ou da operação do empreendimento, fazer ajustes ou compensações.

A rigidez dos negócios do setor não autoriza fazer imagens de que a ação de empreender seja dotada de um grau de flexibilidade, que permita ajustes consideráveis no plano da ação, para compensar desvios de comportamento. O produto de real estate é de elevada rigidez e os custos para fazer transformações no correr da sua implantação, ou operação, não são, em geral, viáveis. Exemplificando: i. um shopping center construído com área de vendas acima da que é possível validar com o potencial de compras de seu público-alvo representa um investimento do qual parte não tem retorno – o custo de construir a área em excesso – e a rigidez do empreendimento dificilmente permitirá reciclar esse excesso para outro tipo de uso; ii. um empreendimento imobiliário habitacional, cujas unidades foram planejadas com área construída acima do que o público-alvo é capaz de pagar, tem investimentos – o custo destas áreas em excesso – cujo valor é zero, já que não têm preço para venda, porque o público não tem como pagá-las, e a rigidez do empreendimento não permite dar outro uso a elas. Dimensões, especificações e prazo adequado para implantação são variáveis de pequena, ou nenhuma flexibilidade, quando se opera em real estate, o que obriga o decisor a uma cuidadosa especulação sobre a configuração de riscos do investimento, quando está na etapa de escolher um empreendimento.

Toda decisão, em qualquer ambiente de negócios, se dá diante do risco, mas, no do real estate a decisão de empreender envolve maiores riscos, devido à rigidez estrutural dos empreendimentos do setor. Exemplo: um edifício de escritórios dificilmente poderá ser reciclado para uso habitacional por meio de investimentos que sejam compensatórios. Então, decidindo implantar o edifício de escritórios e, adiante, concluindo que a decisão foi equivocada, porque o mercado de aluguéis está saturado de ofertas, dificilmente o empreendedor escapará de incorrer em prejuízos, muitas vezes expressivos.

Por esta razão, validar e hierarquizar alternativas de empreendimento é um procedimento no qual se deve aplicar toda energia e inteligência da empresa, usando métodos da melhor qualidade disponível, para fazer simulações com o objetivo de gerar informações capazes de conferir o maior conforto possível à decisão. Certeza não há como alcançar, mas é possível buscar baixa probabilidade de risco de desvios de comportamento.

Riscos de desvio de comportamento têm reflexo no resultado esperado do investimento. Então, quando se fala em riscos de um investimento, entende-se "risco caracterizado como volatilidade nos resultados do investimento".

Além de se valer de sistema de informação que tenha qualidade, quanto à capacidade de especular sobre o desempenho das alternativas de empreendimento em análise, parâmetros de comportamento do setor econômico devem estar disponíveis, para melhor entender cada negócio em estudo, diante das características disseminadas pelo mercado competitivo.

Entender cada negócio significa reconhecer binômios que associam resultado e riscos. Ou seja, como se supõe[1] que cada negócio em análise seja capaz de fazer crescer o poder de compra do empreendedor, multiplicando os recursos que imobilizou para desenvolver o empreendimento (rentabilidade), e como se arbitra que sejam os riscos que o empreendedor abraça para alcançar esse novo potencial de riqueza, que poderá lhe ser conferido pelo empreendimento (volatilidade da rentabilidade).

2.3.1. MEDIDOR DE RESULTADO

Neste capítulo, para avançar na discussão da atratividade e concluir a rotina de seleção e escolha de alternativas de empreendimento, dentre as oportunidades de investimento identificadas, devemos explorar o conceito de medidor de resultado, cujos aspectos técnicos mais aprofundados serão vistos adiante no livro.

Por que medidor de resultado?

- Porque a qualidade de um empreendimento (investimento) está associada à sua capacidade de produzir resultado e o critério de hierarquização de melhor sempre passará pelo conceito de comparar o resultado do investimento nas diferentes oportunidades em julgamento.
- Investir é imobilizar poder de compra nos ativos de um empreendimento – em real estate num edifício – almejando alcançar um poder de compra maior adiante. O poder de compra resultante de fazer o empreendimento será derivado da venda do produto, que entrega ao empreendedor recursos líquidos – retorno do investimento –, para os quais se identificará um poder de compra num momento posterior ao do investimento.
- Comparar o poder de compra do retorno com o do investimento, medindo resultado do investimento, que é a diferença de poder de compra do retorno para o do investimento, é a medida de resultado e é a mais direta e evidente para construir um critério de julgar a qualidade de um investimento.

---

[1] Na fase de planejamento trata-se de suposição, porque o resultado esperado é medido em procedimento de simulação do desenvolvimento do empreendimento.

Só um indicador numérico de resultado (medidor de resultado) será adequado para, dentre um conjunto de oportunidades de investimento em análise, hierarquizar sob o critério de melhor. Num primeiro passo de hierarquização, melhor será a alternativa que produz o melhor resultado, resultado esse medido por meio de um indicador que seja competente para cumprir com a finalidade de posicionar uma alternativa melhor acima de uma pior. Parece um paradoxo? Mas não é.

Vamos explorar a construção desse indicador passo a passo, tomando sempre duas alternativas para comparar e usando exemplos.

i) Se devemos comparar os resultados de duas alternativas de investimento, A e B, com o objetivo de indicar qual é a melhor, podemos medir, por simulação, o resultado absoluto que cada uma poderá oferecer ao empreendedor.[2] Resultado absoluto maior deveria indicar melhor. Entretanto se A produzir um resultado de 100, mas exigir 1.000 de investimento do empreendedor e B produzir, no mesmo intervalo de tempo, um resultado também de 100, para uma exigência de investimento de 100, parece que B não é igual a A, mas é melhor do que A, ainda que as duas produzam 100 de resultado absoluto. Pode-se argumentar que, se o empreendedor detiver a capacidade de investimento de 1.000 e houver disponibilidade de se fazer 10 negócios equivalentes a B, esses 1.000 podem auferir um resultado de 1.000 fazendo Bs, enquanto, no mesmo intervalo de tempo, se o empreendedor fizer A, encontrará um resultado de 100. Resultado absoluto não serve para hierarquizar sob conceito de melhor;

ii) Se medirmos a relação entre o resultado esperado (RES) e o investimento exigido pelo empreendimento (INV), a medida é de mais qualidade do que o resultado absoluto, porque permite, por exemplo, dizer que, no exemplo utilizado, B é melhor do que A. Para B $\frac{RES}{INV} = 100\%$, enquanto que para A $\frac{RES}{INV} = 10\%$, no mesmo intervalo de tempo.

Mas, ainda assim, não temos um indicador qualificado para construir a hierarquia de melhor, porque falta relacionar o tempo exigido para alavancar o poder de compra. Até aqui descartamos A em favor de B. Todavia, se B produz $\frac{RES_B}{INV_B} = 100\%$ em certo intervalo de tempo, mas houver uma oportunidade C, que produz $\frac{RES_C}{INV_C} = 100\%$ na metade do intervalo de tempo, poderíamos argumentar que, dispondo o investidor, ao final do ciclo de C, de uma capacidade de investimento equivalente a $\left[2 \cdot INV_C\right]$, se puder replicar C mais uma vez, para cobrir todo o intervalo de tempo que B demorou para produzir o resultado de 100% sobre o investimento, ao final desse segundo ciclo de C, o

[2] Uma medida de resultado absoluto está no balanço do empreendimento do Caso 1.1 do Capítulo 1 (linha 13 do Quadro 1.1).

empreendedor teria um poder de compra de $\{[2 \cdot INV_C] \cdot 2\}$, significando, numa leitura do intervalo global – 1. investimento = , para um 2. resultado de $\{[2 \cdot INV_C] \cdot 2\} - INV_C$, equivalente a uma proporção de $\frac{RES_{Cduplo}}{INV_{Cduplo}} =$ $= \frac{3 \cdot INV_C}{INV_C} = 300\%$. Podendo replicar C duas vezes, no mesmo intervalo de tempo em que ocorre B, C se configura como uma melhor alternativa de investimento do que B.

O indicador capaz de hierarquizar por critério de melhor resultado será uma medida de resultado, na sua proporção do investimento exigido, no intervalo de tempo necessário para produzir o resultado. Esse conceito remete ao que se denomina rentabilidade do investimento e a medida utilizada para hierarquizar é a taxa de retorno do empreendimento (TRE), cujos aspectos técnicos estão mostrados adiante no livro.

Alguns aspectos devem ser ressaltados quanto a essa medida, para a continuidade deste capítulo:

- mede-se a velocidade equivalente de geração de resultado sobre o investimento exigido, quando se descreve a taxa de retorno numa unidade de [% equivalente, num intervalo de tempo], por exemplo 20% equivalente ano, que significa que o empreendimento produz um ganho de poder de compra nessa equivalência (20%) em ciclo de ano;
- a comparação por meio de TRE não é perfeita, tendo em vista que diferentes empreendimentos têm ciclos diferentes de absorção de investimentos e devolução de retornos, que são homogeneizados quando a taxa é medida no conceito de equivalente numa unidade de tempo. O exemplo de B contra A e o de C contra B, que nos levou a inferir que C é a melhor oportunidade, impõe que existam tantos B quando desejados pelo empreendedor (10 Bs contra 1 A, na primeira rodada) e que C existe e pode ser replicado (2 ciclos de C contra um ciclo de B, na segunda rodada), que são hipóteses teóricas, formuladas para se construir um critério de medida, capaz de hierarquizar com conceito de "maior é melhor" - maior TRE, melhor é a alternativa. Se, no exemplo, o ciclo padrão for um ano, teríamos $TRE_A = 10\%$ equivalente ano, $TRE_B = 100\%$ equivalente ano e $TRE_C = 300\%$ equivalente ano. Entretanto A tem ciclo de um ano, B também, mas, para comparar, admitimos que existe a disponibilidade de fazer dez Bs e que C tem ciclo de seis meses, quando admitimos que o que C produziu em seis meses pode ser replicado por mais seis;
- as medidas de [investimento] e [retorno = resultado + investimento] são feitas em poder de compra da quantidade da moeda investida e da quantidade de moeda do retorno e não em quantidade de moeda, o que desqualificaria TRE como indicador de maior é melhor;

- maior e melhor pode ser um critério indesejável, quando duas oportunidades de investimento têm ciclos muito diferentes, porque a visão do reinvestimento adiante (quando o retorno acontecer), num cenário da economia que não é espelho da conjuntura de investimento pode levar o empreendedor a preferir prazos mais longos com menor TRE, do que prazos mais curtos com maior TRE. Esta é uma discussão para mais adiante no livro.

2.3.2. FRONTEIRAS DE RESULTADO

As alternativas de empreendimento são classificadas primeiramente segundo o critério de "rentabilidade maior, melhor". A medida da rentabilidade, feita por simulação, está associada à condição de que o comportamento do empreendimento no horizonte de geração de resultado acompanhe fielmente o comportamento que está disposto no cenário referencial, seja para as variáveis da estrutura do empreendimento (sistêmicas) como para as variáveis do ambiente econômico. A rentabilidade usada para hierarquizar leva em conta que custos, preços, prazos, inflação, velocidade de absorção do produto, curvas de custos e de recebimento de preços acompanharão o que está no cenário referencial.

Usar exclusivamente esta informação para decidir (etapa 5 da Figura 2.1) é desconfortável, porque a rentabilidade calculada está presa a uma condição rígida de comportamento. E se o comportamento flutuar, o que poderá ocorrer? Essa resposta se dá na análise de riscos do investimento, que corresponde a uma rotina de multiplicar a análise e fazer a mesma medida de rentabilidade em diferentes configurações de cenários estressados. A hierarquização se fará seguindo as medidas de rentabilidade no cenário referencial, associadas à descrição do espectro de distorção da rentabilidade, se desvios de comportamento ocorrerem até as fronteiras impostas nos cenários estressados.

Considera-se que, sem procurar por empreendimentos que constituam paradoxos na economia, é de se esperar, numa configuração equilibrada, que os de maior rentabilidade esperada (seguindo a simulação) devam ser mais arriscados. Ou seja, os empreendimentos que apresentam maior capacidade de fazer crescer a riqueza do empreendedor devem ser aqueles com maiores possibilidades de ter seu comportamento desviado da rota capaz de gerar esse crescimento de riqueza. Se assim não fosse, dir-se-ia que a economia é capaz de viver sob paradoxos, porque estaria equilibrada (oferta contra demanda), apresentando oportunidades de investimento mais rentáveis e menos arriscadas, sem que isso provoque uma corrida de investidores para esses negócios. Noutro sentido, também se diria que a economia é capaz de viver sob paradoxos, porque estaria equilibrada (oferta contra demanda), apresentando outras oportunidades de investimento muito arriscadas e de baixa rentabilidade, sem que isso provoque uma fuga de investidores nesses negócios.

Ao se admitir que o principal vetor que move a economia, e que serve tanto para disciplinar os seus movimentos quanto para provocar distorções é a avidez de riqueza presente nas decisões de investimento, certo equilíbrio, ainda que instável (sempre instável porque a avidez de riqueza pode superpor emoção e fantasias sobre a razão e a lógica), só será encontrado se oportunidades de investimento mais agressivas (probabilidade de desvios com maior impacto na rentabilidade) tiverem expectativa de rentabilidade mais elevada do que as oportunidades mais conservadoras (probabilidade de desvios com menor impacto na rentabilidade).

Aceitando que as diferentes oportunidades de investimento se engrenam segundo esta evidência, a hierarquização será feita segundo binômios [rentabilidade x riscos], para os quais devem-se considerar as fronteiras que estão descritas na Figura 2.2. Risco se descreve medindo a rentabilidade em cenários estressados. Desse modo, a régua principal (Figura 2.2) posiciona as alternativas em análise segundo a TRE medida com simulação de comportamento seguindo o cenário referencial, e a secundária plota o espectro de variação da TRE admitindo comportamentos segundo cenários estressados, cujos limites de estresse são impostos no planejamento, mas não significam barreiras intransponíveis. É importante entender que as fronteiras indicam posições de conforto quanto a distorções de comportamento possíveis, mas não limites, porque se assim fosse haveria sempre uma condição de investimento isenta de risco, que seria a do comportamento na fronteira intransponível. Se assim fosse, teria se constituído um paradoxo econômico, porque nessa posição a avidez de riqueza seria satisfeita sem risco, o que deve ser impossível, pois, existindo essa hipótese, a sociedade se conduziria irremediavelmente ao ócio.

Antes de escolher, algumas fronteiras do binômio [rentabilidade x riscos] devem ser estabelecidas pelo empreendedor, para servir de referência para o processo de hierarquização dos empreendimentos em análise (Figura 2.2).

Vale notar que é o empreendedor que impõe algumas das fronteiras, o que não faz parte dos procedimentos de planejamento. No mercado são evidenciadas algumas das fronteiras paramétricas, que devem ser aceitas por qualquer investidor, mas as mais relevantes para a decisão exigem que o empreendedor defina o que deseja como padrão de rentabilidade para mergulhar nos riscos de empreender em real estate. Desejar não leva a que o mercado se arrume (a demanda e a competitividade) para satisfazer o empreendedor. Se aquilo que a empresa deseja como rentabilidade para os seus empreendimentos não pode ser alcançado, porque o mercado rejeita (preços), ou a oferta competitiva abate (no sentido de serem praticados preços mais competitivos, que abatem a oportunidade de trabalhar com os preços que satisfazem a empresa), só resta sair do mercado.

O empreendedor é quem deverá tomar os riscos do empreendimento. Então, ele é o único que poderá definir quanto pretende de prêmio pelo risco; ou seja, quanta renda deseja para os seus investimentos, em cada patamar diferente de riscos. Algumas fronteiras na qual o empreendedor apoiará sua decisão são identificadas em mercado, já que o mercado não é exclusivo, havendo competição. O empreendedor traça as fronteiras, então, tendo em vista seus anseios e o que pode ser identificado como comportamento prevalente do mercado em que vai investir. Os mais conservadores situarão seus anseios próximos das fronteiras de mercado, significando que não se dispõem a fazer uma concorrência vigorosa, aceitando situar-se ao redor da média e os mais agressivos desenharão fronteiras de rentabilidade desejada mais acima do que o mercado apresenta como comportamento prevalente, dispondo-se a disputar mercado para alcançá-las.[3]

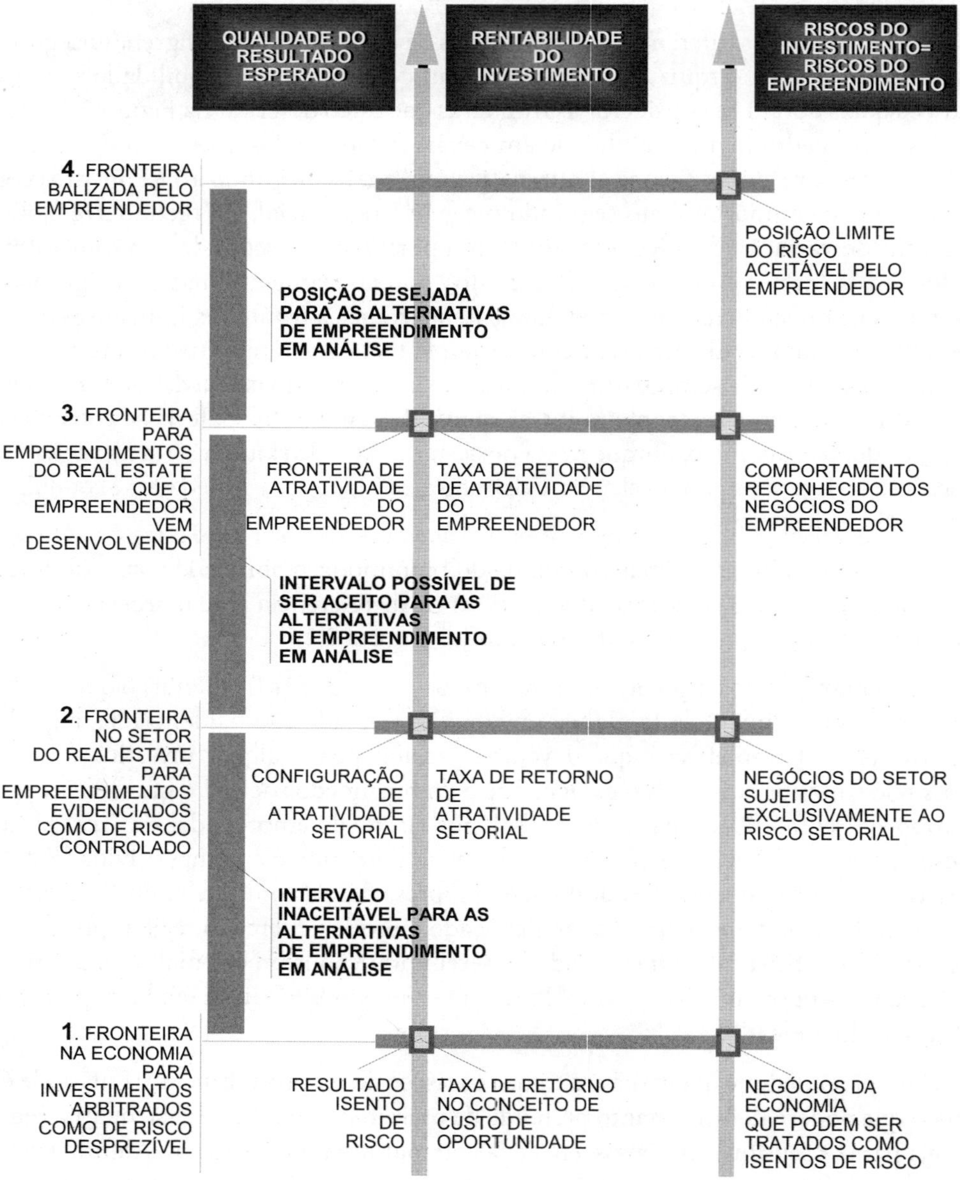

Figura 2.2 – Qualidade do investimento: renda e riscos.

---

[3] Ressalva-se sonhos. Ser agressivo é considerar possibilidades e armas para alcançar condições mais favoráveis, mesmo que de maior risco – não é somente desejar mais.

O que representam as fronteiras da Figura 2.2?

1) Fronteira na economia para investimentos de risco desprezível. Essa fronteira se caracteriza pela identificação de quanto poderão render investimentos aplicados pelo empreendedor dentro da economia e fora do setor do real estate, naqueles negócios que o empreendedor admite isentos de risco.

   Este é um patamar da economia, não do setor. Trata-se de identificar os investimentos mais protegidos na economia, que, muito provavelmente, se situam fora do real estate.

   Todo investimento tem riscos, mas cada investidor pode arbitrar que determinados investimentos têm riscos tão pequenos que ele despreza, e, ao encontrar essas oportunidades de investimento, define um padrão de rentabilidade, que se denomina de custo de oportunidade (*risk free rate* ou *risk free return* na terminologia internacional), que é a melhor renda que ele poderá alcançar aplicando seus recursos num desses vetores isentos de risco. Em algumas situações, para as quais se pretende definir um "padrão isento de risco" e o investidor não está aparente, é válido, no planejamento, usar a renda dos títulos públicos de longo prazo como custo de oportunidade.

   Os demais patamares de renda que o empreendedor usará para decidir podem ser configurados seguindo binômios que indicam o "prêmio do risco". Ou seja, a toda posição de maior risco deverá corresponder um diferencial de rentabilidade para a fronteira isenta de risco, capaz de estimular o investimento. Analisando o comportamento do mercado, percebe-se que o conjunto dos investidores acaba por construir fronteiras de atratividade, nas quais o consciente coletivo impõe as marcas de aceitação dos diferentes tipos de negócios. Considera-se que os prêmios deverão refletir a imagem que o mercado faz dos riscos de cada segmento (ou nicho) de mercado, até que seja encontrada uma conformação de equilíbrio, da qual são derivados parâmetros de comportamento da competição, por exemplo, preços dos terrenos, preços de venda de unidades, patamares de locação, especificação de produtos, cuja implicação está no nível de custos para construir, e prazos de financiamento do preço. Ou seja, sistemicamente, é possível identificar no ambiente de mercado fronteiras de relacionamento [rentabilidade x riscos] que servem como balizadores da decisão de empreender.

   Ninguém pode substituir o investidor na escolha da sua fronteira isenta de risco, mas este poderá fazer uma leitura de mercado para compreender como o conjunto da competição se comporta. Seguindo para outras fronteiras, a mesma situação se repetirá.

2) Fronteira no setor de real estate para investimentos evidenciados de risco controlado. Há negócios no real estate cuja estrutura pode ser concebida de forma que os resultados sejam afetados por movimentos de mercado, mas não pelo desempenho particular do empreendedor na sua implantação. Esses negócios,

de risco controlado, ainda que submetidos aos riscos do ambiente, permitem a identificação de uma fronteira que marca o início do intervalo dentro do qual o investidor poderá aceitar um empreendimento. A posição de rentabilidade nesta fronteira será identificada como a de atratividade setorial, pois resulta de uma configuração marcada somente pelos riscos do ambiente.

Em princípio, não será interessante investir em negócios cujos padrões de rentabilidade estejam entre o custo de oportunidade e a taxa de atratividade setorial.

3) Fronteira para empreendimentos do real estate que o empreendedor vem desenvolvendo. Cada investidor conhece sua história. Conhece como seus investimentos vêm sendo remunerados e os riscos que vem correndo para alcançar suas rendas. Sua história define, então, seus binômios [rentabilidade x riscos], meta que para os conservadores representa um alvo e para os agressivos representa um piso.

   Numa postura de decisão conservadora é possível aceitar empreendimentos no intervalo [2 – 3] enquanto numa postura agressiva só serão aceitos empreendimentos posicionados acima do patamar [3] de rentabilidade esperada.

   O desejável, a se considerar que a empresa deve manter uma atitude agressiva quanto a ganhar eficiência, é que os empreendimentos tenham, na história da empresa, um caminhar para cima da fronteira [3], na rentabilidade. Entretanto, como o mercado não é elástico e como os padrões de comportamento de um empreendimento estão sujeitos aos contornos construídos pela competição, ser competitivo e aumentar os padrões de rentabilidade exige da empresa ganhos contínuos de eficiência, que podem ser bloqueados, ou ter a sua intensidade sensivelmente reduzida, por razões estruturais, de mercado, ou da própria inserção econômica de cada empreendimento.

4) Esta fronteira é definida com base na identificação da condição de risco aceitável, que é uma condição de comportamento que acompanha um cenário referencial agressivo, sem desvios.

   Significa dizer que a taxa de retorno a ser plotada no eixo da rentabilidade é a maior que a empresa vislumbra poder alcançar nos investimentos do setor. Essa hipótese se verificará quando a empresa desenhar uma configuração agressiva de comportamento, que corresponde ao cumprimento integral, sem desvios, das metas de um cenário referencial agressivo, com a combinação de custos controlados, preços sem perda, prazos certos, velocidade de vendas agressiva e ambiente econômico em harmonia (inflação, crédito, competitividade etc.).

2.4. A HIERARQUIZAÇÃO E A ESCOLHA

Usemos a Figura 2.2 com suas fronteiras. Quando se analisa um conjunto de empreendimentos, cujo objetivo é hierarquizar, segundo um critério de melhor, e escolher, o que se vai encontrar, na maioria das situações, num segmento de mercado onde não se percebem distorções entre oferta e demanda, nem vantagens competitivas muito acentuadas em favor ou contra o empreendedor, é que os empreendimentos listados acompanham as réguas de rentabilidade e risco, posicionando-se de forma equilibrada, como mostra o exemplo da Figura 2.3.

Nessa Figura 2.3, o empreendimento A seria descartado e os empreendimentos B, C, D, E e F seriam validados para escolha, numa hierarquização que privilegiasse a qualidade do resultado esperado, sempre que as configurações de risco estivessem equilibradas com a expectativa de resultado. Ou seja, sempre que o prêmio do risco for aceitável, a hierarquização, com privilégio em resultado, seria a da figura.

Admitindo que o decisor pretenda construir um portfólio de negócios e que só tem capacidade de investimento para três empreendimentos, o descarte de dois deles não é automático, nem pode ser estabelecido em rotina de planejamento. Descartar F e E não é automático, porque é decisão, não rotina de planejamento. Quem deve fazer o descarte é o empreendedor, que vai tomar riscos e que pode privilegiar fazer a composição de riscos de seu portfólio de empreendimentos com diferentes alternativas de viés de agressividade.

Ao planejador não cabe decidir, porque não é ele que investe. Quando se trata de decidir sob riscos, o planejamento termina sua tarefa expondo os binômios [rentabilidade x riscos], e o decisor, que vai investir, deve desenhar sua condição de conforto e decidir.

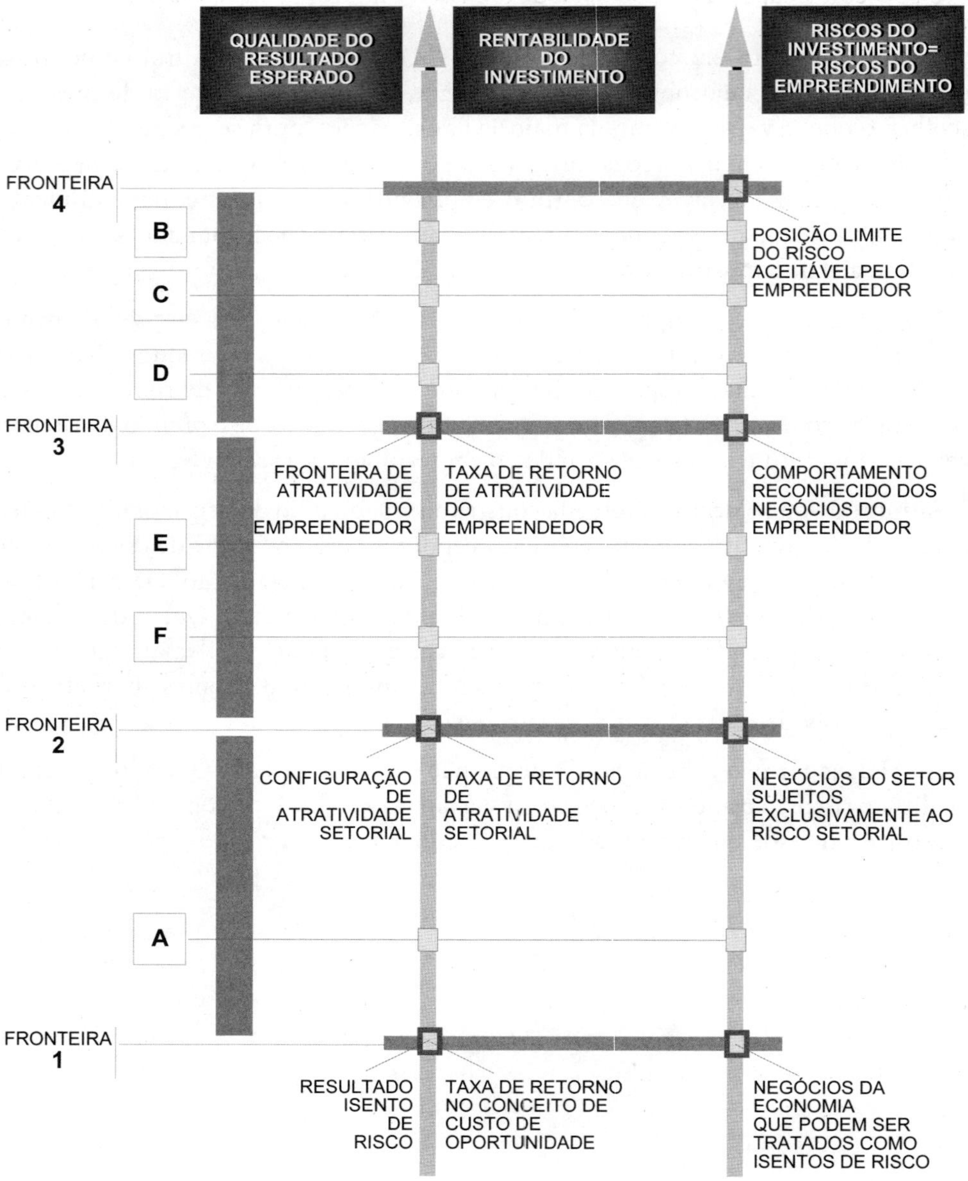

Figura 2.3 – Hierarquização de empreendimentos considerando renda e riscos em configurações equilibradas.

Desta forma, várias escolhas são válidas, conforme seja o viés de risco do decisor. Viés de risco não pode ser entendido como capacidade ou vontade de apostar para ganhar mais. Quando se fala de empreender em longo prazo, como no real estate, deve-se medir a capacidade gerencial de monitorar fatores de risco e as alternativas de mitigar outros riscos e é função dessa avaliação que se conforma o viés da decisão, mais conservadora ou mais agressiva. Exemplo: se o decisor pode contratar a implantação de empreendimento pagando preço empreitado compatível com uma rentabilidade que o atrai, quanto aos custos estarem acima do orçamento, seu risco se concentra no empreiteiro e nas proteções que constem do contrato firmado. Se, ao contrário, trabalhar com o custo aberto, sob administração, já ficará submetido a outro nível de riscos, mas com chance de que o custo final seja menor do que aquele preço empreitado. Quando comparadas, a primeira atitude gerencial é conservadora e a segunda, agressiva.

Vislumbrando os parâmetros dessa hierarquização:

i) D-E-F se apresenta como o portfólio mais conservador;

ii) B-C-D é o mais agressivo;

iii) enquanto B-E-D ou C-D-F são portfólios que buscam riscos equilibrados. Nenhum portfólio é tecnicamente melhor ou pior que outro. Cabe ao decisor orientar a escolha, visualizando os riscos que pretende correr e a repercussão destes na sua estratégia empresarial e na remuneração dos capitais alocados para desenvolver os negócios.

Poderão ocorrer situações de franco desequilíbrio das alternativas de negócio analisadas, que são indutoras da decisão, mas, ainda nesses casos, a decisão sob risco é do empreendedor e foge do ambiente do planejamento.

Admitamos, agora, a Figura 2.4, na qual alguns empreendimentos oferecem rentabilidade desequilibrada para os níveis de risco que apresentam. Para escolher uma única alternativa de investimento, o decisor pode descartar Y em favor de Z, tendo em vista o desequilíbrio dos riscos, como tudo indica que aceitaria prontamente fazer X contra Z, porque oferece um prêmio relativamente alto para um risco relativamente baixo. Todavia, mesmo aquilo que parece mais evidente, que é aceitar X, não traz uma condição de certeza – riscos permanecem e se ocorrerem desvios de comportamento do empreendimento no seu ciclo operacional acontecerá uma quebra de qualidade, relativamente ao que se espera. Enfatizando: aceitar qualquer situação é responsabilidade de quem vai correr riscos, não é conclusão técnica do planejamento.

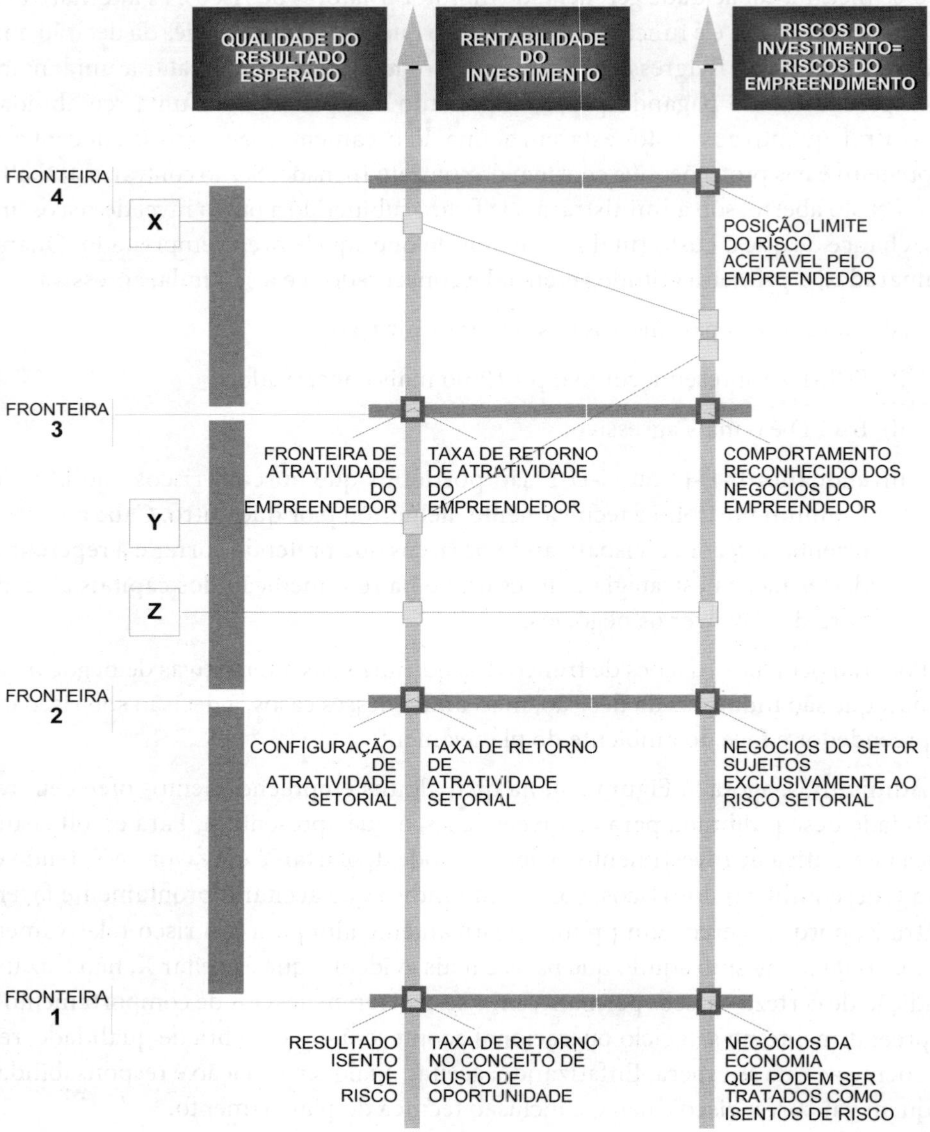

Figura 2.4 – Hierarquização de empreendimento considerando renda e riscos em configurações desequilibradas.

Sintetizando: a decisão de escolha se faz pela aceitação, unicamente pelo empreendedor, dos riscos que deverá correr para alcançar um determinado resultado, sendo o sistema de planejamento responsável por analisar o conjunto das alternativas disponíveis, com o objetivo de identificar os binômios [rentabilidade x riscos] e outros indicadores financeiros e de segurança que o decisor exigir para explorar, com o objetivo de compor seu portfólio de investimentos. Em geral, a qualidade se mede pela rentabilidade esperada, sendo os riscos descritos por meio de informação que espelha a intensidade de desvios que podem ocorrer nos indicadores financeiros, econômicos e de segurança, quando o comportamento do empreendimento foge do cenário referencial, para se aproximar de padrões descritos em cenários estressados. Muitas vezes a não validação para escolha se origina nos riscos de composição do funding (financeiros) e não na sua repercussão econômica (rentabilidade dos investimentos aplicados no empreendimento). Exemplo: um empreendimento pode apresentar impacto aceitável na rentabilidade, caso os custos de implantação estejam acima do orçamento em certo patamar, mas esse agregado de custos pode representar um esforço de investimento que o decisor não aceita, ou até não é capaz de fazer. Nesse caso, o risco lido do ponto de vista financeiro é que invalida a escolha do empreendimento.

2.5. A QUESTÃO DE COMO EXPRESSAR OS RISCOS

Os riscos no desenvolvimento de um empreendimento existem porque as decisões são tomadas diante de expectativas e não de certezas de comportamento. Essas expectativas de comportamento é que permitem, no ciclo de planejamento, fazer medidas simuladas de desempenho, que levam aos indicadores usados para mostrar a qualidade do empreendimento. O processo de simulação implica a construção de cenário referencial, que faz a imagem de comportamento de um conjunto de variáveis no ciclo operacional do empreendimento. Essas variáveis, quando o empreendimento efetivamente estiver em operação, poderão fugir do comportamento esperado, desviando a qualidade para pior do que o esperado. Esta possibilidade é que configura que os investimentos têm riscos na sua natureza.

Sintetizando: os investimentos têm riscos, porque as decisões de fazer são tomadas usando padrões de comportamento e desempenho esperados, que podem não se concretizar, na medida em que o empreendedor não é capaz de deter totalmente o controle do comportamento das variáveis estruturais e sistêmicas (do ambiente de mercado e da economia) que interferem na operação.

Riscos são descritos, não medidos. Se fosse possível medir riscos, para, por exemplo, dizer que um "indicador de risco" está em 100, mas que em nenhuma circunstância poderá ser menor do que 90, então seria possível afirmar que o patamar de 90 representa uma certeza, consequentemente uma configuração isenta de riscos. Essa certeza não existe, pois estaria vinculada a uma condição operacional na qual o empreendedor tivesse total controle sobre o comportamento de variáveis como preços de mercado, velocidade de venda de produtos, capacidade de pagamento do mercado-alvo, comportamento da taxa de inflação, comportamento da taxa de juros e todas as demais variáveis macroeconômicas que interferem nas relações de troca nos mercados.

Entretanto, fazer a imagem de riscos somente de uma forma descritiva não oferece ao decisor informações que facilitem a decisão. Ao contrário, a mera enunciação dos riscos de desvios de comportamento e desempenho, sem uma indicação da sua repercussão na qualidade do investimento, pode deixar o decisor sem condições até de reconhecer meios de gerenciamento ou proteção, para mitigar o efeito dos riscos de maior impacto. É necessário, portanto, fazer medidas, que na linguagem dos negócios se denomina de medida de riscos, mas que, na realidade, se tratam de medidas do impacto de desvios de comportamento e desempenho, sobre os indicadores da qualidade. Acaba-se por dizer, de forma quase imprópria, que a medida dos riscos é a medida da intensidade de desvio dos indicadores da qualidade, avaliando o comportamento do empreendimento segundo cenários estressados.

Por que essa versão usada no ambiente de negócios é, de certa forma, imprópria? Porque transmite a imagem de que é possível medir fronteiras que os desvios não ultrapassarão. Essas fronteiras de desvio dos indicadores estão associadas diretamente a quanto de estresse se impõe no planejamento, como fronteira de comportamento e desempenho das diferentes variáveis operacionais. Quanto mais se impuser de desvio de comportamento, mais desvio nos indicadores se medirá.

A rotina para fazer a medida dos desvios é a seguinte:

i) produzir as medidas dos indicadores da qualidade do investimento associadas ao comportamento e desempenho esperados do empreendimento que figuram no cenário referencial;

ii) desenhar cenários de comportamento estressado por meio de arbitragens sustentadas por dados estatísticos conhecidos e confiáveis e por avaliações de caráter macroeconômico, quanto ao andamento da economia no ciclo operacional do empreendimento. Esse passo deve permitir conclusões sobre cenário mais conservador e mais agressivo, mas deve ser claro o entendimento de que não representam fronteiras, que não poderão ser superadas – indicam somente posições que, em planejamento, se arbitra como de difícil ultrapassagem;

iii) medir, por meio de modelos apropriados, o que acontece com os indicadores do empreendimento caso o comportamento e desempenho das variáveis operacionais se alterar, flutuando entre a fronteira agressiva e a conservadora, em diferentes cenários estressados;

iv) mostrar, assim, os riscos a partir dessas imagens de desvios dos indicadores, acentuando que as medidas de desvio são associadas a que as variáveis não fujam dos parâmetros impostos nos cenários de fronteira de estresse.

Muitas vezes é conveniente medir o que se denomina capacidade de suporte, que também é um indicador de boa qualidade para instruir a decisão de empreender sob risco. Na medida da capacidade de suporte, o que se faz é identificar qual cenário estressado leva cada indicador ao limite que o empreendedor ainda aceita como válido.

Por exemplo, na Figura 2.3 o empreendimento C apresenta uma expectativa de rentabilidade acima da atratividade setorial e mesmo acima da atratividade arbitrada pelo empreendedor, caso seu comportamento se situe no cenário referencial. Analisar a capacidade de suporte seria medir sob que cenários conservadores a expectativa de rentabilidade de C se posicionaria exatamente naquelas duas fronteiras. Quanto maiores forem as distensões de comportamento e desempenho necessárias para fazer o indicador migrar para aquelas fronteiras, menor é o risco do empreendimento e, caso pequenas variações de comportamento sejam responsáveis pelo movimento do indicador até a fronteira, essa configuração mostrará uma condição de risco elevado em desenvolver o empreendimento.

Tomando o exemplo da análise dos riscos, feita por meio da medida de impacto de desvios de comportamento (do cenário referencial para cenários estressados) no indicador de rentabilidade, os empreendimentos da Figura 2.5 terão o risco descrito como ali está considerado e este é o limite da rotina de planejamento.

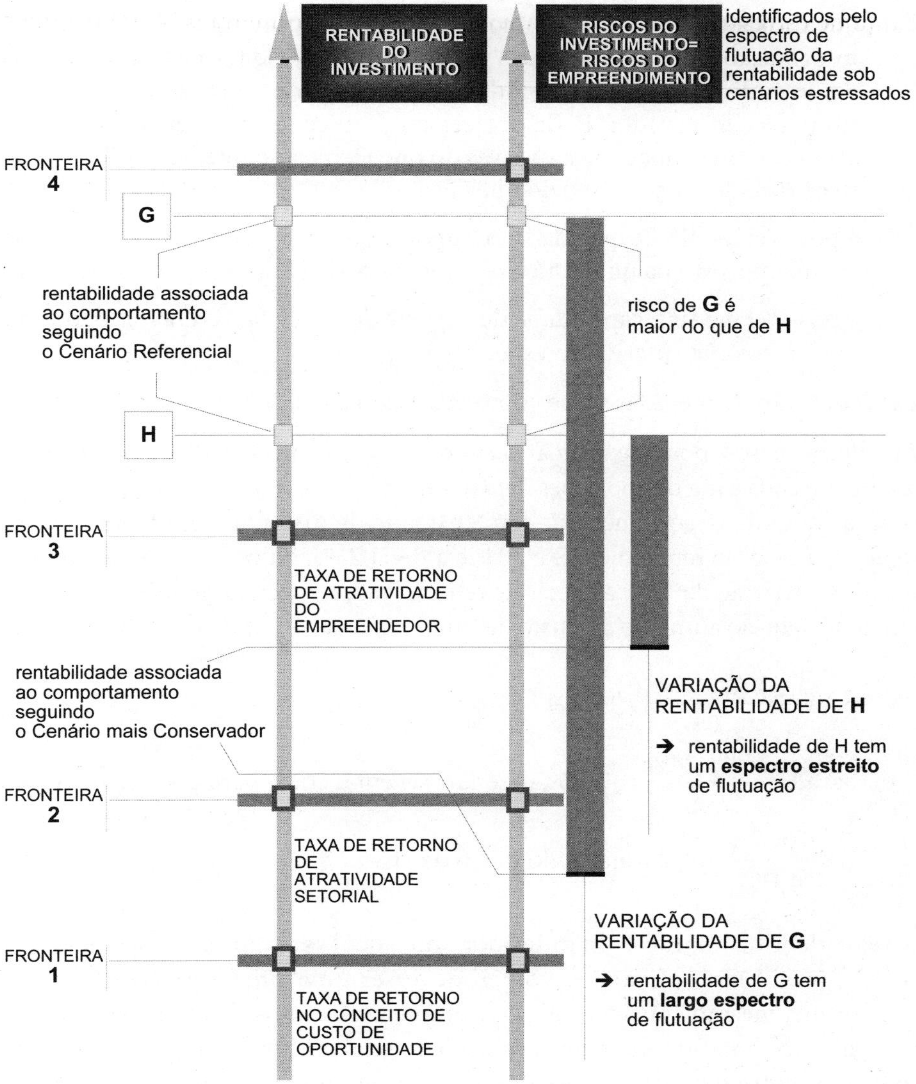

Figura 2.5 – Ilustração dos riscos dos empreendimentos.

A leitura da análise de riscos da Figura 2.5 será:

i) com comportamento e desempenho seguindo as expectativas do cenário referencial, a rentabilidade proporcionada pelo empreendimento G é maior do que aquela de H. Numa condição equilibrada de mercado e da economia, é de se esperar que G seja mais arriscado do que H;

ii) desenhando cenários estressados e explorando o desempenho dos empreendimentos, encontramos um espectro dentro do qual se situará a rentabilidade, mais longe da posição do cenário referencial, quanto maior for o desvio de comportamento;

iii) na posição mais conservadora, a rentabilidade de G é menor do que a de H, o que indica ser G de maior risco do que H. Isso porém não é definitivo como informação, porque essa figura não mostra a velocidade de migração nos dois empreendimentos da rentabilidade esperada para a posição inferior no cenário mais conservador. Pode ocorrer que, em cenários intermediários, G seja atingido com impactos mais leves do que H, mesmo que, na posição limite, H se mostre de menor risco do que G;

iv) é possível medir a capacidade de suporte que leva a rentabilidade de G para a mesma posição na qual está a rentabilidade de H no seu cenário referencial;

v) é possível medir a capacidade de suporte de G que faz a rentabilidade equivalente à posição inferior do espectro de H.

Esse conjunto de medidas serve como descrição do risco.

Em alguns casos, pode-se indicar o risco por meio da intensidade de distorção do indicador até cada uma das posições dentro do espectro e dar para cada cenário estressado uma "nota de risco", que seria a intensidade da distorção. Exemplo: no cenário referencial, a taxa de retorno de G é 30% e a de H 25%. Num cenário de aumento de custos de construção de 10%, as taxas de retorno vão, respectivamente para 25% e 24%. O risco associado ao aumento do custo de construção nesse patamar de 10% seria, então:

- para G $\frac{30\% - 25\%}{30\%} = 16,7\%$ e
- para H $\frac{25\% - 24\%}{25\%} = 4,0\%$, dizendo-se, então, que, para esse efeito, o risco de G é $\frac{16,7\%}{4,0\%} = 4,2x$ maior do que o de H.

A velocidade de migração do indicador, sob o qual se examina o risco de empreendimentos, para hierarquizar e escolher, deve ser uma preocupação na análise de riscos, porque, mesmo considerando que empreendimentos de um mesmo segmento de mercado devem apresentar uma velocidade equivalente na migração dos valores do indicador entre o cenário referencial e a posição mais conservadora, as curvas de migração não são linhas retas.

As técnicas e modelos de análise de investimentos estão em constante evolução, especialmente no real estate. Já se trabalha com indicadores mais complexos e avançados sobre riscos, que, por meio de curvas de sensibilidade, mostram imagens que permitem comparar riscos. Usando proxy(ies) como indicador(es) genérico(s) de quebra de comportamento e desempenho, é possível desenhar curvas da rentabilidade esperada associada a condições de quebra de comportamento e desempenho, como está exemplificado no Gráfico 2.1. Por essas curvas é possível comparar configurações de risco e medir cenários estressados que equilibram a qualidade de diferentes empreendimentos.

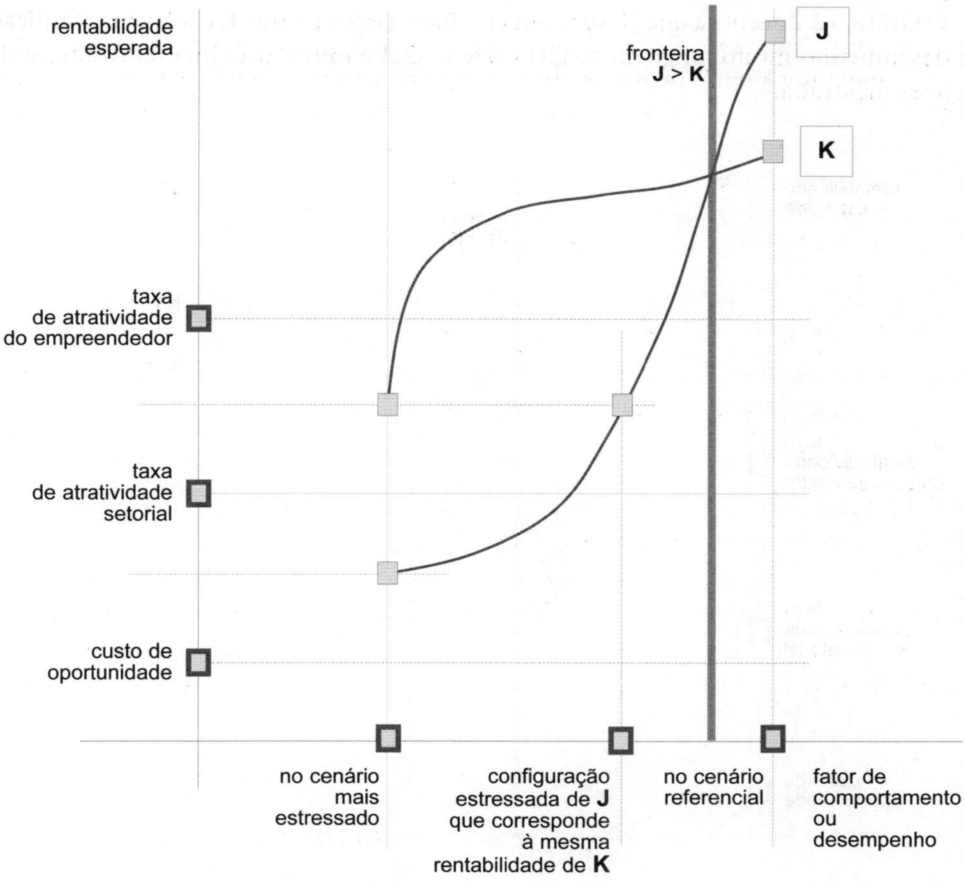

Gráfico 2.1 – Curvas de sensibilidade para leitura do risco comparado entre dois empreendimentos.

No Gráfico 2.1:

- no cenário referencial, a rentabilidade de J é maior do que a de K. Isso sugere que o risco de J seja maior do que o de K;

- estudando o comportamento dos empreendimentos seguindo uma família de cenários estressados, até uma fronteira (cenário mais estressado), percebe-se que o risco de J é maior do que o de K, porque a velocidade de migração da rentabilidade da posição cenário referencial até a fronteira é mais alta, além do que, no cenário mais estressado, a rentabilidade de J está abaixo da taxa de atratividade setorial. Mas a escolha poderia ser fazer J, desde que o empreendedor fosse capaz de implementar meios de mitigações de riscos, que o deixassem confortável quanto à possibilidade de que o comportamento não saísse da fronteira J > K indicada.

O Gráfico 2.2 acentua que J1 apresenta maiores riscos do que K1 sob uma condição de desempenho muito longe do cenário referencial e muito próxima da fronteira de estresse arbitrada.

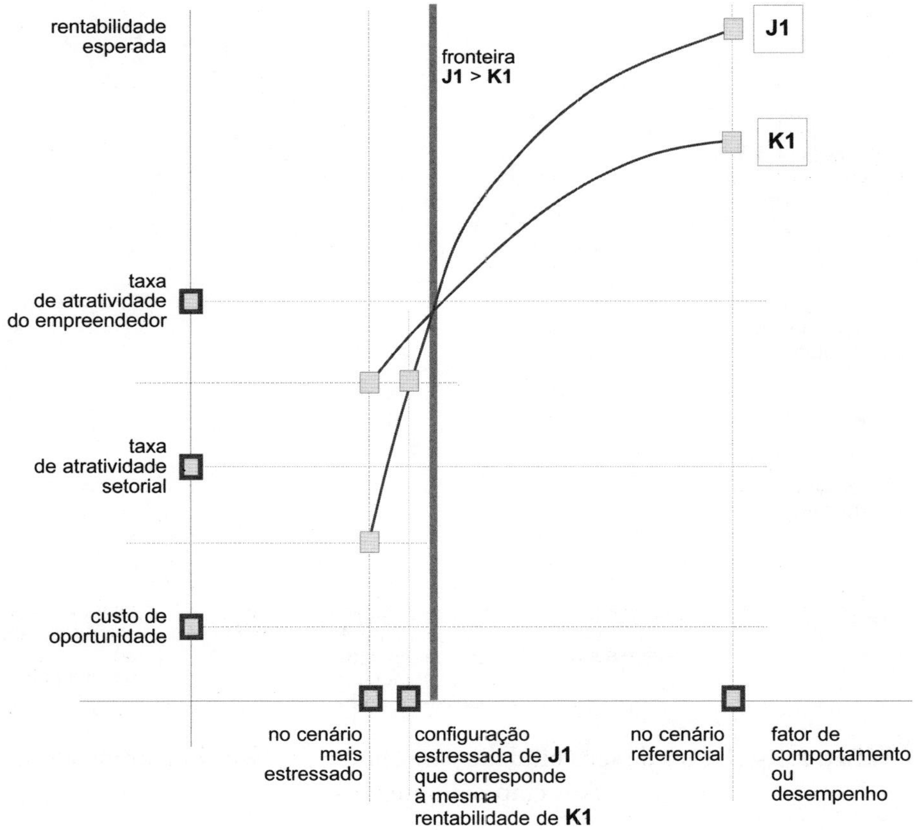

Gráfico 2.2 – Curvas de sensibilidade para leitura do risco comparado entre dois empreendimentos.

Numa visão abrangente, desde a fronteira de estresse até o cenário referencial, J1 é mais arriscado do que K1. Entretanto, as curvas de sensibilidade ao risco representam informação de mais qualidade do que meramente as duas posições limite (Figura 2.5). Da informação no Gráfico 2.2, o empreendedor pode concluir que é adequado tomar os riscos de J1 contra desenvolver K1 e, então, tomar medidas de gerenciamento para mitigar a hipótese de que J1 tenha seu comportamento distorcido para abaixo da fronteira J1 > K1.

Curvas de sensibilidade, além de convenientes para análise de riscos comparados, são úteis também no gerenciamento do empreendimento, porque mostram zonas de maior sensibilidade à quebra de comportamento e desempenho, que indicam a necessidade de se instalar sistemas mais agressivos de controle de metas. No Gráfico 2.3 ilustramos zonas de impacto diferenciado de quebras nos empreendimentos L e M.

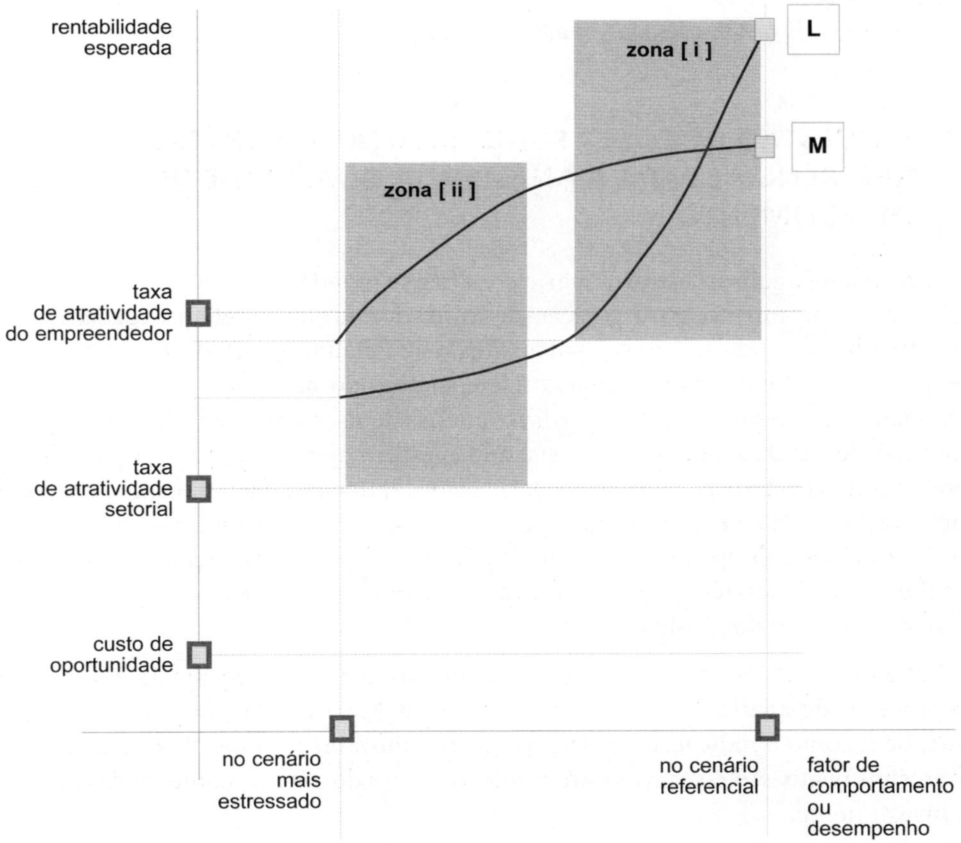

Gráfico 2.3 – Curvas de sensibilidade, para identificação de zonas de maior impacto de desvios de comportamento.

Explorando o Gráfico 2.3, identificamos que o comportamento na zona [i] sugere a instalação de sistemas mais agressivos de controle em **L** do que em **M**, sendo que na zona [ii] a sugestão é ao inverso.

Quando se descreve sensibilidade a quebras de comportamento, deve sempre ser ressaltado que a mudança de comportamento para pior não se deve a causas idênticas em cada empreendimento.

Ou seja, as curvas desses gráficos não mostram que é equiprovável uma quebra até qualquer ponto das curvas. No Gráfico 2.3, por exemplo, pode ocorrer que, mesmo sendo mais acentuada a queda de rentabilidade de L na zona [i], a estrutura do empreendimento e a sua inserção de mercado sejam mais sólidas do que a de M, de sorte que será lícito esperar a possibilidade de acontecer a quebra mais acentuada de M, mesmo com menor impacto do que seria em L. Ou seja, não é exclusivamente porque um empreendimento sofre mais que outro com um determinado nível de quebra que este é de maior risco. O risco está associado à probabilidade de ocorrer a quebra, não somente à intensidade do seu impacto. Por esta razão sempre se deve dizer que medidas e imagens gráficas sobre riscos indicam tendências, mas não medem riscos.

2.6. A QUESTÃO DE COMO FUNDAMENTAR O CENÁRIO REFERENCIAL PARA A ANÁLISE DA QUALIDADE DO INVESTIMENTO

A rotina de analisar, hierarquizar e escolher se prende a procedimentos de simulação em planejamento, para geração de indicadores, que refletem expectativas de desempenho. Os indicadores são calculados e vinculados ao estado das variáveis de comportamento expostas no cenário referencial usado para medir os indicadores e nos cenários estressados usados para fazer análise de riscos. Indicadores não representam verdades de desempenho que deverão necessariamente ocorrer, porque cenários apresentam expectativas, não predições de comportamento. Exemplo: i. orçamento de implantação está no cenário como expectativa de custos; ii. custos serão evidenciados somente ao final da implantação do empreendimento, sendo que o orçamento representa a melhor (no sentido técnico) expectativa que se pode lançar na fase de planejamento sobre o valor final dos custos.

Entender a relação entre expectativa e probabilidade de ocorrência está no *core* do processo de analisar e decidir, razão pela qual as medidas de risco e sensibilidade, bem como a indicação de sistemas de monitoramento no ciclo operacional do empreendimento, são essenciais para o entendimento do grau de conforto das decisões de investimento.

Os cenários de comportamento contêm expectativas que podem ser divididas em dois grandes conjuntos: i. o das variáveis estruturais do empreendimento; e ii. o das variáveis do ambiente. Os sistemas de planejamento constroem cenários para os dois conjuntos, com diferentes margens de desvio esperado e usando bases muito diversas.

Enquanto é possível lançar expectativas de comportamento de variáveis estruturais usando a referência estatística de comportamentos observados, no caso das variáveis do ambiente isso não acontece. Um orçamento de custos de implantação, por exemplo, contém expectativas estruturais e outras de mercado. A produtividade esperada na produção dos diferentes serviços de obra usa referências do passado, para ser lançada no cenário. Os preços dos insumos, já do ambiente da economia, tem que ser lançados com outro critério, sendo que comportamentos passados podem até induzir um viés na arbitragem que deve ser feita no planejamento sobre a expectativa do futuro, mas dificilmente a informação sobre o passado servirá de fundamento para traçar expectativas de preços adiante.

O conjunto das variáveis do ambiente é que mais afeta os indicadores da qualidade, no sentido de deixar o desempenho vulnerável a eventos fora da capacidade de monitoramento do empreendedor. Preços do futuro, evolução da inflação, comportamento da demanda, velocidade de vendas, capacidade de pagamento do mercado-alvo no futuro, são exemplos de variáveis do ambiente, que deverão estar presentes em qualquer cenário de planejamento em real estate, tanto no cenário referencial, quando nos cenários estressados. No planejamento, lançar uma expectativa sobre o comportamento dessas variáveis exige que se faça uma arbitragem aberta sobre o andamento da economia no horizonte do empreendimento, que, para real estate pode ser de prazo médio para longo – três anos para implantar, mais um para vender empreendimentos imobiliários, ou vinte para operar empreendimentos de base imobiliária são extensões muito comuns.

Na prática, esses dados de comportamento esperado devem ser entendidos como fruto puro da arbitragem do planejamento, cuja sustentação não se faz pela projeção de dados históricos, procedimento que não tem o menor valor em análise econômica.

Reconhecer o andamento da economia e dos mercados no passado pode permitir levantar evidências e fazer vínculo delas com fatos econômicos ou políticos, bem como associar essas evidências a comportamentos dos mercados, para os quais se pode inferir certa tendência de previsibilidade, no sentido de que venham a se repetir, em ondas. Por exemplo, são muito conhecidos os estudos vinculados com a ocorrência dos ciclos de mercado em real estate, cujas referências nos últimos 15, 20 anos[4] mostram uma tendência que acompanha a da Figura 2.6, quando medida para nichos específicos de mercado, havendo também evidências de que não se pode considerar que curvas de mesma imagem e ciclo acontecem dentro de um contexto macroeconômico[5]. Ou seja, essas evidências já medidas sugerem que não é correto traçar cenários macroeconômicos para o real estate, mas para mercados com fronteiras onde se evidencia a competitividade,[6] o que se percebe inclusive em alguns estudos do mercado norte-americano, nos quais se mostram curvas como a da Figura 2.6 denotando em cada marca nomes de

4 Não há estudos para ciclos mais longos.

5 Exemplo: i. uma certa região e um certo produto têm a imagem da curva em certa economia; ii. mas, no mesmo ciclo, outra região e/ou outro produto podem ter uma imagem oposta. As duas sobrepostas mostrariam equilíbrio para aquela economia, o que seria falso.

6 Exemplo: mercado de escritórios na região da Av. Paulista em São Paulo não tem grau de comparação com mercado de escritórios em Brasília, ainda que as duas regiões estejam inseridas no contexto da economia brasileira e que uma parcela do seu comportamento seja caudatário de ocorrências no âmbito global da economia.

cidades, cujos mercados, no mesmo momento histórico, se encontram em diferentes pontos da curva.

Entretanto, levantar evidências somente pode sugerir formatos de cenários para o futuro com conformação equivalente, sempre que existam premissas capazes de sustentar essa hipótese. Não é a mera existência de um ciclo no passado que impõe a sua repetição no futuro e há inúmeros casos nos mercados que derrubam qualquer tentativa de afirmar que a economia, nos seus diversos segmentos, passa por ciclos que se repetem com a mesma forma, ou periodicidade.

Isso significa que o desenho dos cenários, no que diz respeito às variáveis do ambiente, deve ser feito anotando as evidências do passado, como lição, mas não estendendo essas evidências para o futuro, como se aí se representasse uma lei da natureza.

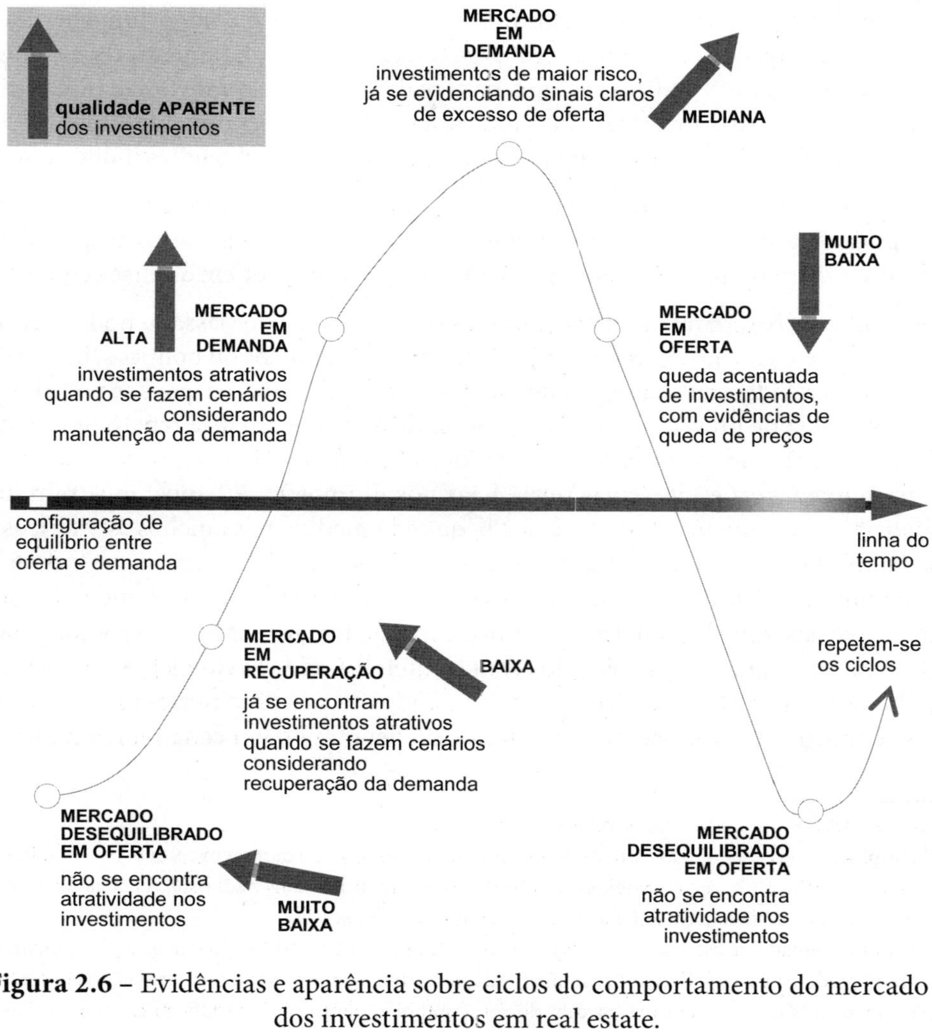

Figura 2.6 – Evidências e aparência sobre ciclos do comportamento do mercado e dos investimentos em real estate.

Diante desse quadro, o traçado dos cenários no planejamento e os princípios que se utiliza para esse procedimento, com o objetivo de medir indicadores da qualidade esperada dos investimentos, que sejam capazes de sustentar decisões com certo grau de conforto, está no centro nevrálgico da identificação da qualidade do próprio sistema de planejamento. Tem mais qualidade um cenário arbitrado no planejamento, cuja sustentação é apresentada por argumentos defensáveis, do que outro que apresente simplesmente o futuro como um reflexo do passado, ou, pior ainda, da conjuntura do momento da decisão.

O que muito se vê em planejamento, e isso deve ser criticado com rigor, é a hipótese de replicar para o futuro a conjuntura do momento no qual se desenha o cenário. Aceitando as evidências da curva da Figura 2.6, errado é desenhar um cenário referencial a cada momento, como se aquela configuração evidenciada se perpetuasse, aparecendo cenários como ilustrado na Figura 2.7.

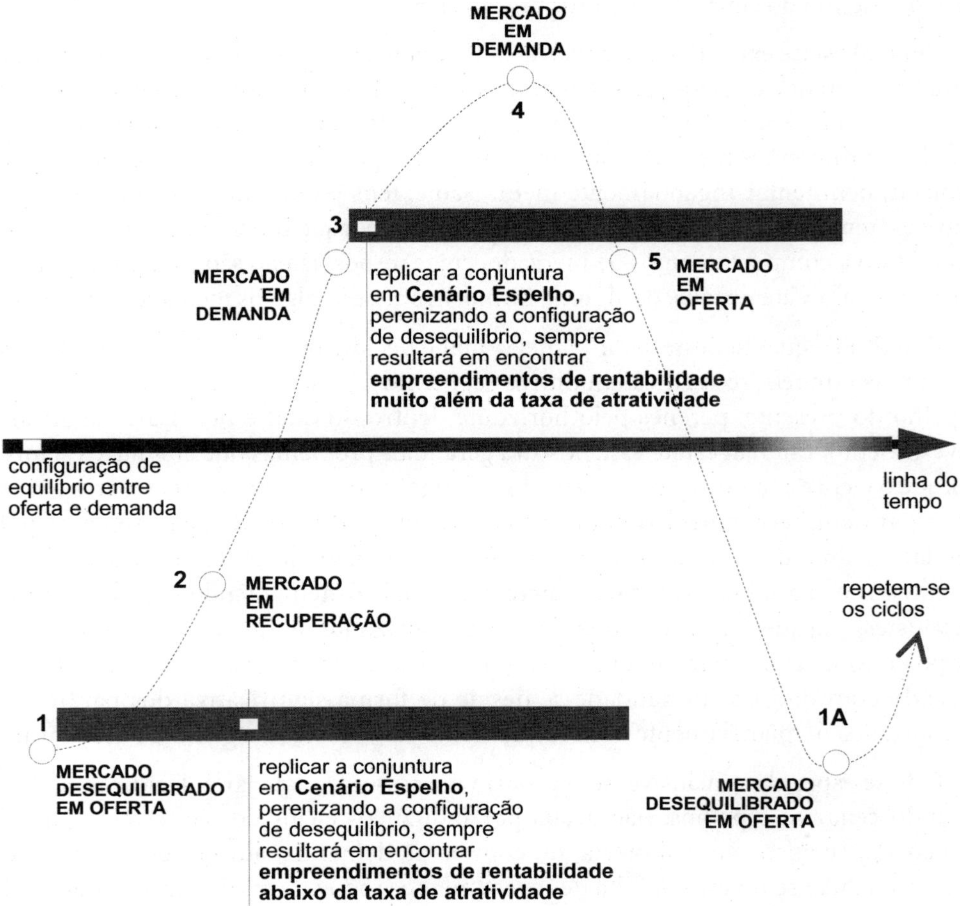

Figura 2.7 – Cenários desenhados com perenização da conjuntura (cenários espelho).

Indicadores de planejamento calculados com apoio em cenários que perenizam uma situação conjuntural, seja na condição conservadora, como na agressiva, induzem o decisor ao erro. Na Figura 2.7, na posição **1**, a baixa qualidade dos investimentos será verificada somente se a hipótese de trabalho for a de que os preços se perpetuarão. Caso a hipótese de cenário indicasse uma recuperação, a resposta seria que, no horizonte da operação do empreendimento, haverá uma recuperação de preços pela demanda e, se o empreendimento puder se inserir no mercado já nesse momento mais auspicioso, a qualidade do investimento será boa, ou muito boa. Ou seja, usar cenário conservador e perenizá-lo nessa situação pode conduzir o investidor à decisão de não fazer, quando, a se considerar válido o cenário de recuperação, a resposta poderia ser enfática de fazer.

Na mesma Figura 2.7, na posição **3**, a perenização pode, ao contrário, iludir o decisor quanto aos riscos que estará correndo. Se a hipótese de trabalho for a manutenção do estado do mercado, se evidenciará uma qualidade alta para os investimentos, que, admitindo que o mercado recue, não deverá se verificar, risco que não estaria destacado com o desenho do cenário em configuração estável.

Em real estate existem tendências de movimentos cíclicos com certa agressividade. Tanto é assim que as evidências já medidas sobre o passado mostram a existência dos ciclos. Isso não é uma lei da economia, mas a evidência e a sua comprovação continuada em diferentes mercados sugerem que ciclos podem existir. O que não se pode projetar, nem tentar ingenuamente medir, são extensões de intervalos ou distensões entre extremos dos ciclos, que venham a se repetir, porque tudo o que ocorrerá estará submetido a comportamentos de mercado, cujas respostas não são as mesmas para as mesmas causas, até porque, de alguma forma, nas crises, "algo os mercados aprendem".

É muito frequente neste setor planejar mal e decidir mal. É muito frequente neste setor, mas também se verifica em outros segmentos, tomar decisão fazendo cenários espelho do presente, perenes pelo horizonte dentro do qual é necessário analisar o investimento. Em real estate essa postura gera mais problemas que em outros setores, porque o ciclo de maturação dos negócios é longo, podendo se situar entre três e cinco anos para empreendimentos para venda (exemplo: edifícios de apartamentos para venda) e acima de vinte anos para empreendimentos para renda (exemplo: edifício de escritórios para locação). Assim, perenizar cenários tem a tendência de promover desajustes, porque é provável que dentro do horizonte de desenvolvimento de um empreendimento aconteçam mutações conjunturais, que afetarão o empreendimento, fazendo com que a sua qualidade se desvie de forma significativa dos parâmetros encontrados no planejamento com fundamento nos cenários espelho da conjuntura.

É de se especular, inclusive, se o próprio processo de planejar e decidir mal, desenhando cenários espelhos, não acaba por induzir os ciclos do real estate. Quando o mercado se apresenta em oferta, ou com baixa demanda, admitindo que isso seja recorrente, não se investe. A falta de investimentos induz o crescimento do desequilíbrio em favor da oferta e os preços sobem, fazendo os investimentos atrativos. Então, diante da qualidade aparente dos investimentos, que se verifica planejando com o uso de cenários espelho, haverá uma migração de recursos desequilibrada para novos negócios, provocando o desequilíbrio e assim sucessivamente. Caso os procedimentos de planejamento e decisão estejam ancorados em cenários com uma visão mais cuidadosa sobre comportamentos futuros do mercado, poderão ainda ocorrer ciclos, pois fatores macroeconômicos, políticos e até a crescente globalização dos mercados sempre influem, mas poderiam ocorrer flutuações de menor amplitude.

Concluindo: o cenário referencial e os cenários estressados, quando tratam do ambiente (mercado e economia) devem representar uma arbitragem sustentada pelo planejamento do que se entende como mais provável de ocorrer e nunca devem se constituir em projeções de comportamentos evidenciados no passado em ciclos temporais, ou espelhar a conjuntura do momento da decisão.

2.7. A ÁRVORE DE DECISÕES NAS ESTRUTURAS ORGANIZACIONAIS

Nestes dois primeiros capítulos centramos a discussão do planejamento e da decisão no nó de maior impacto nos negócios de real estate – seleção de empreendimentos e escolha. Ao se considerar a rigidez dos empreendimentos do setor, a decisão de fazer representa um mergulho num processo de pouca flexibilidade, de sorte que se trata de "acertar" ou "perder", o que recomenda a ênfase nesse nó da rede de decisões que deve tomar uma empresa, seja no planejamento dos negócios, como na operação.

Todavia, tudo aquilo que foi tratado pode ser expandido, com as mesmas rotinas e ênfases, em qualquer dos nós da árvore de decisões, que acontece no funcionamento de uma empresa de real estate. A imagem inicial deste capítulo (Figura 2.1) pode ser aplicada para qualquer decisão operacional, da mais complexa, como discutimos neste capítulo, à mais singela.

Vale dizer, pensar e fazer nunca será um procedimento adequado. Em cada nó de decisão, sempre usar a rotina de pensar – planejar – fazer traduz o conceito de que decisões na linha de ação devem ter o menor conteúdo de emoção e um forte componente racional. "Racional" aqui se usa com o sentido de que as decisões, em todos os níveis da hierarquia organizacional, devem ser pautadas pela identificação da sua repercussão no resultado almejado, que deve ser diretriz sempre presente para cada decisor na linha.

Exemplo: tomemos a Figura 2.1, para trabalhar a imagem de uma rotina aplicada com o objetivo de decidir entre diferentes técnicas disponíveis para executar uma tarefa na implantação de um empreendimento. Nesse caso, fazer com qualidade teria a diretriz de cumprir prazos e obter o menor custo. Então, todos os passos descritos na Figura 2.1 são necessários, limitados ao âmbito da decisão que está sendo tomada, sendo que, somente para maior clareza, a denominação da etapa implantar o empreendimento seria trocada por executar a tarefa.

2.8. CASOS EXPLORANDO OS CONCEITOS DESTE CAPÍTULO

Caso 2.1: No planejamento do empreendimento imobiliário do Caso 1.1 do Capítulo 1, as metas da empresa empreendedora indicam para a rentabilidade medida pela transformação do poder de compra dos investimentos aplicados no setor e na economia:

- taxa de atratividade da empresa, fundamentada no seu portfólio de negócios – 25% equivalente ano;
- taxa de atratividade setorial, evidenciada pelos negócios de locação para empresas AAA – 8% equivalente ano;
- taxa de atratividade setorial, evidenciada pelos empreendimentos vendidos integralmente antes de construir e com a construção contratada por empreitada global, com seguro – 16% equivalente ano;
- custo de oportunidade, evidenciado pela taxa básica de juros, 6% equivalente, ano, todas as taxas depois de impostos.

Dentro do cenário referencial, mede a taxa de retorno esperada e encontra 37,7% equivalente ano, superando, portanto, a atratividade.

Para julgar se deve fazer o empreendimento, entra nas avaliações de risco, envolvendo a variação desta taxa de retorno esperada diante de cenários estressados, advindo, então, as perguntas e respostas do planejamento.

P.1 No Capítulo 1 avaliamos a variação da margem sobre o preço quando os custos de construção sobem até 10%, relativamente ao orçamento do cenário referencial. Vimos que um aumento próximo a 3% leva a margem de 12,18% no comportamento seguindo o cenário referencial para 11%, que é a fronteira mais agressiva admitida pela empresa (faixa desejada [11% – 15%]). E como se comporta a taxa de retorno nas mesmas condições estressadas?

R.1 O Gráfico 2.4 mostra que a variação da taxa de retorno é mais forte do que a variação da margem. Entretanto, a taxa de retorno elevada tem um bom padrão de sustentação na faixa em que a margem ainda se sustenta. A margem rompe a fronteira definida pela empresa de 11%, já com crescimento de custos de 3%, contra uma posição da TRE que ainda está em 34,5%, muito acima da atratividade de 25%.

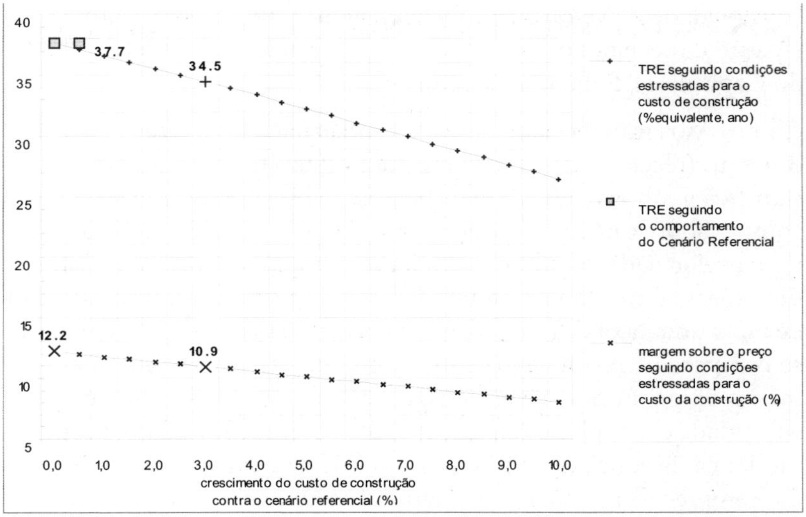

Gráfico 2.4 – Variação da taxa de retorno dos investimentos no empreendimento, flutuando custos de construção acima do orçamento.

P.2 Como varia TRE, flutuando preços? O comportamento é paralelo ao que acontece com as flutuações de preços como já vimos no Caso 1.1?

R.2 O comportamento é equivalente, ou seja, menores impactos de perda de preço fazem variar mais o indicador, o que é evidente, tendo em vista que a qualidade do investimento é função da margem entre custo e preço (resultado do investimento). O Gráfico 2.5 ilustra os impactos.

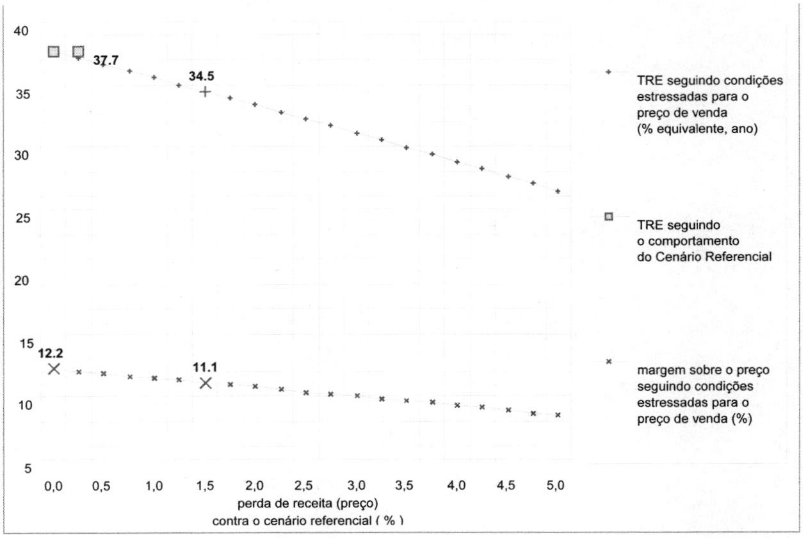

Gráfico 2.5 – Variação da taxa de retorno dos investimentos no empreendimento, com perdas de preço ou de receita.

P.3 A velocidade de vendas tem forte influência no investimento, já que a participação da receita no funding deste empreendimento é relevante (Gráfico 1.4 do Capítulo 1). E na taxa de retorno?

R.3 Como a variação da velocidade de vendas não altera o resultado do empreendimento (receita – despesas), resultado estabilizado para mais investimento, significa ganhos relativos mais baixos. Ou seja, o mesmo ganho de poder de compra sobre um comprometimento de investimento mais elevado se traduz numa velocidade de ganho de poder de compra menor. Essa ilustração ressalta um aspecto importante na análise de investimentos: o empreendimento é capaz de fazer uma taxa de retorno, que é característica dele e é identificada quando se compara os resultados alcançados com o investimento que o empreendimento exige, numa certa configuração de velocidade de vendas. Alterar a velocidade de vendas é "enxergar" outro empreendimento, porque isso leva à mudança da equação de funding – velocidade mais lenta, mais investimento. Esse empreendimento maior, quando é medido para uma velocidade de vendas mais lenta, não tem como correspondente mais resultado, o que significa que a penalização é indicada por uma taxa de retorno mais baixa. O Gráfico 2.6 ilustra a resposta.

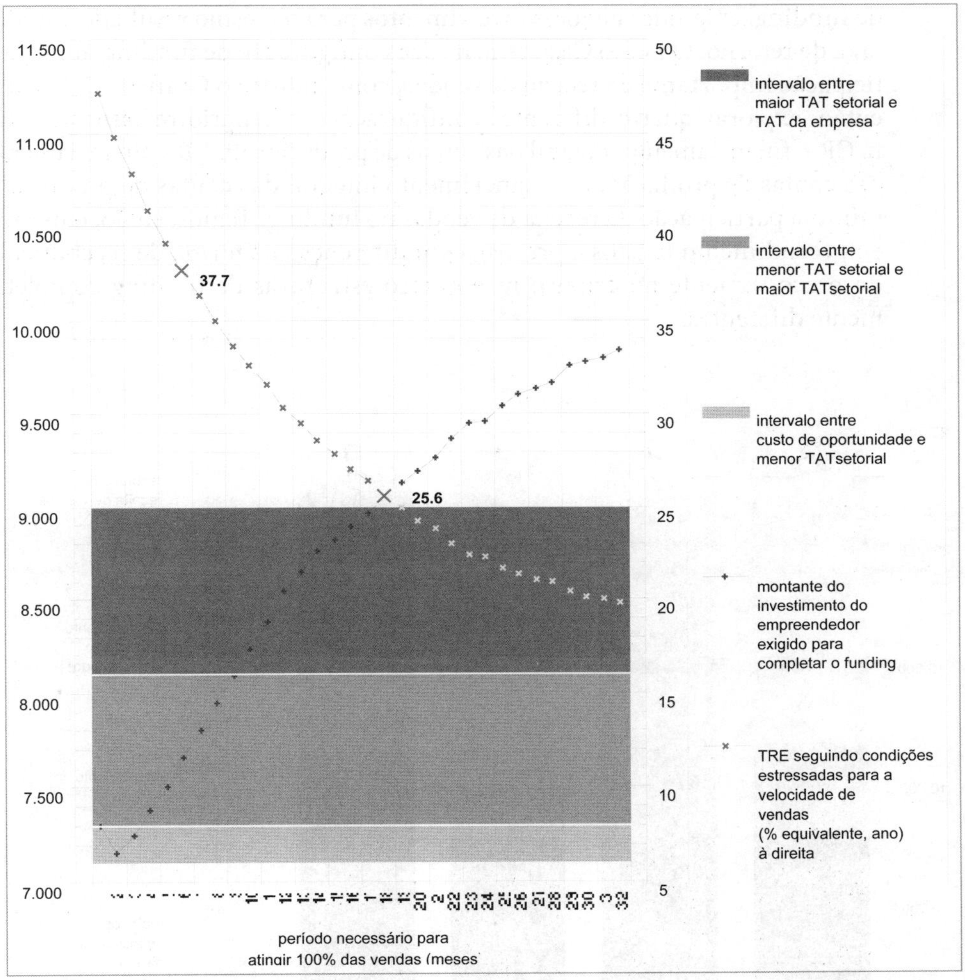

Gráfico 2.6 – Variação da taxa de retorno, para diferentes velocidades de venda do empreendimento.

No Gráfico 2.6, vemos que a fronteira da atratividade é rompida se o ciclo de vendas superar 18 meses. O gráfico evidencia a forte pressão de queda da TRE, contra o aumento dos investimentos. Percebe-se que pequenas variações do investimento são transformadas em fortes perdas da velocidade de geração do resultado (taxa de retorno).

P.4 Se o efeito da composição de funding é tão relevante, o financiamento à produção também pode produzir fortes variações na taxa de retorno?

R.4 O financiamento à produção representa um dos impulsionadores de maior relevância da rentabilidade das operações de real estate, junto com a velocidade de vendas, a depender da faixa de renda para a qual o empreendimento é dirigido. Empreendimentos destinados às faixas mais altas de renda têm a maior parte do preço cobrada durante a construção, o que auxilia a equação de funding, exigindo menores investimentos para o mesmo resultado – maior taxa de retorno. O nosso Caso tem, na sua configuração de funding, uma participação importante da receita de vendas, como mostra o Gráfico 2.7. Vamos, então, explorar quatro diferentes configurações: i. cenário referencial (CR); ii. CR + financiamento integral das contas de produção; iii. CR – financiamento das contas de produção; iv. financiamento integral das contas de produção e mínima participação da receita de vendas no funding. Temos, então, o mesmo empreendimento (custos e preços), com diferenças na forma de recebimento do preço somente no cenário iv, e quatro estruturas de funding completamente diferentes.

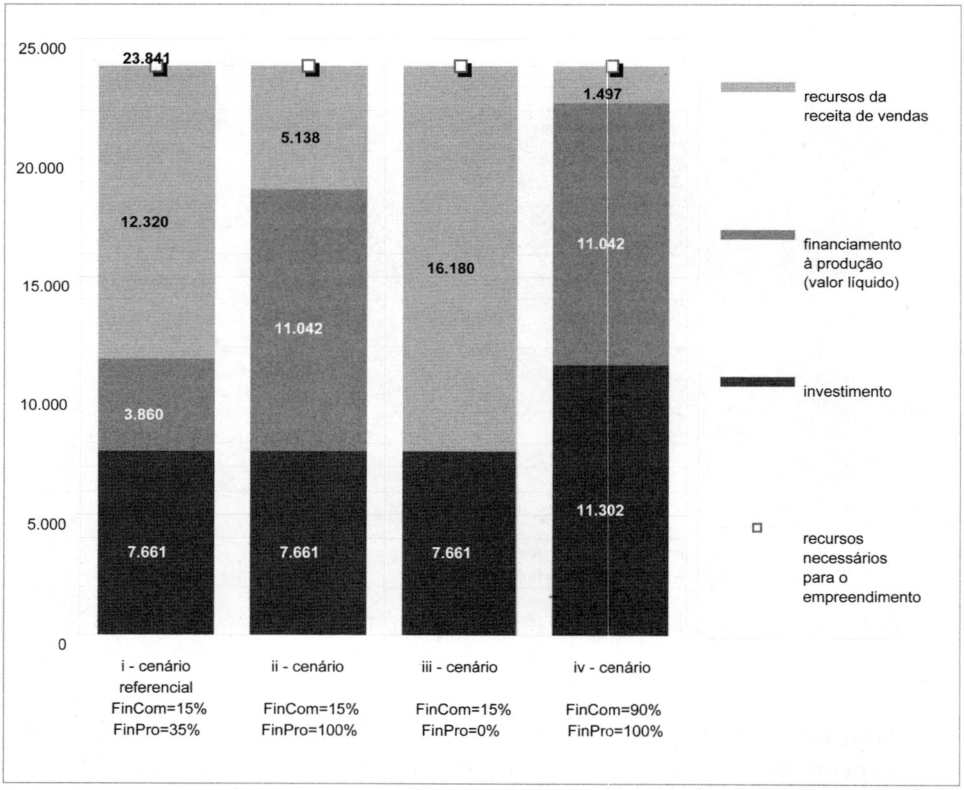

Gráfico 2.7 – Equações de funding para a mesma relação custo x preço, mas com diferentes condições de financiamento à produção e diferente encaixe de receita de vendas durante a construção.

FinCom = financiamento ao comprador na comercialização

FinPro = financiamento à produção

Neste Gráfico 2.7:

- nos cenários i, ii e iii, receita de vendas e financiamento à produção são as fontes principais de sustentação do funding no ciclo da construção. Os investimentos são idênticos, porque são necessários no ciclo préoperacional, antes das vendas. A taxa de retorno de i e ii é muito semelhante, um pouco maior no cenário ii, em razão do maior volume de financiamento. A taxa de retorno de iii é menor, porque sem a contribuição do financiamento à produção, muita receita de vendas é utilizada para fazer o funding da construção, atrasando a entrega do retorno para o empreendedor (taxa de retorno mede a velocidade de devolução do retorno);
- o cenário iv privilegia a contribuição do financiamento à produção contra a receita de vendas no ciclo das obras. Essa configuração de funding faz uma taxa de retorno muito menor que a do cenário referencial, primordialmente porque exige mais investimentos, para o mesmo resultado.

O Gráfico 2.8 mostra a participação de cada vetor de suprimento de fundos no funding do empreendimento e as taxas de retorno associadas a cada configuração.

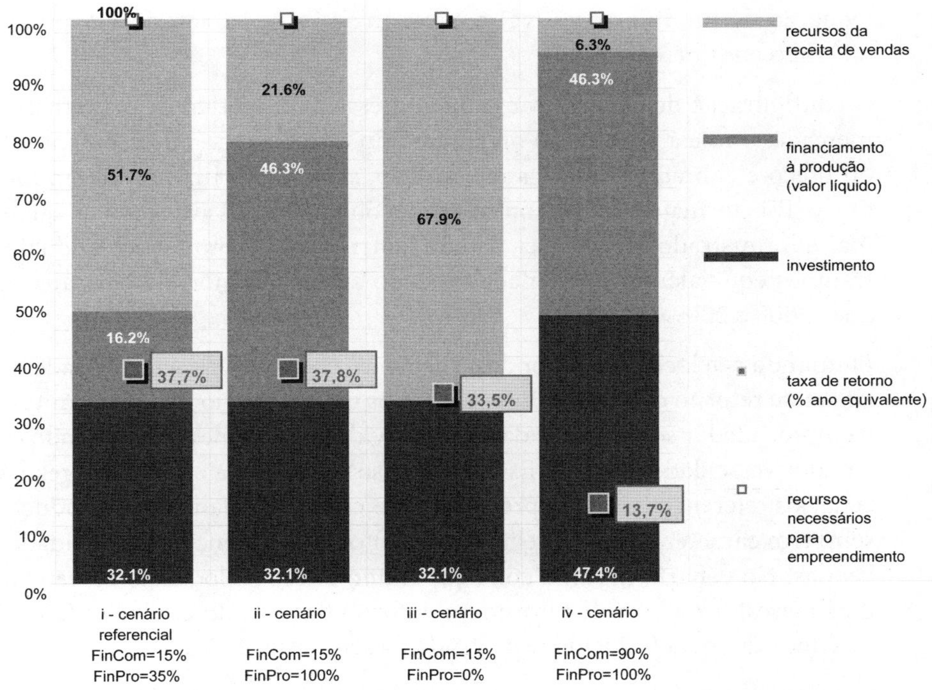

Gráfico 2.8 – *Funding* nos quatro cenários e taxa de retorno.

P.5 Comparando o empreendimento segundo a estratégia do cenário referencial, a do cenário iii e a do cenário iv, como fica a variação da taxa de retorno em cenários estressados, com flutuação da velocidade de vendas?

R.5 Na condição do cenário referencial, com pouco financiamento à produção e receita de vendas agressiva (85% do preço recebido durante a construção) a taxa de retorno é 37,7%. Retardando as vendas a taxa de retorno no cenário referencial cai. No cenário iii, sem financiamento à produção, retardando as vendas a taxa de retorno cai mais veloz do que no cenário referencial (i). Já no cenário iv, tornamos pouco expressiva a contribuição da receita de vendas no funding (agora só 10% do preço pago durante a construção) por mais financiamento à produção, exigindo mais investimento, o que leva a taxa de retorno para 13,7%, completamente fora da atratividade.

A condição do cenário iii é a que denominamos de cenário do empreendimento, tendo em vista que a equação de funding não tem contribuição de fatores externos (o financiamento à produção). Dizemos que o empreendimento, na configuração de custos, preços e demais fatores do cenário referencial, é capaz de produzir a taxa de retorno de 33,5%, sendo o excesso para 37,7% (cenário referencial com financiamento à produção) a taxa de retorno do empreendedor no empreendimento. Identificamos assim porque a eficácia da posição 33,5% até 37,7% é conferida pela existência do financiamento à produção (equação de funding agressiva) e não por causa de características próprias do empreendimento.

A configuração do cenário iv é muito agressiva no sentido de penetração de mercado – pouca pressão no orçamento do comprador, já que somente 10% do preço é cobrado durante a construção, sendo 90% financiado em longo prazo. Este formato é muito comum nas economias mais avançadas e, quando mal administrado, pode fazer demanda artificial de produtos, produzindo traumas equivalentes à chamada crise do sub-prime norte-americana, nos anos 2008 e 2009.

Flutuando a velocidade de vendas, chegamos às curvas de sensibilidade para a taxa de retorno do Gráfico 2.9. Ali vemos que o cenário iv não permite que o empreendedor se aproxime da sua atratividade, nem mesmo vendendo com a maior velocidade possível. Esse cenário só se validaria com mais preço. Os cenários referencial e iii (empreendimento com financiamento à produção e sem) têm características semelhantes quanto à dependência da velocidade de vendas. No cenário iii, uma condição muito eficaz (velocidade de vendas = dois meses) faz a taxa de retorno no entorno daquela do cenário referencial na condição meta (velocidade de vendas = seis meses).

Cenário referencial e cenário iii se aproximam quando a velocidade de vendas é mais lenta. Na posição mais conservadora (vendas nos 32 meses do empreendimento) as taxas de retorno são equivalentes.

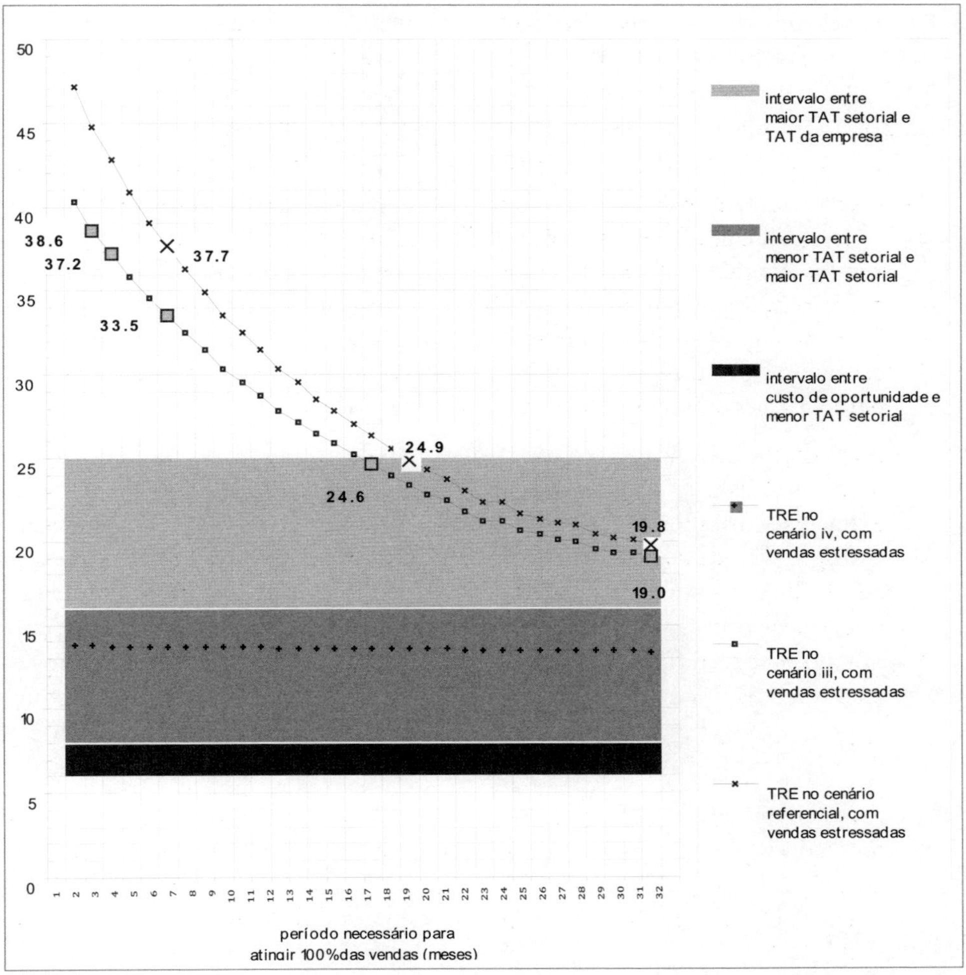

Gráfico 2.9 – Taxas de retorno nos cenário i, iii e iv, variando a velocidade de vendas do empreendimento.

CAPÍTULO 3
Moeda para análise de empreendimentos

João da Rocha Lima Jr.

CONCEITOS APRESENTADOS NESTE CAPÍTULO

Especialmente nos Casos dos capítulos anteriores, viemos tratando dos valores das transações usando um conceito ainda vago de poder de compra. Neste capítulo exploramos o conceito de poder de compra, refletido na moeda utilizada para a análise de um investimento. Estabelecemos as diferentes formas de avaliar empreendimentos do real estate e como traduzir, nas equações de funding e nas análises de resultado, a relação adequada entre os valores do cenário referencial, arbitrados num certo momento (data base), e os valores das transações ao longo do ciclo do empreendimento.

3.1. INTRODUÇÃO

Uma Análise da Qualidade do Investimento |AQI|, que se prepara para fundamentar decisões sobre um empreendimento, desde a decisão fundamental de fazer até as outras que são necessárias no ciclo do empreendimento, para fundamentar decisões táticas, para julgar oportunidades diferentes de operação e para procurar compensar desvios, é escrita numa certa moeda.

Para que a leitura da informação conduza a decisões seguras, um dos importantes atributos da informação contida nas |AQI| é que o conjunto das transações que são exploradas (custos e receita) não deve produzir qualquer tipo de viés, quando confrontadas. Exemplo: se, numa certa base, o orçamento de custos de um empreendimento em análise é 1.000 e o preço que se pretende praticar é 1.200, o resultado não é necessariamente [200 = 1.200 – 1.000], porque o resultado deve expressar ganho de riqueza, ou de poder de compra, diante do poder de compra imobilizado no empreendimento. Ainda no exemplo, admitamos que o preço será cobrado de uma vez só, ao final do empreendimento, e que o custo vai correr por doze meses, numa certa curva de custos. O total de moeda que será desembolsado é maior do que 1.000, porque os diferentes insumos orçados terão seu custo acrescido nos doze meses, devido à existência de inflação no ambiente econômico em que se insere o empreendimento. O preço de 1.200 cobrado doze meses após a análise representa uma quantidade de moeda que não tem o mesmo poder de compra da base da análise, também por causa da inflação. Então, em quantidade de moeda, o empreendedor investiu mais do que 1.000 e, ao receber 1.200, não agrega 200 ao poder de compra representado pelos recursos que investiu.

Considerando que os ciclos dos empreendimentos de real estate é sempre longo, para que uma |AQI| traduza adequadamente a qualidade de um empreendimento, o cenário referencial deve arbitrar o patamar esperado de inflação no ciclo do empreendimento, para ser possível ajustar todas as transações à queda de poder de compra da moeda de curso na economia em que se insere o empreendimento, permitindo comparar poder de compra dos investimentos e dos retornos, para medir corretamente o resultado do investimento no empreendimento. Essa arbitragem impõe um risco, que está presente em qualquer |AQI|, tendo em vista que não é possível prever inflação futura, mas arbitrar e, mais, não há método possível para aplicar expectativas de crescimento de custos para cada particular insumo, o que sempre vai conferir um grau de incerteza à |AQI|. Incerteza e insegurança não se resolvem com cenários super conservadores (exemplo: arbitrar inflação de 12% ano, quando as informações disponíveis dão conta de que as expectativas vigentes no ambiente são de 6%), mas com análises de risco. Desenhar cenários estressados para o comportamento inflacionário (crescimento dos custos dos insumos) e discutir o impacto de comportamento da inflação além do que está no cenário referencial é o procedimento exigido nas análises, para superar o desconforto da arbitragem aberta.

Há outros temas envolvendo inflação, que ganham relevância na produção das |AQI|:

- reajuste dos preços dos produtos e a capacidade de encaixá-los no mercado competitivo;
- reajuste da receita, nas vendas em parcelas, como é a prática mais comum no real estate, para que os valores pagos tenham seu poder de compra estabilizado, seguindo um certo vetor de inflação;
- estudos para investidores estrangeiros, que aplicam recursos na moeda de origem e devem calcular resultado no poder de compra dessa moeda.

3.2. PODER DE COMPRA DA MOEDA

Quando um empreendedor investe num empreendimento, transforma moeda em insumos de reduzida ou nenhuma liquidez. O empreendedor imobiliza seu poder de compra nos insumos da produção (cimento, aço, salário do engenheiro da obra...), na exata proporção da quantidade de moeda usada para trocar pelos insumos.

Quando o empreendedor recebe o retorno do investimento no empreendimento, ele aparece por meio da venda do produto. O empreendedor desmobiliza seu poder de compra internado no empreendimento, retomando poder de compra na exata proporção da quantidade de moeda recebida como preço.

Consideremos que a moeda das transações é o Real (BRL na nomenclatura internacional) e a imagem da Figura 3.1, na qual o contador de tempo está em meses:

- a |AQI| é produzida na data 0. A referência de custo é o orçamento na data 0 e para cada pagamento programado para qualquer data k haverá uma previsão dentro do orçamento, identificada por Ck0, medida em BRL da data 0, quando o orçamento foi produzido. Se a taxa média mensal de inflação de custos prevista no ciclo [0 ~ k] é ic, então a expectativa de desembolso para pagamento dos custos na data k, medida em BRL, será

$Ck = Ck0 \cdot (1 + ic)^k$ (Expressão 1)

porque, a cada mês, a previsão de custos do mês anterior é acrescida da taxa ic. O valor k é o número de meses decorridos desde a data do orçamento (data 0) até a data do pagamento dos custos (data k);

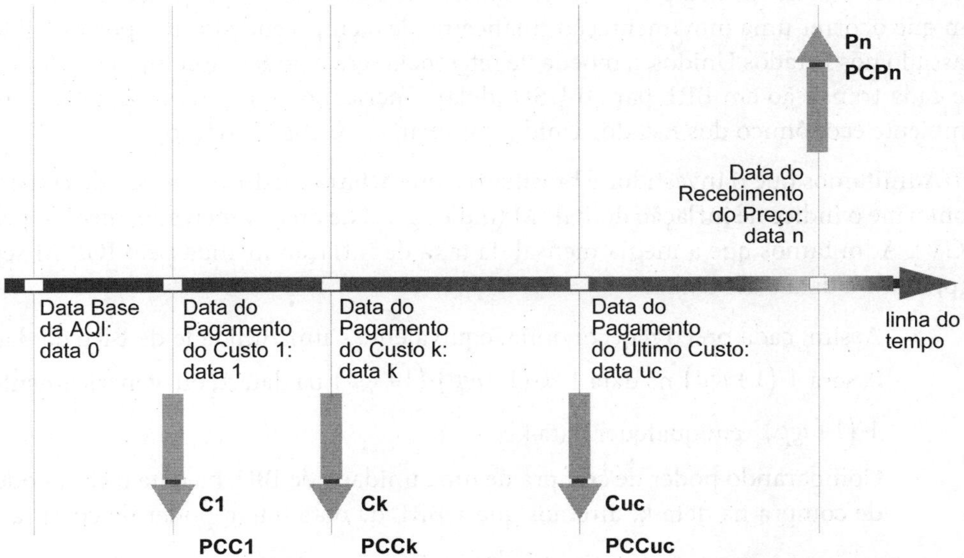

Figura 3.1 – Fluxo de custeio do empreendimento com uma única posição de recebimento do preço.

- a referência de preços Pn0 está em BRL da data 0. O preço não recebe impacto inflacionário disperso, como os custos. Todavia, admitamos que no cenário referencial da |AQI| foi arbitrada uma taxa para o crescimento dos preços do mercado, equivalente a ip mensal. Então, em BRL da data n, $Pn = Pn0 \cdot (1+ip)^n$ (Expressão 2);

- o total dos desembolsos não pode ser expresso por $\sum_{k=1}^{uc} Ck$ (Expressão 3), porque cada Ck está medido em uma moeda de poder de compra diferente, ainda que a quantidade de moeda seja BRL para todas as transações. Isso porque [uma unidade de BRL] de cada uma das datas k tem poder de compra diferente num ambiente de economia sob inflação;
- também está errado dizer que o resultado do empreendimento é $RES = Pn - \sum Ck$ (Expressão 4), tendo em vista que cada um dos fatores, Pn e os Ck, está numa data diferente, logo representado por unidades de BRL de poder de compra diferente.

Isso mostra que devemos escolher a mesma moeda para medir Pn e os Ck, único meio de poder operar na |AQI| para calcular investimento e resultado do investimento. A moeda de qualquer |AQI| é o poder de compra de cada transação, dentro do ambiente econômico do empreendedor. Se o empreendedor é brasileiro, a moeda de referência deverá ser o poder de compra dos BRL transacionados (custos e preços), em cada data em que ocorrer uma movimentação financeira. Se o empreendedor for, por exemplo, baseado nos Estados Unidos, a moeda de referência será o poder de compra do câmbio de cada transação em BRL para o USD (dólar americano), em cada data, porque no ambiente econômico dos Estados Unidos também se verifica inflação.

Admitamos que o investidor é brasileiro e que arbitra medir seu poder de compra conforme o índice de inflação do IGP-M (índice geral de preços-mercado, medido pela FGV). Admitamos que a média mensal da taxa de inflação medida pelo IGP-M seja igp, desde a data 0 até data n.

- Assim, cada preço na economia, equivalente a uma unidade de BRL da data 0, será $1 \cdot (1+igp)$ na data 1, $1 \cdot (1+igp) \cdot (1+igp)$ na data 2, ou, genericamente, $1 \cdot (1+igp)^k$ em qualquer data k.
- Comparando poder de compra de uma unidade de BRL na data 0 com poder de compra na data k, diremos que 1 BRL da data 0 tem poder de compra 1, enquanto 1 BRL da data k tem poder de compra relativo à data 0 de $\frac{1}{(1+igp)^k}$, sendo o denominador desta expressão representado pelo preço relativo a 1 na data k.
- Cada desembolso para pagamento de custos Ck, em BRL, terá, então, poder de compra relativo à data 0 de $\frac{Ck}{(1+igp)^k}$, ou $PCCk = \frac{Ck0 \cdot (1+ic)^k}{(1+igp)^k}$ (Expressão 5).

- O recebimento do preço na data n terá poder de compra relativo à data 0 de

  $PCPn = \frac{Pn0 \cdot (1+ip)^n}{(1+igp)^n}$ (Expressão 6).

- O resultado do empreendimento, medido em poder de compra relativo à data 0 será $RES0 = PCPn - \sum PCCk$ (Expressão 7), que é o único meio de oferecer adequadamente a informação para o empreendedor na |AQI|. Não há medida de resultado e das demais derivadas (taxa de retorno, por exemplo) processada em moeda de curso, porque essa unidade de medida não existe, do ponto de vista de análise de investimentos. Quantidade de moeda só é unidade de medida quando vinculada a uma certa data, para ser possível fazer referência ao seu poder de compra. Nesse sentido, RES0 sempre é referido em poder de compra e, como Ck (parcelas de custo) e Pk (parcelas de preço) estarão dispostas no tempo a depender da estrutura do empreendimento, a medida de RES0 não se transforma em medida de RES (na Expressão 4) em quantidade de moeda no tempo, que possa ser verificada ou controlada.
- A medida de RES pode ser feita em poder de compra de qualquer data, bastando, para isso, ajustar os Ck e Pn para a data de referência pretendida. Exemplo: a Expressão 7 ajustada para a data n seria, $RESn = \left[PCPn - \sum PCCk\right] \cdot (1+igp)^n$ (Expressão 8).
- Somente na hipótese de que se arbitre ic = ip = igp, teremos PCCk = Ck0 e PCPn = Pn0 (ver Expressões 5 e 6). Nessa hipótese, a Expressão 7 se transforma em $RES0 = Pn0 - \sum Ck0$ (Expressão 7a), sendo Pn0 a expectativa de preço do cenário referencial e $\sum Ck0$ o orçamento de custos do cenário referencial, ambos (preço e custo) tomados na data 0, base da análise.

Vale notar que não há necessidade de fixar a data base da análise exatamente um período (no exemplo, um mês) antes do primeiro mês de transação financeira do empreendimento. Em geral, as |AQI| são feitas com maior espaçamento. É sempre conveniente posicionar a data 0 na data da |AQI|, porque é a data do orçamento, e o planejamento e empreendedor são capazes de exercitar análise crítica sobre os valores expressos, porque são os da conjuntura. Da mesma forma, os preços expressos na moeda da data 0 são os da conjuntura.

A forma de indicar poder de compra nestas expressões – poder de compra expresso com respeito aos preços da data 0 – permite usar, para definição da unidade de medida dos valores da |AQI|, tanto preços como custos: "moeda da data base". Os valores espelham a quantidade de moeda tal que, na data base, uma unidade de moeda tem poder de compra 1. Então:

- O orçamento em moeda da base será $C0 = \sum PCCk = \sum \frac{Ck0 \cdot (1+ic)^k}{(1+igp)^k}$ (Expressão 9) e o preço será $P0 = PCPn = \frac{Pn0 \cdot (1+ip)^n}{(1+igp)^n}$ (Expressão 10), ou, se o preço fosse recebido em parcelas, $P0 = \sum PCPk = \sum \frac{Pk0 \cdot (1+ip)^k}{(1+igp)^k}$ (Expressão 11).

  Genericamente, qualquer transposição de valor do cenário referencial na data 0 para outro ponto na linha de tempo será anotado segundo a expressão $Vk = Vkb \cdot (1+\inf)^{k-b}$ (Expressão 12), onde inf é a taxa de inflação média arbitrada e (k-b) é a distancia da transposição (de b para k).

  Genericamente, o poder de compra de qualquer montante em moeda da data k relativo à data base será expresso por $PCVk = \frac{Vk}{(1+ipp)^{k-b}}$ (Expressão 13), onde ipp é o inflator arbitrado contra o qual se pretende medir o poder de compra e (k-b) é a distancia entre da transposição (de k para b). Medir o poder de compra de um montante de moeda traduzido para uma certa base se denomina "deflacionar o montante para a base".

Admitamos agora que o investidor aplica seus recursos em USD num empreendimento de real estate no Brasil.

- Um custo em BRL na data k será traduzido para USD a partir da taxa de câmbio naquela data. Admitamos que a taxa de câmbio na data base é 1 USD = R0 BRL e que a variação mensal média da taxa de câmbio entre as moedas é de tc no período. Admitamos que a inflação na economia de origem é expressa pela taxa igpe.

- O custo Ck em USD da data k será $Ckd = \frac{Ck0 \cdot (1+ic)^k}{R0 \cdot (1+tc)^k}$. Usando a Expressão 9, em USD da data 0, o orçamento será $C0d = \sum \frac{\frac{Ck0 \cdot (1+ic)^k}{R0 \cdot (1+tc)^k}}{(1+igpe)^k} =$

  $= \frac{1}{R0} \sum \frac{Ck0 \cdot (1+ic)^k}{(1+tc)^k \cdot (1+igpe)^k}$ (Expressão 14).

- O preço, recebido em parcelas será, segundo a Expressão 11 na data 0 igual a
$$P0d = \sum \frac{\frac{Pk0 \cdot (1+ip)^k}{R0 \cdot (1+tc)^k}}{(1+igpe)^k} = \frac{1}{R0} \sum \frac{Pk0 \cdot (1+ip)^k}{(1+tc)^k \cdot (1+igpe)^k} \text{ (Expressão 15).}$$

- Quando a taxa de câmbio acompanha fielmente o ritmo dos preços entre as duas economias, o que não acontece entre o BRL e o USD, porque o mercado de câmbio é livre, logo sujeito a pressões de oferta e demanda, bem como de especulação, a taxa de câmbio se expressa segundo o que se denomina PPP (*purchase power parity*). Nessa condição, um montante em BRL Bk deve ter o mesmo poder de compra em k, seja em BRL ou em USD, contra o poder de compra que B0 tinha na base. Nessa hipótese, então, B0 compra no mercado brasileiro o mesmo que $D0 = \frac{B0}{R0}$ USD, na data 0. A taxa de câmbio para o mês k será, no conceito PPP, aquela que faz a mesma relação de poder de compra desses dois montantes de moeda. Então, $Dk = D0 \cdot (1+igpe)^k = \frac{B0 \cdot (1+igp)^k}{R0 \cdot (1+tc)^k}$, sendo a taxa de câmbio que ajusta as moedas no conceito PPP, $(1+tc) = \frac{1+igp}{1+igpe}$ (Expressão 16).

- Se admitirmos que a taxa de câmbio varia no conceito PPP, as Expressões 14 e 15 se transformam em: $C0d = \frac{1}{R0} \sum \frac{Ck0 \cdot (1+ic)^k}{(1+igp)^k}$ (Expressão 14a) e $P0d = \frac{1}{R0} \sum \frac{Pk0 \cdot (1+ip)^k}{(1+igp)^k}$ (Expressão 15a), que, substituindo com as Expressões 9 e 11, nos mostram $C0d = \frac{C0}{R0}$ (Expressão 14b) e $P0d = \frac{P0}{R0}$ (Expressão 15b).

Verificando estas expressões, que traduzem poder de compra de quantidade de moeda, em BRL para a "moeda da base da |AQI|" e em USD também para a "moeda da base da |AQI|", concluímos que:

- somente na hipótese em que a inflação dos custos do empreendimento acompanhar o índice de inflação utilizado pelo empreendedor para calcular o poder de compra de seus investimentos (ic = igp), o orçamento na base C0 equivale ao poder de compra dos desembolsos na base. Caso contrário, C0 deve ser calculado seguindo a Expressão 9;

- somente na hipótese em que a inflação ou o reajuste dos preços do empreendimento acompanhar o índice de inflação utilizado pelo empreendedor para calcular o poder de compra de seus investimentos (ip = igp), o preço na base P0 equivale ao poder de compra do fluxo de encaixe das parcelas de preço na base. Caso contrário, P0 deve ser calculado seguindo a Expressão 11;
- somente na hipótese de que a arbitragem da evolução da taxa de câmbio entre qualquer moeda estrangeira de investimento e a moeda nacional BRL seja feita no conceito PPP, é que os valores em moeda estrangeira na base podem ser calculados fazendo simplesmente o câmbio de C0 e P0 pela taxa de câmbio R0 na base. Caso contrário, C0 e P0 devem ser calculados seguindo as Expressões 14 e 15.

3.3. A ARBITRAGEM DAS TAXAS DE INFLAÇÃO DE CUSTOS E PREÇOS E A ESCOLHA DO DEFLATOR INFLACIONÁRIO

i) Voltemos à Expressão 9 $C0 = \sum \frac{Ck0 \cdot (1+ic)^k}{(1+igp)^k}$, que indica o orçamento em [BRL da data base da |AQI|]. No Brasil, quais são os melhores indicadores para ic e como o empreendedor deve considerar o deflator de poder de compra (igp na expressão)?

Para arbitragem da evolução dos custos da construção civil (ic), o INCC (Índice Nacional de Custos da Construção Civil da FGV) é o que mais se utiliza. Os sindicatos da construção civil nos vários estados brasileiros também publicam índices de custo, focados em projetos típicos, que são considerados parâmetros de mercado.

Para o igp, o que se recomenda é que seja considerado um índice geral de preços (IGP-M, IPCA...), e não o mesmo ic, pois o deflator serve para medir poder de compra dos investimentos de forma genérica na economia. Utilizar ic significaria indicar que a empresa só tem como referência o poder de compra dos insumos que usa para construir. Exemplo: quando o investimento é de uma empresa, parte do resultado vai ser distribuído para os acionistas, que devem ter uma visão abrangente de poder de compra. Nesse mesmo exemplo, parte do retorno a empresa utilizará para adquirir um terreno, cujos preços, certamente, não variam conforme um índice de custos de construção.

Usar igp = ic simplifica o cenário e facilita os cálculos (ver Expressão 9), mas impõe uma condição de comportamento fora do que se espera, constituindo-se, portanto, num erro.

Vale notar que, à época da geração da informação de planejamento (a |AQI|), a inflação é sempre arbitrada, porque o cenário referencial "olha para a frente" e não há como projetar inflação. Exemplo: a pesquisa Focus do Banco Central do Brasil procura identificar a média das arbitragens de inflação pelo IPCA (Índice de Preços ao Consumidor Ampliado-IBGE) de técnicos e formadores de opinião no mercado financeiro, de capitais e no sistema produtivo, sobre a inflação adiante, em ciclo de ano civil. A cada mês, diante das pressões que cada um desses formadores de opinião verifica no seu ambiente de atuação, uma expectativa é arbitrada para atender à pesquisa Focus, em alguns casos sob suporte de dados da economia que são projetados simulando a inflação e em outros por mera arbitragem.

ii) Na Expressão 11 $P0 = \sum \frac{Pk0 \cdot (1+ip)^k}{(1+igp)^k}$, que indica o valor do fluxo da receita em [BRL da data base da |AQI|], ip também é arbitrado, assim como se arbitra qual índice usar para igp.

O índice a ser usado para igp deve ser o mesmo utilizado para os custos, sob pena de se provocar uma inconsistência na |AQI|.

Já ip, nos casos mais gerais do real estate, é introduzido para cobrir diferentes situações:

- em empreendimentos imobiliários (produzir para vender) ip é necessário para lançar nos cenários a expectativa de preços que serão praticados na colocação dos produtos no mercado. Há muitas evidências no mercado brasileiro de que preços se mantêm com ip = 0 por períodos, dentro do ciclo do empreendimento. Há evidências nos mercados sob moeda forte (USD, por exemplo), de que os preços não são ajustados a não ser em intervalos mais largos do que o ciclo de aumento de custos (em geral mensal). Essas evidências dizem que o P0 pode ser menor do que o orçamento dos preços na data base da |AQI|. Na Expressão 11, havendo inflação, igp > 0, e não havendo ajuste de preço, ip = 0, ocorrerá $P0 < \sum Pk0$;
- em empreendimentos imobiliários, o recebimento dos preços é parcelado e acontece que as empresas procuram reajustar as parcelas do preço seguindo os índices de custo de construção, para tentar fazer uma certa simetria entre o crescimento de custos de produção e o reajuste dos preços. Esse procedimento não pode ser traduzido para a |AQI| ingenuamente, fazendo ic = ip = igp, que é um simplificador de cálculos, mas não traduz um desenho adequado de cenário referencial. Essa igualdade faz com que o poder de compra de custos e preços seja traduzido pelos valores do orçamento em BRL da data base, facilitando os cálculos, mas induzindo premissas que devem ter sua aplicabilidade verificada, sendo avaliadas inclusive quanto ao risco que podem representar;

- em alguns empreendimentos para geração de renda (exemplo: escritórios para locação), os preços dos aluguéis ficam fixos por certo tempo, sendo ajustados em ciclos discretos. Exemplo: no mercado brasileiro, aluguéis comerciais podem ser ajustados pelo IGP-M, o que mantém o poder de compra dos valores recebidos, contra o investimento na propriedade, porém o reajuste é aplicado em ciclos discretos de doze meses, o que, em moeda da data base, faz uma perda implícita, relativamente ao valor da data base, dentro de cada ciclo. Essa assimetria deve ser levada para dentro da |AQI|, sob pena de que o erro de admitir que o poder de compra dos aluguéis é igual ao seu valor na data base faça resultado e taxa de retorno maiores do que os possíveis de alcançar.

iii) O deflator inflacionário mais utilizado é o IGP-M, pela abrangência de cobertura dos preços na economia.

Entretanto, este deflator não espelha o caso particular de cada investidor, significando que não há a recomendação de usá-lo em qualquer circunstância. Podem ocorrer situações nas quais outros índices são mais recomendados, mesmo os de custos de construção. Exemplo: algumas empresas empreendedoras de real estate residencial brasileiras determinam suas metas de resultado na moeda "terreno". Essas empresas arbitram que seus empreendimentos são válidos se, ao final, o retorno permitir comprar dois terrenos (virtuais, é lógico) idênticos ao que foi utilizado no empreendimento – um dos terrenos é retorno e outro é resultado. Raciocinando assim, o deflator adequado para poder de compra é a taxa arbitrada de crescimento do preço dos terrenos na vizinhança do empreendimento.

Quando o investimento se faz em moeda estrangeira, o deflator adequado é a taxa de câmbio, agregada ao índice geral de preços da economia de origem da moeda. Nas Expressões 14 e 15, o deflator $(1+igp)^k$ é igual a $(1+tc)^k \cdot (1+igpe)^k$.

3.4. ÍNDICES HISTÓRICOS

Mostramos em gráficos índices históricos, em ciclos de 12, 36 e 48 meses, desde o início do plano real (agosto de 1994), para verificar se há algum grau de simetria entre IGP-M, INCC, taxa de câmbio do USD para BRL combinada com o CPI (*consumer prices index*) na economia dos Estados Unidos. O objetivo é dar sustentação à doutrina de que há necessidade de se usar índices diferenciados para custos de construção, preços na economia e taxa de câmbio, o que derruba a simplicidade de modelos nos quais se arbitra que todos os índices de inflação correm no mesmo diapasão e que as |AQI| de empreendimentos do real estate podem ser construídas sempre em moeda da data base, sem qualquer preocupação com descolamentos entre eles.

- O Gráfico 3.1 ilustra os movimentos da inflação medidos pelo IGP-M e pelo INCC em ciclos de um ano, desde a inserção do BRL na economia brasileira. Como estamos em ciclo de doze meses, as medidas têm início em agosto de

1995, doze meses após a incorrência do índice = 100, quando a FGV iniciou uma "nova contagem" da inflação, agora do Real.

Para entender a estrutura do gráfico:

i) a FGV publica um número índice a cada mês, tendo como base o índice 100, em agosto de 1994. Os institutos que analisam variações de preços, custos, inflação etc. trabalham com o conceito de número índice, para facilitar o entendimento dos movimentos inflacionários e a manipulação da informação. Simplificadamente, quando medem a inflação, os institutos se valem de uma cesta de insumos (quantitativa), sobre a qual aplicam os preços vigentes em cada mês, obtendo o preço da cesta. Ao preço da cesta numa data de referência (data base), associam o número índice 100. A cada data k posterior (geralmente em periodicidade mensal), medem o preço da cesta e publicam o número índice correspondente, assim calculado $NIk = \frac{PREk}{PREb} \cdot NIb$, considerando NIb = 100, sendo NIk o número índice correspondente à data k, PREk o preço da cesta na data k e PREb o preço da cesta na data base. A taxa de inflação desde a base (inf) medida pelo índice apurado, média mensal no ciclo [b~k] será $PREk = PREb \cdot (1+\inf)^{k-b}$, que, para a relação dos números índice NIk e NIb = 100, se transforma em $\frac{NIk}{100} = (1+\inf)^{k-b}$ (Expressão 17), expressão com a qual se calcula a taxa de inflação. Entre dois meses quaisquer (x e y), a inflação média mensal será medida por meio da expressão $\frac{NIy}{NIx} = (1+\inf_{xy})^{y-x}$ (Expressão 17a);

ii) no Gráfico 3.1, utilizando a série de números índice do IGP-M e do INCC e a taxa de câmbio 1 USD = x BRL, ajustado pela evolução do CPI, tomamos pontos k (meses), sempre defasados de ciclo de um ano, e calculamos a inflação média listada no gráfico e traduzimos para a sua expressão anual (infA), genericamente $(1+\inf A) = (1+\inf) \cdot (1+\inf) .... = (1+\inf)^{12}$ (Expressão 18);

iii) cada ponto do Gráfico 3.1 espelha a inflação anual verificada nos últimos doze meses, pelo IGP-M e pelo INCC, além de mostrar a variação da taxa de câmbio ajustada pelo CPI olhando doze meses para trás.

Como se verifica no Gráfico 3.1, para ciclos de doze meses, não há simetria entre os movimentos da inflação, quando tratados por índice geral de preços (IGP-M neste exemplo) e o crescimento de custos num determinado segmento da economia (INCC, neste exemplo), mesmo sendo ele muito representativo. O INCC compõe o IGP-M, com peso 10%, sendo o único componente destacado na formulação do IGP-M pelo peso da economia do segmento da construção civil nos movimentos financeiros globais da economia brasileira. O IGP-M ainda é composto pelo índice de preços ao consumidor (orçamento das famílias) em 30% e pelo índice geral de preços por atacado (preços praticados no sistema produtivo) em 60%.

No Brasil, nesse horizonte de leitura dos movimentos inflacionários, IGP-M e INCC estão próximos em ciclos muito curtos (1995~1998), o que significa que aproximar o INCC do IGP-M para simplificar a introdução da moeda de referência nas |AQI| no planejamento induz o decisor ao erro.

A taxa de câmbio ajustada, por sua vez, tem movimento completamente errático seja contra o IGP-M como contra o INCC. Isto quer dizer que para transformar uma |AQI| de BRL de uma data base para USD da mesma data não basta dividir os valores em BRL pela taxa de câmbio da data base, sendo necessário usar as expressões listadas neste capítulo. Se a taxa de câmbio respeitasse a condição PPP, essa curva da taxa ajustada pelo CPI seria superposta à do IGP-M.

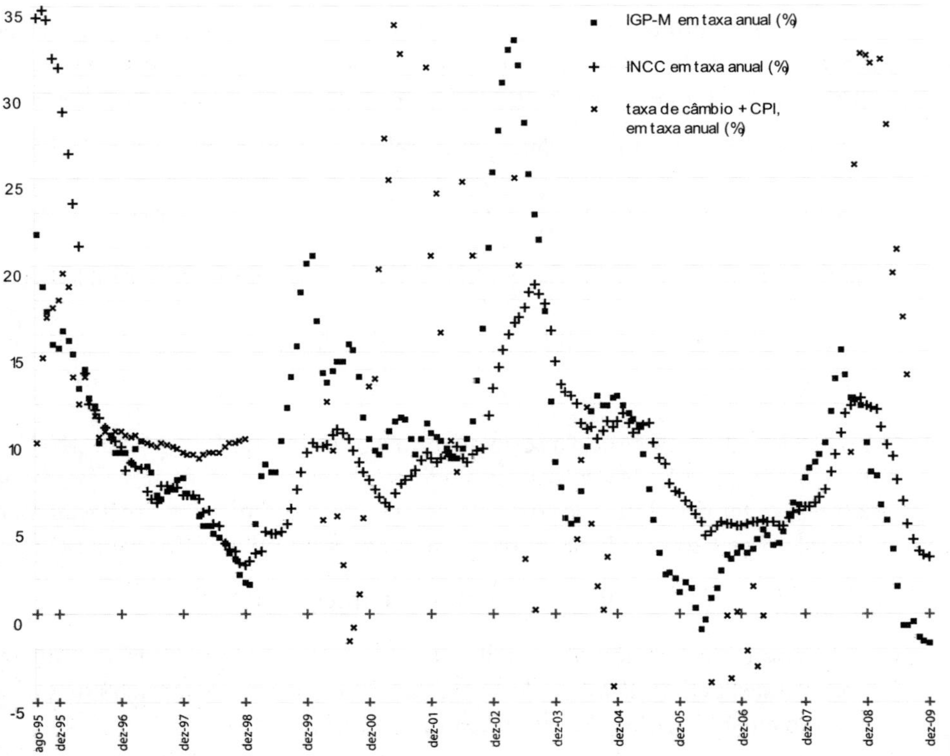

Gráfico 3.1 – Posição mensal da inflação de doze meses no ciclo de agosto de 1994 até dezembro de 2009 e taxa de câmbio (USD x BRL), ajustada pelo CPI.

- Empreendimentos do real estate têm ciclos de vida longos. Os empreendimentos imobiliários (construir para vender) podem durar de 3 a 4 anos. Os Gráficos

3.2 e 3.3 mostram a posição da inflação em periodicidades mais longas de medida, para inferir se há alguma simetria entre os movimentos médios do IGP-M, INCC e taxa de câmbio ajustada pelo CPI.

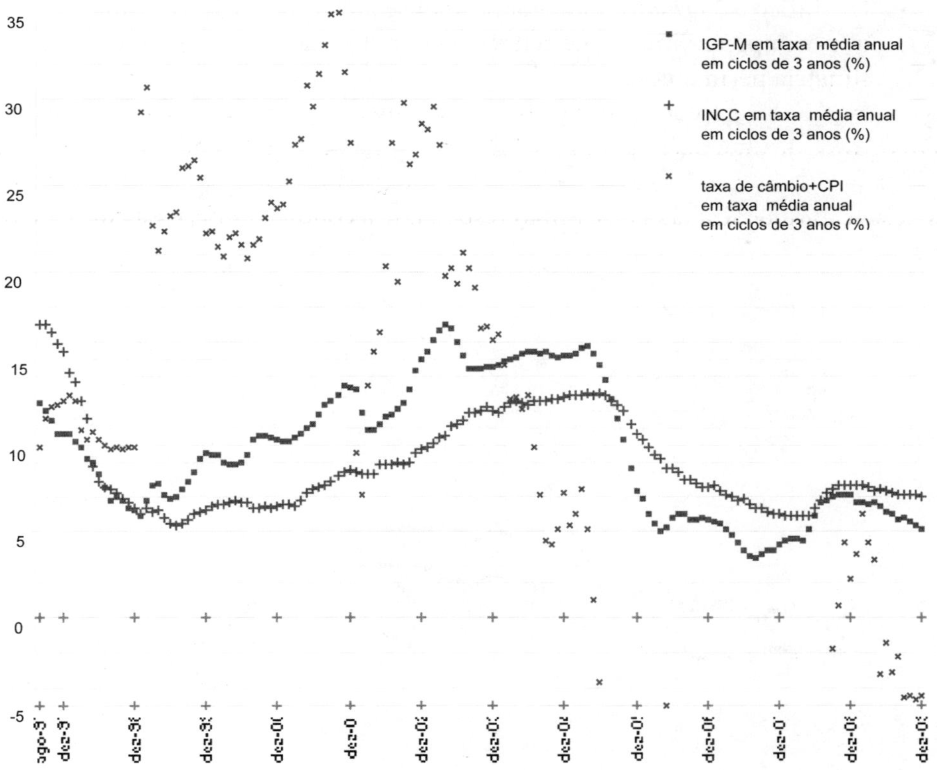

Gráfico 3.2 – Posição mensal da inflação média anual em ciclo de 36 meses no período de agosto de 1994 até dezembro de 2009 e taxa de câmbio (USD x BRL), ajustada pelo CPI.

Nesse Gráfico 3.2 fica ainda mais evidenciada a assimetria. Vemos o INCC primeiro acima do IGP-M por um período curto, depois sempre abaixo por um período longo e depois, também por um período longo, acima. A taxa de câmbio permanece errática contra o IGP-M.

Em cada ponto k do Gráfico 3.2, a taxa de inflação média anual para um índice IND é calculada segundo a expressão: $\left(1+\inf M\right)^{\frac{1}{3}} = \dfrac{IND_{mesk(ano.atual)}}{IND_{mesk(ano.atual-3)}}$

Exemplo: de dezembro de 1998 até dezembro de 2004, qualquer empreendedor que tenha tomado decisões de investimento usando |AQI| que fazia IGP-M = INCC perdeu poder de compra nos seus retornos, contra o investimento, na diferença das taxas. Ou seja, se em empreendimentos de duração média de três anos, o empreendedor fez resultado ajustado pelo INCC (custos e preços de empreendimentos imobiliários andam em INCC) teve uma perda relativa na economia brasileira, a se considerar que o IGP-M é o melhor medidor da perda de poder de compra do BRL no mercado interno.

- O Gráfico 3.3 faz o mesmo teor de análise do Gráfico 3.2, admitindo somente que o empreendimento de referência tem duração de quatro anos. A falta de simetria permanece.

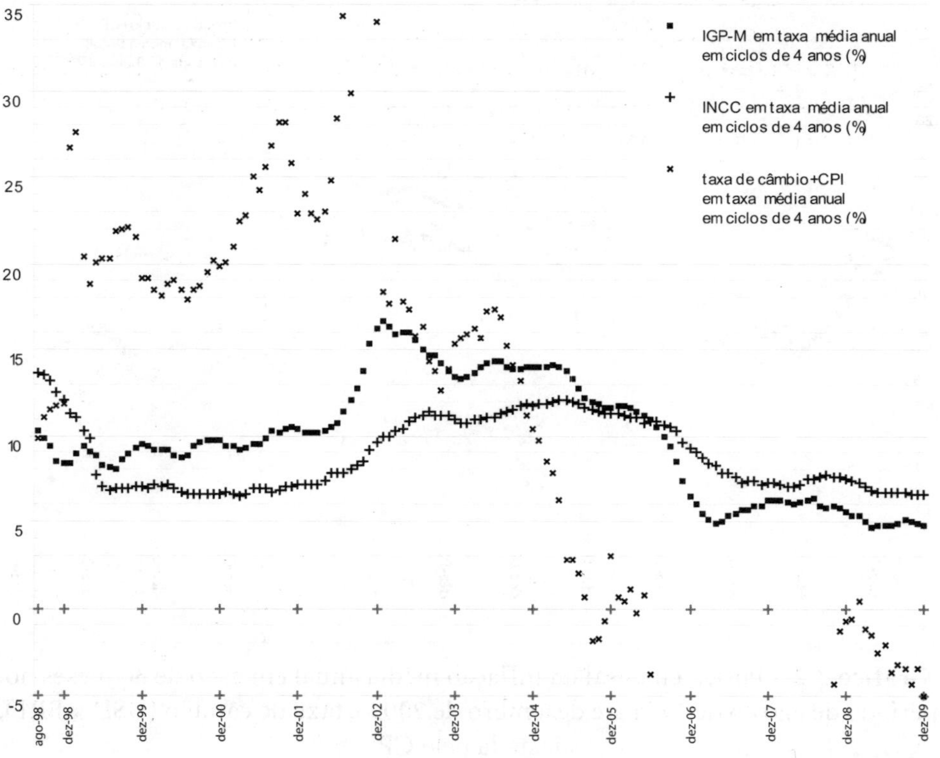

Gráfico 3.3 – Posição mensal da inflação média anual em ciclo de 48 meses no período de agosto de 1994 até dezembro de 2009 e taxa de câmbio (USD x BRL), ajustada pelo CPI.

- Como se percebe da leitura dos gráficos deste capítulo, investir em real estate no Brasil, cujos movimentos são balizados pelo INCC, usando moeda estrangeira como fonte de suprimento de investimento, ou mesmo como fonte de financiamento, tem sido quase que um movimento especulativo no horizonte do BRL. O descolamento da taxa de câmbio ajustada pelo CPI contra o INCC é sempre muito acentuado, para mais ou para menos. Nesses gráficos vemos perdas no câmbio que podem consumir a rentabilidade auferida em BRL, como ganhos especulativos, que podem potencializar em muito os ganhos. Todavia, sempre é fácil comentar olhando para trás, mas decidir exige arbitrar para o horizonte do empreendimento (para frente). Num investimento em moeda estrangeira, quando se vê essa configuração errática para trás, a tendência é buscar um padrão muito conservador de cenário referencial para a frente, o que pode acender uma luz de alerta e não validar, pelo risco, investimentos em moeda estrangeira no real estate brasileiro. Para concluir este assunto, vemos no Gráfico 3.4 a variação da taxa de câmbio no conceito PPP (teórica), contra a taxa de câmbio verificada no horizonte do BRL. O gráfico ilustra que os movimentos da taxa de câmbio são completamente especulativos, já que as moedas na economia moderna não são mais exclusivamente meios de transação e preservação de valor, mas se apresentam como commodities, que têm vida própria, como se fossem um bem em si mesmo.

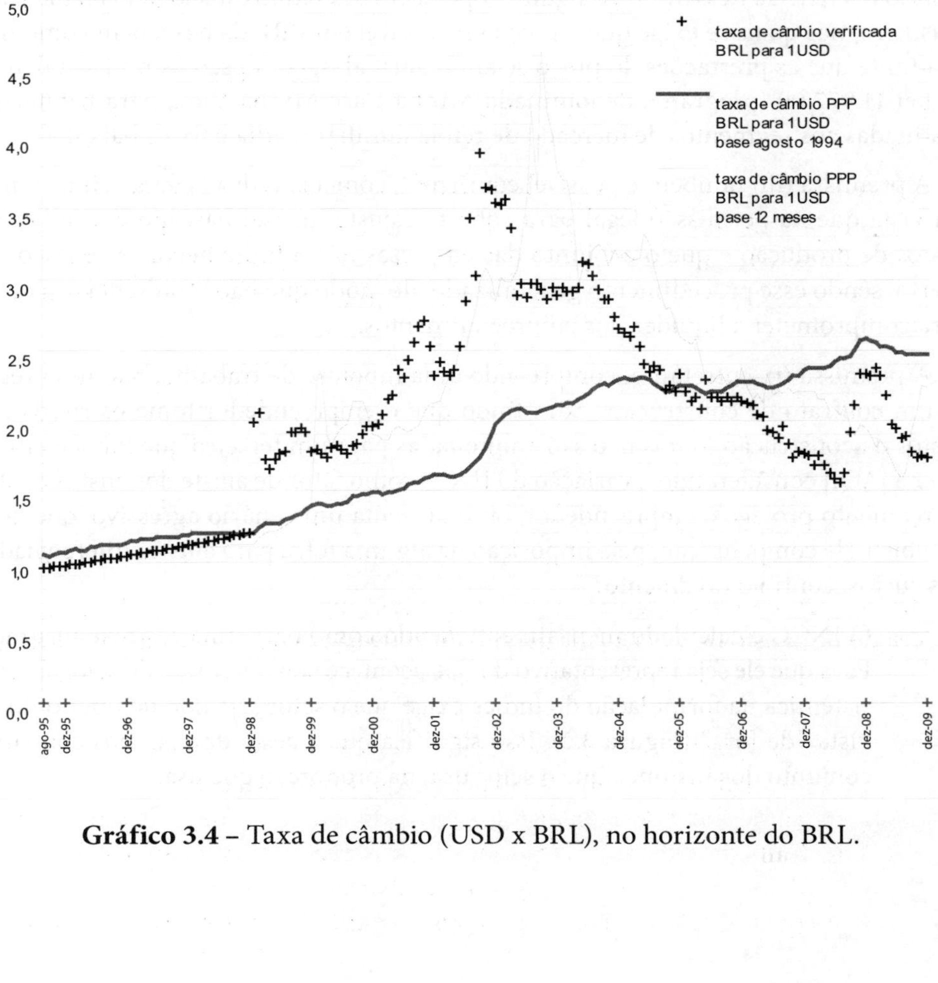

Gráfico 3.4 – Taxa de câmbio (USD x BRL), no horizonte do BRL.

3.5. SIGNIFICADO DO INCC NAS ANÁLISES DE INVESTIMENTOS E O CONTROLE DE CUSTOS

Nos empreendimentos imobiliários (construir para vender) é corrente admitir uma simetria entre a evolução de custos de construção, preços e da receita. As premissas para aceitar esta hipótese são: i. os custos variam (crescem na maioria das situações) seguindo a variação do INCC; ii. os preços de venda crescem no mesmo ritmo, porque as tabelas de preço são ajustadas pelo INCC mensalmente; iii. a receita de cada unidade vendida também segue a variação do INCC, porque os contratos de venda definem que as prestações são reajustadas segundo esse índice.

Dessas premissas, considere-se que a (ii) é possível de se confirmar, tendo em vista que a tendência das empresas no mercado competitivo é ofertar preços com esse ajuste. Num mercado sob domínio da demanda é provável que algumas empresas sejam mais agressivas, na busca de sair dos seus estoques, mas esse efeito (perda de preço) deve ser discutido na |AQI| no capítulo dos riscos e não com o comportamento seguindo o cenário referencial. Ressalvem-se algumas operações de crédito direcionado no mercado brasileiro, nas quais se exige que o preço seja estável em BRL da base, bem como não se admite que as prestações do preço sejam reajustadas, como são os projetos dentro da Lei 11.977/09 (programa denominado Minha Casa Minha Vida, para habitações destinadas aos segmentos de mercado de renda familiar média baixa e baixa).

A premissa (iii) também é possível confirmar, com a ressalva já feita acima, tendo em vista que há permissão legal para cobrar reajuste mensal baseado em índice de custos de produção e que o conjunto das empresas não admite deixar esse risco em aberto, sendo esse procedimento generalizado, de modo que não representa um óbice para comprometer a liquidez dos empreendimentos.

A premissa (i), entretanto, compreende uma hipótese de trabalho, não uma regra de um contrato de construção. Admitindo que o empreendedor tome os riscos dos custos da construção (obras não são empreitadas para um terceiro que toma o risco), fazer a |AQI| considerando a variação do INCC como fator de ajuste dos custos contra o orçamento protege o empreendedor, ou representa um cenário agressivo, que deve ser objeto de compensação, pela imposição de alguma folga para ajustes diferenciados nos custos, contra o orçamento?

- O INCC é calculado mensalmente, tendo como base uma cesta de insumos. Para que ele seja representativo do que acontece com os custos do setor, a visão sistêmica na formulação do índice exige que o setor seja lido de um ponto de vista "de fora" (Figura 3.2). Isso significa que a cesta de insumos contém o conjunto dos insumos que o setor usa, na proporção que usa.

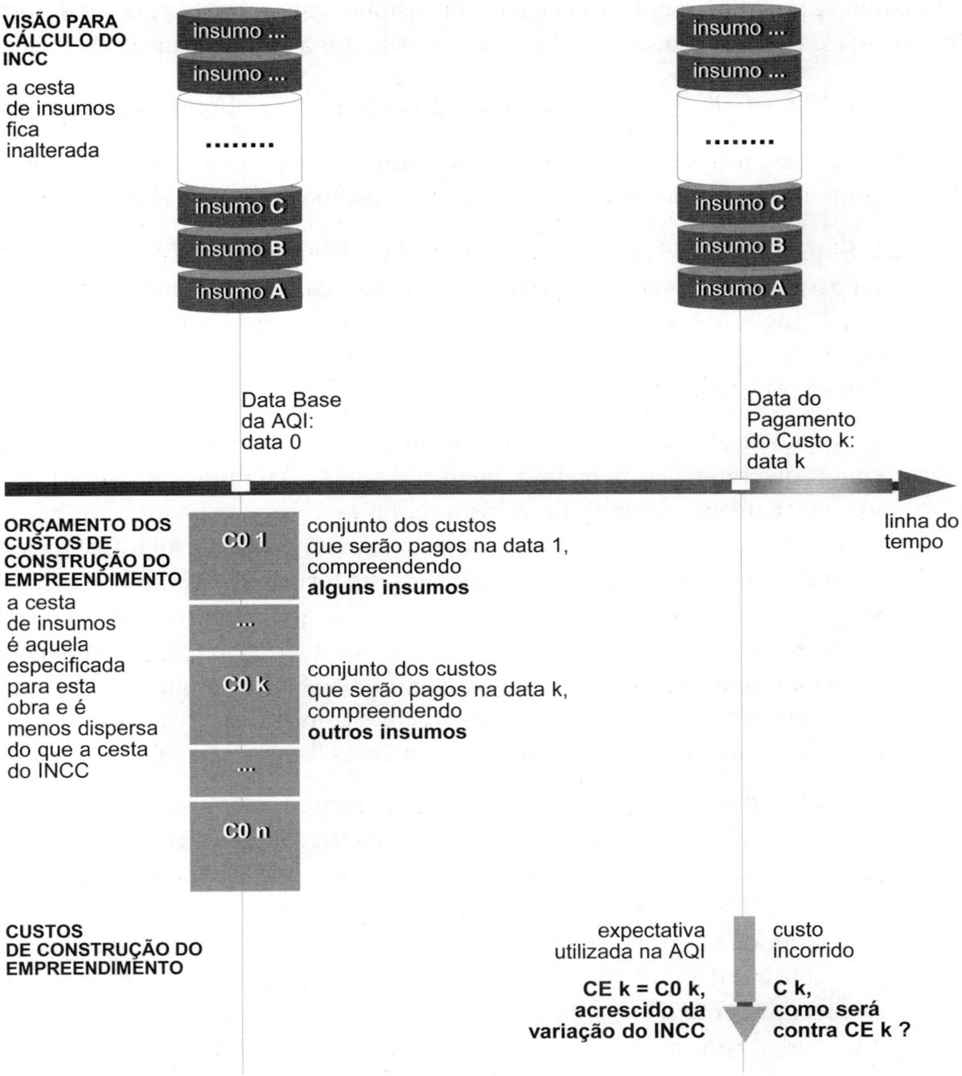

Figura 3.2 – Ponto de vista para cálculo do INCC e os custos de construção de um determinado empreendimento.

Cada orçamento de custos compreende um conjunto de insumos, que não é espelho do padrão de consumos do setor, nem quanto ao conjunto e, muito menos quanto à sua participação relativa.

Quando o INCC é calculado, na data 0 a cesta é orçada com valores praticados no mês 0 e na data k a mesma cesta é orçada com valores praticados no mês k. A relação entre os valores dos índices ilustra a inflação setorial, que terá sido, nesse período, mais ou menos influenciada por um ou outro insumo.

Quando se faz o orçamento, uma parte dos insumos está prevista para ser despendida na data k, de forma que a expectativa é que os custos a serem apropriados naquele mês k sejam $CEk = COk \cdot \frac{INCCk}{INCC0}$. Essa expectativa não deve se cumprir, tendo em vista que: i. a obra nesse mês só usa uma parte dos insumos que estão na cesta do índice; e ii. numa proporção diferente do que o conjunto dos insumos aparece na cesta do índice.

- O desembolso para pagamento dos custos na data k será $Ck \neq CEk$, para mais ou para menos? Essa questão não tem resposta na data 0, de forma que usar o INCC como indexador no orçamento da |AQI| representa um risco de perda (Ck > CEk), ou uma condição de conforto (Ck < CEk) e isso só pode ser avaliado parametricamente na data 0.

  Do ponto de vista operacional, o programa de suprimentos vai trabalhar com contas que são pagas parceladas, sem reajuste, vai comprar por antecipação, vai pagar depois de aplicado o insumo, ou seja, vai seguir uma rotina que descola inteiramente da forma como o orçamento de custos foi transformado em transações (desembolso dos custos). Desta forma, na operação, o controle se faz por meio de dois vetores: i. o econômico, que apropria custos de cada conta do orçamento, contra o valor orçado ajustado pelo INCC somente até a data em que o pagamento foi previsto no planejamento que está na |AQI|; ii. o financeiro, que dispõe verbas para serem consumidas a cada mês iguais a CEk, fluxo ao qual o programa de suprimentos deve se ajustar.

- É possível discutir no planejamento o que acontece com o desajuste entre o INCC e a realidade de cada obra, impondo configurações virtuais e hipóteses de fronteira, a mais agressiva (a que promove ganhos) e a mais conservadora (a que implica perdas). Pela hipótese mais conservadora, é possível entender a margem de segurança que deve estar presente no orçamento da data base, para cobrir o desajuste entre a cesta do INCC e a de insumos de cada mês no empreendimento. Do ponto de vista operacional, esta segurança representa uma verba, contra a qual se deve apropriar custos a maior (Ck – CEk), que ocorram por causa de descolamento inflacionário e não por perda de produtividade (maior volume de insumos consumidos do que orçado).

- Para identificar a condição de fronteira mais conservadora, usaremos uma imagem bastante simplificada (exemplo), do impacto que pode ocorrer de distorção, usando a variação do INCC para ajustar um orçamento de obras no ciclo do empreendimento. Esta imagem está na Figura 3.3.

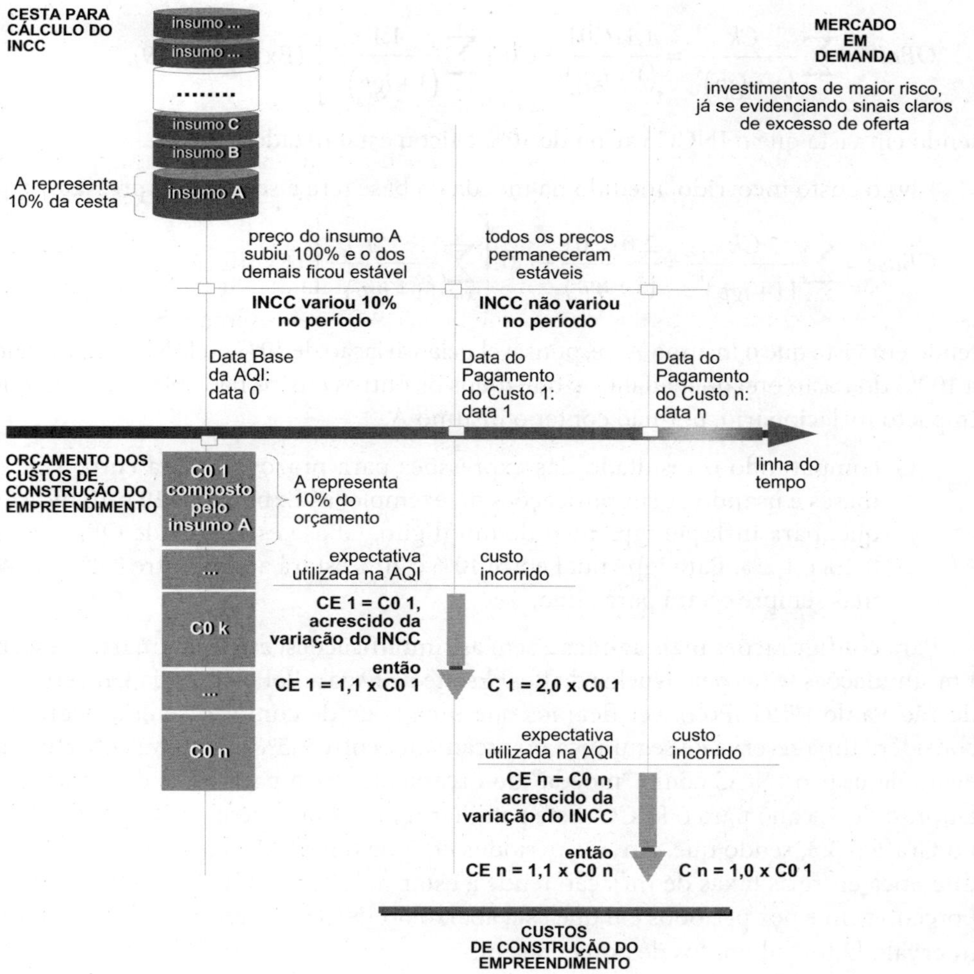

Figura 3.3 – Orçamento de custos contra o INCC, num exemplo de fronteira.

Na Figura 3.3:

i) na data 1, a |AQI| considerou que os custos seriam $CE1 = 1{,}1 \cdot C01$, tendo em vista que a expectativa utilizada foi de evolução de custos segundo a variação do INCC. Entretanto o custo foi maior, porque somente o insumo A estava em C01 e o aumento de preço foi de 100%, fazendo $C1 = 2{,}0 \cdot C01$;

ii) nessa hipótese simplificadora, da data 2 até o final do empreendimento, diante de expectativas de $CEk = 1{,}1 \cdot C0k$, já que o INCC ficou estável da data 1 em diante, os custos incorridos ficaram estabilizados em $Ck = C0k$, já que nenhum dos outros custos contém o insumo A;

iii) usando uma outra hipótese simplificadora, de que C01 = 10% · *orçamento* e C02 = ... = C0*n* = C0, nesta |AQI|, o planejamento considerou o orçamento, medido na moeda da data base, como sendo

$$OBase=\sum_{k=1}^{n}\frac{Ck}{(1+igp)^k}=\frac{1{,}1\cdot C01}{(1+igp)}+C0\cdot\left[\sum_{k=2}^{n}\frac{1{,}1}{(1+igp)^k}\right]$$ (Expressão 19),

tendo em vista que o INCC variou de 10% e ficou estabilizado;

iv) o custo incorrido, medido na moeda da base terá a seguinte expressão:

$$CBase=\sum_{k=1}^{n}\frac{Ck}{(1+igp)^k}=\frac{2{,}0\cdot C01}{(1+igp)}+C0\cdot\left[\sum_{k=2}^{n}\frac{1{,}0}{(1+igp)^k}\right]$$ (Expressão 20),

tendo em vista que o insumo A, responsável pela variação de 10% no INCC corresponde a 100% do custo orçado da data 1 e que todos os outros custos não sofreram qualquer impacto inflacionário, por não conter o insumo A.

v) comparando o resultado das expressões para prazos de obra entre 12 e 36 meses e usando as simplificações do exemplo, as Expressões 19 e 20 indicam que, para inflação igpAnual de um dígito, CBase está cima de OBase entre 0,2% e 1,2%. Para igpAnual entre 10% e 20% estará acima entre 0,4% e 2,4%, mas sempre estará para cima.

Para configurações mais agudas e sem as simplificações, estes patamares crescem. Em simulações feitas pelo Núcleo de Real Estate da Escola Politécnica da Universidade de São Paulo (NRE-Poli), verificamos que uma zona de conforto se cria quando se considera uma reserva de segurança no orçamento entre 2,5% e 5% para cobertura do efeito de usar o INCC como "moeda" do orçamento, para patamares de inflação no entorno de 9% ano para o INCC. Este patamar representa a média da curva do INCC no Gráfico 3.3, sendo que, para os períodos em que o IGP-M está acima do INCC, a diferença entre as taxas de inflação tende a estar no intervalo de [2,7~5,0] pontos de porcentagem e nos períodos em que está abaixo do INCC a diferença tende a estar no intervalo [2,0~3,5] pontos de porcentagem.

3.6. CASOS EXPLORANDO OS CONCEITOS DESTE CAPÍTULO

Caso 3.1: Uma |AQI| de empreendimento imobiliário está sendo preparada para atender a uma empresa brasileira, que faz uma parceria com investidor estrangeiro (IE) no negócio. O objetivo é decidir se interessa fazer o investimento de construir um edifício de escritórios para vender a um único usuário corporativo, ou para um investidor cujo foco seja investimento para renda. Como temos investidores, cujo poder de compra é medido em distintas moedas, a leitura dos indicadores da qualidade do investimento deve ser feita em BRL para a empresa e em USD, para o IE. O planejamento recebe os dados de cenário referencial, como estão no Quadro 3.1 (linhas 1 até 10) e traça um cenário para o comportamento da economia, incluindo a expectativa de variação da taxa de câmbio de 1 USD para o BRL, como consta no Quadro 3.1, ao final. O edifício será vendido com preço ajustado segundo a variação do IGP-M.

No planejamento, a moeda da análise é BRL da data 0, considerando o deflator de poder de compra o IGP-M. Então, todas as transações no ciclo do empreendimento têm seu poder de compra ajustado pelo IGP-M. Os custos de construção e os conexos têm inflação pelo INCC mais a margem para ajustar a representatividade do INCC contra a cesta de insumos da obra e o investimento do estrangeiro deve ter cotejados os índices de ajuste de custos e preços do empreendimento, contra a variação do câmbio do USD.

Usando a imagem do IE, evidencia-se que há indicadores da qualidade na |AQI| que se referem ao empreendimento (exemplo: a margem), mas há outros que se referem ao empreendedor no empreendimento (exemplo: a taxa de retorno em BRL da empresa e aquela em USD do IE, que são diferentes, ainda que o resultado que entra na medida dos indicadores é sempre o mesmo, porque é o gerado pelo empreendimento). Neste Caso 1.1, o IE explora o empreendimento, mas a diferença de taxa de câmbio ao longo do ciclo do empreendimento afeta o seu resultado, o que pode favorecê-lo ou não.

Quadro 3.1 – Cenário referencial para análise da qualidade do investimento no empreendimento imobiliário

cenário referencial para a AQI do empreendimento				
		valores em BRL mil		
		I	II	III
				orçamento em BRL da data 0
1	receita bruta de vendas - VGV			20.500
2	contribuições e impostos	6,73% VGV		(1.380)
3	receita líquida de vendas = 1-2			19.120
4	contas da comercialização	7,00% VGV		(1.435)
5	contas da implantação = 6+7+8+9+10			(14.250)
6	terreno		2.000	
7	pré-operacionais		800	
8	construção e equipamento - CEQ		10.000	
9	administração e gerenciamento	12,00% CEQ	1.200	
10	margem para cobertura de desvio do INCC	2,50% CEQ	250	

expectativas do ambiente da economia	taxas anuais equivalentes
inflação dos custos de construção (pelo INCC)	8,0%
inflação em BRL (pelo IGP-M)	6,0%
variação da taxa de câmbio BRL x 1 USD	4,0%
inflação nos EUA (pelo CPI)	2,5%
taxa de câmbio BRL x 1 USD na data 0	1,80

No Quadro 3.1:

- os valores estão expressos na moeda da base da |AQI| – data 0, o que, como vimos neste capítulo, deve ser objeto de ajuste, no caso de admitirmos para o referencial de poder de compra da moeda a variação do IGP-M e usarmos uma taxa de crescimento dos custos de construção (INCC) diferente da expectativa de inflação pelo IGP-M;
- considera-se no cenário referencial, também como vimos neste capítulo, que não há como projetar a variação diferencial do INCC contra o conjunto dos insumos da obra, tendo em vista que, nesta fase, de produzir uma |AQI| para avaliar a qualidade do investimento e decidir se interessa desenvolvê-lo, não há detalhamento de cenário que permita fazer projeções. Vimos que, mesmo havendo o detalhamento, o que se recomenda é utilizar uma margem de segurança, baseada nas simulações paramétricas do NREPoli;
- o planejamento vislumbra que o ambiente econômico, no horizonte do empreendimento, apresentará taxas diferentes de inflação pelo INCC e pelo IGP-M, bem como arbitra que a taxa de câmbio estará num patamar próximo da taxa

$$\text{PPP} = \left(1 + cambioPPP\right) = \frac{\left(1 + igp\right)}{\left(1 + cpi\right)}$$

No Quadro 3.2 temos os primeiros resultados da |AQI|. Alguns dados não estão descritos aqui, porque o objetivo deste Caso é explorar a questão da inflação e não detalhar a |AQI|, o que será feito adiante no livro. Prazos, curva de custos, velocidade de vendas e outras informações necessárias para inserir no modelo simulador, do qual se extraem os indicadores dos Quadros 3.2 e 3.3, não estão detalhados.

Neste Quadro 3.2:

- os dados de custo (linhas 6 até 10), devem ser ajustados para a moeda da base, admitindo-se que o tradutor de poder de compra na economia brasileira seja o IGP-M. Na coluna II, (7+8+9+10) = 12.250. Na coluna IV, (7+8+9+10) = 12.516. Pode parecer pouco ajuste, à conta de efeitos inflacionários, porém a diferença significa 8,4% a maior na linha 11, ou, então +1,3 pontos de porcentagem na margem (linha 12), significativos (a conta da linha 10 já representa um ajuste entre as colunas, o que amplia a diferença entre o que é orçamento e o que representa margem de ajuste de proteção e de descolamento contra a inflação);
- investimento e retorno (linhas 13 e 14) são medidos explorando o confronto das transações (pagar e receber) e a taxa de retorno indica a velocidade equivalente de transformação do poder de compra de RET contra INV. Essas rotinas de cálculo são mostradas mais adiante neste livro.

Quadro 3.2 – Balanço do empreendimento em BRL, como resultado da exploração do empreendimento por meio de um modelo simulador

balanço do empreendimento, dentro de uma SPE-LP					
		valores em BRL mil			
		II	III	IV	V
			orçamento em BRL da data 0	ajuste do INCC contra IGP-M na data 0	
1	**receita bruta de vendas - VGV**		**20.500**		**20.500**
2	contribuições e impostos		(1.380)		(1.380)
3	**receita líquida de vendas = 1-2**		**19.120**		**19.120**
4	contas da comercialização		(1.435)		(1.435)
5	**contas da implantação = 6+7+8+9+10**		**(14.250)**		**(14.516)**
6	terreno	2.000		2.000	
7	pré-operacionais	800		805	
8	construção e equipamento - CEQ	10.000		10.228	
9	administração e gerenciamento	1.200		1.227	
10	margem para cobertura de desvio do INCC	250		256	
11	**resultado do empreendimento = 3-4-5**		**3.435**		**3.169**
12	margem sobre o preço = [11 / 1]		16,8%		**15,5%**
13	**investimentos do empreendedor - INV**				**14.039**
14	**retorno dos investimentos - RET = 13+11**				**(17.208)**
15	taxa de retorno, acima do IGP-M - TRE(i) (poder de compra em % ano equivalente)				**22,3%**

Os indicadores do Quadro 3.2 só servem para a empresa brasileira. O IE não pode simplesmente transformar em USD esses valores expressos em BRL pela taxa de câmbio da data 0, porque a evolução da taxa de câmbio e o indicador de inflação na economia dos Estados Unidos são fatores que afetam a qualidade do seu investimento.

O Quadro 3.3 mostra indicadores quando se explora a posição do IE.

- Considerando as expectativas do cenário referencial, o preço verificado pelo IE será USD 11.796 mil (coluna VII), correspondente ao fluxo de recebimento do preço, pela taxa de câmbio da data de cada recebimento. USD 11.389 mil (coluna VI) não é uma informação adequada, porque é um valor que não se verifica. Como o IE perde poder de compra na proporção da evolução do CPI, o preço de venda traduzido para a data 0 na moeda do investimento (USD) é 11.796, deflacionado na taxa esperada de inflação em USD pelo CPI, o que faz o valor de USD 11.271 mil (coluna VIII) como sendo a informação adequada, contra a da coluna VI, que só serve como referência de preço na base e não de recebimento do preço no ciclo do empreendimento.

Quadro 3.3 – Balanço do empreendimento do ponto de vista do investidor estrangeiro que aplica seus recursos em USD

balanço do empreendimento, dentro de uma SPE-LP						
		valores em BRL mil		valores em USD mil		
			V	VI	VII	VIII
			orçamento em BRL da data 0 ***ajustado***	na taxa de câmbio da data 0	em USD correntes (nominais)	em USD da data 0
1	**receita bruta de vendas - VGV**		**20.500**	**11.389**	**11.796**	**11.271**
2	contribuições e impostos		(1.380)			
3	**receita líquida de vendas = 1-2**		**19.120**			
4	contas da comercialização		(1.435)			
5	**contas da implantação = 6+7+8+9+10**		**(14.516)**			
6	terreno	2.000				
7	pré-operacionais	805				
8	construção e equipamento - CEQ	10.228				
9	administração e gerenciamento	1.227				
10	margem para cobertura de desvio do INCC	256				
11	**resultado do empreendimento = 3-4-5**		**3.169**	**1.760**	**1.977**	**1.698**
12	margem sobre o preço = [11 / 1]		**15,5%**	**15,5%**	16,8%	**15,1%**
13	**investimentos do empreendedor - INV**		**14.039**	**7.800**	**7.954**	**7.755**
14	**retorno dos investimentos - RET = 13+11**		**(17.208)**	**(9.560)**	**(9.931)**	**(9.453)**
15	taxa de retorno, acima do IGP-M - TRE(i) (poder de compra em % ano equivalente)		**22,3%**			
16	taxa de retorno em USD - TRE(ii) (nominal em USD)				**24,6%**	
17	taxa de retorno em USD - TRE(iii) (poder de compra nos EUA - % ano equivalente)					**21,6%**

Ainda para o IE, seguindo o Quadro 3.3:

- os valores da coluna VI não servem. Não é correto medir valores em moeda estrangeira simplesmente usando o câmbio da data 0, para trocar os valores medidos em BRL;
- usando USD nominais, se faz a leitura do poder de compra do IE dentro da economia brasileira. Exemplo: a taxa de retorno 24,6% mostra o crescimento

do poder de compra dos USD retornados contra os internados no Brasil, como se o retorno fosse usado na economia brasileira para fazer novos investimentos;

- os indicadores que mostram adequadamente para o IE a sua posição ao investir no empreendimento, fazendo o câmbio dos USD em BRL para entrar no empreendimento e dos BRL para USD ao sair do empreendimento, são os da coluna VIII, na qual todos os valores expressos em USD são transformados para USD da data 0, deflacionados pelo CPI. Vale notar que o modelo simulador não pode operar em USD, porque custos e preços do empreendimento são marcados em BRL. Os únicos movimentos que se transforma em USD, pelo câmbio do mês de transação, são os "entre o IE e o empreendimento", ou seja, os movimentos de investimento e retorno. Os movimentos entre o empreendimento e o ambiente são marcados sempre na moeda da transação – BRL (as transações de pagar custos e receber preço são marcadas em BRL, mesmo que o total do investimento do IE seja feito em USD).

Caso 3.2: Do ponto de vista do risco, qual é a vulnerabilidade da decisão de investir no empreendimento do Caso 1.1, por estar fundamentada em expectativas de inflação e de câmbio sem sustentação (essas arbitragens são sempre abertas)?

R.1 A margem em BRL de 15,5%, na |AQI| é calculada para as condições de inflação do cenário referencial: no ciclo do empreendimento INCC = 8% ano e IGP-M = 6% ano.

O Gráfico 3.5 mostra como varia a margem, na hipótese de que o comportamento inflacionário ocorra segundo outros binômios (INCC variando de 4 até 10% ano, contra IGP-M variando de 4% até 10% ano). Como o preço será ajustado em IGP-M (condição da análise), quanto maior for o descolamento do IGP-M contra o INCC, mais margem. Exemplo: tomando a marca do INCC no cenário referencial, com IGP-M de 4% ano, a margem (15,5% no cenário referencial) cai para próximo de 14%, e com IGP-M de 10%, sobre para mais de 18%.

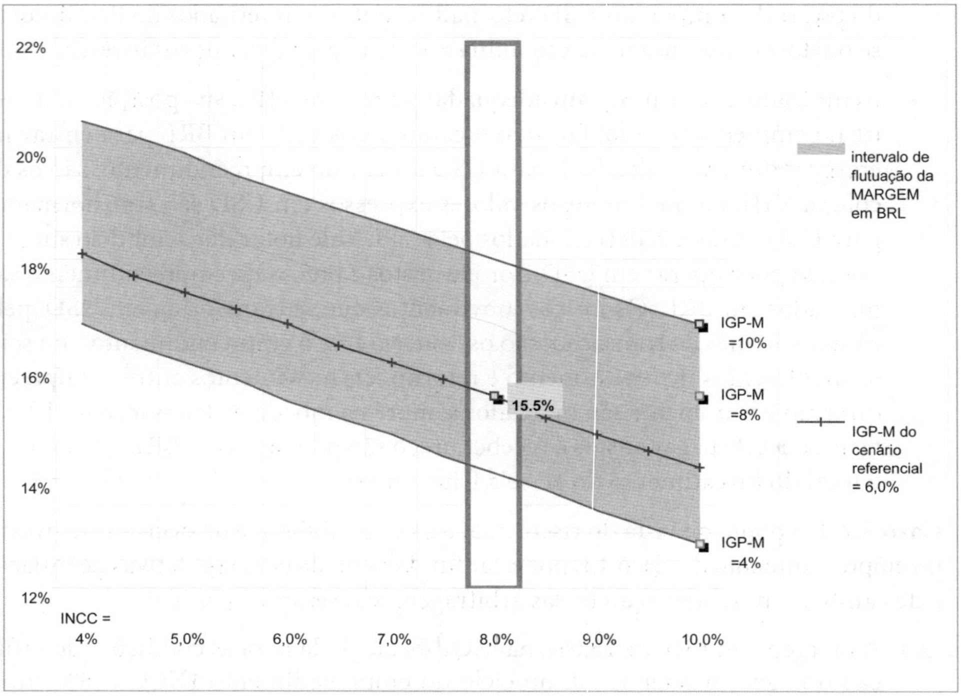

Gráfico 3.5 – Flutuação da margem, fazendo variar o binômio INCC x IGP-M.

O Gráfico 3.5 mostra a elevada sensibilidade desse empreendimento para variações de IGP-M contra INCC, o que é uma característica dos negócios do real estate, razão pela qual as empresas buscam travar sua inserção de mercado num único índice de inflação, de preferência o INCC. A preferência pelo INCC para essa finalidade reside no fato dos custos serem passivos diante da inflação. Ou seja, a empresa tem poucas possibilidades de se proteger de variações inflacionárias nos custos. A contratação de obras empreitadas, a preço certo com parcelas reajustadas pelo INCC, transfere para o construtor o risco da arbitragem da cesta de insumos do índice, contra o comportamento dos insumos aplicados na obra. Mas não protege o empreendedor na hipótese de que o IGP-M descole para cima do INCC. Quando o preço está em IGP-M, quanto maior o descolamento mais margem, mas quando está em INCC, quanto maior o descolamento, menor o valor da margem medida na data 0. Ou seja, quando interessa fazer proteção contra a perda de poder de compra do BRL na economia, os preços devem correr em IGP-M, mas os custos ficam passivos para o INCC acima do IGP-M. Quando se procura proteção na relação preço x custo, fazendo o preço em INCC, o resultado do empreendedor fica desprotegido, no conceito poder de compra na economia, para IGP-M acima do INCC.

R.2 A flutuação da taxa de retorno do empreendedor, na moeda BRL, considerado o poder de compra balizado em IGP-M, conforme varia o binômio IGP-M x INCC, está no Gráfico 3.6. Nesse espectro de combinações, pode-se perceber que a flutuação da TREi é expressiva, denotando o risco do investimento quanto à sua incapacidade de se proteger das variáveis inflacionárias.

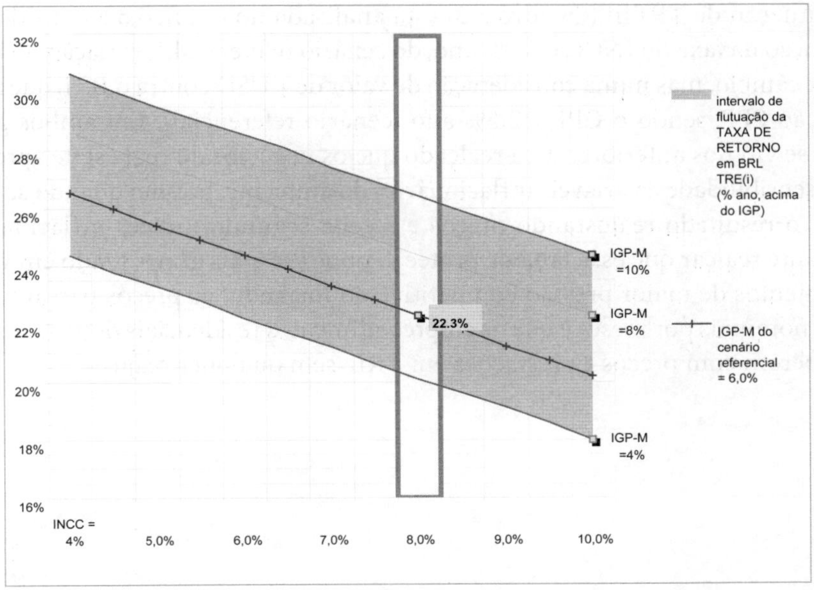

Gráfico 3.6 – Flutuação da taxa de retorno do empreendedor em BRL, com poder de compra balizado no IGP-M (TREi no Quadro 3.3).

R.3 Para o IE, a flutuação da taxa de retorno do empreendedor, na moeda USD, considerado a quantidade nominal de moeda e o seu poder de compra na economia de origem, está nos Gráficos 3.7 e 3.8.

A flutuação da TREii (Quadro 3.3) está analisada no Gráfico 3.7 considerando a manutenção da taxa de variação do câmbio em 4% ano, do cenário referencial, e variação do binômio INCC x IGP-M.

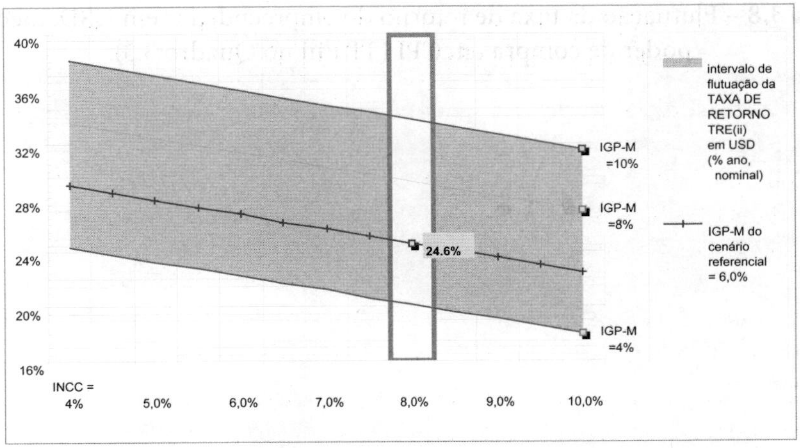

Gráfico 3.7 – Flutuação da taxa de retorno do empreendedor em USD, medida em moeda nominal (quantidade de moeda) (TREii no Quadro 3.3).

A flutuação da TREiii (Quadro 3.3) está analisada no Gráfico 3.8 considerando a manutenção da taxa do INCC em 8% ano, do cenário referencial, e variação do binômio IGP-M x câmbio, mas numa consideração de valor de 1 USD contra o BRL que mantém a condição PPP, sendo o CPI = 2,5% ano (cenário referencial). Em ambos gráficos, como já se viu nos anteriores, fica realçado que os negócios do real estate apresentam elevada sensibilidade a variáveis inflacionárias do ambiente, mesmo quando se procura proteger o resultado reajustando preços e receita segundo índices inflacionários. É interessante realçar que essa falta de proteção pode ser mais grave, tendo em vista que nos momentos de maior pressão competitiva do mercado, os preços passam parados em BRL nominais por meses e que os empreendimentos residenciais destinados à baixa renda operam com preços e prestações em BRL, sem qualquer reajuste.

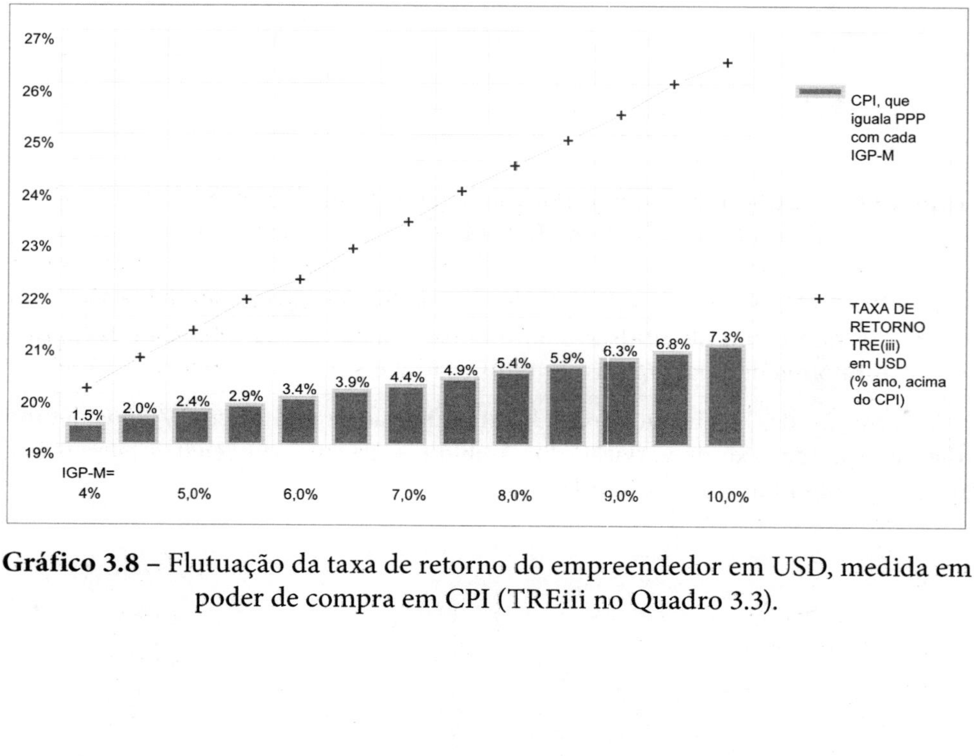

Gráfico 3.8 – Flutuação da taxa de retorno do empreendedor em USD, medida em poder de compra em CPI (TREiii no Quadro 3.3).

CAPÍTULO 4
Planejamento financeiro em empresas e empreendimentos do real estate

Eliane Monetti

CONCEITOS APRESENTADOS NESTE CAPÍTULO

Este capítulo tem por objetivo apresentar os conceitos que orientam decisões de caráter financeiro para as empresas e empreendimentos do real estate, em diferentes níveis de decisão. Em essência, discute técnicas de gestão financeira e a estruturação de instrumentos que permitam produzir indicadores capazes de suportar decisões de caráter financeiro, enfatizando o emprego de recursos próprios.

4.1. INTRODUÇÃO

O tema amplo do planejamento financeiro já dispõe de rica literatura técnica. No entanto, o planejamento financeiro que considere a estrutura do setor do real estate, seja no ambiente das empresas que nele atuam, seja no ambiente de seus empreendimentos, demanda ajustes que vão além da mera transposição do conceito do produto e dos cenários que norteiam a indústria de produção seriada para o real estate.

O entendimento de que há que se trilhar caminhos particulares dentro dos conceitos fundamentais que regem outros setores da economia é hoje muito mais aceito no meio, sobretudo após inúmeros insucessos experimentados por agentes do real estate mas, ainda assim, muitas são as experiências pessoais e pouca a literatura técnica para sedimentar esse conhecimento.

Os preceitos que devem compor o referencial de qualidade para os sistemas de planejamento financeiro no real estate devem poder: i. servir como instrumento de sustentação de princípios de gestão eficientes, enquanto capazes de sedimentar cultura de qualidade crescente; e ii. ser eficazes, na medida em que são estabelecidos para proporcionar respostas de qualidade inequívoca, quando usados para suportar decisões gerenciais.

Nos itens a seguir o leitor encontrará questões de caráter mais amplo, iniciando as discussões a partir do entendimento dos sistemas de gerenciamento, que fornecem a estruturação básica sobre a qual serão construídas as questões do planejamento financeiro do real estate, bem como as relações dessas questões com as econômicas, abordadas adiante neste livro. Este arcabouço é suficiente para o tratamento do planejamento financeiro nos ambientes das empresas e dos empreendimentos, sempre que possível sendo ilustrado por casos elucidativos.

4.2. OS SISTEMAS DE GERENCIAMENTO PARA CONSTRUÇÃO DO PLANEJAMENTO FINANCEIRO

Dadas as características do setor de real estate, é necessário que os sistemas de gerenciamento sejam capazes de isolar riscos, no sentido de ficarem contidos no ambiente de cada empreendimento, sem contaminar outros empreendimentos ou mesmo a empresa como um todo. Essa necessidade faz com que a forma mais competente para gerir empresas e empreendimentos do real estate seja considerando cada empreendimento isoladamente, cada empreendimento gerido em Sistema Empreendimento (SE) próprio, e o Sistema Gerenciador de Investimentos (SGI), este voltado para gerenciar os recursos da empresa como um todo, adiante detalhados.

Para entendimento do funcionamento desses sistemas, tomemos a Figura 4.1, separada nas situações (a) e (b) indicadas.

A Figura 4.1a, no ambiente do Sistema Empreendimento (SE), o destino preferencial da RECEITA derivada da comercialização ou exploração do produto será o de suportar o CUSTEIO da implantação do empreendimento.

Desta forma, haverá situações em que a quantidade de recursos ingressada no SE não será suficiente para suportar os recursos necessários para cobertura do CUSTEIO. Assim, do Sistema Gerenciador de Investimentos (SGI), deverão migrar recursos para suportar esta falta tópica de fundos – INVESTIMENTO – e, num momento futuro, deverá acontecer a situação inversa, ou seja, haverá recursos dentro do SE, ingressados pelo vetor da RECEITA, que não mais serão necessários para suportar o regime de CUSTEIO do empreendimento.

O SE tem vida correspondente ao prazo para que se complete o ciclo de produção que, do ponto de vista da movimentação de recursos, tem início quando se verificar a primeira transação entre o sistema e o ambiente em que está imerso, e término por ocasião da última. Como se trata de um sistema destinado à manutenção da gerência dos recursos vinculados a um determinado produto, quando estiver terminado o seu ciclo, os recursos que restarem no sistema deverão ser transferidos para o SGI.

O Sistema Empreendimento é construído para atender a um objetivo específico, logo, os recursos que nele ingressarem e não mais forem exigidos para manter o regime de CUSTEIO, deverão ser retirados do sistema, evidentemente, para o SGI.

Na Figura 4.1b, estes recursos – RETORNO – serão identificados não somente ao final do ciclo de produção, mas durante o seu desenrolar, sempre que recursos ingressados via RECEITA não devam permanecer no SE para suportar CUSTEIO.

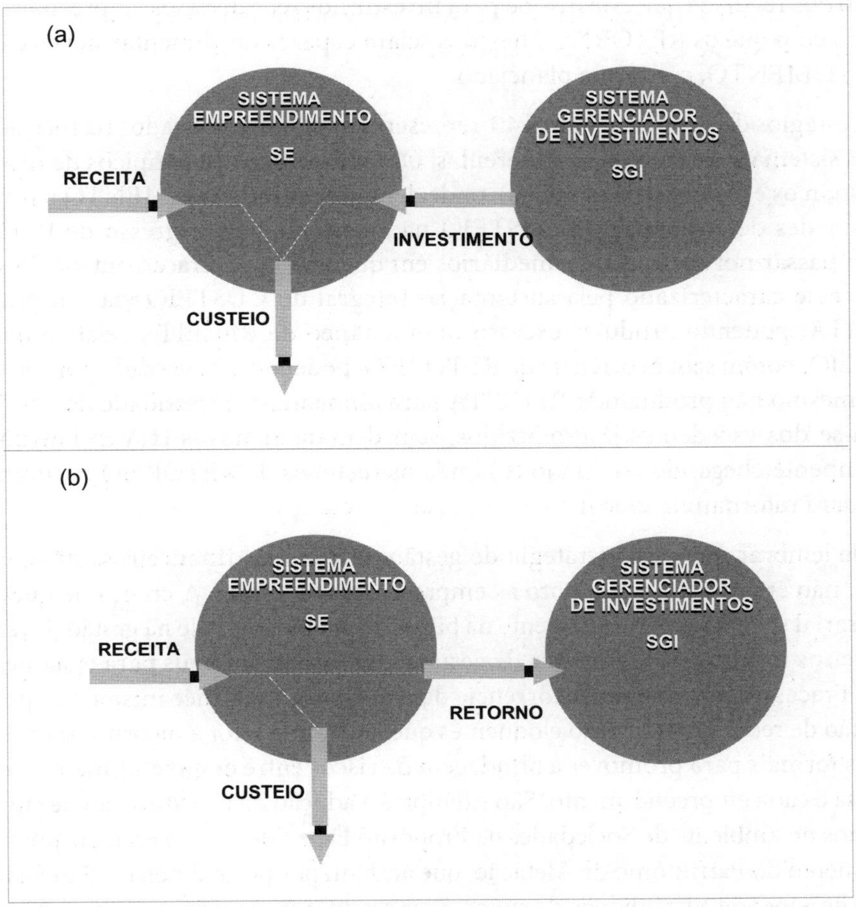

Figura 4.1 – Recursos no ambiente do Sistema Empreendimento (SE) e suas relações com o Sistema Gerenciador de Investimentos (SGI).

Os dois diferentes sistemas de planejamento necessários para o correto fracionamento da decisão, função de critérios diferentes para oportunidade e riscos, quando estiver em andamento a implantação do empreendimento são os presentes na Figura 4.1.

Esse fracionamento da decisão permite ao tomador de decisão, no Sistema Empreendimento (SE), organizar o fluxo de recursos para que a produção seja mantida no regime esperado, de forma que os investimentos programados, quando do planejamento do empreendimento, estarão ingressando no sistema segundo um regime pré-definido, e os retornos só dele sairão na oportunidade em que o tomador de decisão, gerente do empreendimento, usando seus critérios de risco, entender que estejam livres dentro deste sistema.

Já o Sistema Gerenciador de Investimentos (SGI) é o ambiente onde se administra a política de investimentos da empresa, de forma que estará sendo operacionalizado o manejo dos recursos que esta dispõe para investir nos seus diversos empreendimentos, fazendo com que os RETORNOS havidos sejam capazes de alimentar novos ciclos de INVESTIMENTO, conforme planejado.

Os estágios descritos na Figura 4.1 representam diferentes estados na relação entre os dois sistemas, em momentos diferentes. Os empreendimentos típicos de real estate percorrem os estados partindo do (a), onde demandam INVESTIMENTO para suprir necessidades de cobertura de CUSTEIO não atendida pelo ingresso de RECEITA; podem passar por estados intermediários em que não há interação entre SE e o SGI, estado esse caracterizado pela sustentação integral do CUSTEIO via o ingresso de RECEITA, podendo produzir excesso momentâneo de RECEITA relativamente ao CUSTEIO, porém sem ocorrência de RETORNO, podendo ser sucedido por um estado onde, mesmo não produzindo RECEITA para alimentar a necessidade do CUSTEIO, utiliza-se dos excedentes já produzidos, sem demandar novos INVESTIMENTOS; e, finalmente chegando ao estado (b) onde os recursos de RETORNO encontram-se livres para retornarem ao SGI.

Vale lembrar que essa estratégia de gestão de recursos financeiros, até há algum tempo, não era disseminada junto às empresas de real estate. A crença de que arrojo empresarial se refletia exclusivamente na busca de maior agilidade na gestão de recursos financeiros resultou na resistência de gestores em aceitar tal ônus para isolamento de riscos. Fracassos havidos em decorrência da não assunção de mecanismos de proteção na gestão de recursos foram tão eloquentes que levaram o setor a incorporar até instrumentos formais para promover a blindagem de riscos entre empreendimentos, e entre empresa e cada empreendimento. São exemplos a adoção da estruturação de empreendimentos no ambiente de Sociedades de Propósito Específico (SPE) e a incorporação do instrumento do Patrimônio de Afetação, que acabam por produzir efeito semelhante no que tange à incomunicabilidade de riscos. Essa estruturas são demandadas, em especial, quando se emprega parceiros na composição do que se denomina funding, ou quando o empreendimento se vale de recursos de financiamentos à produção. Qualquer destes mecanismos de captação requer que os recursos aplicados não sejam contaminados por configurações de riscos provenientes de outros empreendimentos ou da própria estrutura de gestão da companhia.

4.3. PLANEJAMENTO FINANCEIRO E SUA RELAÇÃO COM O PLANEJAMENTO ECONÔMICO

Empregando os sistemas conforme caracterizados no item anterior, estaremos no ambiente do planejamento financeiro quando a decisão implicar:

i) no SGI, traçar a política para aglutinar os recursos para fazer frente aos investimentos exigidos pelo(s) empreendimentos, e/ou

ii) em cada um dos sistemas empreendimento SE, conduzir a gestão dos recursos ingressados no sistema, via RECEITA e INVESTIMENTO, para suportar o CUSTEIO num regime compatível com o programado, concluindo, inclusive, sobre a oportunidade de liberar recursos livres – RETORNO – no sistema, para que sejam transferidos para o SGI.

Já quando a decisão que estiver sendo manipulada a se relacionar com a oportunidade de promover INVESTIMENTOS, diante da expectativa de geração de RETORNO, estaremos no ambiente do planejamento econômico.

Como se vê, então, planejamento econômico e financeiro trata de dar suporte a decisões de ordem diversa, no entanto a base sobre a qual ambos se assentam é a análise das transações RECEITA – CUSTEIO, das quais se conclui pelas medidas de INVESTIMENTO e RETORNO, de forma que, em razão da existência de uma interface tão acentuada, resulta natural que apareçam confusões no meio técnico, empregando genericamente a terminologia econômico-financeiro.

Quando se trata do planejamento financeiro, não há o objetivo de caracterizar qualidade, mas de definir meios. Ou seja, a síntese do planejamento financeiro é a formatação do que se denomina EQUAÇÃO DE FUNDOS, entendidos estes como os meios necessários para implantar um determinado empreendimento, ou sustentar uma política de investimentos.

Quando se está no ambiente do empreendimento, a equação de fundos determinada pelo balanço entre os vetores de RECEITA e CUSTEIO leva à medida do fluxo INVESTIMENTO/RETORNO, cuja equação de suporte será resolvida no SGI.

De outra parte, é no ambiente do SGI que serão tomadas decisões relacionadas com a estratégia de investir alternativamente em empreendimentos, e de como aplicar os fundos que resultarão do RETORNO oferecido por estes. É também no ambiente do SGI que a empresa deverá definir sobre a sua política de cobertura de déficit de fundos, resultantes de decidir por desenvolver determinado empreendimento, sem ter, a tempo hábil, os fundos disponíveis para suportar o fluxo dos INVESTIMENTOS exigidos.

Todas estas decisões prendem-se, exclusivamente, a análises de busca de um adequado equilíbrio para usos e fontes de recursos financeiros.

No entanto, sempre haverá repercussões cruzadas entre os aspectos econômicos e financeiros. São exemplos:

i) Ao ocorrer, durante a implantação de um empreendimento, desvio entre o que se planejou para uma transação de fundos e sua ocorrência (por exemplo, o encaixe da receita atrasa), haverá que ser resolvido um problema exclusivamente financeiro. Na equação de fundos terá havido uma deformação nas fontes de recursos e, caso não seja possível um rearranjo no programa de uso destes recursos, deverão ingressar no SE mais investimentos do que o programado, para o mesmo retorno. Trata-se de um problema financeiro que, do ponto de vista econômico, representará qualidade inferior à planejada.

ii) Se, durante a implantação de um empreendimento, se encontra no SGI uma alternativa mais rentável para uso dos fundos programados, será uma situação que deve ser tratada no âmbito econômico. No entanto, a derivação de recursos promoverá um problema financeiro que deverá ser solucionado, para que seja possível manter o regime de implantação do empreendimento.

4.4. HIERARQUIA NO PLANEJAMENTO FINANCEIRO

Como qualquer sistema de planejamento destinado à geração de informações para dar suporte ao sistema de decisões, o de planejamento financeiro terá sua hierarquia regrada pela hierarquia presente no sistema de decisões. Então, haverá ações de planejamento nos níveis estratégico, tático e operacional.

Nota: As decisões nas estruturas organizacionais ocorrem dentro de uma hierarquia, que tem início nos níveis mais altos e vão até os inferiores, mais próximos à ação de produção propriamente dita.

- Decisões de nível ESTRATÉGICO são entendidas como sendo aquelas tomadas a partir da análise do ambiente de atuação empresarial, e resultam no estabelecimento de políticas, fixação de metas e parâmetros que vão orientar a totalidade das ações da organização. Assim, são as de maior abrangência, já que todas as demais decisões da empresa deverão partir de diretrizes fixadas nesse nível.
- Decisões de nível TÁTICO situam-se, essencialmente, no nível dos empreendimentos. Enquanto as decisões de caráter estratégico buscam resultados para empresa como um todo, decisões de caráter tático buscam, respeitadas as diretrizes fixadas pelo nível estratégico, alcançar resultados no ambiente de cada empreendimento, compatível com as metas empresariais construídas para o conjunto dos empreendimentos.
- Decisões de nível OPERACIONAL estão associadas à fixação das diretrizes de ação no âmbito da produção, a partir do equacionamento de meios que, comungados, levarão a efeito as diretrizes de produção que resultarão no desempenho de cada empreendimento.

O planejamento, entendido como sistema capaz de subsidiar informações para respaldar decisões nos diferentes níveis, empresta os mesmos termos, conforme seja o nível para o qual fornece informações, desdobrando-se em planejamento estratégico, planejamento tático e planejamento operacional.

Aqui serão exploradas as duas primeiras hierarquias, entendido que no nível operacional já estaremos mais dentro do tema da administração da empresa e dos empreendimentos, transformando-se o assunto mais no desenvolvimento de rotinas de manejo de contas a pagar e receber e de administração de resíduos de caixa, com os seus sistemas de programação e controle.

Na Figura 4.2 está descrita a rotina de planejamento, com destaque para os níveis estratégico e tático. O sistema de planejamento é dinâmico e constituído por dois subsistemas – programação e controle, estando a ênfase da Figura 4.2 concentrada no subsistema de programação, por questões de clareza na figura.

Nessa mesma Figura 4.2, admite-se que as relações de ordem sistêmica entre as diferentes hierarquias estejam presentes, ocorrendo ciclos de retroalimentação, via controle, conforme vai se avançando na rotina ali descrita. Desta forma, devemos admitir, sempre, a possibilidade de voltar a qualquer das etapas anteriores, refazendo a rotina de planejamento, se encontrarmos um óbice ou inconsistência em alguma das etapas subsequentes, cujo ajuste exija uma reordenação na rota já traçada. Ainda, os passos descritos levam em conta somente a parte do planejamento voltada para os empreendimentos e os procedimentos marco relacionados com o planejamento financeiro.

No nível do planejamento estratégico, no circuito primário de programação representado pelas atividades [1-2-3-4-5], não há ações vinculadas com qualquer Sistema Empreendimento (SE), pois esses ainda não estarão formatados, e nem se iniciou a sua busca. As decisões que devem ser tomadas estarão no Sistema Gerenciador de Investimentos (SGI), onde se deverá estabelecer o conjunto de informações para dar apoio à organização de uma determinada política de investimentos.

Natural será, neste circuito primário do planejamento, usar empreendimentos-protótipo para poder construir o conjunto de informações necessárias para formação da política de investimentos. Entretanto, isto representará a simulação de módulos paramétricos de Sistema Empreendimento, com a generalização suficiente para extrair medidas de caráter abrangente.

Quando se entra na busca e escolha de empreendimentos (circuito representado pelas atividades [6-7-8] da Figura 4.2), o trabalho de planejamento financeiro estará sendo desenvolvido no Sistema Empreendimento, que será usado nas simulações, processadas nesta etapa para alcançar as decisões relacionadas com a implementação da política de investimentos proposta.

Haverá sempre a possibilidade de que os empreendimentos escolhidos constituam um portfólio de investimentos (empreendimentos) que exija alguma adequação na equação de meios, que serviu de base para caracterização da política de investimentos, de sorte que no circuito representado pelas atividades [9-10], novamente no Sistema Gerenciador de Investimentos, será aquele no qual se processam estes ajustes que levarão, ao final, à decisão de quais empreendimentos implantar, o que se transformará nas metas para a empresa.

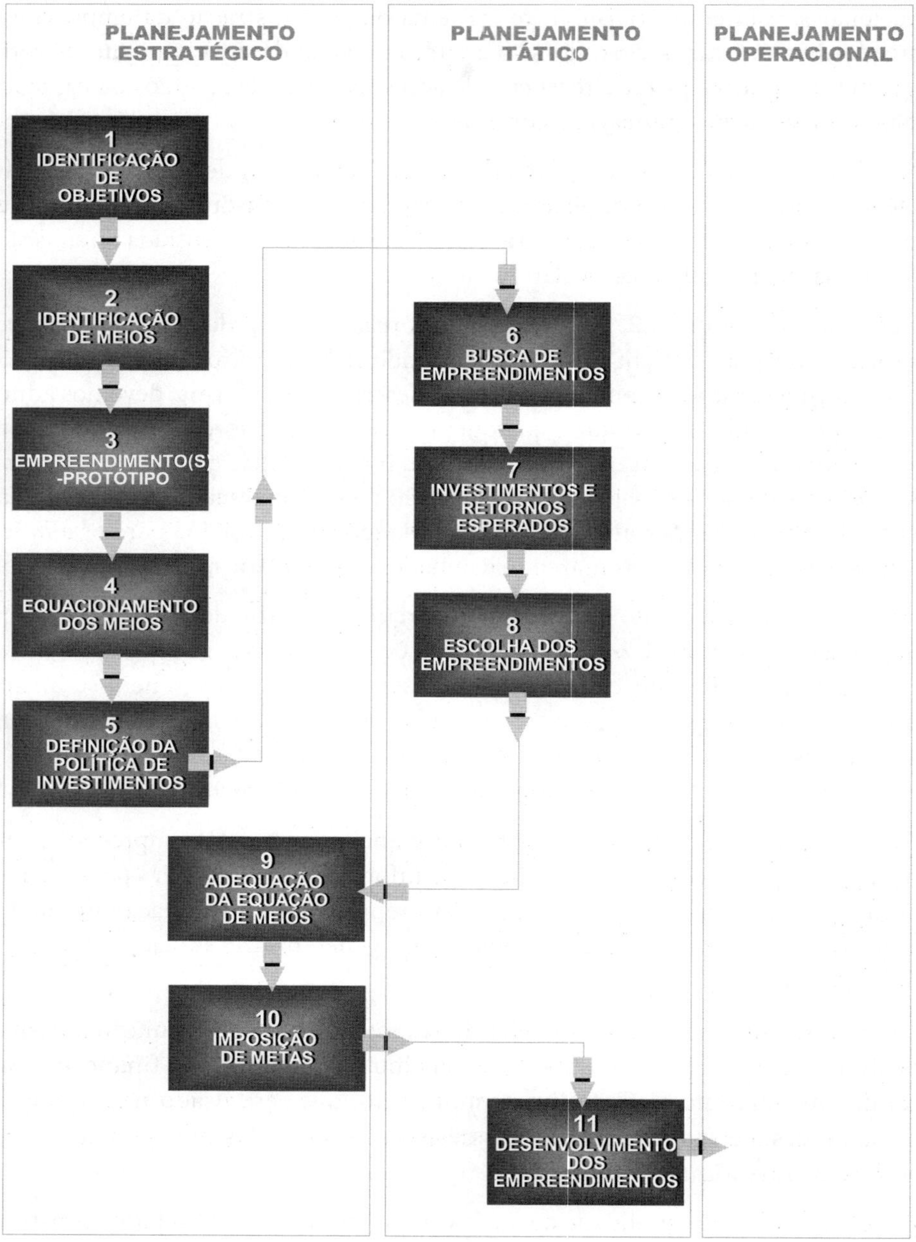

Figura 4.2 – Rotina das tarefas no planejamento: atividades e hierarquia do planejamento, com ênfase no subsistema de programação.

Então, voltamos especificamente a cada empreendimento, no seu Sistema Empreendimento particular para, na atividade [11], estabelecer a estratégia de sua implantação, que conduzirá à elaboração do elenco de diretrizes para dar partida ao empreendimento, que já será tarefa do planejamento operacional.

Assim, usando o roteiro da Figura 4.2, concluímos que, para efeito de se estudar planejamento financeiro no ambiente do real estate, trabalhando na hierarquia das decisões que serão tomadas antes de se dar partida à implantação dos empreendimentos, haverá um circuito dentro das hierarquias estratégica e tática, lá ocorrendo também ações de controle do nível tático para o estratégico, com o objetivo de ajustar a política de investimentos e transformá-la no plano de metas.

Ou seja, o planejamento financeiro tem uma base referencial preliminar, que está no ambiente da empresa, e que tem o sentido de buscar certa equação – meta para uso de fundos (sua política de investimentos) que envolverá as etapas caracterizadas no circuito descrito pelas atividades [1-2-3-4-5], reorganizadas no circuito [9-10], já com o conteúdo programático que orientará a partida da implantação dos empreendimentos.

Estas etapas têm as características principais seguintes:

- **Identificação de objetivos da empresa**

Do ponto de vista financeiro, tal identificação estará relacionada aos níveis de risco dentro dos quais se pretende operar. As empresas do setor usualmente trabalham muito alavancadas, o que significa dizer que produzem um volume financeiro expressivamente maior do que aqueles que seriam produzidos se dependessem, exclusivamente, dos recursos próprios disponíveis. Trata-se, assim, de produzir não só com recursos derivados do encaixe de RECEITA via preço, mas também com recursos financiados, o que aumenta o risco da operação, se compararmos com a alternativa mais rígida, de produzir exclusivamente aplicando recursos que são da própria empresa.

Os recursos próprios representam a capacidade de investimento da empresa que poderá ser potencializada, conforme ditarem seus objetivos empresariais, quanto ao nível de endividamento por ela desejado, compatível com os parâmetros praticados pelo mercado financeiro. Como a qualidade da aplicação dos investimentos da empresa fica mais sensível quanto maior for a alavancagem de seus investimentos, o posicionamento quanto à alavancagem financeira deve estar presente nos objetivos, na medida em que a expansão da capacidade de produção estará diretamente ligada ao crescimento dos riscos operacionais. Na mesma medida em que, para maior alavancagem, um mesmo nível de investimentos levará a uma melhor rentabilidade, os riscos de quebra dessa rentabilidade aumentam consideravelmente. Assim, do ponto de vista financeiro, os objetivos da empresa estarão caracterizados quando se estabelecer os padrões de produção desejados e a relação entre recursos de terceiros e o capital próprio para investimento disponível.

- **Identificação dos meios**

Esta atividade vincula-se à identificação da capacidade da empresa na aquisição de recursos financeiros para dar suporte ao seu programa, sejam eles de fontes internas ou de recursos financiados. Isto representará identificar os meios financeiros disponíveis para implantar seus programas de produção. A empresa deverá especular sobre o comportamento do mercado, para referendar a possibilidade de alcançar o recebimento de recursos durante a produção, nos regimes pretendidos, já que parte expressiva dos recursos será captada no mercado, função do padrão de alavancagem perseguido no objetivo. Para esta avaliação, a conjuntura de mercado deverá ser verificada quanto à disponibilidade de fundos em diferentes setores econômicos, mostrando sua capacidade de pagar os produtos que demandam. Muitas vezes, esta situação será fruto de que certos setores da economia podem receber maior volume de recursos financiados para suas imobilizações, tendo capacidade de dar vazão a um alto nível de alavancagem na produção das empresas do real estate. Destaca-se como exemplo disso os incentivos diferenciados oferecidos para aquisição de habitação pelos estratos de menor renda, que agem como indutores para produção mais alavancada das empresas que atuam nesse segmento.

Outros exemplos em que pode se verificar alta alavancagem é em setores específicos, como hospedagem, lazer, varejo e outros, cujas políticas de crédito para imobilizações em empreendimentos como hotéis, centros de diversão, shopping centers e outros permitem às empresas empreendedoras o estabelecimento de altos patamares de alavancagem.

- **Construção de empreendimento(s)-protótipo**

O próximo procedimento da rotina refere-se à construção de empreendimentos-protótipo que sirvam, do ponto de vista financeiro, como parâmetros de comportamento do(s) mercado(s), com o objetivo de medir o potencial de empreender da empresa, tendo em vista os recursos financeiros de que dispõe.

Por meio de um protótipo de Sistema Empreendimento (SE) simplificado, simulado com o objetivo de obter grandes números de comportamento do(s) mercado(s), a empresa poderá reconhecer a resposta esperada para sua atuação, relativamente às transações financeiras que estão sendo objeto de decisão nesta etapa do planejamento.

A esta altura já se poderá reconhecer, com certa qualidade, os padrões de resposta que podem ser esperados pela ação nesse(s) mercado(s) e, eventualmente, demandar a volta a etapas anteriores do planejamento.

O processo iterativo do planejamento sempre se verifica, já que está baseado em relações sistêmicas complexas, que não permitem ao planejador trabalhar com equações que levem a uma resposta de contundente certeza. O que será produzida é uma alternativa, que atende às premissas do planejamento, com uma certa condição de conforto relativamente aos riscos, dentro do horizonte para o qual se desenvolveu o planejamento. Logo, a rotina de planejamento poderá exigir o traçado de objetivos diferentes dos que vinham conduzindo os procedimentos, por se demonstrar que a conjuntura de mercado é mais débil do que a esperada ou, ao inverso, quando em razão do comportamento aquecido do mercado é possível pretender objetivos mais agressivos dos que os originalmente celebrados, sem aumento dos padrões de risco para a operação da empresa.

Este aspecto é particularmente verdadeiro no real estate. Em sendo um setor de base, seus mercados são caudatários dos movimentos da economia, conferindo alta volatilidade, já que passam de vetores de recessão para de franco aquecimento, com muita velocidade. Assim, haverá momentos em que as empresas de real estate, para cumprir com seus objetivos fundamentais de crescimento, flexibilidade e rentabilidade, deverão manter atuações mais agressivas, para não perder espaço no mercado, na defesa de seu estrato. A exploração dos protótipos, que compreende, na prática, uma aguda ausculta de mercado é, normalmente, a etapa de planejamento em que se identificam as mutações de comportamento do mercado.

- **Equacionamento dos meios e definição da política de investimentos**

Equacionamento dos meios e definição da política de investimentos são ações que correm em paralelo, porque resultam da análise combinada de objetivos com meios disponíveis, levando em conta o comportamento dos protótipos, com a finalidade de traçar um plano de ação para a empresa, mostrando como ele será suportado por recursos que a empresa poderá dispor. Trata-se de construir a EQUAÇÃO DE FUNDOS para um determinado horizonte de atuação da empresa. Este plano de ação, no circuito descrito pelas atividades [1-2-3-4-5] ainda será paramétrico, consolidando-se com as atividades [9-10], com a configuração do plano de metas.

- **Adequação de meios e imposição de metas**

O circuito expresso pelas atividades [9-10] deverá consolidar as decisões da etapa de equacionamento de meios, pela adequação da equação de meios, e da etapa de definição da política de investimentos, que se traduz na imposição de metas. As duas etapas do circuito [9-10] diferem daquelas do circuito composto pelas atividades [1-2-3-4-5], porque neste último se trabalhava com os empreendimentos-protótipo, e no primeiro já há empreendimentos escolhidos que atendem certos padrões, escolha que terá sido feita no circuito composto pelas atividades [6-7-8].

Como resultado de toda ação de controle, nada garante que seja possível percorrer o circuito completo, compreendido pelas atividades [1-2-....-9-10] de forma contínua. É possível haver uma quebra na rotina, por se negar a validade de atender às premissas básicas, conforme se anda pelas etapas. Ou seja, é perfeitamente natural que ocorram situações em que, ao se dar partida ao circuito de ajuste [9-10], haja a necessidade de se retornar às primeiras etapas, alterando objetivos, ou mudando a configuração de alavancagem que orientou a formatação da política de investimentos. Há que se lembrar que encontram-se destacados, aqui, os aspectos do planejamento financeiro que, no entanto, não são os únicos tratados quando da execução das diferentes atividades nos níveis estratégico e tático. A definição da política de investimentos – atividade [5] – por exemplo, que deflagra a busca por empreendimentos – atividade [6] –, não tem componentes exclusivamente financeiros, mas outros critérios para seleção, especialmente aqueles que conformam critérios da qualidade dos investimentos e do risco associado, que são do âmbito do planejamento econômico.

Em planejamento financeiro somente se baliza capacidade de fazer, e não qualidade das ações que resultam daí.

- **Escolha dos empreendimentos**

No Sistema Empreendimento (SE), já nas etapas de planejamento tático, os sistemas de planejamento atuarão com o objetivo de proceder à escolha do elenco de empreendimentos que suprem as políticas traçadas para ação da empresa.

Numa primeira rotina, descrita pelo circuito composto pelas atividades [6-7-8], desenvolve-se a busca, hierarquização e escolha de empreendimentos, que preenchem os requisitos quanto à qualidade e riscos referenciados no planejamento econômico e que a empresa tem capacidade de desenvolver, quando estes se acomodarem na política de investimentos, estabelecida no vetor de planejamento financeiro. Como estamos discursando sobre planejamento, haverá a ação de controle, que provoca os ajustes no planejamento estratégico mostrados no circuito composto pelas atividades [9-10], resultando, ao final, na última etapa de programação desta rotina expressa pela atividade [11], quando são consolidados os indicadores que serviram de base para compor um determinado portfólio de empreendimentos, passando estes a servir como metas de comportamento, para induzir o planejamento operacional.

Planejamento estratégico e tático, respectivamente processados nos SGI e SE, têm vetores associados à qualidade no âmbito do planejamento econômico, e à capacitação no planejamento financeiro. No econômico estão as orientações sobre quais resultados se espera ao investir nos empreendimentos, para operar com um certo nível de riscos e, no financeiro, está o balizamento sobre a capacidade de investir e de se endividar da empresa, como também, o padrão de alavancagem pretendido na operação.

Ocorre que a empresa, dispondo de uma determinada massa de recursos para investir, planejará uma certa escala de produção, derivando daí políticas de investimento em aquisição de tecnologia, posturas relacionadas com o dimensionamento da sua estrutura de gestão, e outras, que estarão caracterizadas em função de obter a maior eficácia no uso dos recursos não financeiros que a empresa dispõe para produzir, para os quais se deve orientar o uso no melhor nível de produtividade.

Assim, se a empresa não puder encontrar empreendimentos que, estando na zona de satisfação, preencham a capacidade de investimento existente, seja porque não encontre alternativas no volume necessário, seja porque o risco seja inaceitável, ficará com a opção de diminuir a escala de produção e sua participação no mercado, aplicando recursos financeiros em padrões inferiores aos esperados em seu segmento de atuação, o que diminuirá o padrão de rentabilidade global da empresa, atuando contra o seu crescimento.

Como alternativa, a empresa poderia aceitar empreendimentos com rentabilidade abaixo dos padrões pretendidos, visando à manutenção dos níveis de produção, mesmo que com rentabilidade menor para seus investimentos, atuando em padrões de risco não totalmente satisfatórios diante da rentabilidade a eles associada. Nessa hipótese, o principio condutor da escolha de empreendimentos será o financeiro, primeiramente satisfazendo à capacidade de produção representada pela combinação da capacidade de investimento e de endividamento e, depois, atentando para a rentabilidade específica de cada alternativa.

Em conjunturas como essas, é conveniente voltar ao planejamento estratégico, para referendar (ou não) os objetivos quanto à escala de produção e à alavancagem programada, pois poderão existir situações em que se encontre uma melhor alternativa de comportamento para diferentes relações entre recursos próprios e de terceiros, mesmo que diminuindo a participação da empresa no mercado, provocando mudanças na sua estrutura de produção e gestão que, no entanto, poderão ser invalidadas conforme seja a premissa adotada para o crescimento empresarial.

4.5. PLANEJAMENTO FINANCEIRO NO AMBIENTE DOS EMPREENDIMENTOS

Planejamento financeiro no ambiente dos empreendimentos significa, nas diferentes hierarquias do sistema de planejamento:

i) no planejamento estratégico, explorar protótipos;

ii) no planejamento tático, produzir simulações para escolha de empreendimentos e lançar padrões de comportamento esperado para os empreendimentos a desenvolver; e

iii) no planejamento operacional, tratar da gestão dos recursos em giro na implantação do empreendimento.

Mantendo o centro das discussões nas hierarquias estratégica e tática, seja para empreendimento protótipo, para simulação, ou mesmo para dar partida à implantação de empreendimentos, as técnicas para programação serão de mesmo teor, pois se vinculam à tipologia da informação que se pretende extrair, diferindo a programação, em cada caso, exclusivamente pela profundidade das informações de cenário com que se opera. Assim, as técnicas de aquisição de informações de programação serão equivalentes, todavia, em cada passo, operacionalizadas com dados de cenário de diferente densidade, desde grandes números paramétricos de mercado, passando por expectativas de comportamento de variáveis nas simulações intermediárias, até a análise com dados de orçamento para produção, no último caso.

Para mostrar técnicas em planejamento, há a necessidade de universalizar o comportamento do decisor, de modo a ser possível formatar o conjunto de informações que este exigirá do planejamento para amparar sua decisão.

Isso leva, tanto na definição de conceitos fundamentais quanto em sua aplicação em casos de apoio, à necessidade de trabalhar com o conjunto de informações usualmente mais procurado para o planejamento financeiro, o que não exclui que, em casos particulares ou para decisores específicos, os indicadores requeridos do planejamento financeiro sejam diferentes daqueles aqui expostos.

Para compreender o que se busca no ambiente do SE, retomemos a Figura 4.1, que mostra as transações financeiras no ambiente desse sistema no ciclo de implantação do empreendimento, de onde será derivado o modelo para simulação.

Como informação de planejamento, a empresa deverá reconhecer o programa de investimentos exigidos para implantar o empreendimento e o potencial que o empreendimento tem de oferecer retorno para estes, sendo estes os indicadores que interessa medir:

i) O fluxo dos INVESTIMENTOS exigidos;

ii) O fluxo do RETORNO viável;

iii) O fator de alavancagem, representado pela relação CUSTEIO/INVESTIMENTO que mostra o nível de produção programado para cada unidade de capital próprio de investimento que a empresa aplica.

- **A lógica do modelo de simulação**

O modelo de simulação para planejamento financeiro deverá, com o objetivo de oferecer os indicadores citados, explorar as relações entre as transações que serão cenário referencial para a produção do empreendimento, RECEITA e CUSTEIO, expressas na moeda arbitrada para análise, conforme visto no Capítulo 3.

Estudando as relações entre as variáveis RECEITA e CUSTEIO, no ciclo de implantação do empreendimento, o modelo deverá determinar os momentos em que

> "o empreendimento não é capaz de gerar os recursos que necessita para manter o ciclo de produção no regime programado de custeio".

Nesses momentos, o Sistema Empreendimento (SE) requisitará o ingresso de recursos de INVESTIMENTO.

Haverá momentos em que

> "os recursos que o empreendimento gera, pelo vetor da receita, são parcialmente exigidos para manutenção do custeio, no regime programado para produção, de sorte que parte destes estará livre no Sistema Empreendimento (SE), devendo ser transferido para o Sistema

Gerenciador de Investimentos (SGI), já que o objetivo do Sistema Empreendimento é exclusivamente gerenciar a implantação do empreendimento".

Esses recursos livres serão usados prioritariamente para RETORNO, já que aqui ainda não se considera a existência de financiamentos. A identificação dos momentos em que haverá RETORNO estará presa à política de gestão de riscos no ambiente do empreendimento, que determinará por quanto tempo recursos aparentemente livres deverão permanecer dentro do SE, para cobrir potenciais desvios, relacionados com o programa de CUSTEIO ainda a ser cumprido no futuro. Aqui, então, para poder introduzir modelos para planejamento financeiro de uso extensivo, deveremos adotar uma generalização de postura gerencial. Aqui se adota que os recursos serão desmobilizados do SE para o SGI, tão logo apareçam naquele sistema como livres, cabendo ao leitor adaptar seus princípios próprios de gestão, fato que não deforma as conclusões tomadas a partir desta premissa, mas somente altera o procedimento de construção do modelo simulador.

Os modelos para planejamento financeiro deverão, então, especular sobre as relações entre as transações RECEITA e CUSTEIO no tempo, com o objetivo de confrontá-las para medir o estado do SE, com respeito ao nível de recursos nele mantidos. Este estado, denominado estado de caixa, deverá ser sempre maior ou igual a zero, configurando a única alternativa possível de gestão do sistema.

Quando a simulação indicar um momento em que haveria déficit de recursos no caixa, então se caracteriza a necessidade de ingresso de recursos, pela via do INVESTIMENTO.

Quando o estado de caixa, simulado para o futuro, apresentar excesso de recursos e o modelo mostrar, até o final do ciclo de produção do empreendimento, que estes recursos permanecerão em excesso, então aparecerá a oportunidade de RETORNO.

O modelo simulador, que explora o andamento do estado de caixa, tem uma estrutura que se denomina fluxo de caixa e é largamente conhecida no planejamento, usado sempre como a base de referência mais constante nos problemas de análise econômico-financeira de empresas e empreendimentos. Fluxos de caixa são construídos para dar suporte a decisões, desde a hierarquia estratégica até a operacional, sendo usados, neste último patamar, para o planejamento específico das movimentações de contas a pagar e receber e para as aplicações de resíduos de caixa de permanência temporária.

Os fluxos de caixa podem ser construídos, enquanto forma, à semelhança do desenho da Figura 4.1 e o são para problemas mais simples, sempre no ambiente estratégico, ou tático, usando-se uma escala de tempo e representando-se as transações por meio de vetores de entrada e saída do sistema, como mostrado na Figura 4.3.

Nela, as transações de RECEITA e CUSTEIO estão mostradas em cada etapa de desenvolvimento do empreendimento sobre a escala de tempo. A análise da relação entre estas transações permitirá concluir sobre as posições de INVESTIMENTO e RETORNO.

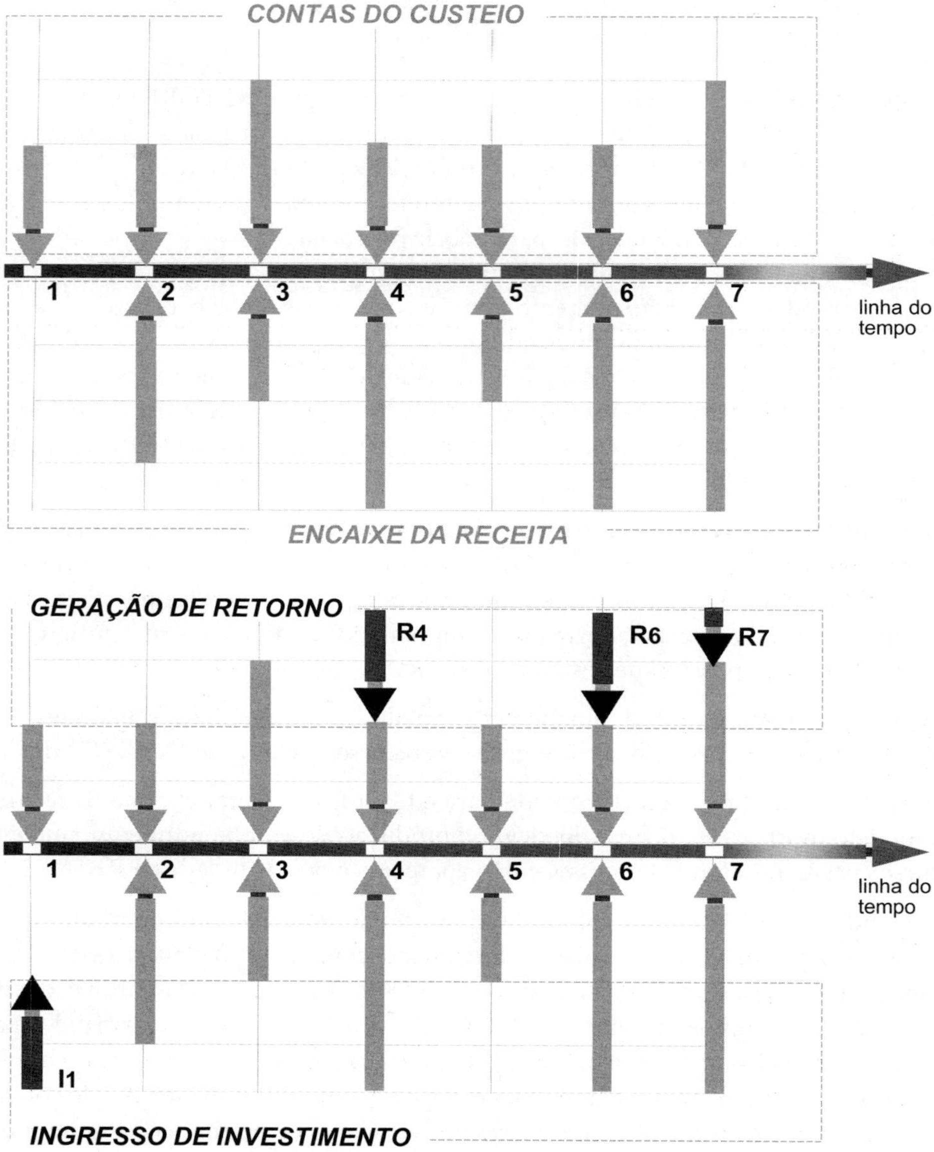

Figura 4.3 – Identificação de investimento e retorno.

Na etapa 1 há que cobrir a conta de CUSTEIO com o INVESTIMENTO I1.

Na etapa 2 há um excesso entre RECEITA e CUSTEIO, que não configura retorno, porque na etapa 3 há déficit, de mesma dimensão.

Na etapa 4 há um excesso entre RECEITA e CUSTEIO que não mais é exigido no futuro, logo, este excesso indica recursos livres, ocorrendo o RETORNO I4.

Na etapa 5 há equilíbrio nas transações RECEITA e CUSTEIO.

Nas etapas 6 e 7 há recursos livres da RECEITA para CUSTEIO, resultando nos retornos R6 e R7.

Para os problemas mais complexos, é usual montar o fluxo de caixa na forma de uma matriz, num dos eixos lançando as etapas e, no outro, as transações. Vale notar que o procedimento de relacionar as transações se faz em duas fases, como indicado na Figura 4.3, a primeira considerando RECEITA e CUSTEIO, na forma programada ou arbitrada em função das expectativas para o desenvolvimento do empreendimento, e a segunda calculando os vetores INVESTIMENTO e RETORNO, aqueles para suprir os déficit e estes para considerar a transferência de recursos livres para fora do sistema.

- **Os períodos e as contas para a simulação**

Na implantação de empreendimentos de real estate, não se vislumbram alternativas em que as etapas em que ocorrem transações sejam distribuídas em periodicidade longa. No ciclo de produção, contas de CUSTEIO são representadas por transações diárias e contas de encaixe de RECEITA, dependendo de como seja o regime de comercialização, também podem ocorrer com uma periodicidade muito curta. Então, nos modelos, as transações no SE serão tratadas de forma simplificada. É evidente que, se pretendermos construir modelos para regime diário de transações, estes requisitarão informações de cenário com um grau de detalhamento que não estará disponível no padrão de certeza, que imprima a confiabilidade necessária para que a análise de riscos, no planejamento, possa conduzir a decisões confortáveis como é da essência destes procedimentos de simulação, o que implicará arbitrar uma periodicidade e aglutinar todas as transações que se espera que ocorram em cada intervalo, como se fossem simultâneas. Tendo em vista a periodicidade mais comum para pagamento de encargos e salários e compras de insumos parceladas, no ciclo de implantação dos empreendimentos, é normal o uso de períodos de um "mês". Para empreendimentos de ciclo operacional longo, após a implantação, é mais comum se usar "ano". Assim, todas as transações do período (mês, ano, ou a periodicidade que melhor se adequar) são admitidas como simultâneas, com as transações concentradas ao final do período.

No mesmo sentido de simplificação e da qualidade da informação disponível, nas fases de planejamento que antecedem à operacional, as inúmeras transações financeiras que ocorrem, seja para CUSTEIO, seja para encaixe de RECEITA em cada empreendimento, não podem ser tratadas unitariamente. Dessa forma, deveremos estabelecer um plano de contas para agregar transações de mesma tipologia em cada uma delas, que terá a profundidade de detalhamento que seja possível manipular, tendo em vista a quantidade de informação disponível e as exigências relativas à informação a ser gerada no planejamento. Aqui, de forma simplificada, CUSTEIO e RECEITA representam a consolidação do conjunto das operações de mesma natureza presentes no plano de contas.

- **Fluxo de caixa virtual, investimento e retorno**

Com estas providências de simplificação, tendo periodicidade num eixo e plano de contas no outro, construímos a matriz básica para formatação do fluxo de caixa, anotando em cada célula a transação esperada ao final do período, as de entrada no Sistema Empreendimento com sinal [+] e as de saída com sinal [-]. Para não indicar transação financeira negativa, é recomendável notar as saídas exclusivamente pelo valor entre parênteses, mantendo a transação positiva sem o parênteses, como representado no Quadro 4.1.

As transações CUSTEIO – RECEITA mostrarão a movimentação financeira em cada período, conforme indicado na mesma figura.

Considerando exclusivamente as transações CUSTEIO e RECEITA, o estado de caixa em cada período será mostrado pela acumulação das movimentações financeiras, já que o SE tem a vida do empreendimento e não é um sistema diferente para cada período. A medida do estado do caixa mostrará o FLUXO DE CAIXA VIRTUAL, esperado dentro do Sistema Empreendimento, somente com suas transações primárias.

A denominação aqui empregada de VIRTUAL decorre do fato de não se tratar de um estado de caixa real, mas uma indicação de estado, já que aponta a necessidade de ingresso de recursos de INVESTIMENTO para restaurar a condição de equilíbrio. Assim, o FLUXO DE CAIXA VIRTUAL mostrará as necessidades de INVESTIMENTOS e a possibildade de RETORNO, que se identificarão pelas expressões a seguir:

Quadro 4.1 – Identificação de investimento e retorno por meio de matriz.

CONTAS	PERÍODOS			
	mês 1	mês 2	mês k	mês n
CUSTEIO	(C1)	(C2)	(Ck)	(Cn)
RECEITA	REC1	REC2	RECk	RECn
TRANSAÇÕES NO PERÍODO	TP1 = (C1)+REC1	TP2 = (C2)+REC2	TPk = (Ck)+RECk	TPn = (Cn)+RECn
FLUXO DE CAIXA VIRTUAL	FC1 = TP1	FC2 = TP1+TP2	FCk = TP1+...+TPk=	FCn = TP1+...+TPn=
INVESTIMENTO	INV1	INV2	INVk	INVn
RETORNO	(RET1)	(RET2)	(RETk)	(RETn)

i) num determinado mês k, haverá necessidade de INVESTIMENTO quando o estado do caixa real, expresso pelo fluxo de caixa virtual e o conjunto dos INVESTIMENTOS ocorridos até a data, apontar para uma situação de déficit, e sua dimensão será exatamente a dimensão desse déficit. Assim:

$INV_k = -\min\left\{0; FC_k + \sum_{1}^{k-1} INV_q\right\}$, sendo INVq a série de INVESTIMENTOS compreendidos desde o início da operação até o mês anterior ao analisado. Notar que os valores de INVk resultarão positivos, pois ingressam no caixa do Sistema Empreendimento (SE).

ii) num determinado mês k, haverá possibilidade de RETORNO quando o estado do caixa real, expresso pelo fluxo de caixa virtual, que se observa da data até o final do empreendimento, considerados os INVESTIMENTOS recebidos, bem como os RETORNOS já retirados até a data, apontar para uma situação de não ocorrência de déficit futuro. O superávit que se verifica será a dimensão possível de RETORNO na data. Assim:

$RET_k = -\max\left\{0; \min\left[FC_k + \sum_{1}^{k} INV_q; ....; FC_n + \sum_{1}^{n} INV_q\right] + \sum_{1}^{k-1} RET_q\right\}$, sendo RETq a série de RETORNOS compreendidos desde o início da operação até o mês anterior ao analisado. Vale notar que os valores de RETk resultarão negativos, pois são retirados do caixa do Sistema Empreendimento (SE).

4.6. PLANEJAMENTO FINANCEIRO NO AMBIENTE DA EMPRESA DE REAL ESTATE

Quando se trata de planejamento financeiro no ambiente da empresa, entende-se a construção de instrumentos para decisões vinculadas às suas políticas de atuação, sempre levando em conta que sua repercussão ou interferência no ambiente específico de cada empreendimento esteja sendo considerada quando se trabalha as análises dentro de cada Sistema Empreendimento isoladamente.

Neste ambiente, estaremos trabalhando no planejamento financeiro quando considerarmos os movimentos de recursos dentro do SGI, cujas transações com cada SE em particular serão parametradas pelos movimentos INVESTIMENTO-RETORNO já qualificados para os empreendimentos, além das transferências de recursos para sustentar contas gerais da administração, descritas adiante.

No SGI, exploramos os indicadores que deverão dar sustentação a decisões dentro do planejamento estratégico, como indicado nos circuitos da Figura 4.2. No planejamento operacional, os indicadores já serão tomados com o objetivo de fundamentar as decisões de transferências de recursos, pagamentos, contratação de financiamentos etc., que, conforme já mencionado, escapam do âmbito deste texto.

A avaliação do estado provável do SGI nas diversas fases do planejamento estratégico é feita com o objetivo de dar suporte à política global de atuação da empresa, na medida em que as ações preconizadas, na sua grande maioria, estarão na dependência de existirem recursos para que se possa implementá-las. E, ainda mais, como os recursos disponíveis sempre estarão limitados, seja com relação aos recursos patrimoniais que a empresa detém, seja relativamente às linhas de crédito que possa acessar, o planejamento deverá estabelecer parâmetros para que possam ser tomadas decisões que privilegiem certas alternativas de ação, quando os recursos disponíveis forem escassos para atender a todo o elenco de objetivos traçados.

Dentro do planejamento estratégico, então, a análise do estado provável do caixa no SGI será processada com a construção de um fluxo de caixa cuja base estrutural é a mesma daquela apresentada para o SE, mas que tem uma formatação completamente diferente, na medida em que os indicadores que se deve extrair daquele instrumento para tomada de decisões são de outra ordem.

Esse fluxo de caixa será o modelo simulador das transações dentro do SGI, que responde por analisar os movimentos mostrados, na sua essência, na Figura 4.4. O que é importante destacar é o formato do conjunto de informações que se pode extrair do modelo, compatível com o elenco mais geral de decisões a serem tomadas no ambiente da empresa.

- **O modelo de simulação e os períodos para construção do fluxo**

O modelo simulador fará aqui o mesmo papel já mostrado quando falamos do SE, entretanto operando com um cenário de outra formatação, já que se busca encontrar outros indicadores, dada a natureza das decisões tomadas nesse ambiente.

Em síntese, a medida primária a ser buscada é a do estado do caixa, construindo-se o fluxo de caixa com uma certa periodicidade e com um horizonte que seja compatível com o nível de confiabilidade que o decisor exigirá das informações obtidas do modelo, diante daquelas que o planejamento poderá introduzir no cenário para sua manipulação.

As transações, que serão objeto de simulação, serão aglutinadas dentro de uma certa periodicidade a ser arbitrada no planejamento. A periodicidade tradicional é mês, quando se fala de planejamento estratégico, mas, também aqui neste ambiente, quando o objetivo é tomar decisões políticas cujo horizonte de repercussão seja muito longo, a falta de dados com maior detalhamento poderá levar a periodicidade para trimestre, semestre ou ano.

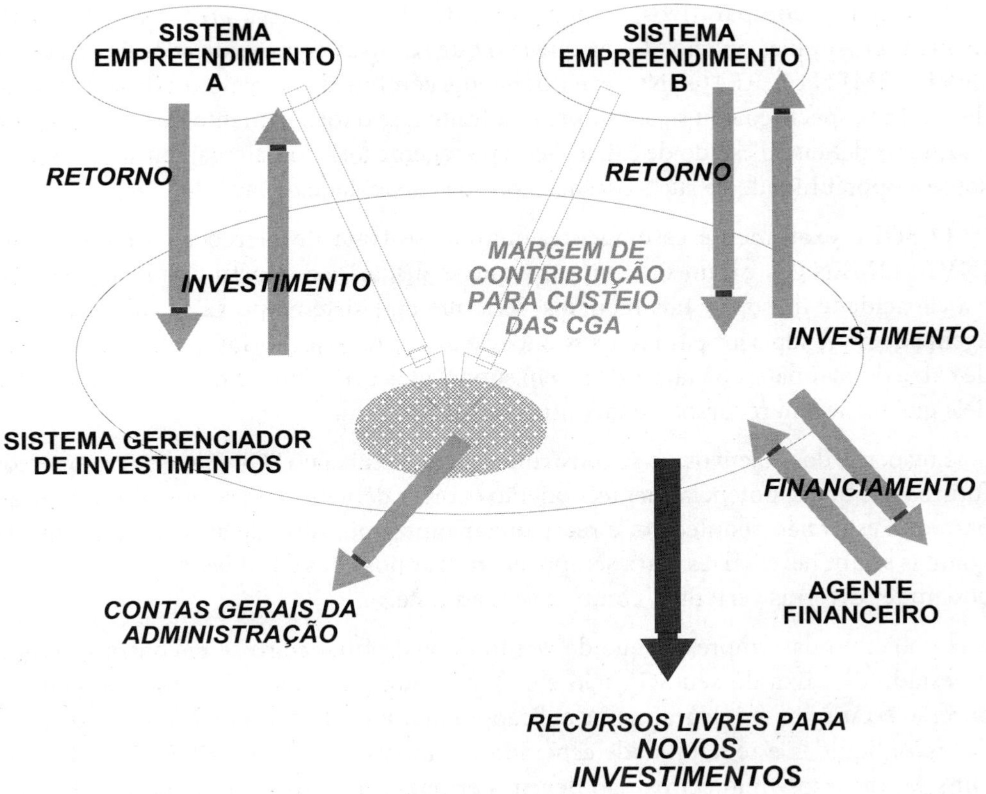

Figura 4.4 – Identificação das transações no ambiente do SGI.

Trabalhar com horizontes muito longos é pretensamente melhor quanto a se ter uma visão de comportamento ampla, mas, na medida em que quanto mais se avança na elaboração das expectativas de comportamento e desempenho, maior incerteza terão as variáveis do cenário, os indicadores resultantes vão perdendo qualidade, no sentido de permanecerem em condições de suportar decisões dentro de padrões de riscos mais contidos.

No sentido inverso, ainda que se possa admitir que as expectativas de cenário para horizontes curtos sejam de menor conteúdo de risco, essa prática também não satisfaz. Isto porque, de um lado, o decisor poderá não detectar, no médio prazo, potenciais problemas financeiros, que deveriam ter suas soluções preparadas com antecedência ou, de outro, o decisor terá que tomar decisões de investimento sem o devido preparo ou a empresa terá sempre recursos ociosos no SGI por prazos longos, o que diminui seu desempenho.

Resolve-se essa situação arbitrando um horizonte dentro do qual seja possível estabelecer, de forma segura, indicadores para decidir sobre estados desequilibrados de caixa com a antecedência compatível com o menor nível de riscos para a empresa.

Em termos comparativos, a montagem do fluxo de caixa no SE é conceitualmente mais simples que no SGI, já que lá o que se busca como indicador é o binômio INVESTIMENTO-RETORNO, eventualmente combinado com algum financiamento de destino específico. Ou seja, sempre se admite que o fornecimento de recursos para equilibrar déficit do estado de caixa é feito por agente fora do sistema, sem se especular sobre a oportunidade de sua existência, ou sua capacidade de fazê -lo.

O SGI é exatamente esse agente, quando se trata de oferecer os recursos de INVESTIMENTO, e é no seu ambiente que se discutirá a oportunidade, o interesse e a capacidade de suprir tais recursos, sem que esse sistema possa se valer de outro agente de nível superior para dar sustentação a seus desequilíbrios. Déficits no estado de caixa do SGI não são viáveis de serem suportados e não haverá outro sistema acima dele que fornecerá recursos, se tais situações ocorrerem.

Então, um dos objetivos, ao se construir o fluxo de caixa no SGI, é detectar momentos futuros nos quais, potencialmente, poderão ocorrer déficits, para se preparar a solução para que estes não aconteçam, e reorganizar tantas políticas de atuação da empresa quantas sejam necessárias, para sempre encontrar posições equilibradas, políticas que podem ter diversas vertentes, como se verá adiante.

O objetivo das empresas, que do ponto de vista financeiro se encontra refletido no estado de caixa do seu SGI, não é o de acumular recursos. Em tese, os recursos deverão estar sempre integralmente aplicados em um portfólio com diferentes padrões de risco, liquidez e rentabilidade esperados, compatível com os critérios do decisor. Ou seja, recursos financeiros não devem permanecer ociosos no caixa da empresa, pois este jamais poderá ser um objetivo de qualquer organização. Levando em conta que recursos aplicados (investidos) têm uma contrapartida de rentabilidade (contida no retorno), se deixarmos, por qualquer período, recursos esterilizados no caixa do SGI, estaremos piorando o desempenho da empresa, comprometendo a rentabilidade global que poderá alcançar manejando os recursos que giram em seu caixa. Assim, será um objetivo, ao se preparar o fluxo de caixa, poder vislumbrar o mais cedo possível o potencial de aparecimento de resíduos de recursos ociosos no caixa, havendo, assim, mais tempo para analisar, preparar e tomar as decisões relativas à sua aplicação. Comparando com a situação do SE, aqui não temos um sistema de hierarquia para os quais derivamos automaticamente os RETORNOS ocorridos. Então, da mesma forma que devemos alterar políticas que potencializem futuros déficits, não podemos deixar de nos valer de informações acerca dos superávits, com antecedência conveniente para que tenham seu destino já previamente traçado.

Concluímos que o modelo simulador deverá, em um primeiro estágio de operação, oferecer indicadores sobre potenciais futuros déficits ou superávits no caixa do SGI, dentro de um horizonte em que seja possível tomar medidas eficazes para corrigir essas posições – que resultarão em zerar os déficits e aplicar (zerando também) os superávits –, estando os indicadores estruturados de forma tal que o decisor possa reconhecer quais políticas deverá alterar ou implementar para atingir esse objetivo, com o melhor desempenho e menores riscos.

Trata-se, portanto, de:

i) definir uma forma de estruturar a mecânica de manipulação dos dados, para que as origens de situações não equilibradas sejam detectáveis; e

ii) considerar um horizonte para construção do fluxo de caixa que respeite, do ponto de vista dos déficits, uma antecedência compatível com a implementação de políticas de ajuste e, quanto aos superávits, a indicação da sua provável estabilidade, para que se possa estabelecer a política de sua aplicação.

Quanto ao horizonte, devemos considerar que, para o setor do real estate, em que o giro dos negócios é relativamente lento, o que se recomenda é que o fluxo de caixa apresente indicadores de estado de caixa pelo menos pelo prazo equivalente ao giro médio dos negócios que a empresa pratica, de forma que se possa concluir se os recursos ociosos poderão ter destino dentro desse objetivo, ou terão que compor o portfólio de investimentos com diferente padrão de risco, se o giro for mais curto. Isso significa que, para o setor, as decisões de investimento, também quanto a esse aspecto, têm riscos elevados. Como sabemos que os negócios do real estate têm giro longo, para que se possa indicar o potencial de investimento em novos negócios, deveremos construir fluxos com horizonte longo, logo, com dados de baixa qualidade. Entretanto, os negócios do setor apresentam uma rigidez muito alta, significando que alterações na política de desenvolvimento de determinado negócio acabam por ser possíveis de se fazer com pouca profundidade. Essa combinação de fatores fará com que se opere com decisões de maior risco, pois estas levam a políticas rígidas e são tomadas com indicadores de qualidade inferior.

Existem situações em que a decisão de investimento que se pretende tomar é para aplicar recursos de forma permanente – sem prazo, montante de retorno ou formatação definidos, não tangíveis ou mesmo não confiáveis. Para essas hipóteses, não se deve buscar construir fluxo de caixa de horizonte ainda mais longo que o giro médio dos negócios – trata-se de tomar uma decisão de maior risco, como acabam por ser as imobilizações em geral.

Em seguida, com base na análise das situações encontradas, o decisor alterará ou implementará políticas de atuação da empresa, que deverão estar refletidas no fluxo de caixa.

Então, de forma privilegiada, trabalhamos com os déficits, pois estes representam as posições incontornáveis.

O modelo simulador deverá incorporar as novas posturas que a empresa toma para corrigi-los e, em estágios sucessivos de manipulação de dados, oferecerá indicadores do estado do caixa no SGI, até que só existam estados inteiramente equilibrados quanto aos déficits. Resolvidos os déficits, o modelo deverá indicar o potencial de investimento que a empresa ainda tem latente, como também o prazo – se existir – em que os recursos livres para investir deverão retornar para o caixa. Esses indicadores serão suporte para orientar a política de novos investimentos da empresa.

- **As contas no fluxo**

A matriz do fluxo de caixa para o SGI terá um plano de contas que possibilite a construção de indicadores intermediários ao estado do caixa em cada período, que serão usados na alteração ou implementação de suas políticas de atuação.

O subsistema das contas gerais da administração (CGA)

O SGI não é gerador de resultado, na medida em que os empreendimentos ou mesmo investimentos de outra ordem que a empresa venha a fazer é que oferecem retorno e renda. Do ponto de vista mais genérico, qualquer investimento pode ser tratado com a imagem de um empreendimento, mesmo no caso dos investimentos exclusivamente financeiros, já que, retirados os recursos do SGI, passam para o ambiente que absorverá os investimentos, onde se definirão riscos e rentabilidade. Os empreendimentos vistos sob esse prisma geram retornos, sendo exclusivamente eles os geradores de rentabilidade sobre os recursos que a empresa detém para investir.

Por sua vez, a empresa tem contas gerais da administração (CGA) para pagar, cujos fundos são extraídos do SGI, já que estas contas se referem a insumos e outros custos que não estão alocados para nenhum empreendimento em particular. Trata-se das contas da administração centralizada e do sistema gerencial da empresa, como contabilidade, secretaria geral, as diretorias, e das contas das atividades meio como jurídico, suprimentos, informática, e as demais contas de mesmo teor.

Entretanto, as CGA só fundamentam sua existência na necessidade de gerenciar os empreendimentos, seja quanto aos aspectos fora do planejamento operacional e da ação de implantação e operação em si, seja pela necessidade de manter uma constante busca e avaliação de novos empreendimentos. Dessa forma, eles que devem pagar as CGA, porque delas se valem para sua administração e, também, porque delas se valem para gerar resultado. Cada empreendimento contribuirá, assim, para custeio das CGA, com uma verba predefinida – margem de contribuição para custeio das CGA (MC-CGA), cujo critério de imposição será arbitrado. Tomando exclusivamente as CGA diante do ingresso das diversas MC-CGA de forma geral, deverá ser encontrado equilíbrio. A busca desse equilíbrio é que servirá para arbitragem da MC-CGA que cada um dos empreendimentos deverá aportar ao Sistema Gerenciador de Investimentos.

Tomemos a Figura 4.5, que é destaque da Figura 4.4, para trabalhar o conceito de MC-CGA, no sentido de mostrar qual informação deverá ser buscada no fluxo de caixa e para que tipo de política empresarial esta informação sustentará decisões.

O fluxo de caixa deverá medir o estado dessa relação intermediária das CGA contra as MC-CGA, podendo se encontrar em diferentes estados.

i) Na hipótese de haver déficit no subsistema CGA, o SGI deverá suprir recursos para "zerá-lo", pois é flagrante que ele não é gerador de recursos. Isso fará com que a empresa tenha que reavaliar suas políticas já traçadas relacionadas à dimensão da estrutura que define as CGA, diante do nível de produção, definido pelos empreendimentos.

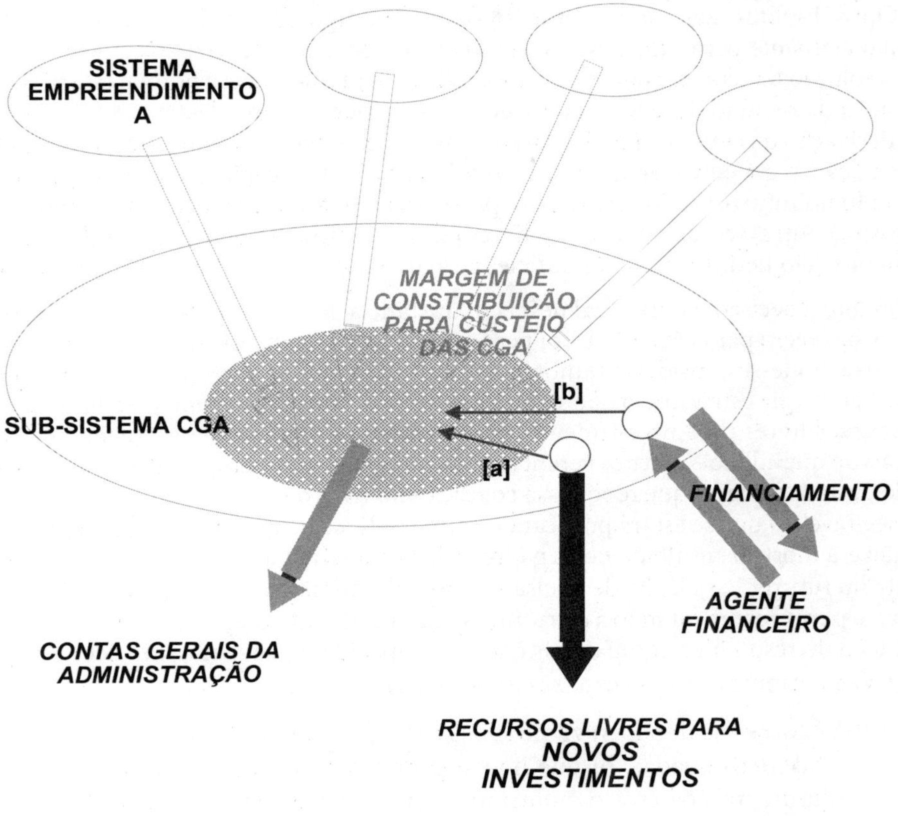

Figura 4.5 – Identificação das transações no subsistema das CGA.

O dimensionamento de CGA naturalmente estará preso à política da empresa em relação a seus objetivos de aquisição de certo estrato de mercado e a suas metas de produção. Estabelecida a estrutura para atender à política empresarial traçada, pode-se obter o parâmetro CGA. Então, a empresa arbitrará o nível de contribuição MC-CGA devido pelos empreendimentos e, com esta informação, tratará de discutir a viabilidade de cada um, considerando preços a praticar etc. Iniciados os empreendimentos, estabelece-se uma posição rígida relativamente à MC-CGA, já que, para o SE, esta é uma conta de custeio como qualquer outra, ressalvado o fato de que implica transferências internas de caixa, e não pagamentos formais para terceiros.

Déficit no subsistema CGA poderá indicar que a estrutura está super dimensionada para o nível de produção ou que as MC-CGA foram subavaliadas quando se planejou a estrutura e seu impacto nos empreendimentos. No primeiro caso, a estrutura deverá ser redimensionada para atender a um patamar compatível com o nível de produção que a empresa apresenta. No segundo caso, o verdadeiro resultado dos empreendimentos estará abaixo do que se esperava, pois a forma de cobrir essa diferença será derivar parte dos "recursos livres para investimento" para cobertura do déficit. Assim, parte desses recursos, que vem como retorno dos empreendimentos, ao ser usada para cobrir um excesso de custos, faz com que o retorno mostre uma falsa expectativa de resultado para os negócios da empresa. Essa hipótese corresponde ao Vetor [a] da Figura 4.5. Outra hipótese seria a do Vetor [b] da mesma figura, que aponta para a captação de financiamento para suprir essa necessidade de cobertura de recursos. Entretanto, esta é uma solução temerária e que deve ser tomada com muita reserva, porque esta não é uma aplicação de recursos que tenha retorno, de sorte que a forma de devolver será sempre pela derivação da conta de recursos livres para investimento. Assim, quando se opta por esta solução, o que deve ser analisado no fluxo de caixa é a capacidade de pagar o financiamento no futuro, sendo certo que o que se praticou foi somente um "saque adiantado oneroso", contra a conta de recursos livres para investimento que, naquele determinado momento, não detinha recursos suficientes para cobrir o déficit no subsistema CGA.

Quanto à decisão empresarial nesta circunstância, não se cingirá somente a [a] reavaliar a arbitragem para MC-CGA; [b] perder capacidade de investimento, ou [c] "cortar" a estrutura. Pode-se considerar também que a situação que se apresenta para administrar é a de investir na estrutura, o que significará derivar, conscientemente, recursos da conta de recursos livres para investimento, para manter o potencial de produção num certo padrão de qualidade e cultura gerencial e tecnológica, que a empresa detém e não quer perder, por considerar que repor essa condição no futuro se apresentará como um ônus não aceitável. O que se estará praticando é uma política de investimento de longo prazo, que deverá mostrar resultado pelos padrões de produtividade que a empresa poderá conseguir no futuro. Essa linha de decisão também se toma quando se trata de preparar a empresa para crescer, quando a estrutura de gerenciamento é agregada antecipadamente à geração de resultados compatíveis com sua capacidade, havendo um ciclo em que as MC-CGA correntes não são capazes de sustentar as CGA.

ii) A ocorrência de superávit no subsistema CGA indicará que [a] a estrutura está subdimensionada; [b] que houve ganhos de produtividade no ambiente da administração desde o momento em que se arbitraram as MC-CGA; ou ainda [c] que as MC-CGA foram arbitradas num nível mais alto que o necessário.

Na hipótese [a], o que se apresenta é, ao verificar o superávit, cuidar de avaliar primeiramente se a estrutura da administração não está submetida a uma sobrecarga, pois o desequilíbrio entre as MC-CGA e as CGA é a informação que acende uma "luz de aviso" sobre alguma deformação que não está aparente.

Frequentemente, a sobrecarga sobre estruturas de administração e planejamento conduz, a médio prazo, o sistema à fadiga, o que significa não somente uma quebra de qualidade proporcional à sobrecarga, mas a uma queda abrupta de qualidade, pois, submetida por períodos longos a uma carga de trabalho que não é capaz de sustentar com o padrão de qualidade que vinha mantendo, a tendência da estrutura é diluir os excessos de forma não harmônica ou abandonar determinadas práticas gerenciais, para adequar o tempo disponível à pressão das decisões que devem ser tomadas.

O que resulta daí poderá ser uma situação de crise gerencial, porque a combinação dessas ações de ajuste resultará na desestruturação do sistema gerencial vigente, repercutindo sobre os empreendimentos e provocando perdas que não poderão ser controladas a priori. Ou seja, não se trata de aplicar aos sistemas gerenciais um fator uniforme de diminuição de padrão nas decisões que tenha repercussão nos resultados na mesma proporção. A diminuição de qualidade das decisões não é mensurável, e seu impacto nos resultados pode ser extremamente grave, porque em sistemas gerenciais não se admite o conceito de perda relativa de qualidade, mas, ao inverso, quando se violenta um sistema gerencial ou de planejamento, o que se pode esperar é a perda absoluta da sua qualidade como sistema de apoio à decisão, de sorte que, assim ocorrendo, os empreendimentos deverão sofrer perdas até um nível que só será reconhecido ao seu final.

A hipótese [b], que deve ser explorada quando já se descartou a [a], conduzirá a decisões de reduzir a estrutura, diminuindo CGA e MC-CGA, o que fará a empresa ganhar competitividade, pois poderá operar com menores preços, ou ganhar rentabilidade, na assunção de manter os preços com que vem operando, mas diminuindo as MC-CGA.

A hipótese [c] indicará que somente deve-se praticar um ajuste no sistema de formação de preços, diminuindo MC-CGA, o que conduzirá à diminuição de preços ou aumento da rentabilidade.

O primeiro módulo do fluxo de caixa estará estruturado, assim, conforme os padrões do Quadro 4.2.

Quadro 4.2 – Movimentações financeiras das transações no subsistema das CGA.

CONTAS	PERÍODOS			
	mês 1	mês 2	mês k	mês n
CONTAS GERAIS DA ADMINISTRAÇÃO	(CGA1)	(CGA2)	(CGAk)	(CGAn)
MARGENS DE CONTRIBUIÇÃO				
Empreendimento A	MC-A1	MC-A2	MC-Ak	MC-An
Empreendimento B	MC-B1	MC-B2	MC-Bk	MC-Bn
Empreendimento X	MC-X1	MC-X2	MC-Xk	MC-Xn
MOVIMENTAÇÃO FINANCEIRA NO SUBSISTEMA CGA	mCGA1= $\sum_{Q=A}^{X} mQ1$ - - CGA1	mCGA2= $\sum_{Q=A}^{X} mQ2$ - - CGA2	mCGAk= $\sum_{Q=A}^{X} mQk$ - - CGAk	mCGAn= $\sum_{Q=A}^{X} mQn$ - - CGAn

Nesse módulo do fluxo de caixa, tratando do subsistema CGA:

- A extensão n deverá ser arbitrada, segundo critérios já discutidos anteriormente e será a que orienta a estruturação do fluxo de caixa completo, não só deste módulo.
- As MC-CGA serão as que forem aplicadas aos empreendimentos, segundo critério de arbitragem de contribuição, cujo escopo ultrapassa este texto, tratando-se essencialmente de um problema de formação de preços.

O tratamento das outras contas

Essas contas (ver Figura 4.4) devem receber o detalhamento que cada caso em particular recomendar. O critério exclusivo para que uma "outra conta" receba destaque é a importância da sua participação dentro do nível de giro de recursos que a empresa mantém no SGI ou a relevância para que ela seja controlada em particular.

Os recursos movimentados nessas contas têm sua contrapartida: [a] por diminuírem a conta de recursos livres para investimento quando se tratar de pagamentos a efetuar; ou [b] aumentá-la, quando de contas a receber; logo, no sentido geral, não deverão ser trabalhadas em um subsistema próprio, a menos que sua relevância assim indique.

A seguir estão apresentados alguns exemplos de outras contas em que pode ser conveniente construir um subsistema para controlá-las particularmente:

- quando se encerra o ciclo de implantação dos empreendimentos, isso nem sempre indica que está terminando o giro de recursos vinculados a este. O que resta de giro de recursos, entretanto, já traduz movimentos que terão vínculo direto com o sistema SGI, de forma que, nessas situações, se recomenda eliminar o SE, transferindo as contas a pagar e receber que ainda restem para uma conta aglutinadora dessas transações no SGI.
- para o caso de empreendimentos imobiliários residenciais ou comerciais voltados para venda, poderá ocorrer que, encerrado o ciclo de implantação, ainda reste estoque de unidades a vender. Este saldo, mesmo se pequeno, poderá representar uma parcela relevante do resultado do empreendimento, na medida em que as margens sobre vendas nos empreendimentos se situam no intervalo de 10% a 20%, dependendo do segmento de mercado. Dessa forma, o tratamento que deve ser dado a esse estoque, do ponto de vista de marketing, deve ser extremamente agressivo e, no seu manejo, teremos contas a pagar relacionadas à promoção e comercialização que poderão exigir recursos da conta RECURSOS LIVRES PARA INVESTIMENTO, fundos estes sobre os quais é importante manter um controle particular. Então, nas empresas que promovem empreendimentos imobiliários, recomenda-se manter no SGI um subsistema estoque de unidades prontas.
- podem existir CONTAS A PAGAR relacionadas com aplicações vinculadas a futuros empreendimentos, que representam formação de portfólio de

investimentos estratégicos, mas que ainda não estão vinculados a decisões específicas de empreender – tipologia de produto, prazo para início da implantação etc. Nessa hipótese, a relevância é flagrante e convirá manter um subsistema para controlar estas CONTAS A PAGAR – SUBSISTEMA INVESTIMENTOS PROGRAMADOS. O exemplo da empresa de empreendimentos imobiliários cabe novamente quando, em vez de "estocar" recursos na conta de RECURSOS LIVRES PARA INVESTIMENTO, opta por derivar uma parcela destes recursos para terrenos para futuros empreendimentos, fazendo um estoque estratégico de "matéria prima" para estes – LANDBANK.

- também serão investimentos programados as compras de equipamentos e outros sistemas para a empresa. Todavia, o sentido destes investimentos difere dos que estarão presentes no SUBSISTEMA INVESTIMENTOS PROGRAMADOS de sorte que, quando houver relevância em contas deste teor, convém construir um subsistema à parte. Neste subsistema também figurará a conta de reserva de recursos para investimentos, quando se tratar de empresa que deve continuamente fazer substituições ou up-grading de sistemas ou equipamentos. Esta conta se constitui num fundo de reserva e ao subsistema se dá o título de fundo para reposição de ativos permanentes. Consideremos, como exemplo, a compra de equipamento para um hotel, necessário para manter os serviços no padrão compatível com as tarifas que vêm sendo cobradas. Não há como avaliar esse investimento diante de um retorno mensurável. O retorno pode ser entendido como correspondente à quebra de renda que o hotel teria se baixasse a qualidade do serviço, sendo obrigado a reduzir tarifas quando sentisse queda de demanda. Mas a empresa não fará o "teste" de não comprar o equipamento para atingir este ponto e depois retornar ao estado original, de forma que não há como avaliar o retorno, a não ser construindo cenários muito teóricos ou avaliando a qualidade do investimento pelo vetor da capacidade de suporte. Assim, os investimentos desse tipo acabam sendo decididos dentro de estratégias de manutenção do padrão de qualidade da operação do empreendimento e são cobertos por recursos recolhidos para fundos de reserva, constituídos por verbas recolhidas da receita operacional bruta.

- poderão existir CONTAS A PAGAR, resultado da formação de estoques especulativos, de aplicações financeiras de prazo de liquidação regrado, de investimento em produtos do mercado de capitais, de aplicações em mercadorias ou em ativos financeiros especiais que, ainda que não cumpram com o objetivo social da empresa, podem ser resultado da necessidade de manter uma parcela dos fundos da conta RECURSOS LIVRES PARA INVESTIMENTO aplicados em giro de prazo mais curto que a média proporcionada pelos empreendimentos da empresa, porque são recursos que poderão ser exigidos do SGI em ciclos que não permitem o investimento na linha de negócios da empresa. Ainda no caso das empresas de empreendimentos imobiliários, o prazo médio entre comprar um terreno, implantar o empreendimento e receber o retorno poderá ser tal que não permita à empresa usar uma certa parcela dos recursos da conta RECURSOS LIVRES PARA INVESTIMENTO porque esta fração será exigida para, digamos, investir num empreendimento já em andamento ou para suprir a conta de investimentos programados. A empresa deverá optar, então, por investir num prazo compatível com a necessidade de retorno e, principalmente, com um critério de baixo risco, relativamente à liquidez do produto do investimento usando, então, um vetor do mercado de ativos financeiros ou de capitais.

Estrutura do fluxo de SGI

A matriz do modelo para construção do fluxo de caixa no SGI tem a estrutura básica mostrada no Quadro 4.3, construída passo a passo, para mostrar as fases do trabalho associadas às etapas em que se manifesta o sistema de decisões, dividida em três diferentes etapas, expressas nos Quadros 4.3a, Quadro 4.3b e Quadro 4.3c.

Esta estrutura tem a formatação que permite a obtenção do elenco de informações gerenciais cujas principais características são discutidas adiante e nos casos.

Aqui, a manipulação de casos não substitui a digressão geral, na medida em que não há como construir exemplos abrangentes como no caso do SE, pois aparecem com mais frequência.

No caso do SGI, busca-se fazer a análise de situações comuns para elucidar aspectos que, tratados de forma genérica, podem parecer ao leitor muito distantes da prática gerencial da maioria das empresas, ficando, por vezes, a imagem de que os procedimentos mais detalhados exigem um grau de sofisticação que só grandes corporações podem se permitir alcançar. Ao contrário, enfatiza-se que a rotina de análise mostrada na matriz do Quadro 4.3, em suas diversas etapas, mostra o encadeamento natural dos procedimentos do sistema de decisões para trabalhar com planejamento financeiro no SGI, que muitos praticam até sem o formalismo da construção de instrumentos para manipulação de dados detalhados, evidentemente sempre que sua escala de recursos para administrar e as alternativas de aplicação assim o permitam.

Usando a matriz do Quadro 4.3a, destacam-se os procedimentos da primeira fase do planejamento financeiro no SGI, admitindo já ter sido superada a discussão do subsistema CGA, com a rotina já apresentada.

A **conta 1** – MOVIMENTAÇÃO FINANCEIRA NO AMBIENTE DO SUBSISTEMA CGA é extraída da análise isolada de CGA e MC-CGA, já incorporados os ajustes praticados nessas contas após análise, se necessário.

Outras contas compreendem somente o que não foi destacado para contas especiais. Aqui estarão, na **conta 2** – CONTAS A PAGAR, a aglutinação das contas que vêm de empreendimentos cuja produção está concluída (essencialmente empreendimentos voltados para venda, já que os voltados para renda convém que sejam tratados exclusivamente no ambiente do SE), de encargos e impostos, de compras efetuadas, que não mereçam destaque etc. Na **conta 3** - CONTAS A RECEBER, também estarão aglutinados empreendimentos, vendas de ativos etc.

A **conta 4** – INVESTIMENTOS PROGRAMADOS, e a **conta 5** – FUNDO PARA REPOSIÇÃO DE ATIVOS já foram descritas no item “as contas no fluxo”.

As **contas 6** e **7** derivam da análise da capacidade de investimento da empresa, que é feita ao final de cada ciclo de formação do fluxo de caixa.

A cada período, os dados de controle devem ser enxertados no sistema e novo FLUXO DE CAIXA será montado, levando em conta as transações para um novo horizonte de análise, predefinido. Assim, como exemplo, pode-se predefinir que o FLUXO DE CAIXA terá sempre o horizonte de um ano e será reorganizado a cada mês.

Quadro 4.3a – Matriz do caixa do SGI para a primeira fase

CONTAS	PERÍODOS			
	mês 1	mês 2	mês k	mês n
1. MOVIMENTAÇÃO FINANCEIRA NO SUBSISTEMA CGA	mCGA1	mCGA2	mCGAk	mCGAn
2. CONTAS A PAGAR	(cp1)	(cp2)	(cpk)	(cpn)
3. CONTAS A RECEBER	cr1	cr2	crk	crn
4. INVESTIMENTOS PROGRAMADOS	(ip1)	(ip2)	(ipk)	(ipn)
5. FUNDO PARA REPOSIÇÃO DE ATIVOS	(fra1)	(fra2)	(frak)	(fran)
APLICAÇÕES DE CURTO PRAZO				
6. INVESTIMENTO	(icp1)	(icp2)	(icpk)	(icpn)
7. RETORNO	rcp1	rcp2	rcpk	rcpn
8. RECURSOS EM CAIXA	CX1			
9. RESERVA PARA FUNDO DE CAIXA	(Fcx1)			
10. MOVIMENTAÇÃO FINANCEIRA – CONTAS 1 A 9	$MfA1 = \sum_{j=1}^{9} contasj1$	$MfA2 = \sum_{j=1}^{9} contasj2$	$MfAk = \sum_{j=1}^{9} contasjk$	$MfAn = \sum_{j=1}^{9} contasjn$
FLUXO DE CAIXA – CONTAS 1 A 9	FA1 = mfA1	FA2 = mfA2	$FAk = \sum_{q=1}^{X} mfAkq$	$FAn = \sum_{q=1}^{X} mfAnq$

Como resultado da última análise do FLUXO DE CAIXA, deverá, então, ter sido tomada a decisão de promover APLICAÇÕES DE CURTO PRAZO – usualmente financeiras – para usar a capacidade de investimento que a empresa apresenta e que não será dirigida para seus negócios fundamentais, seja porque são recursos que têm giro mais curto que o prazo médio de giro dos negócios típicos da empresa,[1] ou seja, porque a empresa optou por aplicar parte de sua capacidade de investimento com maior segurança e liquidez. Esta última hipótese pode estar vinculada à análise do mercado, que pode ter recomendado a estratégia de manter-se na expectativa de alteração de algum vetor de mercado, o que não recomenda investimentos nesse momento ou, ainda, com o conceito de que parte dos recursos que a empresa detém deva estar aplicada com grande liquidez, para fazer frente às incertezas, eventualmente até reflexo da qualidade das informações contidas no próprio sistema de montagem do FLUXO DE CAIXA.

A **conta 8** – RECURSOS EM CAIXA somente mostra os recursos com que a empresa "entra" no ciclo de análise, se eles estiverem em caixa. Muitas vezes esta conta pode ser inexpressiva, pois os recursos "livres" da empresa poderão estar representados na conta 6 – INVESTIMENTO EM APLICAÇÕES DE CURTO PRAZO, retomando para uso via conta 7 – RETORNO DAS APLICAÇÕES DE CURTO PRAZO. Entretanto, é recomendável que se faça uma distinção entre as contas 6 e 7 e esta conta 8, em função da natureza da aplicação financeira. Convém que a conta 8 mostre os recursos sobre os quais a empresa pode ter acesso "de imediato" e que, muitas vezes, não representam recursos especificamente em caixa, mas aplicações em produtos financeiros sobre os quais a empresa sempre tem acesso para liquidá-los em períodos muito curtos (24 a 72 horas), como o são as aplicações em alguns produtos de investimento coletivo – fundos de aplicações financeiras, fundos de ações, ouro. Vale lembrar que a conta 8 é "positiva", já que representa recursos que estão internados no SGI, mesmo que sob a forma de aplicações financeiras de altíssima liquidez.

A **conta 9** – RESERVA (FUNDO DE CAIXA) é destacada da capacidade de investimento que a empresa tem e representa o montante de recursos que se manterá estrategicamente indisponível para aplicações em prazos longos, no sentido de dar cobertura a incertezas. Na realidade, sempre se tratará de uma aplicação financeira de curto prazo, mas que deve ser objeto de destaque, pois o sentido específico que se dá a essa massa de recursos é garantir as flutuações entre as expectativas contidas no FLUXO DE CAIXA e os verdadeiros movimentos que ocorrerão no próximo ciclo de funcionamento. Isso porque o montante Fcx1 aparecerá como parte integrante de CX2, quando estivermos escrevendo o fluxo de caixa do período seguinte. Essa conta Fcx1 será negativa, pois representa recursos que serão esterilizados do giro no SGI, derivados para um vetor de aplicações financeiras a cada ciclo. Essa movimentação só será positiva na hipótese de readequação para menor da dimensão desse fundo, se ajustado às novas condições de incerteza operadas pela empresa, como resultado de mudança do segmento de mercado,

---

[1] "Payback" ou prazo de recuperação dos investimentos é um indicador da qualidade do investimento que procura expressar o prazo em que um recurso imobilizado no ambiente de um empreendimento retorna ao ambiente do SGI, via retorno. Esse conceito será retomado adiante, no Capítulo 6.

dimensão da empresa etc. Outras movimentações, agora do próprio subsistema onde está alocada a conta, referem-se à gestão da própria conta, não passando pelo ambiente do SGI.

Lançadas no fluxo de caixa as expectativas de comportamento destas contas para o horizonte n, produz-se um primeiro saldo parcial das transações, na **conta 10** – MOVIMENTAÇÃO FINANCEIRA CONTAS 1 A 9 e seu fluxo.

O sentido dessa análise parcial, expressada pela primeira etapa indicada no Quadro 4.3a, é corrigir as distorções eventualmente identificadas por meio de ações gerenciais, atuantes sobre o montante das contas que geram essa movimentação parcial. A definição dessa etapa é resultado do fato de que essas contas, em particular, têm um padrão de rigidez mais alto, sendo que, quando for necessário algum ajuste, será pela intervenção sobre a conta de aplicações de curto prazo, que serve como vetor mais imediato para compensar desvios.

Compensar desvios usando a conta 9 – RESERVA PARA FUNDO DE CAIXA, apesar de parecer a ação mais simples, é temerária, pois deve-se admitir que, quando a conta foi balizada, ela tinha por objetivo cobrir determinado nível de incerteza que a empresa entendia estar presente nas contas de seu FLUXO DE CAIXA. Assim, alterá-la significará alterar os sistemas de controle para compensar a reserva agora menor, o que nem sempre é possível.

Passamos para a segunda fase, agora agregando as contas que têm um menor padrão de rigidez, pois podem ser alteradas com ações gerenciais sem que se altere a estratégia de ação da empresa, mas mudando táticas de operação nos empreendimentos. A matriz está no Quadro 4.3b.

O ajuste exigido para a primeira fase pode ter resultado na necessidade de contratar ou deixar em stand-by a contratação de financiamento para capital de giro, sobretudo se o déficit na conta 10 for de curto prazo. Cabe destacar que, quando se verificar um déficit potencial no médio prazo, a empresa deverá "reconhecer" as fontes de provisão deste financiamento, para acessá-las quando estiver mais próxima à sua necessidade.

Mas a oportunidade de se recorrer a financiamentos para corrigir déficit na conta 9 – RESERVA PARA FUNDO DE CAIXA merece um olhar mais agudo. Diferentemente do que ocorre no ambiente do SE, quando se verifica um déficit no fluxo de caixa não há como recorrer a um sistema de hierarquia superior para requisitar investimentos. No SGI, não poderão ocorrer déficits no fluxo de caixa, pois a empresa, nesta situação, ficará inadimplente com seus compromissos. Então, a primeira ação de planejamento financeiro usando o fluxo de caixa será organizar as políticas e táticas de atuação da empresa, no sentido de que não existam déficits no SGI.

Quando na conta 10 – FLUXO DE CAIXA aparece um déficit, devem ser tomadas decisões no sentido de eliminar essa hipótese. Para muitos, a eliminação se faz automaticamente, contratando financiamentos. Não se trata de solução automática. Há uma rotina a ser percorrida, seja nesta fase, seja nas seguintes, para se chegar à decisão de corrigir déficit com o ingresso de financiamentos que, aportados ao SGI, são denominados financiamentos para capital de giro.

Primeiramente, a empresa deverá voltar a suas estratégias e táticas já definidas e que, do ponto de vista financeiro, levaram às contas que compõem o fluxo de caixa, para reavaliá-las, com o critério de eliminar os déficits. Essa reavaliação deverá ser assim hierarquizada:

i) primeiro, tratando das ações que não mudam a estratégia, mas somente as táticas de ação, como deslocar para mais tarde decisões ainda não consolidadas para retirar pressões de caixa. Trata-se de uma providência extremamente simples, por exemplo, reprogramar a conta 4 – INVESTIMENTOS PROGRAMADOS ou organizar um fluxo atípico de recolhimentos na conta 5 – FUNDO PARA REPOSIÇÃO DE ATIVOS.

Quadro 4.3b – Matriz do caixa do SGI para a segunda fase

CONTAS	PERÍODOS			
	mês 1	mês 2	mês k	mês n
10. MOVIMENTAÇÃO FINANCEIRA – CONTAS 1 A 9	MfA1	MfA2	MfAk	MfAn
FINANCIAMENTO PARA CAPITAL DE GIRO				
11. ENCAIXE	efgA1	efgA2	efgAk	efgAn
12. PAGAMENTO	(pfgA1)	(pfgA2)	(pfgAk)	(pfgAn)
TRANSAÇÕES COM OS EMPREENDIMENTOS				
13. I-R Emp. A	IReA1	IReA2	IReAk	IReAn
14. I-R Emp. B	IreB1	IReB2	IReBk	IReBn
15. I-R Emp. X	IreC1	IReC2	IReCk	IReCn
MOBILIZAÇÃO DE ESTOQUES DE UNIDADES PRONTAS				
16. PROMOÇÃO	(peu1)	(peu2)	(peuk)	(peun)
17. RECEITA LÍQUIDA	rleu1	rleu2	rleuk	rleun
18. MOVIMENTAÇÃO FINANCEIRA CONTAS 10 A 18	$MfB1 = \sum_{j=10}^{17} contasj1$	$MfB2 = \sum_{j=10}^{17} contasj2$	$MfBk = \sum_{j=10}^{17} contasjk$	$MfBn = \sum_{j=10}^{17} contasjn$
FLUXO DE CAIXA – CONTAS 10 A 17	FB1 = MfB1	FB2 = MfB1 + MfB2	$FBk = \sum_{q=1}^{k} mfBq$	$FBn = \sum_{q=1}^{n} MfBq$

ii) não atendida a eliminação do déficit, a segunda medida é avaliar estratégias que estão implícitas na formação do fluxo de caixa, especialmente aquelas vinculadas a reservas de segurança ou à qualidade relativa das informações que estão no fluxo de caixa, compatível com os sistemas de controle que a empresa mantém. Diminuir as reservas de segurança, por prazos curtos, compensando com o aumento de rigidez dos sistemas de controle no mesmo período, pode resolver a pressão de caixa. Significa, em tese, usar a conta 9 – RESERVA PARA FUNDO DE CAIXA por um período predeterminado. Essa providência não pode ser tomada quando se tratar de alterar o nível de segurança com que a empresa trabalha por ciclos longos, a não ser que se pretenda promover uma mudança estrutural nos sistemas de administração, reorganizando as CGA, o que já será medida de maior profundidade e que não está enquadrada no elenco de ações que aqui se classifica.

iii) por fim, rever políticas empresarias que estão implicando pressões no fluxo de caixa, gerando déficit. Aqui já se fala de reorganizar políticas. Como exemplo, diminuir o impacto de CGA, que estava previsto, gerando déficit por certo período, na busca de manter a capacidade de produção da empresa. Se essa pressão for considerada inconveniente ou perigosa, a empresa poderá mudar a política, diminuindo sua capacidade de produção para ajustá-la ao nível vigente, sem fazer o "investimento" programado.

Esse roteiro não obriga a modificar nada, mas mostra o caminho da análise. Poderá uma empresa verificar todas suas políticas e táticas, concluindo por tomar financiamentos para compensar déficits, porque não pretende ou não vê oportunidade em mudar as linhas de comportamento já traçadas.

Decidida a contratação de financiamento para capital de giro, ainda assim resta analisar a capacidade de pagá-lo no futuro, avaliando a conta 10 – MOVIMENTAÇÃO FINANCEIRA contra as contas 11 e 12 – ENCAIXE E PAGAMENTO DE FINANCIAMENTO PARA CAPITAL DE GIRO. Caso se verifique equilíbrio nas contas no futuro, poderá a contratação ser definida. Se não, obrigatoriamente voltamos ao roteiro anterior de avaliação da origem das pressões no caixa, para, então, tomar providências de caráter estrutural, no sentido de eliminar os déficits ou alcançar um novo padrão de comportamento que viabilize o funcionamento do caixa do SGI com um nível de financiamentos de capital de giro que a empresa possa suportar (pagar no tempo certo). Muitas vezes, as empresas que mergulham sem análise crítica em financiamentos para capital de giro passam a usar toda a sua capacidade gerencial para manter "rolando" a dívida gerada e que não suportam pagar, na tentativa de vislumbrar situação futura em que o acaso ou a fortuna venham a corrigir o erro original. O leitor sempre encontrará exemplos para apoiar esse comentário.

As **contas 13 a 15** (tantas contas quanto forem necessárias para atender ao número de empreendimentos) – TRANSAÇÕES COM OS EMPREENDIMENTOS compreendem a transposição dos fluxos investimento-retorno medidos nos diversos SE para o fluxo de caixa do SGI.

As **contas 16 e 17** – MOBILIZAÇÃO DO ESTOQUE DE UNIDADES PRONTAS estão presentes no fluxo de caixa de empresas que trabalham com empreendimentos imobiliários e refletem as transações financeiras esperadas na venda dos estoques, que derivam dos diversos empreendimentos já concluídos, cujos SE foram extintos, com os ativos e passivos transferidos para o SGI. Parte desses ativos e passivos está em contas a pagar e receber, e o estoque de unidades deve ser objeto de uma ação gerencial particular e muito agressiva, pois, na maioria das vezes, esses estoques representam a devolução da capacidade de investimento da empresa que foi absorvida pelo empreendimento. A depender da importância desses estoques no potencial de giro da empresa, sua gestão poderá compreender um sistema à parte, como se fosse um empreendimento em si, sendo alocados investimentos para promoção.

A presença da **conta 16** – PROMOÇÃO, em destaque no fluxo de caixa, deve-se ao fato de que ela absorve investimentos. Já as demais contas de custeio da comercialização são derivadas da receita, de forma que só são consideradas na **conta 17** – RECEITA LÍQUIDA, não sendo oportuno destacá-las usando uma conta de receita bruta e outra para despesas de comercialização porque esta última dará uma falsa impressão de pressões de caixa, que nunca existem, pois elas estão vinculadas diretamente ao encaixe da receita, absorvendo uma parcela desta.

Então se prepara uma nova conta intermediária, **conta 18** – MOVIMENTAÇÃO FINANCEIRA e seu FLUXO. Neste nível, a análise crítica do comportamento desta conta, no sentido de avaliar os possíveis déficits, levará à conclusão sobre alterações na estratégia empresarial, ou na tática para condução dos empreendimentos.

Neste nível, a alteração de táticas de manejo dos empreendimentos para "arrumar" o fluxo de caixa do SGI retirando pressões é procedimento bastante natural, pois muitas são as possibilidades de tratar as finanças de um empreendimento, com procedimentos gerenciais na área de suprimentos, sem alterar a estratégia de seu desenvolvimento.

Quando houver necessidade de mudar políticas empresariais presas ao desenvolvimento de empreendimentos para organizar os déficits no fluxo do SGI, haverá, novamente, a opção de contratar financiamentos para capital de giro. Para análise da possibilidade de alterar políticas e da oportunidade e capacidade de pagar os financiamentos para capital de giro, retomar os comentários iniciais deste tópico.

A terceira fase compreende o que se denomina "fechamento do fluxo de caixa", com as avaliações:

i) da capacidade da empresa de girar com os recursos que estão no SGI agregados aos que podem ser captados via financiamentos;

ii) da oportunidade de retirar recursos do SGI, para distribuir lucros; e

iii) do nível da conta de recursos livres para novos investimentos (Figura 4.4). A matriz do fluxo de caixa está no Quadro 4.3c.

A **conta 19** e a **conta 20** – ENCAIXE E PAGAMENTO DE FINANCIAMENTO PARA CAPITAL DE GIRO B ocorrerão se existir a necessidade de contratar financiamento para capital de giro para corrigir o caixa no nível do fluxo da conta 18. Para efeito de se obter melhor controle financeiro, não convém aglutinar este financiamento com o do início da segunda fase. Mesmo que seja um único contrato de financiamento, trabalhar em dois estágios é importante, em razão de a rigidez do bloco de contas da primeira fase ser bem diferente daquelas que se manejam na segunda, de sorte que estamos falando de riscos diferentes, logo, de sistemas de controle diversos e de possibilidades de arranjo particulares para cada caso.

A **conta 21** – CAPITALIZAÇÃO está, muitas vezes, fora do ambiente da decisão de quem está manipulando o fluxo de caixa, pois ela resulta de transações entre a empresa e seus sócios que não são obrigatórias nem regradas.

A capitalização da empresa compreende o aporte de recursos dos sócios da empresa ao SGI para aumentar a capacidade de investimento da empresa, usando recursos que se esterilizam na empresa, sem regra de retorno para os sócios. Trata-se, portanto, de uma conta que aparecerá no caso em que exista a informação de que esta decisão foi tomada pelos sócios, ainda que, usualmente, esteja apoiada em informações do núcleo gerencial.

É de se admitir que ingresso de recursos via capital seja decisão dos sócios apoiada num programa de investimentos ou, em situações limite, para corrigir deficiências de capital de giro no SGI que não podem ser tratadas com financiamentos, pois se verifica que a empresa não apresenta capacidade de pagá-los. Ambas as hipóteses podem ser analisadas por informações que estão no fluxo de caixa do SGI:

i) havendo pressões na conta 18, resultantes de alguma das contas 13 a 15, pode-se concluir que um determinado empreendimento é tão interessante para investir que convém levar aos sócios a proposta de conduzi-lo com recursos "novos" aportados à empresa na conta de capital.

ii) se, após terem sido processadas as devidas análises relativas a políticas e táticas de ação da empresa, se encontrar que a conta 18 mostra, em seu fluxo, déficit que não há como cobrir com financiamentos para capital de giro que possam ser pagos dentro das regras disponíveis com recursos que a empresa poderá amealhar no futuro, a condição financeira da empresa é inviável e ela não sobreviverá no médio prazo. Na sua reorganização, para sobreviver, serão determinadas providências para adequação estrutural e poderá ocorrer a necessidade, ainda, de ingresso de recursos via capital para corrigir seu fluxo de caixa.

A **conta 22** – DIVIDENDOS tem o sentido inverso, mas também se resolve numa interação entre o sistema gerencial e os sócios da empresa, correspondendo à distribuição para estes de parte dos lucros auferidos nos negócios, cujos recursos estejam disponíveis em caixa. A conclusão sobre a oportunidade de oferecer dividendos se toma analisando a conta 18 em seu fluxo.

Quadro 4.3c – Matriz do caixa do SGI para a terceira fase

CONTAS	PERÍODOS			
	mês 1	mês 2	mês k	mês n
18. MOVIMENTAÇÃO FINANCEIRA – CONTAS 10 A 17	MfB1	MfB2	MfBk	MfBn
FINANCIAMENTO PARA CAPITAL DE GIRO B				
19. ENCAIXE	efgB1	efgB2	efgBk	efgBn
20. PAGAMENTO	(pfgB1)	(pfgB2)	(pfgBk)	(pfgBn)
21. CAPITALIZAÇÃO	cap1	cap2	capk	capn
22. DIVIDENDOS	(div1)	(div2)	(divk)	(divn)
23. MOVIMENTAÇÃO FINANCEIRA CONTAS 18 A 22	MfC1 = $\sum_{j=18}^{22} contasj1$	MfC2 = $\sum_{j=18}^{22} contasj2$	MfCk = $\sum_{j=18}^{22} contasjk$	MfCn = $\sum_{j=118}^{22} contasjn$
FLUXO DE CAIXA – CONTAS 18 A 22	FC1 = MfC1	FC2 = MfC1 + MfC2	FCk= $\sum_{q=1}^{k} mfCq$	FCn= $\sum_{q=1}^{n} MfCq$
24. RECURSOS DISPONÍVEIS PARA INVESTIMENTO	RDI1	RDI2	RDIk	RDIn
25. RESERVA DE SEGURANÇA	RES1	RES2	RESk	RESn
26. RECURSOS LIVRES PARA NOVOS INVESTIMENTOS	RLI1 = RDI1-RES1	RLI2 = RDI2-RES2	RLIk = RDIk-RESk	RLIn = RDIn-RESn

O FLUXO DE CAIXA do SGI resulta da **conta 23** – MOVIMENTAÇÃO FINANCEIRA (GLOBAL), que inclui todas as contas do sistema, e a partir da sua análise é que se pode concluir sobre a capacidade de investimento que a empresa apresenta e tomar decisões sobre a alocação desses fundos. Essas decisões conduzirão o sistema gerencial da empresa a buscar novos vetores de negócio para que absorvam a capacidade de investimento verificada, transformando-se, paulatinamente, recursos livres para investimento em investimentos programados e em empreendimentos.

Na **conta 24** – os RECURSOS DISPONÍVEIS PARA INVESTIMENTO serão medidos pelas expressões:

$$RDI_1 = \max\left[0; \min\left(fC1, \ldots. fCk, \ldots. fCn\right)\right]$$

$$RDI_k = \max\left[0; \min\left(fCk,....,fCn\right) - \sum_{1}^{k-1} RDI_q\right]$$

A RESERVA DE SEGURANÇA constituída na **conta 25** corresponderá aos recursos que a empresa planeja investir com liquidez curta e alta segurança, fora do ambiente de seu mercado (usualmente investimentos em produtos financeiros), e que são contrapartida de incertezas ou riscos contidos em informações do próprio fluxo de caixa. Por exemplo, se a empresa decidir por assumir obrigações de investimento baseando-se na hipótese de retorno de empreendimentos que ainda não estão maduros, sendo a informação do fluxo de caixa resultado de uma perspectiva de retorno vinculada em vendas ainda não consolidadas, estará assumindo um determinado padrão de riscos. Caso este padrão não seja aceitável na cultura da empresa, essa perspectiva de retorno deve estar segregada na **conta 25** até que se consolide melhor a hipótese de seu ingresso no caixa, quando então a empresa deslocará esta massa de recursos para a **conta 26** – RECURSOS LIVRES PARA NOVOS INVESTIMENTOS.

O exemplo serve para observar como se maneja as informações da conta 24. As massas de recursos ali presentes mostram recursos disponíveis para investimento dentro de um horizonte em que fatos assumidos no planejamento deverão se consolidar, alguns com padrão de certeza melhor que outros.

Recursos derivados de contas a receber têm um padrão mais elevado de certeza, ainda que não sejam de risco "zero", mas têm vínculo com obrigações de terceiros para com a empresa. Recursos derivados de retorno possível de empreendimentos, com vínculo na expectativa de resposta da demanda de mercado em certo patamar - venda de unidades de empreendimentos imobiliários - têm outro padrão de riscos.

Dessa forma, as decisões de investir não são vinculadas a tomar cegamente os valores apresentados no FLUXO DE CAIXA e buscar uma obrigação para comprometê-los. Deve-se analisar, sempre, a natureza do recurso que aparece disponível, avaliando sua fonte, para destacar o risco ou até incerteza que se vincula ao montante e ao momento de ingresso no caixa. Quando assim se procede, uma parte dos recursos da conta 24 - RECURSOS DISPONÍVEIS PARA INVESTIMENTO se segrega na conta 25 - RESERVA DE SEGURANÇA.

O saldo entre as contas 24 e 25 constitui a **conta 26** - RECURSOS LIVRES PARA NOVOS INVESTIMENTOS, informação que deverá ser filtrada pela empresa para que sejam encontrados vetores para aplicação.

Os recursos que aparecerem nesta conta já são estáveis, no sentido de não mais serem exigidos para cobertura de déficits futuros, mas, se analisarmos a movimentação financeira entre a conta 23 e a conta 24, veremos que os saldos mensais não serão sempre zero. Haverá posições de saldo positivo, indicando recursos que transitam pelo caixa da empresa por ciclos curtos para suprir obrigações futuras. Do ponto de vista operacional, estes recursos serão desviados para a conta 6 - INVESTIMENTOS EM APLICAÇÕES FINANCEIRAS DE CURTO PRAZO, cujo retorno - conta 7 - RESGATE DE

APLICAÇÕES FINANCEIRAS DE CURTO PRAZO deverá estar associado ao prazo em que os fundos serão novamente exigidos no SGI.

Como se vê do comentário neste último parágrafo, o procedimento de montagem do FLUXO DE CAIXA do SGI envolve uma rotina em que se movimentam as informações disponíveis e associadas a procedimentos e estratégias que a empresa já definiu para os empreendimentos e para as demais ações gerenciais, em um primeiro roteiro de análise de estado do caixa do SGI e, como resultado, temos informações que exigem voltar a passos anteriores para reposicionar estratégias e táticas, tantas vezes quantas necessárias, até que se atinjam posições de equilíbrio quanto aos déficits.

Somente então passamos a trabalhar com os superávits, definindo a capacidade de investimento que ainda permanece no SGI. Com estes dados presentes, podem ocorrer mudanças de estratégias ou táticas – mudar a escala de produção, sustentando um patamar mais elevado de CGA ou acelerando empreendimentos, para usar capacidade de investimento ainda disponível –, o que levará à reformatação do FLUXO DE CAIXA, até que se alcance uma situação conveniente, que mostre o uso mais eficaz dos recursos que a empresa tem em giro.

Finalmente, com estratégias e táticas consolidadas, mede-se novamente a conta de RECURSOS DISPONÍVEIS PARA INVESTIMENTO, que já indicarão:

i) eventuais modificações na conta 22 – DIVIDENDOS, se a opção for distribuir mais resultado, ou

ii) a massa de fundos que a empresa poderá usar para reciclar seu portfólio de empreendimentos, aumentar os negócios ou investir em sua capacidade de produção ou gerencial.

Dos recursos da conta 23 – MOVIMENTAÇÂO FINANCEIRA no SGI, segregados os RECURSOS DISPONÍVEIS PARA INVESTIMENTO (conta 24), ainda restarão fundos que devem ser levados dentro de aplicações financeiras de curto prazo, por terem estabilidade curta no sistema e que, medidos, exigirão que se reformate, novamente, o FLUXO DE CAIXA.

Após esta passagem, o documento está disponível para fomentar as ações empresariais compatíveis e ativar o sistema de controle. Como se vê, a formação do FLUXO DE CAIXA é iterativa, com decisões que devem ser tomadas ao longo do processo de sua preparação, de sorte que quando estiver terminada a sua construção, já será o reflexo de uma série de decisões gerenciais sucessivas.

Ainda aqui, o processo de análise não está completo, pois, na medida em que os dados usados na entrada do fluxo têm certo padrão de riscos, será necessário processar o FLUXO DE CAIXA para cenários estressados, com o objetivo de reconhecer a flutuação das contas de fechamento do fluxo, tanto no que diz respeito a déficits, quanto à capacidade de investimento ainda remanescente. Esse procedimento pode fazer com que todo o trabalho deva ser reciclado, até mesmo em relação à redefinição de políticas e táticas de atuação.

Passa, então, o fluxo de caixa a ser instrumento para basear o sistema de controle financeiro, que mostrará a "dotação" de fundos prevista para cada ação do sistema gerencial.

As ocorrências efetivas no próximo período levarão o ESTADO DO CAIXA e as demais contas de custeio e receita para estados diferentes do que as previsões, o que pode levar, também, à modificação das expectativas dos cenários de comportamento da empresa, no procedimento de planejamento financeiro. Um novo ciclo de planejamento de iniciará com a construção do FLUXO DE CAIXA para o mesmo horizonte n, com início no período 2, e, assim, sucessivamente.

4.7. CASOS EXPLORANDO OS CONCEITOS DESTE CAPÍTULO

Caso 4.1: Uma empresa incorporadora avalia os aspectos financeiros relativos ao desenvolvimento de um empreendimento imobiliário residencial, destinado integralmente à venda. Tendo capacidade financeira limitada para investir, estuda custear parte da implantação via vendas ou valendo-se de um parceiro para o desenvolvimento do negócio.

As contas necessárias à implantação do empreendimento estão descritas no Quadro 4.4, no qual também estão indicados os parâmetros vinculados à venda e despesas conexas, aqui admitidos já livres da incidência de impostos e encargos.

A produção terá início na data programada, e a expectativa é que se comercialize 50% das unidades no período. O ciclo de lançamento previsto tem início no mês 5, com as vendas nos meses 6 a 8.

Quadro 4.4 – Cenário referencial para análise do empreendimento imobiliário

valores em R$ mil da data-0		valor	incidência
contas com a implantação			
terreno		4.000	mês-1
pré-operacionais		2.300	meses 2 a 4
contrato das obras		20.000	meses 9 a 18
vendas das unidades			
número de unidades		80	
valor de venda da unidade		**410**	
no ato	*20%*		na venda
mensais	*10%*		durante obras
saldo	*70%*		mês-19
contas vinculadas ao preço			
corretagem		4%	na venda
promoção		5%	mês-5

Admite-se que todos os valores (custos e receitas) empregados evoluam com base na variação do IPCA, indexador admitido para a análise.

Ao se simular o caixa traduzindo as condições do cenário referencial, registram-se os movimentos expressos no Quadro 4.5.

Um primeiro destaque cabe aqui aos aspectos de precisão numérica e arredondamento nos montantes envolvidos.

Quadro 4.5 – Movimentos no empreendimento na condição de cenário referencial

valores em R$ mil da data-0

mês	programa	contas com a implantação	unidades vendidas	contas com PP&M	receita de vendas		movimento no mês
					receita	corretagem	
1	TERRENO	(4.000)					(4.000)
2	PRÉ-OPERACIONAIS	(767)					(767)
3		(767)					(767)
4		(766)					(766)
5	CICLO DE LANÇAMENTO			(1.640)			(1.640)
6			**40**		3.280	(656)	2.624
7							
8							
9	CICLO DAS OBRAS	(2.000)			164		(1.836)
10		(2.000)			164		(1.836)
11		(2.000)			164		(1.836)
12		(2.000)			164		(1.836)
13		(2.000)			164		(1.836)
14		(2.000)			164		(1.836)
15		(2.000)			164		(1.836)
16		(2.000)			164		(1.836)
17		(2.000)			164		(1.836)
18		(2.000)			164		(1.836)
19	CHAVES	-			11.480		11.480
	estoques	-	**40**	-	**16.400**	(656)	**15.744**
	TOTAL	**(26.300)**	**80**	**(1.640)**	**32.800**	**(1.312)**	**3.548**

Tratando-se de um instrumento cujo objetivo é o amparo a decisões, o grau de precisão a ser adotado deve ser compatível com o nível de erro admitido, e os montantes devem ser expressos ratificando esse grau de precisão. Não há o menor sentido em se adotar, por exemplo, apenas para efeito de formatação da planilha, o uso indiscriminado da notação empregada para montante de recursos financeiros, indicando centavos. Trata-se de uma falsa imagem de precisão, já que não há esse grau de certeza nos montantes operados no modelo. Essa necessidade de expressão de montantes empregando-se todos os algarismos pode ser válida para instrumentos contábeis, mas não se verifica nos instrumentos de planejamento.

Além da qualidade demandada no número operado dentro dos modelos (que é tema evidente, considerando a qualidade do cenário e do próprio modelo), é importante que não sejam acrescentadas incertezas adicionais resultantes da própria manipulação dos dados do modelo. Assim, como os indicadores buscados orientarão decisões de caráter financeiro, buscando-se a dimensão necessária da demanda por investimentos, é fundamental que a leitura do modelo incorpore tal proteção, fazendo com que a resposta produzida aponte para a situação representada pelo maior nível de investimento, ou pela sua ocorrência antecipada.

Assim, saídas de caixa devem ser arredondadas para cima, buscando-se a compensação nas datas mais avançadas; vale o raciocínio inverso para o encaixe (arredondados para baixo ou truncados).

No presente caso, esse procedimento foi aplicado nos pagamentos das contas pré-operacionais, cujo montante global não resulta em números inteiros quando distribuídos durante os três meses, tendo sido arredondado para cima nas ocorrências iniciais e compensada a diferença para menos no terceiro período da série. Com relação ao encaixe da receita, o procedimento foi aplicado nas parcelas mensais, compensadas admitindo que a diferença para o total ingresse no último mês de recebimento dessas parcelas.

Com esses cuidados, as movimentações no empreendimento, que traduzem a entrada e saída de recursos, são as expressas no Quadro 4.5, admitindo-se que as unidades não comercializadas durante o ciclo de produção transformem-se em estoques, sem que auxiliem no alívio da demanda por investimentos durante a implantação.

Já no Quadro 4.6, estão representados os movimentos, o fluxo de caixa virtual, os fluxos de investimento e retorno, e o caixa final.

Tendo em vista que o ciclo anterior e de produção caracteriza-se por demanda por investimentos, o estado do caixa, considerado o ingresso desses recursos, é "zero". Exceção feita ao período do ciclo de lançamento após comercialização, estendido ao início do ciclo de obras, quando o montante de recursos gerado pelas vendas foi suficiente para atender o início da produção, deixando o caixa com recursos ociosos nesse período. Os meses 6 a 9 indicam essa ocorrência.

As condições de cenário referencial apontam para um regime de vendas percebido como válido pelo empreendedor, com uma condição de regime de ingresso das vendas compatível com o do público-alvo para o qual o empreendimento está sendo concebido, provocando reflexos nos aspectos financeiros.

Quadro 4.6 – Fluxo de caixa, investimento e retorno

valores em R$ mil da data-0							
mês	programa	unidades vendidas	movimento no mês	fluxo de caixa virtual	investi-mento	retorno	fluxo de caixa final
1	TERRENO		(4.000)	(4.000)	4.000	-	-
2	PRÉ-OPERACIONAIS		(767)	(4.767)	767	-	-
3			(767)	(5.534)	767	-	-
4			(766)	(6.300)	766	-	-
5	CICLO DE LANÇAMENTO		(1.640)	(7.940)	1.640	-	-
6		40	2.624	(5.316)	-	-	2.624
7			-	(5.316)	-	-	2.624
8			-	(5.316)	-	-	2.624
9	CICLO DAS OBRAS		(1.836)	(7.152)	-	-	788
10			(1.836)	(8.988)	1.048	-	-
11			(1.836)	(10.824)	1.836	-	-
12			(1.836)	(12.660)	1.836	-	-
13			(1.836)	(14.496)	1.836	-	-
14			(1.836)	(16.332)	1.836	-	-
15			(1.836)	(18.168)	1.836	-	-
16			(1.836)	(20.004)	1.836	-	-
17			(1.836)	(21.840)	1.836	-	-
18			(1.836)	(23.676)	1.836	-	-
19	CHAVES		11.480	(12.196)	-	(11.480)	-
	estoques	40	**15.744**	**3.548**	**-**	**(15.744)**	**-**
	TOTAL	**80**	**3.548**		**23.676**	**(27.224)**	**-**

Não se trata, aqui, de discutir se o limite dos 50% arbitrado pelo empreendedor é agressivo ou conservador, mas que a necessidade financeira será refém desse padrão arbitrado. Quanto menor o nível de venda aceito para deflagrar o empreendimento, maior será a demanda por investimento e, consequentemente, menos dependente de recursos de vendas deverá ser a postura do empreendedor para a implantação do empreendimento.

Esse aspecto, em tese, poderia ser compensado por um maior percentual de encaixe do preço durante a produção que, no entanto, vincula-se a características mercadológicas. A busca de maior dimensão na parcela no ato da venda implica a busca de um público que tenha acumulado poupança nesse padrão maior, o que restringe a demanda, conforme seja o segmento-alvo.

Essa restrição também ocorre na tentativa de intensificar o montante da parcela mensal durante o processo de produção. Dependendo do segmento para o qual o empreendimento se direciona, as parcelas de pagamento durante as obras estarão concorrendo com o pagamento de compromisso com aluguel, cuja pressão financeira para o comprador poderá levar à desistência da compra da unidade ou, se verificada a posteriori, à inadimplência. Este efeito também pode ocorrer com relação a reajustes. No exemplo, está implícita a evolução de custos de produção com reajuste das parcelas de preço. No entanto, um descasamento no orçamento do comprador, no qual a evolução do pagamento de suas parcelas esteja desajustada do reajuste de sua receita, também poderá resultar em incapacidade de assumir o compromisso dessas parcelas.

Da análise até aqui, fica configurado, de forma objetiva, que os cenários que alimentam os modelos de simulação devem encontrar respaldo nas características mercadológicas do empreendimento, no que tange à competitividade do empreendimento enquanto atributos embarcados capazes de mover a demanda, bem como nas restrições orçamentárias desse público-alvo.

Para os padrões aqui empregados para as vendas, observa-se que o nível de alavancagem, expresso pela relação entre o nível de investimento com obras e o custeio da implantação é de 78,7%. Mesmo considerando um desempenho bastante agressivo, com 100% das vendas no lançamento, o regime de recebimento do preço levaria a 57,4% de alavancagem, mostrando que a contribuição das vendas é modesta, cabendo expressiva parcela a ser coberta com recursos do empreendedor (ou com recursos de terceiros – parceiros ou financiamento). O Gráfico 4.1 mostra a variação do investimento e respectiva alavancagem (relação investimento/custeio da produção) conforme o nível de vendas alcançado durante a fase de produção, considerado o regime de pagamento do preço conforme cenário referencial. Essa relação pode sofrer alguma alteração conforme seja o segmento para o qual o empreendimento é direcionado: enquanto famílias de maior poder aquisitivo prescindem de maiores restrições no pagamento das parcelas de preço, o público de menor poder aquisitivo pode ter sua intenção de compra frustrada pela incapacidade de atender a essa demanda.

Tendo em vista que grande parcela do preço ingressa por ocasião das chaves, todo o ciclo de produção se caracteriza por demanda por investimentos, conforme se observa no Quadro 4.6.

Encerrado o ciclo de produção, caracterizam-se os retornos, derivados das parcelas das chaves. Essa dimensão, no entanto, nem sequer repõe o montante demandado com investimentos, sendo fundamental a comercialização das demais unidades para encerramento do ciclo do empreendimento.

Gráfico 4.1 – Investimento na produção com vendas durante a produção (investimentos e investimento/custeio da produção)

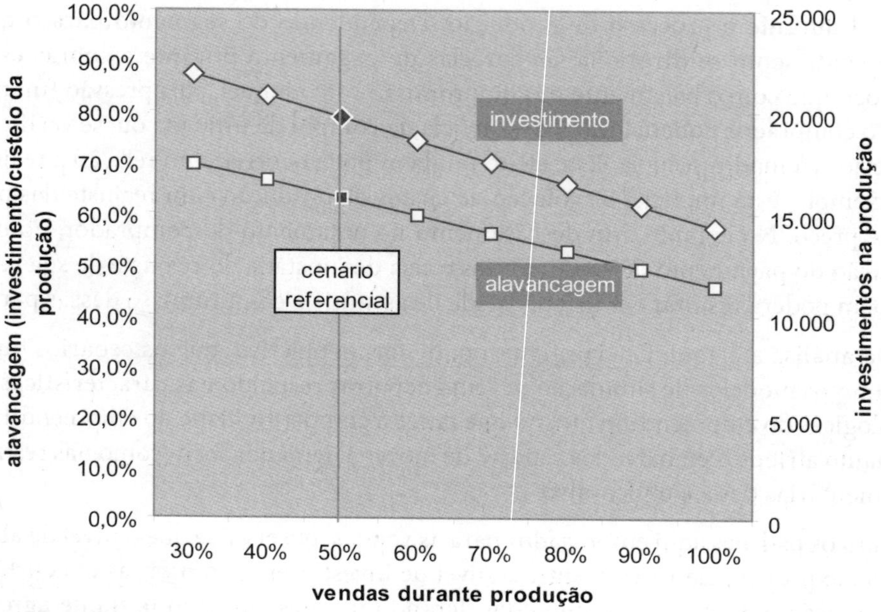

Nas condições de cenário referencial, 50% das unidades vendidas resultarão em um nível de investimento com as obras de $ 15.736 da moeda de referência, em um total demandado de investimento de $ 23.676 quando considerados também os investimentos com terreno, pré-operacionais e promoção.

Conforme seja a capacidade do empreendedor, poderá demandar recursos de terceiros para completar a equação de fundos do empreendimento.

No exemplo, se admitirmos que a capacidade financeira do empreendedor esteja limitada a $ 20.000, e as condições de cenário referencial forem verificadas, haverá a necessidade de $ 3.676 proveniente de outras fontes, aumentando a alavancagem.

Por sua vez, a restrição financeira do empreendedor (e também de seus parceiros, se for o caso) também poderá orientar o nível de vendas mínimo a ser alcançado para se deflagrar a implantação propriamente dita.

Caso 4.2: Uma empresa incorporadora avalia sua capacidade de manutenção do volume de produção atual para os próximos quatro anos, equivalente ao desenvolvimento simultâneo de oito empreendimentos.

Conforme seja a resposta, as decisões seguintes serão: (a) no sentido de readequar a capacidade de produção aos padrões ditados pela limitação financeira; ou (b) verificar a capacidade de distribuição de resultados após provisionar recursos para a preservação do padrão de produção.

O desenvolvimento da análise se fará a partir da configuração de um empreendimento-protótipo, cujos impactos provocados no SGI, seja em relação à demanda por INVESTIMENTOS, à capacidade de geração de RETORNO e às contribuições programadas para as CONTAS GERAIS DA ADMINISTRAÇÃO – MC-CGA estão indicados no Quadro 4.7.

A expectativa de desenvolvimento de suas contas no período é aquela expressa no Quadro 4.8, na qual se verifica o subsistema das contas gerais da administração (CGA), os movimentos consolidados relativos às outras contas (uma consolidação das contas a pagar/receber, programação de investimentos/retornos de empreendimentos e outros investimentos programados).

Quadro 4.7 – Impactos produzidos por um empreendimento-protótipo, no caixa do SGI

valores em R$mil da data-0

trimestre / ano	I-R	MC-CGA
1	(230)	20
2	30	20
3	100	20
4	380	20
totais	280	80

Quadro 4.8 – Movimentos no SGI para a condição presente

valores em R$mil da data-0							
	trimestre	subsistema cga			outras contas	movimento no período	fluxo de caixa
ano		custeio da administração	margem de contribuição	sub-total			1.500
1	1	(160)	160	-	(1.200)	(1.200)	300
	2	(160)	160	-		-	300
	3	(160)	160	-		-	300
	4	(160)	160	-		-	300
2	5	(160)	140	(20)	1.600	1.580	1.880
	6	(160)	140	(20)		(20)	1.860
	7	(160)	140	(20)		(20)	1.840
	8	(160)	140	(20)		(20)	1.820
3	9	(160)	100	(60)	(100)	(160)	1.660
	10	(160)	100	(60)		(60)	1.600
	11	(160)	100	(60)		(60)	1.540
	12	(160)	100	(60)		(60)	1.480
4	13	(160)	40	(120)	800	680	2.160
	14	(160)	40	(120)		(120)	2.040
	15	(160)	40	(120)	800	680	2.720
	16	(160)	40	(120)		(120)	2.600

Admite-se que todos os montantes evoluam ao par da evolução do IPCA no período.

A análise do Quadro 4.8 aponta para:

- Da observação do subsistema CGA, fica flagrante a perda de volume de produção da empresa, onde as contas gerais e as contribuições dos empreendimentos encontram-se equilibradas exclusivamente durante o ano 1.
- Essa situação perdura e se agrava nos anos seguintes, possivelmente em decorrência do encerramento de empreendimentos, cujo volume de recursos captados via margem de contribuição fica cada vez mais distante da necessidade de cobertura das contas da administração.
- Admitindo que a contribuição à administração central se dê em proporção à produção, referindo esses indicadores àqueles observados no

empreendimento-protótipo, a produção do ano 1 vem atendendo ao volume de produção equivalente ao desenvolvimento de oito empreendimentos-protótipo, com programação de 7 no ano 2, 5 no ano 3, e apenas 2 no ano 2.

- Isso evidencia, de um lado, a necessidade de mobilização da empresa na busca por novos empreendimentos já para o ano 2 de análise.
- De outro lado, os resultados apontados pelo conjunto de "outras contas" aponta para uma capacitação financeira crescente no período, reforçando o caixa futuro da empresa, capacitando-a para novos investimentos.
- Essa verificação fica evidente quando da construção do fluxo de caixa esperado para o período que, mesmo incorporando a assunção do pagamento das contas gerais da administração sem contar com novos empreendimentos, a capacidade de investimento da empresa cresce substancialmente.
- Esse crescimento de capacidade financeira, mesmo pressionado por investimentos no ano 1, não compromete o caixa da empresa, que traz R$ 1.500 mil de 0 proveniente das atividades nos períodos anteriores e deve incorporar, também, a reserva destinada à formação de um Fundo de Caixa, para absorver necessidades decorrentes de distúrbios de comportamento no ambiente dos empreendimentos. Nem o montante nem o princípio empregado em sua construção estão aqui descritos, mas cumpre lembrar que qualquer alteração no volume de produção vislumbrado pela empresa deverá provocar alterações no montante dos recursos deslocados para esse Fundo. Natural será que, decidindo pela redução do volume de produção, os montantes recolhidos ao Fundo devam ser reduzidos, podendo até derivar um resgate de parte de recursos para serem disponibilizados pelo SGI. Inversamente, o aumento no volume de produção da empresa deverá ser acompanhado não só pela alteração da dimensão em suas contas CGA, mas também por uma reserva mais substantiva para cumprir com eventuais desajustes no andamento dos empreendimentos.
- Como resultado dessa primeira análise, conclui-se por uma primeira tentativa de intervenção, qual seja a de verificar o estado de caixa para a situação de resgate da capacidade de produção, equivalente à produção de oito empreendimentos-protótipo durante todo o ciclo de análise. Isso equivalerá a programar uma produção equivalente a um novo empreendimento-protótipo para o ano 2, três para o ano 3 e seis para o ano 4.
- Ao se testar essa nova programação do ponto de vista financeiro, cada empreendimento-protótipo novo impactará o SGI pela conta do INVESTIMENTO--RETORNO, tomando recursos do SGI sob a forma de INVESTIMENTO, e devolvendo recursos ao SGI pela via do RETORNO. Ainda, cada empreendimento-protótipo deverá contribuir por meio de margens de contribuição para cobertura das contas gerais da administração, deslocando recursos para o ambiente do SGI. O Quadro 4.8 apresenta essas movimentações.

- Fica evidenciado que a programação complementar de empreendimentos que permite alcançar a capacidade de produção da empresa se sustenta do ponto de vista financeiro, conforme revela o novo fluxo de caixa resultante, sempre em posições superavitárias.
- Essas posições de caixa poderiam conduzir a duas situações diferentes, demandando decisão com relação a qual alternativa seguir. A primeira decisão seria quanto à expansão da empresa, no que tange à sua capacidade de desenvolver empreendimentos. Se conseguir se capacitar em termos de gerenciais e operacionais, bem como se o mercado puder suportar essa expansão, poderá optar por aumentar sua participação no mercado, já que tem capacidade financeira para tal. Tal situação nos reporta a momento vivido por empresas incorporadoras imobiliárias nacionais, que nos anos de 2007 e 2008 contaram com um abrupto e intenso incremento em sua capacidade financeira, em decorrência de terem aberto seu capital. O expressivo volume de recursos, apenas capaz de remunerar os investidores por meio de resultados decorrentes da expansão dos investimentos em novos empreendimentos, encontrou barreiras. Barreiras como a limitada capacidade de absorção de novas unidades pelos mercados novos e habituais e a limitação no suprimento de gestores e profissionais em geral para atuação nessas empresas desempenhando tais atividades acabaram por provocar efeitos que se refletiram no valor das ações de muitas dessas empresas. Não é objetivo aqui discutir com maior profundidade esse momento passado, mas é importante destacar que a capacitação financeira *de per si* não garante a real expansão das empresas.

Quadro 4.9 – Movimentos no SGI considerando a retomada da capacidade de produção

valores em R$mil da data-0							
	trimestre	novos empreendimentos		movimento no período	fluxo de caixa	distribuição de resultados	fluxo de caixa
		I-R	MC-CGA		1.500		1.500
1	1	-	-	(1.200)	300		300
	2	-	-	-	300		300
	3	-	-	-	300		300
	4	-	-	-	300	(300)	-
2	5	(230)	20	1.370	1.670		1.370
	6	30	20	30	1.700		1.400
	7	100	20	100	1.800		1.500
	8	380	20	380	2.180	(1.090)	790
3	9	(690)	60	(790)	1.390		-
	10	90	60	90	1.480		90
	11	300	60	300	1.780		390
	12	1.140	60	1.140	2.920	(950)	580
4	13	(1.380)	120	(580)	2.340		-
	14	180	120	180	2.520		180
	15	600	120	1.400	3.920		1.580
	16	2.280	120	2.280	6.200	(2.020)	1.840

- A segunda alternativa, aqui empregada, refere-se à preservação da capacidade futura nos patamares ora praticados, distribuindo-se o excedente aos acionistas. Nessa linha, a capacidade financeira para sustentar a produção se preserva garantindo-se saldo em caixa futuro suficiente para, nessa data, deflagrar produção equivalente à de oito empreendimentos-protótipo, mensurada pelo INVESTIMENTO necessário a essa implementação. Por sua vez, a distribuição dos resultados – aqui adotada ao final de cada ano – deverá atender à limitação dada pela não ocorrência de futuras situações de déficit no caixa, ou seja, são os recursos livres nesse ambiente. Como resultado, a Quadro 4.9 indica as duas últimas colunas, que atendem a essas premissas.

CAPÍTULO 5

Financiamento para empresas e empreendimentos de real estate

Eliane Monetti

CONCEITOS APRESENTADOS NESTE CAPÍTULO

É objetivo deste capítulo discutir o funding de empreendimentos e empresas de real estate por meio de recursos de terceiros, em especial, financiamentos. Serão apresentados os princípios que devem nortear a busca por financiamentos, suas fontes e outras características que melhor se ajustam às demandas do real estate, além de como devem ser considerados no ambiente do planejamento financeiro, incluindo discussões de casos.

5.1. INTRODUÇÃO

Financiamento e real estate sempre andaram juntos. Tanto que é natural a grande mídia noticiar sobre fontes e montantes de recursos disponíveis para sustentar operações de real estate. Não se trata de um acaso, mas decorre do fato do setor necessariamente demandar recursos de terceiros, qualquer que seja o segmento de ação, em especial no habitacional.

Isso ocorre por diferentes razões.

A primeira delas está vinculada à limitação da capacidade do comprador em pagar o preço do produto imobiliário que se verifica para a grande maioria dos segmentos demandantes de unidades residenciais. Essa limitação deriva, em grande parte, da restrição no montante de recursos direcionado para formação de poupança que, para alcançar o volume necessário compatível com o preço da unidade, demandaria um prazo de acumulação que supera, em muito, o período de produção do imóvel.

Dois aspectos derivam disso.

O primeiro é que não cabe às empresas empreendedoras financiar seu comprador em prazo que supere expressivamente o ciclo de produção dos empreendimentos. Se isso se verificasse, as empresas não conseguiriam manter um regime ininterrupto de produção, sendo necessário período adicional até que seu SGI estivesse novamente capacitado para investir em novos empreendimentos, o que levaria a uma atuação empresarial descontínua.

O segundo é que durante o período de produção o comprador tem limitação na capacidade de pagar parcela do preço, já que esse recurso em seu orçamento concorre com o pagamento do aluguel da unidade em que vive, em especial para os adquirentes de sua primeira moradia. Em decorrência, o ingresso de recursos via preço para as empresas empreendedoras durante o processo de produção é limitado. Isso levaria a que as empresas, para manter um portfólio eficiente de empreendimentos, fossem altamente capitalizadas.

Uma primeira tentativa de conciliar ambos os aspectos seria o de ajustar a produção à capacidade de pagamento do público. Essa hipótese, já empregada por empresas brasileiras em período de escassez de recursos financiados, acaba por levar as operações a configurações bem especiais, muitas vezes incompatíveis com o padrão de risco setorial, sobretudo porque leva a produção a limites que contrariam a economia produto.

Como consequência, discutir funding para o setor de real estate deve incluir os FINANCIAMENTOS DE PRODUÇÃO, que permitem às empresas captar recursos para complementar a necessidade para atender à produção de empreendimentos.

Os FINANCIAMENTOS DE COMERCIALIZAÇÃO também compõem os financiamentos voltados para o real estate, não porque permitam diretamente a captação de recursos financeiros para empresas e empreendimentos, mas porque sua existência é instrumento fundamental para a comercialização do produto imobiliário, tendo sido importante indutor do aquecimento verificado no mercado imobiliário residencial brasileiro nos últimos anos.

Completando, independentemente do programa de produção de qualquer empreendimento em particular, a demanda de recursos no ambiente do SGI pode necessitar recursos externos, captados via os FINANCIAMENTOS DE CAPITAL DE GIRO. Estes, desenhados para atender necessidades de setores diversos, não estão vinculados ao setor de real estate propriamente dito.

5.2. CARACTERÍSTICAS DOS FINANCIAMENTOS

Qualquer que seja a destinação dos recursos de financiamento, eles podem ser sintetizados a partir da sua representação mais singular, na qual se verifica tanto a liberação quanto o pagamento ocorrendo em data única, apresentada na Figura 5.1 a seguir, que destaca os principais elementos presentes nesses contratos.

São eles:

i) liberação de recursos financeiros – representados pelo montante L – LIBERAÇÃO, proveniente do agente financeiro na data-0, corresponde ao encaixe dos recursos decorrentes do contrato, também denominado de PRINCIPAL DA DÍVIDA;

ii) data n, prazo de vencimento do contrato, quando deverá ocorrer a quitação integral do contrato com o pagamento da parcela P;

iii) J – o juro do empréstimo, ou custo financeiro;

iv) o pagamento P, composto pela devolução do principal – L ou amortização integral da dívida – e pelo montante relativo ao serviço da dívida, expresso por J*L;

v) ainda, o contrato pode contemplar um indexador, por meio de cuja variação é atualizado o valor P, com o objetivo de preservar o poder de compra dos montantes envolvidos.

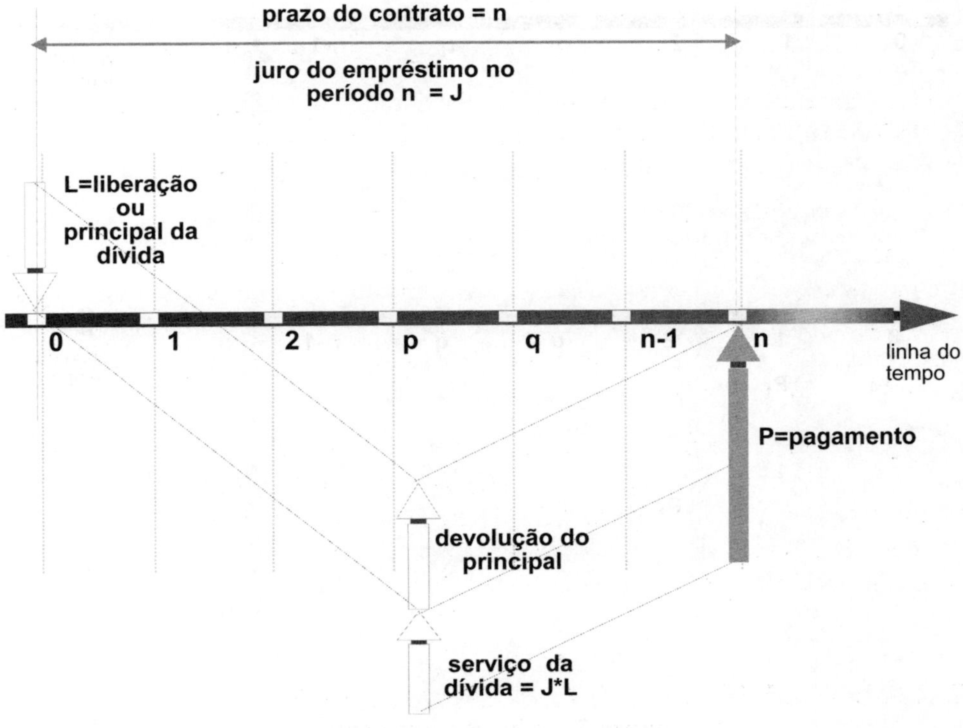

Figura 5.1 – Elementos presentes num contrato de financiamento.

A dívida do contrato – saldo devedor – no início do contrato caracteriza-se por L, montante liberado na data, crescendo até a data n, de encerramento, tornando-se P, expresso por $P = L + J * L = L(1 + J)$, podendo ser afetado pelo fator (1+ind), sendo ind o indexador adotado.

Para se conhecer o estado da dívida em qualquer outro momento, será necessário valer-se do que se denomina de JUROS EQUIVALENTES, que permitem determinar o serviço da dívida em data diferente daquela fixada em contrato, conforme indicado na Figura 5.2, que ilustra a configuração original e outra equivalente, admitindo-se que nesta se tenha uma composição de n financiamentos tomados sucessivamente, cada um com o juro j equivalente para o período unitário. Trata-se de uma condição virtual, já que o período do contrato é n, com liberação L na data-0, e pagamento P em n.

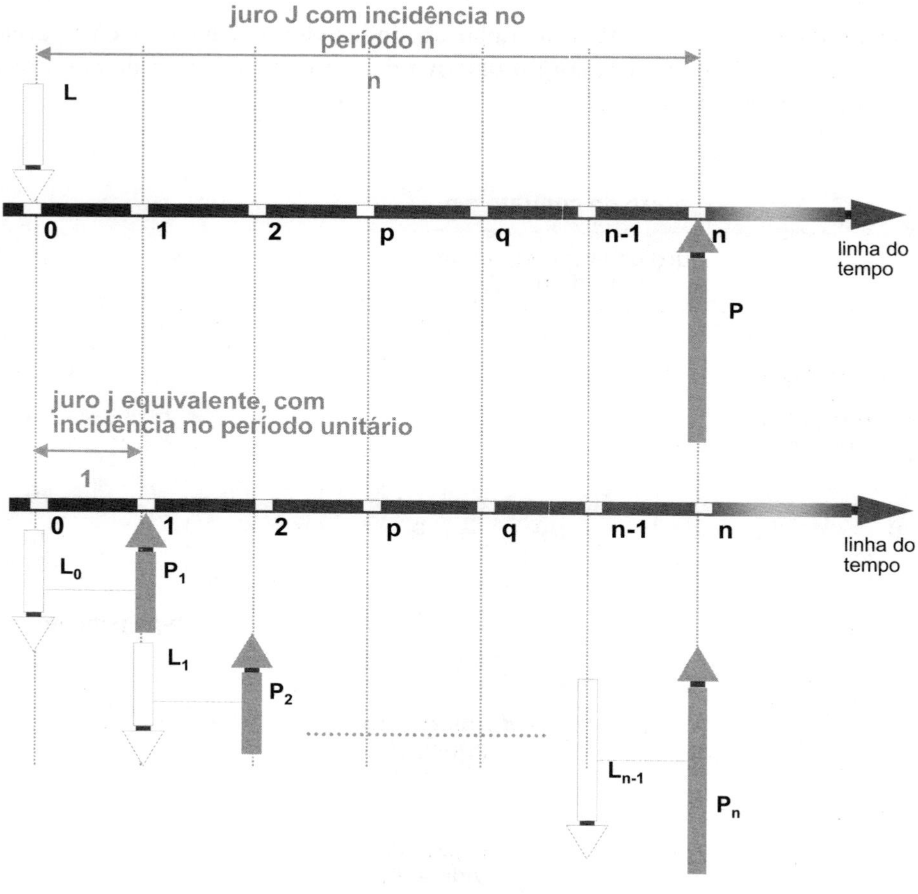

Figura 5.2 – Juros equivalentes.

Assim, em 0, seria tomado o recurso L_0=L, para pagamento de P_1 (virtual) na data-1, sendo $P_1 = L_0(1 + j)$, com j representando o juro equivalente aplicado no intervalo 0-1.

Se um novo financiamento fosse tomado nessa data para permitir a quitação do primeiro, seu montante seria $L_1 = P_1$, e o pagamento na data 2 seria $P_2 = L_1\left(1+j\right) = L_0\left(1+j\right)^2$.

Repetindo a operação até o último ciclo, teríamos que $P_n = L_{n-1}\left(1+j\right) = L_0\left(1+j\right)^n$

Como $P_n = P$ do contrato original, tem-se que: $\left(1+J\right) = \left(1+j\right)^n$, o que permite converter qualquer período de observação de J em seu equivalente em período unitário j.

Em uma configuração genérica, um contrato de financiamento pode apresentar condições quaisquer, como aquelas representadas na Figura 5.3, que permitem o reconhecimento do estado da dívida a qualquer momento, empregando-se o juro equivalente j.

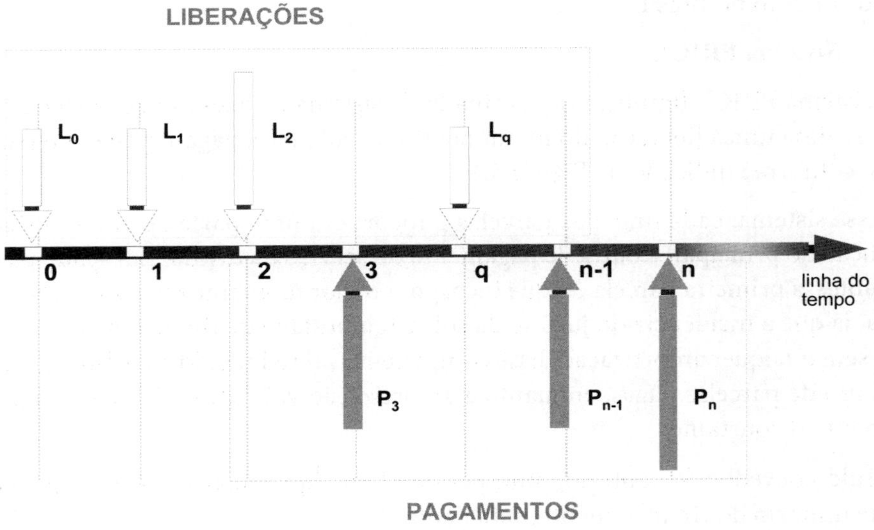

Figura 5.3 – Movimentações financeiras relativas a um financiamento.

Admitindo que o juro do contrato, expresso em termos equivalentes na unidade de tempo seja j, o saldo devedor, expresso ao final de cada período, após todas as ocorrências no período, atende às seguintes expressões:

$$SD_0 = L_0;$$

$$SD_1 = L_0\left(1+j\right) + L_1;$$

$$SD_2 = SD_1\left(1+j\right) + L_2 = L_0\left(1+j\right)^2 + L_1\left(1+j\right) + L_2 = \sum_{k=0}^{2} L_k\left(1+j\right)^{2-k}$$

$$SD_3 = SD_2\left(1+j\right) - P_3 = L_0\left(1+j\right)^3 + L_1\left(1+j\right)^2 + L_2\left(1+j\right) - P_3 =$$

$$= \sum_{k=0}^{3} L_k\left(1+j\right)^{3-k} - \sum_{k=0}^{3} P_k\left(1+j\right)^{3-k}$$

Numa data q qualquer, tem-se:

$$SD_q = \sum_{k=0}^{q} L_k (1+j)^{q-k} - \sum_{k=0}^{q} P_k (1+j)^{q-k}$$

No encerramento do contrato, tem-se:

$$SD_n = \sum_{k=0}^{n} L_k (1+j)^{n-k} - \sum_{k=0}^{n} P_k (1+j)^{n-k} = 0,$$

que indica a quitação do financiamento em n.

Da situação geral, alguns regramentos são usuais, e caracterizam sistemas de financiamento universalmente empregados, como é o caso do sistema PRICE, também conhecido como sistema francês, e o sistema de amortizações constantes (SAC), bastante difundido no Brasil.

- **Sistema PRICE**

O sistema PRICE (também denominado de sistema francês) foi construído admitindo-se uma única liberação do montante financiado para pagamento em n parcelas iguais, conforme indicado na Figura 5.4.

Nesse sistema, cada uma das parcelas p incorpora uma parte de amortização (ou devolução do principal) e outra de pagamento do serviço da dívida. Em sendo parcelas constantes, a primeira parcela é a que incorpora maior montante relativo ao serviço da dívida, já que a incidência do juro se dá sobre o montante de financiamento integral, ainda sem qualquer amortização. Esse componente vai reduzindo à medida que cresce o número de parcelas pagas, enquanto a amortização vai crescendo, já que a parcela p se mantém constante.

O saldo devedor do contrato, num período k qualquer, considerado j o juro equivalente unitário do financiamento, será dado por:

$$SD_k = F(1+j)^k - p\sum_{i=1}^{k} (1+j)^{k-i}$$

Se admitíssemos que o financiamento F pudesse ser considerado como uma soma de parcelas F_1 a F_n, de sorte que cada parcela F_k fosse paga exclusivamente por uma parcela p_k=p em cada período k do ciclo n, tem-se que:

$$F = p\sum_{k=1}^{n} \frac{1}{(1+j)^k} = \frac{(1+j)^n - 1}{j(1+j)^n} p \text{ ou ainda}$$

$$p = \frac{j(1+j)^n}{(1+j)^n - 1} F \text{ onde } \frac{j(1+j)^n}{(1+j)^n - 1}$$ é denominado de FATOR PRICE, que permite o tabelamento dos fatores para diferentes juro j e prazo n do contrato, dando origem à tabela de mesmo nome.

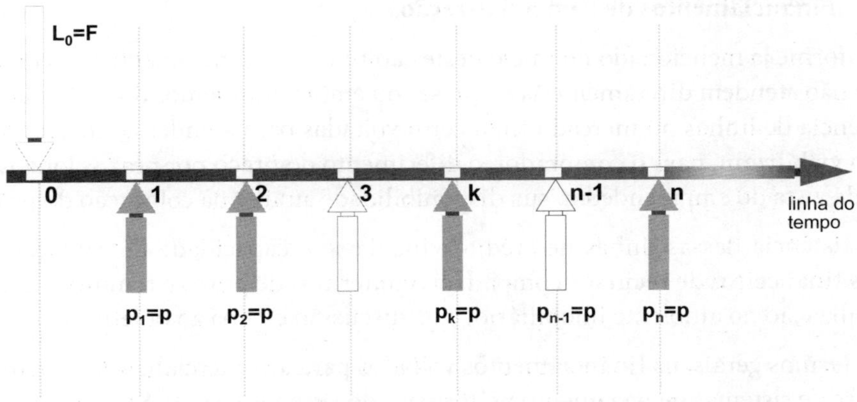

Figura 5.4 – Esquema de financiamento no sistema PRICE.

- **Sistema de Amortização Constante (SAC)**

O sistema SAC, como o próprio nome diz, admite que os pagamentos de um financiamento F se façam em n parcelas que embutem amortizações constantes. A forma de pagamento se dá conforme indicado na Figura 5.5.

O saldo devedor do contrato, após a ocorrência de todas as movimentações num período k qualquer, considerado j o juro equivalente unitário do financiamento, será dado por:

$SD_k = F - ak$, onde a amortização é constante e dada por $a = F/n$.

Cada parcela p_k do contrato contém a amortização a (constante) e mais uma parcela referente ao serviço da dívida no período, resultando em:

$$p_k = SD_{k-1}(1+j) + a = \left[F - (k-1)a\right]j + a$$

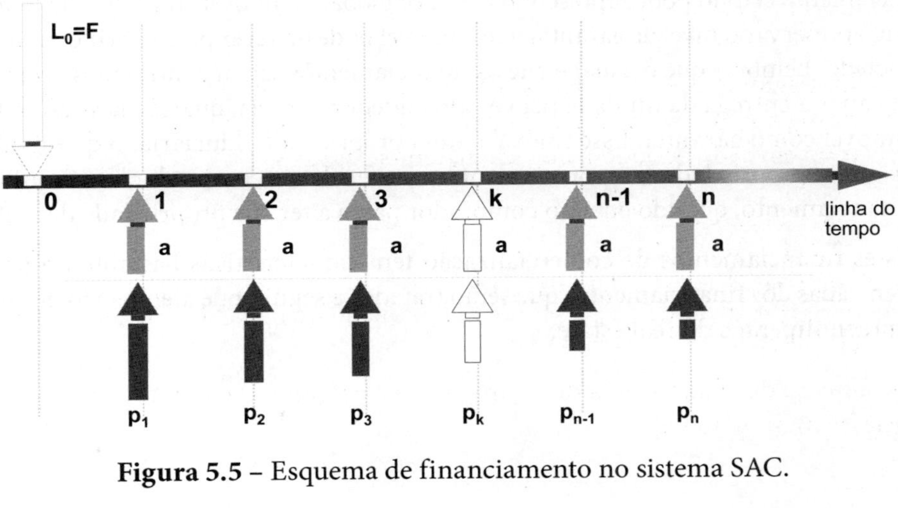

Figura 5.5 – Esquema de financiamento no sistema SAC.

- **Financiamentos de comercialização**

Conforme já mencionado no início deste capítulo, os financiamentos de comercialização não atendem diretamente às empresas ou empreendimentos do real estate, mas a existência de linhas no mercado financeiro voltadas para atender ao mercado imobiliário viabilizam, para o comprador, o diferimento do preço por prazos longos e, do ponto de vista do empreendedor, sua disponibilidade auxilia na colocação do produto.

A existência dessas linhas de crédito vincula-se à capacidade de captação pelos agentes financeiros de recursos compatíveis em termos de prazo e remuneração, com a imobilização no ambiente imobiliário, cuja discussão escapa ao objetivo deste texto.

Em termos gerais, os financiamentos voltados para a comercialização usualmente valem-se de sistemas de pagamento no formato do sistema PRICE, SAC ou uma combinação de ambos. O valor financiado F é integralmente transferido ao tomador do empréstimo, que liquida parcela do preço junto ao empreendedor, pagando parcelas mensais ao agente financeiro durante prazo longo.

Por essa razão, a concessão desse empréstimo tem como restrição a capacidade de endividamento do tomador, orientada pela sua renda média mensal, já que a conta deverá perdurar por período longo. O agente fixa a fração dessa renda que pode ser comprometida para o pagamento do imóvel, de sorte a não pressionar o orçamento do comprador, a ponto de levá-lo a condição de inadimplência. Essa relação é reconhecida pela sua sigla em inglês DTI – DEBT-TO-INCOME, e expressa a relação entre a parcela p paga mensalmente pelo tomador e sua renda mensal.

Conhecida a renda do comprador e a relação DTI aceita pelo agente, fica determinado o montante de crédito, considerados o prazo n e o juro j praticados. No caso de sistema SAC, a relação limita o valor da primeira parcela p_1.

Outra limitação usual nesses contratos vem da relação, também expressa em inglês, LTV – LOAN-TO-VALUE, praticada pelo agente financeiro, que fixa o montante que o financiamento cedido pode representar do valor global do imóvel. Tal restrição tem por objetivo preservar o nível de garantia que o imóvel pode oferecer para cobrir o montante financiado. Lembrar que o usual é que os financiamentos sejam contratados exclusivamente após a entrega da unidade pelo empreendedor, ou seja, quando já se reconhece um imóvel como garantia. Esse imóvel é uma propriedade fiduciária, o que significa dizer que é propriedade temporariamente transferida ao comprador, até a quitação do financiamento, quando então o comprador passa a ter sua propriedade definitiva.

Estes financiamentos de comercialização têm características bastante próprias e diferenciadas dos financiamentos que serão tratados a seguir, que atendem às empresas e empreendimentos do real estate.

5.3. FINANCIAMENTOS NO AMBIENTE DO SISTEMA EMPREENDIMENTO: OS FINANCIAMENTOS PARA PRODUÇÃO

No Capítulo 4, sobretudo na discussão de casos, bem como na introdução deste, fica bastante evidenciada a necessidade de financiamentos para auxiliar financeiramente no custeio da produção, quando da implantação de empreendimentos.

Quando da ocorrência de financiamentos para produção, as movimentações se apresentam conforme indicado na Figura 5.6.

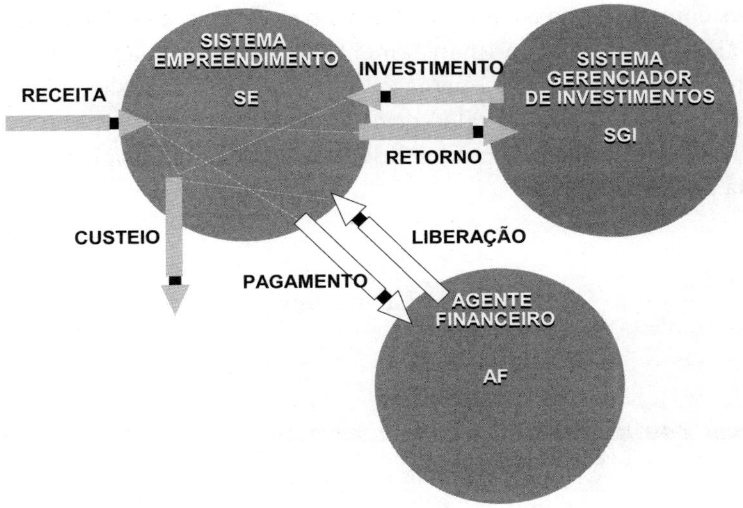

Figura 5.6 – Movimentações financeiras no ambiente do Sistema Empreendimento considerando financiamento para produção.

Cada empreendimento tomador de recursos de financiamento para produção receberá recursos liberados pelo agente financeiro AF, conforme contrato firmado entre o agente e o empreendimento específico[1]. Esses recursos se somarão às receitas geradas no ambiente do empreendimento para sustentar o custeio da produção. Como usualmente não atendem à totalidade da demanda por recursos, ainda haverá necessidade de recursos provenientes do SGI ou de parceiros externos para atender plenamente ao volume necessário para o custeio.

Em uma escala de tempo, essas movimentações se refletem conforme expresso na Figura 5.7, cuja ênfase está voltada para empreendimentos destinados à venda.

---

[1] Vale destacar que os financiamentos à produção são créditos concedidos diretamente ao ambiente dos empreendimentos, demandando estruturas apartadas da administração central das empresas, com vistas a não incorporarem riscos alheios àqueles próprios do empreendimento.

Esquematicamente, as liberações do financiamento devem atender às demandas da produção, o que pressupõe liberações sincronizadas com seu andamento. É usual que os financiamentos ocorram sob regime de medição da produção do mês, com as liberações encaixando no período seguinte. Não estão indicados na figura, mas, além do investimento integral no período pré-operacional, é provável que o SGI também deva aportar recursos durante a produção, já que usualmente as linhas de crédito não preveem atendimento integral à demanda da produção. Do ponto de vista da estruturação lógica dos negócios voltados para a venda, os empreendimentos se capacitam a pagar o montante financiado – movimentação prioritária no ambiente do SE – após o encerramento da produção, quando deverá encaixar parcela expressiva do preço das unidades comercializadas, que envolvem a parcela referente à entrega da unidade ("chaves"), além do encaixe do financiamento de comercialização de cada unidade, às vezes este último sendo uma operação que não chega a passar pelo caixa do SE, ocorrendo a quitação parcial do saldo devedor do financiamento para produção pela transferência de crédito ao comprador final de cada unidade, operação comumente denominada de "repasse".

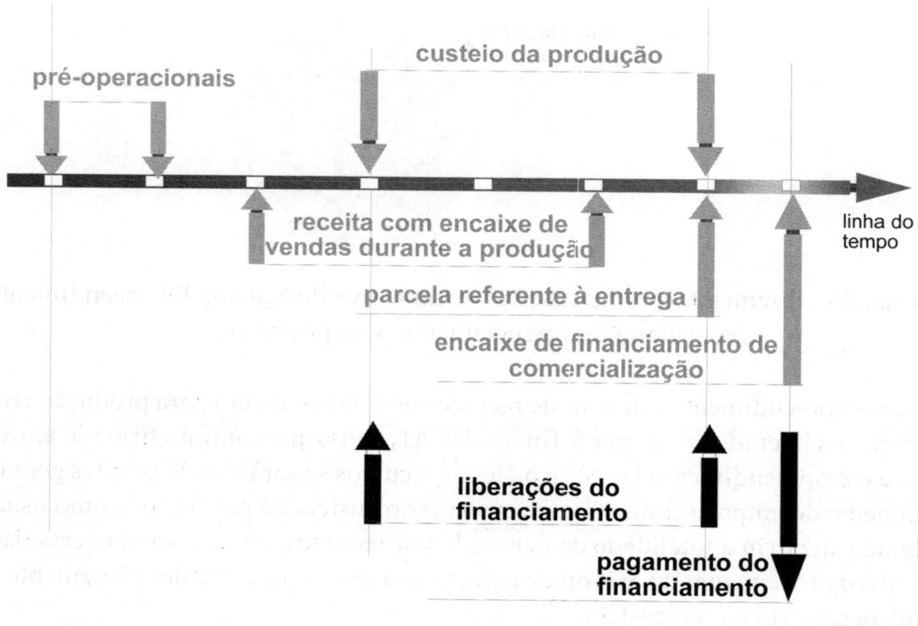

Figura 5.7 – Financiamento para produção no caso de empreendimentos imobiliários destinados à venda.

O retorno deverá ocorrer após a quitação do financiamento para produção, com esse excedente de caixa sendo transferido para o SGI.

Os empreendimentos voltados para geração de renda também são passíveis de captar recursos para auxiliar a demanda com custeio da produção.

Conforme ilustra a Figura 5.8, durante todo o ciclo da produção, o empreendimento é demandante de recursos para sua implantação, não sendo capaz de gerar qualquer receita nessa fase. Shopping centers podem ser exemplos de exceção a essa regra, pois poderão contar com recursos de encaixe de cessão de direito de uso (CDU) durante o ciclo de implantação, pago pelos lojistas que farão parte do mix do empreendimento quando pronto, fato que traz algum alívio à sustentação das contas de produção.

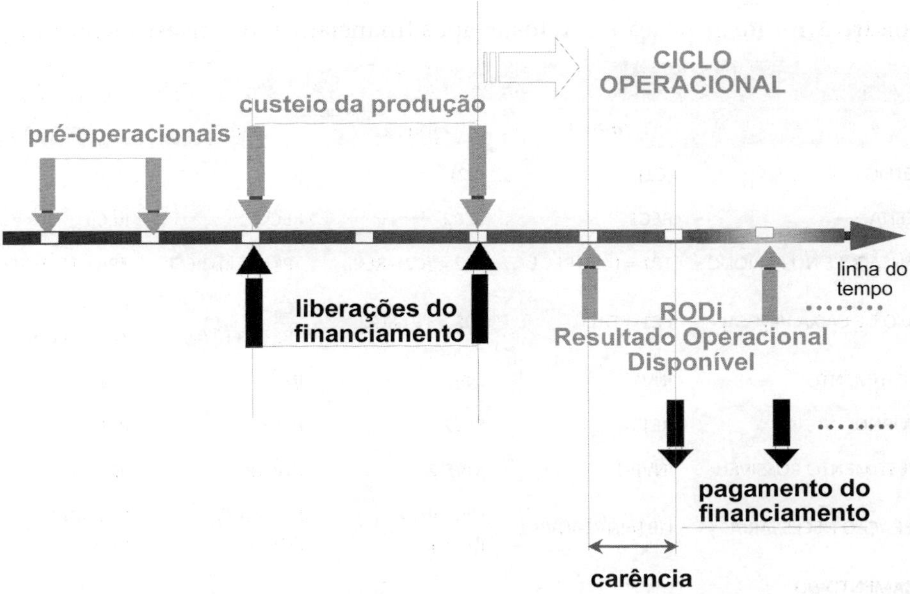

Figura 5.8 – Financiamento para produção no caso de empreendimentos de base mobiliária, voltados para renda.

Como decorrência, apenas durante o ciclo operacional o empreendimento é capaz de gerar receita que, derivada, permitirá pagar o financiamento, preferencialmente após decorrido o que se denomina de período de estabilização do empreendimento, quando a geração de receita atinge um patamar harmônico. No entanto, considerado o longo prazo de operação, o pagamento do financiamento também será em prazo longo, derivando recursos a partir dos resultados que vão sendo produzidos.

Há que se destacar que o formato de financiamento adequado ao atendimento das necessidades dos empreendimentos voltados à geração de renda (os EBI – Empreendimentos de Base Imobiliária) não são usuais no Brasil, não havendo linhas de crédito regulares para o atendimento dessa demanda.

Qualquer que seja o empreendimento, diante da consideração do emprego de financiamento para produção, a estrutura do fluxo de caixa no SE pouco se altera, apenas incluindo, na estruturação original, as movimentações decorrentes do financiamento.

No entanto, por ocasião do planejamento, duas diferentes necessidades poderão ocorrer, levando a configurações ajustadas de forma particular:

i) quando a necessidade do planejamento é limitar o ingresso de recursos do SGI para o empreendimento;

ii) quando a necessidade do planejamento é de impor a capacidade máxima de endividamento do empreendimento.

Para a primeira configuração, a Quadro 5.1 indica os passos a serem acrescidos à Quadro 4.1, em destaque.

Quadro 5.1 – Identificação de retorno após financiamento e investimento-limite

CONTAS	PERÍODOS			
	mês 1	mês 2	mês k	mês n
CUSTEIO	(C1)	(C2)	(Ck)	(Cn)
RECEITA	REC1	REC2	RECk	RECn
TRANSAÇÕES NO PERÍODO	TP1 = (C1)+REC1	TP2 = (C2)+REC2	TPk = (Ck)+RECk	TPn = (Cn)+RECn
FLUXO DE CAIXA VIRTUAL	FC1 = TP1	FC2 = TP1+TP2	FCk = TP1+...+TPk=	FCn = TP1+...+TPn=
INVESTIMENTO	INV1	INV2	INVk	INVn
RETORNO	RET1	RET2	RETk	RETn
INVESTIMENTO POSSÍVEL	INVP-1	INVP-2	INVP-k	INVP-n
LIBERAÇÃO NECESSÁRIA	LIB1=INV1-INVP-1	LIB2=INV2-INVP-2	LIBk=INVk-INVP-k	LIBn=INVn-INVP-n
PAGAMENTO DO FINANCIAMENTO	(PF1)	(PF2)	(PFk)	(PFn)
FLUXO COM FINANCIAMENTO	FCF1	FCF2	FCFk	FCFn
RETORNO APÓS FINANCIAMENTO	RETF-1	RETF-2	RETF-k	RETF-n

A imposição do INVESTIMENTO POSSÍVEL é informação proveniente do SGI, para o empreendimento em análise.

A diferença, período a período, entre o INVESTIMENTO NECESSÁRIO E O INVESTIMENTO POSSÍVEL resulta na dimensão necessária de LIBERAÇÃO.

O formato do contrato de financiamento permitirá reconhecer como deverá ocorrer os PAGAMENTOS. O novo FLUXO COM FINANCIAMENTO, expresso para o mês k, deverá atender à condição a seguir, qualquer que seja o período analisado:

$$FCF_k = FC_k + \sum_{i=1}^{k} INVPi + \sum_{i=1}^{k} LIB_i - \sum_{i=1}^{k} PF_i \geq 0$$

O atendimento à essa equação indica a adequação do financiamento para o atendimento ao empreendimento, calculando-se o RETORNO APÓS FINANCIAMENTO, que configura a devolução de recursos ao SGI.

A não adequação aponta para a necessidade de: (a) um novo arranjo do SGI no sentido de ampliar a capacidade de ingresso de recursos próprios no empreendimento; (b) necessidade de ingresso de parceiros para capacitação financeira do empreendimento; (c) a busca de novo formato de linha de crédito para o atendimento ao empreendimento; ou, por fim, (d) abortar o empreendimento.

Já para a configuração de busca de condição limite de endividamento, o Quadro 4.1 assume a configuração da Quadro 5.2.

No caso, a demanda presente considera novas movimentações que se incorporam às pré-existentes, dadas pelas movimentações ditadas pela contratação do financiamento-limite no ambiente do SE.

Quadro 5.2 – Identificação de investimento-retorno após ingresso de limite de financiamento

CONTAS	PERÍODOS			
	mês 1	mês 2	mês k	mês n
CUSTEIO	(C1)	(C2)	(Ck)	(Cn)
RECEITA	REC1	REC2	RECk	RECn
TRANSAÇÕES NO PERÍODO	TP1 = (C1)+REC1	TP2 = (C2)+REC2	TPk = (Ck)+RECk	TPn = (Cn)+RECn
FLUXO DE CAIXA VIRTUAL	FC1 = TP1	FC2 = TP1+TP2	FCk = TP1+...+TPk=	FCn = TP1+...+TPn=
INVESTIMENTO	INV1	INV2	INVk	INVn
RETORNO	RET1	RET2	RETk	RETn
LIBERAÇÕES DO FINANCIAMENTO	LIB1	LIB2	LIBk	LIBn
PAGAMENTOS DO FINANCIAMENTO	PF1	PF2	PFk	PFn
TRANSAÇÕES NO PERÍODO COM FINANCIAMENTO	TPF1 = (C1)+REC1+ +LIB1+(PF1)	TPF1 = (C2)+REC2+ +LIB2+(PF2)	TPFk = (Ck)+RECk+ +LIBk+(PFk)	TPFn = (Cn)+RECn+ +LIBn+(PFn)
FLUXO DE CAIXA VIRTUAL COM FINANCIAMENTO	FCF1 = TPF1	FCF2 = TPF1+TPF2	FCFk = TPF1+...+TPFk=	FCFn = TPF1+...+TPFn=
INVESTIMENTO COM FINANCIAMENTO	INVF1	INVF2	INVFk	INVFn
RETORNO COM FINANCIAMENTO	RETF1	RETF2	RETFk	RETFn

5.4. FINANCIAMENTOS NO AMBIENTE DO SISTEMA GERENCIADOR DE INVESTIMENTOS: OS FINANCIAMENTOS PARA CAPITAL DE GIRO

Diferentemente do observado nos FINANCIAMENTOS PARA PRODUÇÃO discutidos no item anterior, o ingresso de recursos de FINANCIAMENTO PARA CAPITAL DE GIRO ocorrem no ambiente do SGI das empresas, usualmente para corrigir eventuais desajustes no caixa do SGI, podendo eventualmente ser empregados para suprir funding para o desenvolvimento de empreendimentos, conforme representação na Figura 5.9.

Como corolário, o desenho dos financiamentos para produção é construído à luz das necessidades do setor, seja no que se refere à adequação das liberações durante o ciclo da produção, seja quanto ao pagamento coincidindo com encaixe de grande parte das receitas derivadas das vendas, ou mesmo quanto ao custo financeiro praticado, compatível com a atividade do real estate, já que são recursos que têm sua origem em fontes que permitem tais práticas.

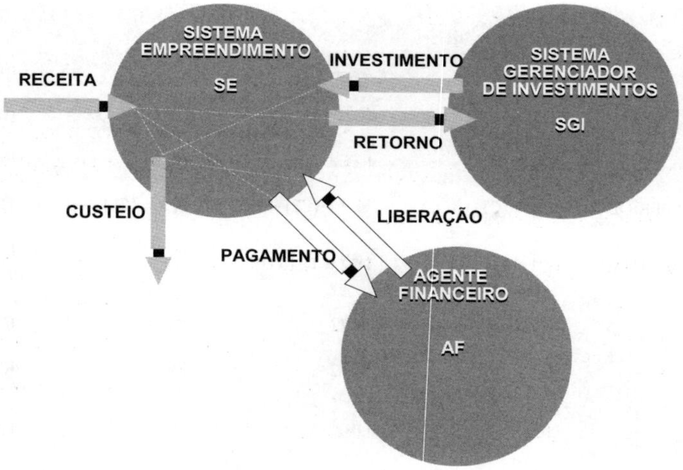

Figura 5.9 – Movimentações financeiras no ambiente do Sistema Gerenciador de Investimentos considerando financiamento para capital de giro.

Já quando se fala em FINANCIAMENTOS DE CAPITAL DE GIRO, não existem regramentos mais rígidos, até porque são recursos que não atendem exclusivamente ao setor do real estate, mas, ao contrário, são recursos empregados para atender a necessidades financeiras de empresas atuantes nos mais diversos segmentos.

Esses recursos são usualmente alocados para necessidades cujo prazo não se vincula ao do ciclo dos empreendimentos (usualmente inferiores), as garantias são patrimoniais da empresa e o custo financeiro é ditado pelo custo do dinheiro na economia, independentemente do setor econômico de ação da empresa.

Essas características reforçam aspecto já levantado no Capítulo 4, no qual se alertava sobre os cuidados a serem tomados com tais financiamentos, sobretudo porque são recursos que, quando internados na empresa, não se vinculam obrigatoriamente a uma atividade produtiva, capaz de gerar riqueza adiante, podendo facilmente ser diluídos pela estrutura da organização.

As decisões sobre a tomada de financiamento de capital de giro para ajustar déficit no ambiente do SGI já foram discutidas em profundidade na Seção 4.6, sempre destacando os cuidados a serem tomados diante dessa opção. Também na mesma seção estão caracterizadas as etapas em que tal consideração deva ser analisada e como se insere no caixa do SGI. Cabe, então, discutir a ocorrência desse tipo de financiamento e sua operacionalização por meio de casos, que se dará a seguir.

5.5. CASOS EXPLORANDO OS CONCEITOS DESTE CAPÍTULO

Caso 5.1: A empresa incorporadora que analisa o Caso 4.1 especula, para aquele empreendimento, reduzir o montante de recursos próprios aportados, valendo-se de um FINANCIAMENTO PARA PRODUÇÃO, disponível junto ao agente financeiro nos moldes descritos no Quadro 5.3. Para amparar a decisão, pretende avaliar os riscos que a opção pelo financiamento incorpora ao negócio.

Quadro 5.3 – Cenário relativo ao financiamento para produção

bases para contrato de financiamento para produção			
1	base do contrato e referência dos valores		mês-6
2	valor contratado	*60%*	do orçamento das obras
3	liberações		mensais, nos meses 9 a 18
		10%	do valor contratado por mês
4	juro anual	*11%*	debitados mensalmente no saldo devedor
			na carência, deverão ser pagos mensalmente
5	indexador		taxa referencial TR
6	pagamento		mês-19
7	carência	4	meses

Os contratos de financiamento da produção usualmente são firmados durante o ciclo de comercialização das unidades anterior ao início da produção e quase sempre pressupõem certo nível de efetividade nas vendas.

Com parte significativa das vendas no mês 6 (capítulo anterior), esta data fica habilitada a ser a base do contrato de financiamento, data essa que será referência para os montantes decorrentes da operação de financiamento.

Como o indexador do contrato de financiamento (a "moeda" do contrato) é a TR, será necessário um ajuste nos montantes a serem lançados no novo fluxo de caixa, já que, em sua configuração original, o caso admitia evolução de custos e preços com base no IPCA.

Como decorrência, será necessário construir um cenário para análise que permita a conversão entre as duas bases, necessitando de expectativas de comportamento para o indexador original das contas - IPCA - e taxa referencial empregada como base do financiamento - TR - para o período do empreendimento. As expectativas aqui consideradas, em termos de médias anuais de variações para esses índices, foram de 6% para o IPCA e 2%, para a TR.

As liberações das parcelas do financiamento coincidem com os pagamentos das parcelas de obra, fato que simplifica a modelagem. Essa situação não é a usual. Os agentes financeiros, ao firmarem os contratos de financiamentos, o fazem à luz do cronograma previsto para a produção. À medida que a produção vai se desenvolvendo, os AF atestam a evolução no período conforme acordado e só então a parcela referente é liberada, resultando numa defasagem entre evolução física e encaixe da liberação da parcela.

A quitação do financiamento está prevista para o mês 19, ocasião em que deve ocorrer o ingresso do restante do preço. Como parte expressiva dos compradores, além da parcela referente ao término das obras ("chaves"), deve se valer de financiamento de comercialização para completar a parcela do preço, é frequente que este último encaixe sofra algum atraso, tempo necessário para a contratação desse financiamento pelo comprador.

Para vencer situações como essa, ou mesmo uma insuficiência de vendas, em que o volume de recursos gerado ainda não seja suficiente para fazer frente à quitação do financiamento, o contrato prevê um prazo de carência, período adicional concedido para o pagamento, mas com a exigência do pagamento do serviço da dívida.

A construção do fluxo inicia-se pelo ajuste do valor do contrato, já que sua base é função do orçamento. A fração do orçamento a ser financiada indica, na data 0, base da análise, o valor de $ 12.000 em 0, ou $ 12.357 em moeda corrente da data 6, da assinatura do contrato. Este é o montante-base do acordo, e é ele que irá reger tanto as liberações mensais, quanto a evolução do saldo devedor que determinará a dimensão do pagamento.

Assim, os valores da coluna **A** foram construídos empregando-se a expressão abaixo, que utiliza o valor contratado em moeda corrente, aplica a fração da obra que cabe, e atualiza os montantes pela TR:

$$A_k = \frac{12.357}{10}\left(1+tr_{mes}\right)^{k-6}$$, onde k é o mês da parcela.

Quadro 5.4 – Movimentações relativas ao financiamento para produção

Movimentações do financiamento						
		Liberações		Saldo Devedor		Pagamentos
mês	moeda	base contratual em moeda corrente	moeda da base da análise indexador IGP	em moeda corrente, com juros	em moeda da base	em moeda da base
	coluna	A	B	C	D	E
1	TERRENO					
2	PRÉ-OPERACIONAIS					
3						
4						
5	CICLO DE LANÇAMENTO					
6		-	-	-	-	-
7		-	-	-	-	-
8		-	-	-	-	-
9	CICLO DAS OBRAS	1.241	1.187	1.241	1.188	-
10		1.244	1.184	2.498	2.379	-
11		1.246	1.180	3.770	3.573	-
12		1.248	1.176	5.057	4.769	-
13		1.250	1.172	6.360	5.968	-
14		1.252	1.169	7.678	7.169	-
15		1.254	1.165	9.012	8.373	-
16		1.256	1.161	10.361	9.580	-
17		1.258	1.157	11.727	10.790	-
18		1.260	1.153	13.109	12.003	-
19	CHAVES			13.246	12.068	(12.068)

Esses montantes permitem calcular a evolução do saldo devedor, já que os juros incidem sobre os montantes após aplicada a TR.

Assim, a coluna **C** é calculada genericamente pela expressão:

$$C_k = C_{k-1}(1+j_{mensal}) + A_k$$

Tanto as liberações quanto o saldo devedor expressos em moeda corrente (colunas A e C, respectivamente) podem ser transformados na moeda da base da análise, por meio da deflação dos montantes pelo IPCA até a data base.

$$B_k = \frac{A_k}{(1+ipca_{mes})^k} \text{ e } D_k = \frac{C_k}{(1+ipca_{mes})^k}$$

No vencimento do contrato, no mês 19, deverá ocorrer o pagamento do financiamento, no montante do saldo devedor verificado nessa data.

O Quadro 5.5 indica as movimentações mensais finais considerando a existência do financiamento e o investimento resultante, 47,0% menor que a configuração original, sem a consideração de ingresso de financiamento.

Na condição do caso, o volume de vendas ocorrido durante as obras e o nível de financiamento contratado não foram suficientes para a produção de retorno por ocasião das chaves. O investimento ainda necessário nessa ocasião, se não suprido, demandará recursos para o pagamento de juros adicionais durante o período de carência. Essa situação ficará mais crítica quanto maior o volume de recursos tomados via financiamento, conforme indica o Gráfico 5.1.

Quadro 5.5 – Movimentações relativas ao financiamento para produção

Movimentos no empreendimento					
mês	programa	movimento no mês antes do financiamento	movimento resultante do financiamento	movimento final	investi-mento exigido
	TOTAIS				**12.560**
1	TERRENO	(4.000)	-	(4.000)	4.000
2	PRÉ-OPERACIONAIS	(767)	-	(767)	767
3		(767)	-	(767)	767
4		(766)	-	(766)	766
5	CICLO DE LANÇAMENTO	(1.640)	-	(1.640)	1.640
6		2.624	-	2.624	-
7		-	-	-	-
8		-	-	-	-
9	CICLO DAS OBRAS	(1.836)	1.187	(649)	-
10		(1.836)	1.184	(652)	-
11		(1.836)	1.180	(656)	-
12		(1.836)	1.176	(660)	-
13		(1.836)	1.172	(664)	657
14		(1.836)	1.169	(667)	667
15		(1.836)	1.165	(671)	671
16		(1.836)	1.161	(675)	675
17		(1.836)	1.157	(679)	679
18		(1.836)	1.153	(683)	683
19	CHAVES	11.480	(12.068)	(588)	588

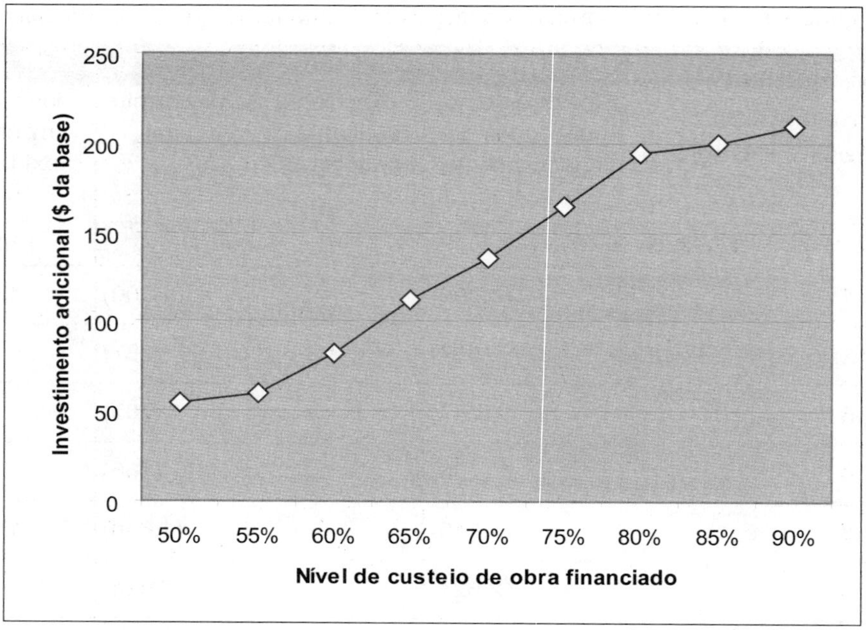

Gráfico 5.1 – No investimento conforme o nível de financiamento.

Caso 5.2: Surgiu uma oportunidade de aquisição de um conjunto de lotes para uma empresa empreendedora imobiliária, que permitirão a formação de um *landbank*, capaz de atender à sua necessidade futura de expansão para novos mercados. Se necessário (e possível), a empresa poderá se valer de financiamento para capital de giro, nos moldes do descrito no Quadro 5.6 que, admite-se, poderá voltar a se valer da mesma linha de crédito em outra data, se assim necessitar. Os empreendimentos já programados ou em andamento encontram-se em regime, sendo as contas a considerar para verificação da capacidade financeira para adquirir os terrenos e, se for o caso, tomar financiamento, as contas indicadas no Quadro 5.7.

Quadro 5.6 – Cenário para operações de financiamento para capital de giro

Financiamento para capital de giro moeda da data-0	
Limite de financiamento	15.000
Juros anuais	18% acima do IGP debitados mensalmente no saldo devedor
Giro máximo	120 dias

As contas do SGI apontam para equilíbrio no período. Enquanto o ANO 1 indica um caixa equilibrado apesar de movimentos não uniformes, o ANO 2 indica um crescente na capacidade de investimento, favorecendo a condição de empréstimo para pagamento no ano seguinte.

Já quando se consideram os pagamentos propostos, indicados no Quadro 5.8, todos eles incidentes exatamente no ANO 1, nota-se o desequilíbrio do caixa já a partir do mês 5, quando se observa a posição crítica do déficit.

Se essa condição for sanada via financiamento nas condições do Quadro 5.6, o pagamento deverá ocorrer, no máximo, em 120 dias. Analisando o estado do caixa no Quadro 5.8, deverá ser possível a quitação nessa data, porém, nova demanda surgirá adiante.

Essa situação de uso do financiamento está presente no Quadro 5.9.

Quadro 5.7 – Estado de caixa atual do SGI

Movimentos no SGI - valores em moeda da data-0						
mês	sub-sistema CGA	contas a pagar e receber	aplicações de curto prazo	investimetos programados	movimento original no período	fluxo de caixa
						20.000
1	(90)	(13.000)			(13.090)	6.910
2	40	3.000			3.040	9.950
3	(140)	(3.000)			(3.140)	6.810
4	70	(3.000)			(2.930)	3.880
5	10	(13.000)			(12.990)	(9.110)
6	70	13.000	8.000		21.070	11.960
7	(180)	8.000			7.820	19.780
8	(240)	(3.000)		(18.000)	(21.240)	(1.460)
9	180	4.000			4.180	2.720
10	110	(1.000)			(890)	1.830
11	(140)	6.000			5.860	7.690
12	230	(5.000)	10.000		5.230	12.920
13	(20)	10.000			9.980	22.900
14	10	(3.000)			(2.990)	19.910
15	20	11.000			11.020	30.930
16	200	10.000			10.200	41.130
17	(190)	11.000		(18.000)	(7.190)	33.940
18	160	(1.000)			(840)	33.100
19	(220)	-			(220)	32.880
20	60	9.000			9.060	41.940
21	170	(2.000)			(1.830)	40.110
22	210	(3.000)			(2.790)	37.320
23	(220)	-			(220)	37.100
24	10	2.000			2.010	39.110

Há de se notar que a situação de busca de financiamento, nas condições descritas, levam o caixa a uma posição que inviabiliza qualquer desajuste futuro que essas contas poderão vir a sofrer.

Aqui, a solução estudada foi via financiamento de capital para giro, mas fica bastante evidente que essa opção deverá ser tratada como última hipótese. O primeiro caminho a verificar seria o de alteração nos investimentos programados que, em termos de volume, atenderiam à demanda em análise.

Quadro 5.8 – Estado de caixa do SGI com os pagamentos em análise

Movimentos no SGI - valores em moeda da data-0				
mês	movimento original no período	investimentos adicionais	movimento com novos investimentos	fluxo de caixa
				20.000
1	(13.090)		(13.090)	6.910
2	3.040		3.040	9.950
3	(3.140)	(3.000)	(6.140)	3.810
4	(2.930)		(2.930)	880
5	(12.990)		(12.990)	(12.110)
6	21.070	(3.000)	18.070	5.960
7	7.820		7.820	13.780
8	(21.240)		(21.240)	(7.460)
9	4.180	(3.000)	1.180	(6.280)
10	(890)		(890)	(7.170)
11	5.860		5.860	(1.310)
12	5.230	(3.000)	2.230	920
13	9.980		9.980	10.900
14	(2.990)		(2.990)	7.910
15	11.020		11.020	18.930
16	10.200		10.200	29.130
17	(7.190)		(7.190)	21.940
18	(840)		(840)	21.100
19	(220)		(220)	20.880
20	9.060		9.060	29.940
21	(1.830)		(1.830)	28.110
22	(2.790)		(2.790)	25.320
23	(220)		(220)	25.100
24	2.010		2.010	27.110

Quadro 5.9 – Estado de caixa do SGI considerando o ingresso e pagamento do financiamento

Movimentos no SGI - valores em moeda da data-0				
mês	liberação do financia-mento	evolução do saldo devedor	pagamento do financia-mento	fluxo de caixa
				20.000
1	0	-		6.910
2	0	-		9.950
3	0	-		3.810
4	0	-		880
5	12.110	12.110		-
6	0	12.279	(12.279)	5.791
7	0	-		13.611
8	7.629	7.629		-
9	0	7.735		1.180
10	0	7.843		290
11	0	7.952		6.150
12	0	8.063	(8.063)	317
13	0	-		10.297
14	0	-		7.307
15	0	-		18.327
16	0	-		28.527
17	0	-		21.337
18	0	-		20.497
19	0	-		20.277
20	0	-		29.337
21	0	-		27.507
22	0	-		24.717
23	0	-		24.497
24	0	-		26.507

Caso 5.3: Linhas de financiamento para empreendimentos de real estate de payback longo são escassas em economias nas quais não existe acumulação sistematizada de recursos de poupança de longo prazo, que são os mais adequados para sustentar

esses créditos. Os bancos não podem tomar recursos de curto prazo e emprestar a longo em grandes proporções, sob pena de comprometer o seu fluxo de caixa. No Brasil, podem-se encontrar linhas de longo prazo quase que exclusivamente no Banco Nacional de Desenvolvimento Econômico e Social (BNDES), para serem utilizadas nos negócios de empreendimentos do real estate cujo retorno dos investimentos ocorre pela exploração da área construída sob arrendamento ou outras formas similares. O Caso 5.3 contempla a implantação de um shopping center, cujo financiamento de parte dos custos de implantação será feito com crédito do BNDES.

O perfil do empreendimento e o orçamento de custos para implantação estão no cenário referencial do Quadro 5.10.

No Quadro 5.11 estão os prazos da implantação e está descrita a estrutura do financiamento para a implantação, além de parâmetros do ambiente econômico, necessários para alguns ajustes de moeda nos fluxos de caixa. A taxa de inflação esperada pelo IPCA serve para ajustar os movimentos financeiros do financiamento da produção, tendo em vista que o financiamento é contratado para ser liberado em Reais nominais, como também é o seu pagamento. A taxa básica de juros serve para ajustar a receita do shopping no ciclo operacional, que ocorre em periodicidade mensal, mas que está analisada em periodicidade semestral no modelo simulador para se medir a condição de pagamento do financiamento com as forças do próprio empreendimento.

O financiamento contratado será de R$ 49.800 mil na data 0 e será liberado em valores nominais.

- Haverá a cobrança de uma taxa de abertura de crédito, junto com a liberação da primeira parcela do financiamento (mês 8), equivalente a 3% do montante do financiamento. Esse valor, de R$ 1.494 mil, será pago em valor nominal no mês 8. Como os fluxos serão escritos em moeda da base 0, pelo IPCA, no fluxo de pagamentos aparecerá $1442 = \frac{1494}{(1+ipca)^8}$, onde ipca é a taxa mensal de inflação, equivalente aos 5,5% ano, do cenário referencial.

- A taxa de juros é conceituada como sendo a soma de uma taxa básica, denominada taxa de juros de longo prazo (TJLP) e de um *spread* (agregado), que remunera o agente repassador do crédito e os riscos do BNDES e do repassador, risco relacionado com a qualidade do crédito em si. Aqui consideramos a TJLP do primeiro semestre de 2010 (6% ano), mais um *spread* de 4%, resultando na taxa de juros nominal de 10% ano. No mercado financeiro o *spread* é identificado por *basis points*, sendo 1 basis point igual a 0,01%. Esses 4% de *spread* são descritos, então como 400 *basis points*.

Quadro 5.10 – Perfil do empreendimento e orçamento

	cenário referencial - parte 1 / 2			
I.	perfil do empreendimento			
	valores em m2			
1	área do terreno		75.600	
2	área bruta rentável do shopping-center (*área interna das lojas*)		15.000	
3	outras áreas da construção (*mall, serviços, docas, áreas de suporte e escritórios*)		12.000	
4	área do estacionamento descoberto (750 vagas)		18.000	
II.	orçamento de custos da implantação			
	valores em R$mil da data 0 pelo IGP-M			parâmetros
5	aquisição do terreno (*a vista*)		18.900	250 R$ / m2
6	construção e equipamento		62.292	
	ABL	22.500		1.500 R$ / m2
	outras áreas	30.000		2.500 R$ / m2
	estacionamento e circulação	4.500		250 R$ / m2
	jardins	5.292		120 R$ / m2
7	investimento na implantação		81.192	

- No ciclo da implantação do shopping center, os juros serão cobrados mensalmente, consumindo o próprio financiamento. Os juros são nominais e cobrados sobre o saldo devedor nominal, devendo os valores nos fluxos de caixa serem deflacionados para a data 0 pelo IPCA.

Quadro 5.11 – Prazos, financiamento e a economia

	cenário referencial - parte 2 / 2		
III.	**prazos e datas marco**		
	meses		
8	ações pré-operacionais para implantação (*projeto, estruturação, planejamento*)	6	
9	construção e equipamento	24	
10	mês de início da liberação do financiamento para implantação	8	
11	mês de início da operação do shopping e recebimento dos aluguéis	31	
IV.	**financiamento para a implantação, nos moldes do BNDES**		
	valores em R$mil da data 0 pelo IGP-M		
12	montante do financiamento ***liberações na curva de custos em R$ nominais***		49.800
	parte financiável do orçamento conta 6	62.292	
	montante financiável	80,0%	
13	condições do financiamento		
	até o final da implantação, somente pagamento mensal de juros		
	pagamento do principal em 14 parcelas semestrais, a primeira a 6 meses do final da implantação		
	pagamento no sistema de amortizações constantes		
14	encargos do financiamento		
	taxa de abertura de crédito, paga na data da primeira liberação	3,0%	
	juros aplicados sobre o saldo nominal em Reais	10,0%	
	taxa de juros de longo prazo - TJLP 6,0%		
	spread sobre a TJLP 4,0%		
V.	**ambiente da economia**		
	taxas anuais médias esperadas		
15	inflação pelo IGP-M		5,5%
16	taxa básica de juros - taxa CDI		10,5%

O fluxo de caixa do empreendimento no ciclo da implantação será identificado pelos movimentos do Quadro 5.12, o que exigirá aporte de investimentos de R$ 41.903 mil, que, combinado com o financiamento, supre as necessidades do empreendimento. Sem o financiamento, os recursos da implantação seriam integralmente de investimento – R$ 81.192 mil. Vale notar que o financiamento (R$ 46.124 mil) consome uma parte dos recursos para si mesmo (taxa de abertura e juros de R$ 6.025 mil).

Quadro 5.12 – Fluxo de recursos na implantação

fluxo recursos na implantação do shopping-center com financiamento para a implantação						
valores em R$mil da data 0 pelo IIPCA						
mês ref	Terreno	Contas da Implantação		Financiamento para a Produção		Movimento de Recursos = I+II+III+V+VI Fluxo a ser coberto com investimento
		pré-implantação	construção e equipamento	liberações	taxa de abertura de crédito e juros	
	I	II	III	IV	V	VI
TOTAL	**(18.900)**	**(7.440)**	**(54.852)**	**46.124**	**(6.025)**	**(41.093)**
1	(18.900)	(1.240)				(20.140)
2		(1.240)				(1.240)
3		(1.240)				(1.240)
4		(1.240)				(1.240)
5		(1.240)				(1.240)
6		(1.240)				(1.240)
7			(2.280)			(2.280)
8			(2.280)	9.258	(1.442)	5.536
9			(2.280)	1.751	(74)	(603)
10			(2.280)	1.743	(88)	(625)
11			(2.280)	1.736	(101)	(645)
12			(2.280)	1.728	(115)	(667)
13			(2.280)	1.720	(127)	(687)
14			(2.280)	1.713	(141)	(708)
15			(2.280)	1.705	(153)	(728)
16			(2.280)	1.697	(167)	(750)
17			(2.280)	1.690	(179)	(769)
18			(2.280)	1.682	(192)	(790)
19			(2.280)	1.675	(204)	(809)
20			(2.280)	1.667	(217)	(830)
21			(2.280)	1.660	(229)	(849)
22			(2.280)	1.653	(241)	(868)
23			(2.280)	1.645	(254)	(889)
24			(2.280)	1.638	(265)	(907)
25			(2.280)	1.631	(277)	(926)
26			(2.280)	1.623	(289)	(946)
27			(2.280)	1.616	(301)	(965)
28			(2.280)	1.609	(312)	(983)
29			(2.280)	1.602	(323)	(1.001)
30			(2.412)	1.682	(334)	(1.064)

Os cálculos relativos ao financiamento estão mostrados no Quadro 5.13.

Quadro 5.13 – Movimentos do financiamento no ciclo da implantação

movimentos do financiamento para a produção					
				valores em R$mil da data 0 pelo IPCA	
	valores em R$ mil nominais				
mês ref	liberações	saldo devedor	taxa de abertura de crédito e juros	liberações em R$mil da data 0 pelo IGP-M	taxa de abertura de crédito e juros
	VI	VII	VIII	IV	V
TOTAL	***49.800***		***(6.547)***	**46.124**	**(6.025)**
1					
2					
3					
4					
5					
6					
7					
8	*9.594*	*9.594*	*(1.494)*	9.258	(1.442)
9	*1.823*	*11.417*	*(77)*	1.751	(74)
10	*1.823*	*13.240*	*(92)*	1.743	(88)
11	*1.823*	*15.063*	*(106)*	1.736	(101)
12	*1.823*	*16.886*	*(121)*	1.728	(115)
13	*1.823*	*18.709*	*(135)*	1.720	(127)
14	*1.823*	*20.532*	*(150)*	1.713	(141)
15	*1.823*	*22.355*	*(164)*	1.705	(153)
16	*1.823*	*24.178*	*(179)*	1.697	(167)
17	*1.823*	*26.001*	*(193)*	1.690	(179)
18	*1.823*	*27.824*	*(208)*	1.682	(192)
19	*1.823*	*29.647*	*(222)*	1.675	(204)
20	*1.823*	*31.470*	*(237)*	1.667	(217)
21	*1.823*	*33.293*	*(251)*	1.660	(229)
22	*1.823*	*35.116*	*(266)*	1.653	(241)
23	*1.823*	*36.939*	*(281)*	1.645	(254)
24	*1.823*	*38.762*	*(295)*	1.638	(265)
25	*1.823*	*40.585*	*(310)*	1.631	(277)
26	*1.823*	*42.408*	*(324)*	1.623	(289)
27	*1.823*	*44.231*	*(339)*	1.616	(301)
28	*1.823*	*46.054*	*(353)*	1.609	(312)
29	*1.823*	*47.877*	*(368)*	1.602	(323)
30	*1.923*	*49.800*	*(382)*	1.682	(334)

Nas colunas do Quadro 5.13:

- a coluna VI mostra as liberações em Reais nominais, feitas na proporção da curva de custeio da implantação (o financiamento cobre 80% do orçamento), mas com início de liberações no mês 8. O montante contratado é de R$ 49.800 mil (cenário referencial);
- a coluna IV traduz esses valores para a data 0 pelo IPCA, deflacionando pela taxa mensal equivalente à anual de 5,5%, desde a data 0 até cada mês de referência;
- o saldo devedor (coluna VII) é o acumulado das liberações, em moeda da data 0;
- a taxa de juros aplicada ao saldo devedor mensalmente, equivalente a 10% ano (TJLP + *spread*), será de 0,797%. Os juros são pagos a cada mês na proporção do saldo devedor do final do mês anterior. Exemplo: os 92 do mês 10 equivalem a [0,797% x 11.417], com arredondamento a favor da segurança. Os valores da coluna VIII devem ser traduzidos para a moeda da data 0 pelo IPCA, para figurar no fluxo de caixa, como está na coluna V;
- a posição do mês 8 nas colunas V e VIII refere-se ao pagamento da taxa de abertura de crédito.

No ciclo operacional, o financiamento é pago em 14 parcelas semestrais, cada semestre contado do final da implantação. O fluxo de pagamentos, sob amortização constante e à taxa de juros nominal de 10% ano, está no Quadro 5.14.

Quadro 5.14 – Fluxo do pagamento do financiamento, com o produto da renda gerada na operação do shopping center

movimentos do ciclo operacional com pagamento do financiamento para a produção						
valores em R$mil da data 0 pelo IGP-M						
	valores em R$ mil nominais					
semestre operacional referência	saldo devedor	amortização	juros	pagamento do financiamento = amortização+juros	receita líquida da operação do shopping	resultado disponível depois de XII XIV=XIII-XII
	IX	X	XI	XII	XIII	XIV
TOTAL 1-14		**49.800**	**18.236**	**(49.739)**	**104.804**	
0	*49.800*					
1	*46.241*	*3.559*	*2.431*	(5.102)	6.502	1.400
2	*42.684*	*3.557*	*2.257*	(4.821)	6.885	2.064
3	*39.127*	*3.557*	*2.084*	(4.554)	7.267	2.713
4	*35.570*	*3.557*	*1.910*	(4.297)	7.650	3.353
5	*32.013*	*3.557*	*1.737*	(4.051)	7.650	3.599
6	*28.456*	*3.557*	*1.563*	(3.815)	7.650	3.835
7	*24.899*	*3.557*	*1.389*	(3.588)	7.650	4.062
8	*21.342*	*3.557*	*1.216*	(3.371)	7.650	4.279
9	*17.785*	*3.557*	*1.042*	(3.162)	7.650	4.488
10	*14.228*	*3.557*	*869*	(2.963)	7.650	4.687
11	*10.671*	*3.557*	*695*	(2.771)	7.650	4.879
12	*7.114*	*3.557*	*521*	(2.588)	7.650	5.062
13	*3.557*	*3.557*	*348*	(2.412)	7.650	5.238
14		*3.557*	*174*	(2.244)	7.650	5.406
15					7.650	7.650

A parcela de juros paga a cada semestre equivale à taxa semestral de juros equivalente a 10% ano, calculada pela expressão $(1+j_{sem})^2 = 1+10\%$. Esta taxa j_{sem} é aplicada a cada semestre sobre o montante do saldo devedor antes da amortização. Exemplo: 1.389 no semestre operacional 7 equivale a [4,88% x 28.456].

Os cálculos das colunas X e XI são traduzidos para a moeda da data 0 pelo IPCA e somados na coluna XII, para figurar no fluxo de caixa operacional. Vale notar que o final do semestre 1 está a [30 + 6] meses da data 0 [prazo da implantação + 6 meses].

Usando parâmetros médios de receitas e despesas de shopping centers no Brasil, concluímos pelo fluxo da coluna XIII, cujo detalhamento não é objeto da discussão deste Caso. O que é interessante notar é que os parâmetros médios do mercado brasileiro, tanto para custos de implantação, como para desempenho do shopping center, permitem evidenciar que, nos padrões de financiamento BNDES (limites, estrutura, prazos e taxas), os empreendimentos são fortes para pagar o financiamento com o produto da operação. Observa-se que o fluxo da coluna XIII é confortável para pagar as obrigações do fluxo da coluna XII, fazendo ainda um fluxo de resultado disponível (coluna XIV), que vai servir para remunerar os investimentos de R$ 41.093 mil, ainda necessários para completar o funding do empreendimento.

O empreendedor desse shopping center pode decidir entre as hipóteses de:

i) investir integralmente os recursos necessários para a implantação (R$ 81.192 mil), com a expectativa de remuneração semestral como está indicado na coluna XV do Quadro 5.11;

ii) ou amortecer seu investimento, tomando o financiamento para produção de R$ 49.800 mil, nos moldes enunciados, para aplicar recursos de investimento de R$ 41.093 mil, sobre os quais a expectativa de remuneração semestral está indicada na coluna XVI do Quadro 5.15.

No Quadro 5.15 está destacada a diferença da remuneração em regime no semestre 15, imediatamente após a liquidação do financiamento.

Esse Caso serve para enfatizar a qualidade que se verifica nos empreendimentos do real estate quando é possível alavancar a implantação com recursos adequados. Recursos são adequados para financiar empreendimentos de longo prazo, quando, além de juros moderados, são cobrados em prazos longos. Nas economias mais avançadas, empreendimentos desse tipo podem ser estruturados com apoio de financiamentos que chegam a cobrir 90% da necessidade de investimento e que são pagos em ciclos de 20, 30 anos. Nessas economias, com essas oportunidades de financiamento, os empreendedores são capazes de construir grandes portfólios, com relativamente baixa capacidade de investimento. No Brasil, a tendência é de operar com grande volume de investimentos, fazendo estruturas de funding muito conservadoras, com algum apoio eventual de crédito do BNDES.

Quadro 5.15 – Remuneração do investimento no shopping center

indicadores da renda semestral do investimento				
valores em R$mil da data 0 pelo IGP-M				
semestre operacional referência	receita líquida da operação do shopping	resultado disponível depois de XIII = XIV-XIII	XIV / total do investimento = 81.192	XV / investimento amortecido = 41.093
	XIV	XV	XVI	XVII
Média Anual	**7.497**	**4.181**	**9,23%**	**10,17%**
0				
1	6.502	1.400	8,01%	3,41%
2	6.885	2.064	8,48%	5,02%
3	7.267	2.713	8,95%	6,60%
4	7.650	3.353	9,42%	8,16%
5	7.650	3.599	9,42%	8,76%
6	7.650	3.835	9,42%	9,33%
7	7.650	4.062	9,42%	9,88%
8	7.650	4.279	9,42%	10,41%
9	7.650	4.488	9,42%	10,92%
10	7.650	4.687	9,42%	11,41%
11	7.650	4.879	9,42%	11,87%
12	7.650	5.062	9,42%	12,32%
13	7.650	5.238	9,42%	12,75%
14	7.650	5.406	9,42%	13,16%
15	**7.650**	**7.650**	**9,42%**	**18,62%**

CAPÍTULO 6

Princípios e técnicas de medida de indicadores da qualidade dos investimentos em empreendimentos do real estate

Claudio Tavares de Alencar

CONCEITOS APRESENTADOS NESTE CAPÍTULO

Neste capítulo, discorremos sobre o tema da Análise da Qualidade do Investimento em empreendimentos do real estate e mostramos a segregação das transações financeiras do empreendimento, do ambiente do empreendedor, para um sistema próprio. Tratamos da terminologia básica e da identificação dos vetores mais relevantes nas transações de caixa, que resultam em investimentos e no retorno. Apresentamos o conceito da taxa de retorno e os critérios de gestão financeira que norteiam a sua medida. Finalizamos o capítulo com a exploração dos conceitos apoiando-nos no empreendimento prototipado no Capítulo 1.

6.1. INTRODUÇÃO

A análise de investimentos, no seu sentido clássico, tem sido amplamente explorada na literatura técnica, e há muito pouco de novidades a acrescentar aos bons textos existentes. Todavia, como sempre, há muito poucos textos que tratem das particularidades do setor de real estate, ou da construção civil, cuja estrutura difere da indústria de produção seriada, para a qual se derivam quase todas as publicações no campo da chamada engenharia econômica.

No setor, esta temática é um dos braços importantes da área dos negócios do real estate, pois os mecanismos de decisão no âmbito estratégico e tático das organizações estarão sempre a exigir suporte de planejamento nesse campo.

Quando se fala de ANÁLISE DE INVESTIMENTOS, é mais conveniente, para rigor técnico, que se use a terminologia ANÁLISE DE EMPREENDIMENTOS - A QUALIDADE DOS INVESTIMENTOS, ou simplesmente ANÁLISE DA QUALIDADE DO INVESTIMENTO (|AQI|), pois o que se avalia sempre é, do ângulo econômico, como se comportam empreendimentos, que para oferecer retorno e resultado exigem certa massa de investimentos para produção.

Assim, o que se analisa não são os investimentos, como se tratasse de uma transação isolada no ambiente econômico, em que se pudesse admitir um sistema que absorve recursos financeiros e devolve mais recursos, decorrido um determinado prazo, oferecendo, portanto, o resultado que se deseja mensurar na análise do investimento, para oferecer indicadores que permitam ao empreendedor decidir, comparando os padrões de qualidade e risco que estes mostram com seus referenciais orientadores, como será discutido adiante. Objetivamente, só se admite a geração de riqueza se for completado um ciclo de produção, de forma direta, no caso dos empreendimentos típicos dos setores de produção de bens ou serviços, ou de forma indireta, quando se fala de aplicações financeiras.

Quando se promove |AQI| de empreendimentos, trata-se do âmbito FINANCEIRO e do ECONÔMICO.

Conforme já tratado no Capítulo 4 do presente livro, no planejamento financeiro, a caracterização de qualidade estará presa exclusivamente ao que se denomina "fechamento da equação de fundos", que consiste em identificar as fontes de recursos para cumprir com todo o custeio da produção e das contas conexas com a comercialização e com a gestão do empreendimento. Ou seja, o empreendedor avalia a sua possibilidade de desenvolver o empreendimento ou não, tendo em vista como está sua capacidade de gerar os fundos para completar os que o próprio empreendimento gera para cumprir com o custeio. Ainda mais, avalia qual é a repercussão dos riscos, que estão no Sistema Empreendimento, de que a receita não seja gerada no regime e nos níveis especulados no planejamento, o que o obrigará a investir mais do que previamente balizado, ou a buscar recursos de financiamento para supri-los. Essas análises estão no ambiente do empreendedor, não do empreendimento, pois a qualidade que se analisa estará no melhor ajuste entre o potencial de investimento e endividamento do empreendedor e as exigências de fundos para fazer girar o empreendimento. Por essa via, o empreendimento será melhor ou pior relativamente às condições próprias do empreendedor, não às do empreendimento.

Por estas razões, tradicionalmente quando se usa a terminologia ANÁLISE DE INVESTIMENTOS, o que se pretende é estudar o comportamento do empreendimento naquilo que é próprio dele e que o fará mais ou menos atraente por meio da análise de indicadores da qualidade que somente a ele estarão presos, que são os ECONÔMICOS. Esse é o tema deste capítulo.

Se, para análise, construirmos um modelo genérico de como se dão as transações financeiras elementares em um cicio de produção, no qual um empreendedor desenvolve certo empreendimento para produzir um produto ou para prestar um serviço para encaixar num certo mercado, teremos os movimentos da Figura 6.1. A Figura 6.1 é oportuna quando o empreendimento compreende VENDA do produto ou serviço. Empreendimentos cujo retorno deriva de RENDA no uso ou na exploração dos espaços construídos para uma certa atividade têm configuração equivalente, porém, para estes, convém ajustar a terminologia e a mecânica de análise, o que faremos mais adiante, no Capítulo 7.

A leitura das transações mostradas na Figura 6.1 resgata os princípios, que já foram abordados em profundidade no Capítulo 4, para identificação dos conceitos de investimento, de seus vínculos com as características do empreendimento e da resultante desses investimentos que o empreendedor aplica em seus empreendimentos. Este resgate se faz necessário na justa medida em que suporta a identificação do fluxo INVESTIMENTO e RETORNO e, que por seu turno, embasa a discussão da medida dos indicadores da qualidade do investimento.

- No SISTEMA EMPREENDIMENTO, serão praticadas as duas transações elementares do processo de produção, na interação desse sistema com o ambiente no qual o empreendedor (produtor) está inserido – o pagamento das contas vinculadas com o custeio da produção (B) e o recebimento das contas derivadas da venda do produto, ou serviço (F).

O destino privilegiado dos recursos gerados pelo Sistema Empreendimento (recebimento do preço) será o de suportar o custeio da produção – 1 e, admitindo a premissa de que empreendimentos somente serão desenvolvidos, na economia empresarial, se pudermos vislumbrar a capacidade de colocar o produto obtendo resultado, preço será maior que o custeio[1], havendo, então, sempre um excesso, idêntico a esse resultado, entre os recursos que o empreendedor aplica no empreendimento e os que dele recebe.

---

1 Deixamos, para simplificar, de citar sempre "produto ou serviço", admitindo a generalização a partir do produto. Quando necessário, faremos a diferenciação entre uma e outra ação do empreendedor.

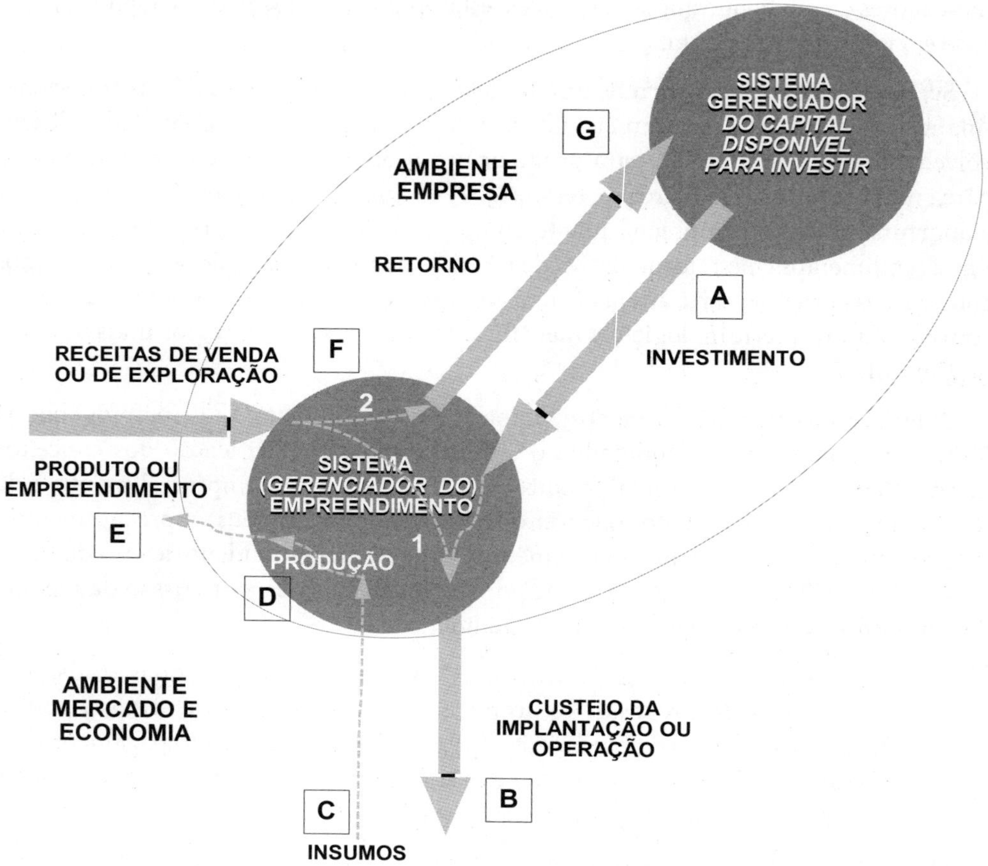

Figura 6.1 – Transações financeiras entre o SGI e o empreendimento.

Devemos deixar de lado, aqui, as ações do Estado, cuja diretriz não necessariamente é sempre gerar resultado, ocorrendo situações em que o preço é menor que o custo de produção e que estarão vinculadas a decisões corretas de redistribuição de renda, que é um dos papéis mais relevantes que o Estado deve cumprir.

- Recursos de INVESTIMENTO – A são exigidos no Sistema Empreendimento sempre que, nesse sistema, não haja geração de recursos no montante necessário e, em tempo hábil, para suportar o custeio da produção, como já explorado no Capítulo 4. O que o empreendedor pretende analisar é a oportunidade de promover essa aplicação de recursos, daí resultando o termo análise de investimentos. No entanto, existirão empreendimentos que, pela particularidade das transações financeiras contratadas na venda do produto (ou serviço), cujos recursos gerados pelo recebimento do preço estão sempre adiantados em relação à necessidade de recursos para manutenção do custeio da produção no regime previsto na sua programação de forma que, aqui, por exemplo, não há "investimentos" a analisar.

Como já nos referimos, o que está sendo analisado, em verdade, é a QUALIDADE DO INVESTIMENTO NO EMPREENDIMENTO, que, para manter o regime de custeio da produção no ritmo programado, exigirá a aplicação de recursos do empreendedor, ou seja, exigirá investimentos para manter seu giro, quando não for capaz de gerar recursos para suportá-lo.

Sempre existirão maneiras de planejar a produção de empreendimentos que levem a diferentes condições de investimento, o que significa que empreendimentos não são caracterizados unicamente pelas variáveis vinculadas ao produto, por exemplo, em um empreendimento imobiliário, as características de dimensões, projeto, especificações e memorial de execução da obra, mas, também, por aquelas que regulam os regimes de produção frente aos de recebimento do preço. Usando novamente um empreendimento imobiliário como exemplo, ele será um se a produção for financiada, outro se for executada com o concurso de investimentos do empreendedor para venda do produto depois de pronto, outro, ainda, se a tática para empreender for buscar a venda primeiro, para depois programar a produção de acordo com a receita contratada, no sentido de diminuir ao limite mínimo o ingresso de investimentos, ou, mais, será sempre um novo empreendimento, conforme seja a tática de produção, que compreenderá um matriz qualquer, que compreenda um misto das três alternativas descritas. E, na realidade, o empreendimento, na fase de planejamento será um e durante a produção, depois que a realidade já substituiu o cenário, será outro.

- Se existe excesso entre preço e custeio, que se denomina de MARGEM OPERACIONAL BRUTA, então, a partir de certo momento, no cicio de vida do empreendimento, dentro do sistema aparecerão recursos livres - 2, ou seja, do preço encaixado já haverá uma certa massa de recursos não mais necessários para cobrir o custeio da produção. Esses recursos serão derivados, como descrito no Capítulo 4, então, para o empreendedor e compreendem o RETORNO - G dos investimentos que este aplicou no empreendimento. Sempre teremos RETORNO = INVESTIMENTO + MARGEM OPERACIONAL BRUTA. Nos empreendimentos destinados a produzir para vender, essas transações se dão exatamente nesse circuito preço-custeio. Nos empreendimentos em que o preço não é exatamente do produto imobiliário, mas vinculado ao seu uso (edifícios para locação, shopping centers, hotéis) a margem operacional bruta será definida pela relação preço do uso da edificação contra custos operacionais para manutenção do regime operacional e deverá ser, então, associada aos investimentos para produzir, que, aqui, confundem-se com o custeio da edificação, porque nesse período não haverá recebimento de preço, a menos de casos particulares, de cobranças de direitos de uso adiantados.
- O regime de produção é regrado no planejamento operacional, de forma que o ritmo em que se exigem recursos para custeá-la é função da programação da produção. De outra parte, a velocidade de encaixe do preço depende da variável mercado e da negociação para pagamento do preço, que, muitas vezes, poderá ser provocada pela capacidade de pagamento do mercado-alvo e não pelo desejo

do empreendedor de minimizar seus investimentos. Existem situações em que essa dependência é menor, como no caso dos contratos por empreitada para produzir coisa certa. Ainda assim, existem situações de repactuação, atrasos de pagamento e inadimplência, que comprometem a programação de ingressos e que não podem ser transferidas automaticamente para o regramento do custeio da produção. Assim, a necessidade de ingresso de investimentos pode ser relativamente monitorada no planejamento, o que significa que a solução de melhor qualidade para o empreendimento, que será, no sentido absoluto, trabalhar com uma certa margem operacional bruta possível de ser praticada para o mínimo de investimentos, não será sempre possível. Essa condição desejada, é evidente, promoverá uma maior relação retorno para investimento, já que a margem é estável e, consequentemente, estará vinculada a melhores padrões de qualidade. A ANÁLISE DA QUALIDADE DO INVESTIMENTO será, então, do empreendimento, já que a relação retorno para investimento dependerá exclusivamente do desempenho do empreendimento e não da existência dos recursos para promover os investimentos exigidos.

- Não haverá retorno com maior poder de compra (resultado) com relação ao investimento se não houver o empreendimento para fazer o ciclo de produção, de A até G, onde se denota, claramente, que o empreendimento não transformou, no tempo, recursos financeiros em outro montante maior, mas promoveu uma eventual mais-valia diretamente vinculada à produção, pois as transformações se deram no circuito da produção, seguindo a seguinte rotina:

  i) recursos financeiros-INVESTIMENTO são transformados em insumos, que;

  ii) por meio de processos de produção, são agregados no PRODUTO;

  iii) que o mercado adquirirá, pagando o seu PREÇO;

  iv) do qual uma parcela estará representada por RECURSOS LIVRES que não são necessários para o custeio da produção;

  v) gerando a oportunidade de que ocorram RETORNOS, que serão derivados para o empreendedor, que promoveu os INVESTIMENTOS, provavelmente com poder de compra agregado.

O meio capaz de alavancar poder de compra entre investimento e retorno é o empreendimento, e essa capacidade só existe porque é vinculada ao processo de produção, único capaz de promover geração de riqueza. Não há, portanto, sistema que seja capaz de transformar poder de compra em mais poder de compra (figurativamente – dinheiro em mais dinheiro). Mesmo nas aplicações financeiras, que podem transparecer esta imagem, haverá sempre um ciclo de produção vinculado à possibilidade de pagamento de juros, sendo o sistema financeiro o intermediário entre o aplicador de recursos e o tomador, para promover a produção.

Há que se considerar as aplicações financeiras em títulos emitidos por Estados com estrutura de orçamento desordenada, casos em que há uma aparente geração de riqueza, sem a contrapartida da produção, pois os recursos tomados poderão estar sendo usados para custear sistemas improdutivos. Na realidade, essa riqueza é falsa, pois estará acompanhada por uma equivalente desvalorização do poder de compra da moeda, instalando-se, então, um mecanismo sórdido de geração e autoalimentação de um regime de inflação incontrolável.

Haverá casos em que a riqueza é gerada por ações especulativas e, então, pode-se argumentar que não houve produção. Na especulação com bens, há a atividade comercial inerente, com a diferença de que é exercida com padrões de risco elevados, ou no caso de cartéis ou de formação de estoques especulativos para colocar o mercado numa posição de "comer" e, então, auferir resultados melhores, o que estará se discutindo são princípios éticos de comportamento.

Quando se tratar do que se denomina de especulação financeira, na maioria das vezes haverá a participação indireta em ciclos produtivos, com exceção das ações vinculadas em títulos do Estado, como já referido. Poder-se-á, também, discutir as especulações em mercados de valores, mas trata-se de jogo, não de mecanismos de investimento.

6.2. PRINCÍPIOS DA ANÁLISE DA QUALIDADE DO INVESTIMENTO

O empreendedor, ao investir para desenvolver o empreendimento, perde liquidez porque imobiliza seus recursos em insumos no ambiente do empreendimento.

Dizemos que o empreendedor perde poder de compra nessa situação, porque sua capacidade de troca na economia está limitada às características de liquidez do seu portfólio de investimento no empreendimento, que poderá até existir, mas essa seria uma discussão retórica, representado aqui por aquilo que receber como contrapartida, do investimento no empreendimento. De forma geral, o Sistema Empreendimento é subsistema da empresa que promove o empreendimento, de sorte que essa contrapartida são os insumos em si, numa leitura sistêmica na hierarquia da empresa, e não do empreendimento.

Existem alternativas de investimento em que a contrapartida tem liquidez própria, como nos casos de ações de empresas ou debêntures vinculadas a empreendimentos. Isso ocorre não só no mercado de capitais como nos investimentos do mercado financeiro em que os títulos representativos do investimento podem ser transacionados no mercado secundário.

Desta forma, tecnicamente, admite-se que não exista liquidez, enquanto imobilizados os recursos no empreendimento e, consequentemente, terá o empreendedor, enquanto essa situação perdurar, seu poder de compra, na contrapartida dos investimentos, igual a zero.

Ao se iniciar o cicio de retorno, o empreendedor vai retomando poder de compra porque adquire liquidez.

A comparação entre as duas situações de liquidez é que leva aos indicadores principais da análise de investimentos. Ou seja, do ponto de vista do empreendedor, será seu interesse perder poder de compra, imobilizando-se no empreendimento quando investe, para ganhar poder de compra no futuro, em montante maior, quando receber o retorno.

Os indicadores que refletirem a qualidade dessa configuração serão os que levarão o empreendedor a se orientar sobre investir ou não no empreendimento.

Dois são os indicadores da qualidade[2] que poderíamos entender como universais:

- o que mede o prazo de recuperação da capacidade de investimento do empreendedor após a ocorrência da sua imobilização no empreendimento – prazo de recuperação da capacidade de investimento, ou "payback" – PRI; e
- aquele que mostra os ganhos de poder de compra que alcança o empreendedor, considerada sua posição de liquidez quando investe e aquela quando recebe retorno – taxa de retorno do empreendimento (TRE).

Sempre é bom lembrar dos preceitos que regem qualidade. As coisas, no sentido amplo, têm atributos que, em certas circunstâncias, têm um determinado nível ou estado. Aqueles que pretendem ter essas coisas terão um critério de julgamento sobre como anseiam que se encontrem o nível ou estado desses atributos. Estes constroem, então, seu referencial de qualidade e, ao analisar as coisas, dirão se as mesmas têm qualidade que os satisfaz. Alguns princípios para avaliação da qualidade, entretanto, podem ser entendidos como universais, na medida em que, avaliando o natural comportamento dos indivíduos em sociedade, a ciência pode detectar padrões mais regulares. Assim, quando falamos em medir indicadores da qualidade do investimento nos empreendimentos, estaremos preocupados em trabalhar com aqueles que identificamos como universais, ainda que cada empreendedor possa ter os seus próprios e, até, desconsiderar esses que, cientificamente, se considera como de uso mais natural para balizar decisões de empreender.

Vale notar que se usa a nomenclatura "taxa de retorno do empreendimento", não do "investimento", pois a medida é de qualidade do empreendimento. Como já referido anteriormente, as características do empreendimento envolvem aspectos relacionados com o regime de produção e de encaixe do preço, que implicarão diferentes medidas de taxa de retorno.

O prazo de recuperação da capacidade de investimento, ou payback, é aquele no qual o empreendedor recupera plenamente a capacidade de investimentos que tinha quando se imobilizou no empreendimento, considerada a taxa de atratividade TAT como aquela exigida pelo empreendedor ou inferida por ele para compensar o período de imobilização ou para compensar a inflação da moeda referencial no período ou, ainda, uma combinação das duas situações.

---

[2] Tratamos desse tema em profundidade e com análise crítica na seção 6.4 do presente capítulo.

A taxa de retorno mede a alavancagem de poder de compra oferecida pelo empreendimento ao empreendedor, considerados os fluxos de imobilização (investimento) e os de retomada de poder de compra (retorno) no prazo em que se dão os ganhos. Em operações de fluxos complexos, essa medida só pode ser feita no conceito de operação equivalente, artifício necessário para que se possa oferecer uma informação que reflita uma condição de qualidade do empreendimento. Não há como estabelecer relações entre determinadas transações de investimento com outras de retorno, porque os ciclos não são puramente financeiros, mas envolvem toda a mecânica da produção, como mostrado na Figura 6.1, de forma que a análise técnica deve usar o mecanismo de associar o empreendimento a uma operação artificial equivalente, que, a uma taxa periódica TIR, ocorrendo na unidade de tempo, seja capaz de absorver o fluxo de investimentos, devolvendo exatamente o mesmo fluxo de retorno da operação em análise.

A taxa interna de retorno só pode ser medida para uma certa tipologia de empreendimentos, em que, no seu ciclo de vida, se tenha a garantia que os recursos do empreendedor alocados para o empreendimento estejam girando a uma taxa uniformizada com esta TIR, o que é um caso particular que está associado aos empreendimentos que compreendem ciclos sucessivos com as mesmas características, como os de produção seriada da indústria ou aqueles circuitos de transações numa determinada linha de crédito de uma entidade financeira. Mesmo assim, essas aproximações podem ser negadas. De forma geral, os empreendedores não manejam seus recursos em ciclos repetitivos. Podemos dizer que os empreendimentos de vida longa e de ciclos de produção seriada mantêm ciclos repetitivos de grande velocidade de reprodução, de forma que, para um determinado período, pode-se afirmar que os ciclos são uniformes e a taxa interna de retorno seria hábil para medir a sua qualidade nas simulações com um padrão de simplificação aceitável.

A taxa de retorno no conceito restrito considera que a política de gestão financeira do empreendedor para gerenciar seus investimentos no empreendimento é a de iniciar o ciclo de produção "pronto para investir", o que significa ter uma massa de recursos I_p, cuja fonte reconhece a que, devolvida em parcelas, é capaz de suprir o fluxo I_k. Essa fonte teórica deve ser entendida como "sem risco", porque só assim se assegurará a continuidade do empreendimento, de sorte que a taxa de remuneração de I_p para produzir o fluxo I_k será obrigatoriamente o custo de oportunidade que o empreendedor baliza para seus investimentos.

A medida de TAXA DE RETORNO será fruto de simulação de desempenho do empreendimento e das interações do investidor com este. Isso se fará com a construção de um MODELO SIMULADOR para identificar posições nos dois extremos, quando o investidor não estiver aparente para declarar como decide, ou numa situação particular, com o investidor presente:

- Primeiro será necessário caracterizar *como o empreendedor se imobiliza para implantar o empreendimento, perdendo poder de compra.* Ou seja, trata-se de medir o esperado FLUXO DOS INVESTIMENTOS do empreendedor no empreendimento, quando vai, em transações financeiras sucessivas, perdendo poder de compra na mesma medida dos recursos que transfere para o ambiente do empreendimento, para que sejam imobilizados.

- A seguir, o modelo deverá especular sobre a *obtenção de recursos líquidos do empreendimento, pela venda ou exploração de seus ativos*, recursos que serão derivados para o empreendedor, fazendo seu FLUXO DE RETORNO, o que *recompõe seu poder de compra*.

O indicador TAXA DE RETORNO é aquele que, na comparação entre esses dois fluxos, mede GANHOS DE PODER DE COMPRA DO EMPREENDEDOR AO DESENVOLVER O EMPREENDIMENTO, pela associação da alavancagem de poder de compra, daquele existente na imobilização, representado pelo FLUXO DOS INVESTIMENTOS, para aquele resultante da exploração ou vendam indicado pelo FLUXO DO RETORNO.

A medida do indicador passará por um procedimento técnico, mostrado mais adiante, mas o primeiro aspecto relevante é tratar da simulação em si, pois da sua qualidade dependerá a da medida a ser usada como âncora da decisão de empreender.

Como destacado na Seção 1.4 do Capítulo 1, a qualidade de um processo de simulação está vinculada a dois aspectos fundamentais:

- A QUALIDADE INTRÍNSECA DO MODELO, como elemento capaz de tratar das transações que simula, simplificando na exata medida da possibilidade de manipular informações, cuja especulação tenha certo grau de segurança.
- A possibilidade de dotar o CENÁRIO REFERENCIAL de expectativas sobre o comportamento das variáveis que resultam nas transações simuladas ou sobre elas têm influência com um determinado nível de probabilidade de ocorrência ou, então, numa situação de monitoramento em que seja possível acompanhar o comportamento, para, com medidas gerenciais, compensar desvios verificados.

Assim, de nada adiantará o indicador se a simulação de desempenho não tiver confiabilidade para que o decisor entenda que faz sua opção de escolha com certo padrão de segurança e com níveis de risco que poderão ser monitorados e controlados.

A simulação tem início, então, pela imposição de um sistema gerencial, que será o reflexo daquele que se adotará para o manejo financeiro da implantação e operação do empreendimento. Como ocorre na maioria dos procedimentos de análise econômica usando modelos de simulação, nem sempre está disponível a caracterização do empreendedor, ou de seus sistemas gerenciais, de sorte que caberá arbitrar uma configuração que corresponde à forma de agir de um investidor não aparente e avesso ao risco, para poder estabelecer rotinas básicas dos sistemas de planejamento para decisão estratégica. Assim, neste tópico e nos seguintes, este livro parte de recomendações técnicas de como fazer essa arbitragem, ficando, entretanto, uma válvula aberta para reorganizar qualquer procedimento, tendo em vista uma específica forma de comportamento de um particular investidor.

O ponto de partida para a simulação de comportamento do nosso investidor não aparente e avesso ao risco, daqui em diante chamado de IAR, está no tratamento sistêmico a ser dado ao seu portfólio de investimento, como sugerido na Figura 6.1.

As transações financeiras praticadas no AMBIENTE DA EMPRESA[3] e do seu ambiente com o MERCADO ou OUTROS SETORES DA ECONOMIA são segmentadas em diferentes sistemas, usando-se: i. um particular para cada empreendimento, criado para viver o ciclo de seu desenvolvimento – SISTEMA EMPREENDIMENTO –; e ii. um sistema perene, para manter os recursos em giro entre os diversos empreendimentos do portfólio e as contas gerais de investimento e administração – SISTEMA GERENCIADOR.

Dessa forma, o SISTEMA EMPREENDIMENTO é que pratica as trocas com o ambiente externo à empresa, seja para CUSTEIO DA IMPLANTAÇÃO E OPERAÇÃO, como para RECEBIMENTO DAS RECEITAS, oriundas de venda ou exploração.

O destino privilegiado das RECEITAS encaixadas no SISTEMA EMPREENDIMENTO será o de custear a implantação ou a operação, somente que nem sempre esta condição estará plenamente satisfeita, porque as contas seguem regras vinculadas com o planejamento da produção, segundo preceitos de melhor produtividade e de nivelamento, conforme os recursos colocados à disposição da produção, e as receitas estão presas a condições contratuais ou a movimentos de mercado não monitorados pelo empreendedor.

Assim, haverá situações em que as receitas encaixadas não são suficientes para sustentar o programa de custeio, quando, então, o SISTEMA GERENCIADOR deverá transferir recursos para o SISTEMA EMPREENDIMENTO, na qualidade de INVESTIMENTO.

Em outros momentos ocorrerá a situação inversa, quando o SISTEMA EMPREENDIMENTO detém recursos em excesso relativamente às suas necessidades para suportar o programa de custeio, de forma que estes recursos, livres, não têm função dentro do sistema, na medida em que seu objetivo exclusivo é manter o giro do empreendimento. Caberá ao sistema gerencial de hierarquia mais alta tratar do destino destes recursos, que então serão transferidos para o SISTEMA GERENCIADOR na qualidade do RETORNO dos INVESTIMENTOS que este alocou para o empreendimento.

A medida da TAXA DE RETORNO oferece ao empreendedor um indicador de qualidade do empreendimento, para que este possa decidir sobre a oportunidade de implantá-lo. As decisões deste teor são tomadas no ambiente do SISTEMA GERENCIADOR, para que, diante de diferentes alternativas de investimento, se escolham as mais favoráveis. Assim, relacionar os investimentos com os retornos, medidos por simulação com esta mecânica de análise, levará a identificar o potencial que tem o empreendimento de oferecer ganhos ao empreendedor, no sentido de alavancar seu poder de compra, da posição INVESTIMENTO, para a posição RETORNO.

---

[3] Do empreendedor ou do investidor que usaremos, neste texto, indiscriminadamente.

Todavia, fica evidente que a rotina das transações entre os sistemas gerenciais não é independente da forma de ser do empreendedor, no sentido de como dá tratamento aos riscos envolvidos no desenvolvimento do empreendimento. Essa sua postura diante do risco deverá estar refletida no procedimento de simulação, sendo natural o entendimento de que, quanto mais avesso ao risco se apresentar o empreendedor, menor deverá ser a medida da TAXA DE RETORNO e, quanto mais agressiva for a sua movimentação de recursos de investimento entre empreendimentos, mas alta deverá ser a TAXA DE RETORNO. Destacamos que há, na literatura sobre o tema, muitas falhas nesse sentido. Não são poucos os textos que tratam de taxa de retorno, que inferem o conceito de que esta é atributo do empreendimento, o que é um erro.

Então, a simulação de comportamento do sistema gerencial interfere na medida da TAXA DE RETORNO. Muitas vezes, porém, o decisor não está aparente, de sorte que a análise deve arbitrar o procedimento do IAR para poder oferecer o indicador da qualidade do investimento conveniente. As técnicas de análise recomendam diversas posturas de arbitragem para admitir como o IAR faz seus fluxos de INVESTIMENTO x RETORNO para cada diferente empreendimento, sendo que é possível recomendar ajustes para diferentes segmentos de mercado, especialmente para o setor do real estate, com suas particularidades estruturais.

6.3. A IDENTIFICAÇÃO DO FLUXO INVESTIMENTO X RETORNO

No procedimento de simulação, tal qual descrito no Capítulo 1, Seção 1.4 deste livro, a identificação do fluxo INVESTIMENTO x RETORNO se faz, em um primeiro passo, independentemente da forma de ser do empreendedor, medindo-se, no ambiente do empreendimento, as necessidades de investimento e as oportunidades de retorno, sempre que se apresentem disponíveis.

- Assim, identificamos necessidades de INVESTIMENTO sempre que o empreendimento não for capaz de gerar os recursos que necessita para manutenção de seu giro, no regime programado.
- De outro lado, caracteriza-se uma posição de RETORNO sempre que, no SISTEMA EMPREENDIMENTO, se verifique a presença de recursos que não mais serão necessários para manutenção do giro do empreendimento. Ou seja, haverá retorno quando for possível identificar a presença de recursos livres no SISTEMA EMPREENDIEMNTO.

Esse fluxo primário, tratado no ambiente do empreendedor, não será, necessariamente, o fluxo do SISTEMA GERENCIADOR para o SISTEMA EMPREENDIMENTO, pois este dependerá da postura gerencial do empreendedor, de forma que esta medida se trata de uma primeira aproximação, sendo, a seguir, necessário caracterizar, de um empreendedor em particular, como se comportaria ao desenvolver o empreendimento em análise, cuja expectativas de investimento e as possibilidades de retorno estão mostradas no fluxo indicado. Diante da resposta alcançada, é possível continuar com a rotina de análise e medir a TAXA DE RETORNO.

Todavia, nem sempre o investidor está aparente e, na análise, é necessário arbitrar a postura para o IAR. Tecnicamente, recomendam-se três posturas, o que não significa sempre medir três indicadores. Na maioria das situações, diante das características de risco do empreendimento e do setor econômico que se analisa, pode caber ao analista arbitrar uma determinada postura para o IAR e fazer uma medida única da TAXA DE RETORNO. Naturalmente, as três posturas estão associadas, de forma clara, a posições de risco muito bem definidas, para que a leitura da medida seja consistente. Isso significa que, ao medir a TAXA DE RETORNO segundo cada postura, estaremos indicando uma posição extrema de IAR, relativamente aos riscos de investir e de recolher retornos do empreendimento, de sorte que, em determinadas circunstâncias, se acha medindo a TAXA DE RETORNO por mais de um caminho, para que, na leitura dos indicadores, o empreendedor possa se encaixar, com respeito à forma como dá tratamento aos riscos, entre posições técnicas que indiquem limites deste posicionamento.

Passo a passo, vejamos como se faz a identificação do fluxo INVESTIMENTO x RETORNO básico e sua derivação para as diferentes transações entre o SISTEMA GERENCIADOR e o SISTEMA EMPREENDIMENTO, considerando três posturas mais recomendadas para o IAR.

O primeiro passo da simulação é explorar, num cenário esperado de comportamento, as contas relativas a RECEITAS e CUSTEIO, no Sistema Empreendimento (Figura 4.3 no Capítulo 4, Seção 4.5).

Com estas contas, constrói-se o FLUXO DE CAIXA ESPERADO NO AMBIENTE DO SISTEMA EMPREENDIMENTO (Quadro 4.1 no Capítulo 4, Seção 4.5).

Assim, as expressões matemáticas para calcular cada posição de INVESTIMENTO x RETORNO no Capítulo 4, Seção 4.5, nos permitem identificar o FLUXO BÁSICO de INVESTIMENTO x RETORNO para geração do indicador da qualidade do investimento.

Dessa forma, para cada empreendimento, quando simularmos seu fluxo de caixa considerando as contas de custeio e as receitas líquidas, podemos identificar um FLUXO BÁSICO de INVESTIMENTO x RETORNO, cujo fundamento está em *investir quando se exige caixa para cobrir déficits no SISTEMA EMPREENDIMENTO e obter retorno sempre que existam superávits neste sistema, representados por recursos livres, significando que não mais serão exigidos no futuro para cobertura de déficits no fluxo de caixa.*

Esse fluxo básico de INVESTIMENTO x RETORNO está preso, exclusivamente, a características do empreendimento, havendo agora necessidade de se dar mais um passo para definir as transações entre o SISTEMA EMPREENDIMENTO e o SISTEMA GERENCIADOR, quando serão introduzidas as posturas gerenciais para cobertura dos investimentos e para transferências dos retornos.

Esse fluxo básico tem sua forma representada pela Figura 6.2, em que o fluxo de investimentos necessariamente antecede o de retorno, sem possibilidade de superposição.

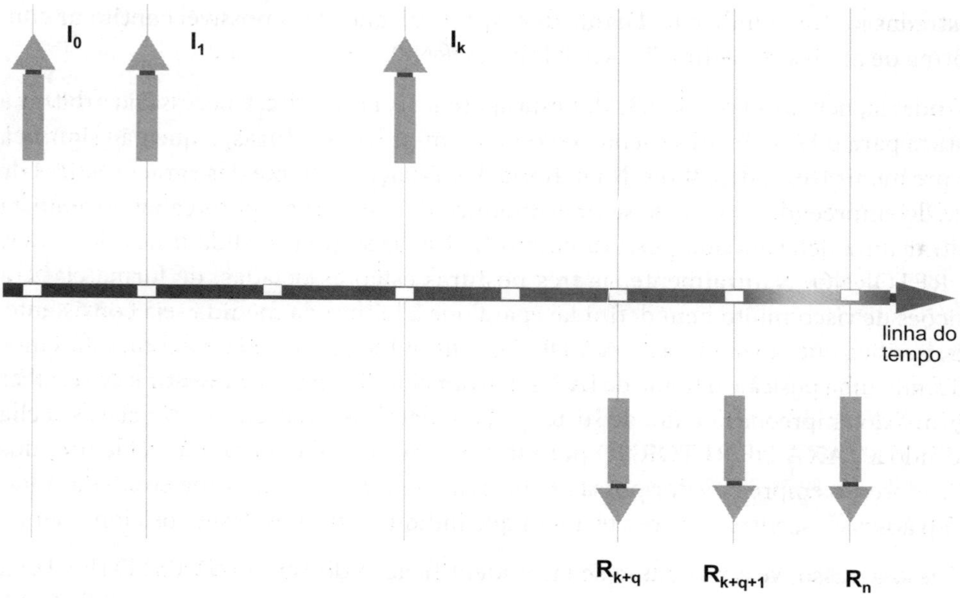

Figura 6.2 – Fluxo investimento x retorno.

A não superposição dos fluxos deriva de que só se considera retorno numa determinada posição quando os recursos em superávit forem livres, ou seja, quando não mais forem exigidos no fluxo de caixa do empreendimento, para cobertura de déficits futuros. Repetindo o conceito: não haverá retorno somente porque existe superávit de recursos no SISTEMA EMPREENDIMENTO – retorno se entende o recurso em superávit que está livre.[4]

Desse fluxo básico, derivamos agora para cada caso em particular, tratando de inferir a postura do decisor quanto à forma de sustentar o fluxo de investimentos que o empreendimento exige e com respeito ao regime segundo o qual transferirá retornos viáveis do SISTEMA EMPREENDIMENTO para o SISTEMA GERENCIADOR.

O fluxo básico representa, do ponto de vista do investimento, as necessidades do SISTEMA EMPREENDIMENTO, no seu limite, e, quanto aos retornos, seu potencial de gerar recursos livres, também no limite. Isso não induz, necessariamente, que o empreendedor tenha que se posicionar na linha limite, pois seus sistemas gerenciais são dirigidos por posturas diante do risco, que poderão indicar a conveniência de adiantar

4 Mais adiante, estabelecemos crítica sobre a forma de análise que considera superposições, fazendo confundir recursos em superávits no SISTEMA EMPREENDIMENTO com retornos. Essa forma, encontrada, ainda, em alguma literatura, quando descrita como passível de ser usada de maneira generalizada, induz a erro, porque fere os conceitos de investimento e retorno, o que se traduz no cálculo de indicadores acima do que será possível alcançar desenvolvendo o empreendimento. Para casos muito particulares, pode ser adotada, mas, mesmo assim, com restrições consideráveis.

transferências de recursos para o SISTEMA EMPREENDIMENTO, no sentido de suprir os investimentos indicados no fluxo básico, como de retardar o acesso ao retorno.

Como ao empreendedor o que interessa é a medida da TAXA DE RETORNO relativa a seu investimento no empreendimento, o que deverá medir é o potencial que o empreendimento lhe oferece de ganhar poder de compra. Assim, a TAXA DE RETORNO é medida por meio do fluxo INVESTIMENTO x RETORNO, tomado do ponto de vista do SISTEMA GERENCIADOR, ou seja, há que se considerar como e quando se fazem transferências para o SISTEMA EMPREENDIMENTO para cobrir as necessidades mostradas no fluxo básico dos INVESTIMENTOS e, no segundo ciclo, como e quando se fazem as transferências dos recursos livres – RETORNO – do SISTEMA EMPREENDIMENTO para o SISTEMA GERENCIADOR. Desta forma, do FLUXO BÁSICO INVESTIMENTO x RETORNO, devemos derivar o FLUXO DE INVESTIMENTO x RETORNO DO SISTEMA GERENCIADOR EM RELAÇÃO AO SISTEMA EMPREENDIMENTO, por meio do qual se fará a medida da TAXA DE RETORNO.

A diferença entre os dois fluxos está na forma como o empreendedor decide que, aqui, estará refletida em adiantar ou não recursos para cobrir o fluxo básico dos investimentos e retardar ou não o encaixe dos recursos de retorno medidos no fluxo básico. Como sempre, quando o empreendedor não está presente, a técnica recomenda posturas de arbitragem para inferir um decisor e, neste caso, são usadas três posturas referenciais em situações-limite, de sorte que, na impossibilidade de identificar tendências na forma de decidir ou na ausência de critérios que recomendem uma das posições arbitrais, podem os três indicadores calculados caracterizar o entorno dentro do qual se posicionará a TAXA DE RETORNO.

6.3.1. O INVESTIDOR QUE ACEITA O MAIOR PADRÃO DE RISCOS

A hipótese primeira para arbitragem é aquela em que o decisor adota, para as transações de recursos entre os dois sistemas gerenciais, a configuração-limite, significando que somente investe nos momentos em que o SISTEMA EMPREENDIMENTO exige recursos e, de outro lado, tão logo existam recursos livres naquele sistema, promove a sua transferência para o SISTEMA GERENCIADOR.

Nesta hipótese, o fluxo INVESTIMENTO x RETORNO para o empreendedor será idêntico ao fluxo básico do empreendimento (Figura 6.2).

6.3.2. O INVESTIDOR QUE, PARA OS INVESTIMENTOS, OPERA AVESSO AO RISCO

Para os setores da economia que operam com investimentos segmentados por empreendimento, como é o caso do real estate, não há como se admitir que seja possível manter um regime de alta eficácia na transferência de recursos entre o SISTEMA GERENCIADOR e cada SISTEMA EMPREENDIMENTO, de forma que, a qualquer momento em que seja gerado um retorno, existam empreendimentos prontos para recebê-lo como investimento. E mais: mesmo que esta situação se dê em determinadas circunstâncias tópicas, os empreendimentos não têm capacidade homogeneizada de oferecer ganhos de poder de compra, de modo a ser possível, em análise, tratar o portfólio de investimentos do SISTEMA GERENCIADOR como um todo, havendo a necessidade de isolar cada empreendimento, seja para analisar seu potencial específico, seja para não promover uma fusão de riscos que, praticamente, anula a possibilidade de usar a TAXA DE RETORNO para tomar decisões de investimento, na medida em que a interpenetração de vários empreendimentos do portfólio promoverá esta situação esdrúxula de fazer com que a qualidade de cada empreendimento esteja sujeita ao bom desempenho de outros que a ele não são vinculados.

O que ocorrerá, na prática, é que um planejamento com aversão ao risco decidirá sobre investimentos que estejam mais adiante que potenciais retornos encaixados de empreendimentos maduros. Isso significará acumular recursos dentro do SISTEMA GERENCIADOR à espera do momento de investir. Essa espera, evidentemente, tira eficácia no manejo dos recursos do sistema, porque exige que os recursos estejam prontos, portanto, aplicados com padrão alto de liquidez e "risco zero", durante este ciclo de espera.

A forma de traduzir esta postura para a análise é tratá-la numa configuração-limite, na medida em que, quando se está analisando um empreendimento específico, não estão disponíveis informações para conhecer o portfólio do empreendedor e, novamente, para que a análise se restrinja ao empreendimento e não haja fusão de riscos, ele deverá ser isolado. Esta configuração-limite representará, assim, considerar que o *empreendedor dará partida ao empreendimento pronto para investir,* isto significando que, com a reserva de recursos suficiente para fazer frente ao fluxo dos investimentos, conforma se identifica no fluxo básico. A condição pronto para investir indicará, assim, a massa de recursos que deverá ser segregada à disposição do SISTEMA EMPREENDIMENTO, em uma aplicação de "risco zero" – consequentemente, rendendo custo de oportunidade – para constituir o fundo necessário para cobrir o fluxo de investimentos, segundo medido no fluxo básico, fundo que se extinguirá quando for perpetrado o último investimento no empreendimento.

Com esta hipótese gerencial, o fluxo INVESTIMENTO x RETORNO, do ponto de vista do SISTEMA GERENCIADOR, se apresenta na Figura 6.3.

O montante pronto para investir será $I_{PRONTO\text{-}0}$, que, colocado à disposição do SISTEMA EMPREENDIMENTO é capaz de satisfazer seus déficits de caixa representados pelos investimentos exigidos nos padrões do fluxo básico. Para o SISTEMA GERENCIADOR aparecerá, então, o fluxo da Figura 6.3 formatado somente com $I_{PRONTO\text{-}0}$ e não com os I_k, já que seu padrão de imobilização em favor do SISTEMA EMPREENDIMENTO estará representado por $I_{PRONTO\text{-}0}$.

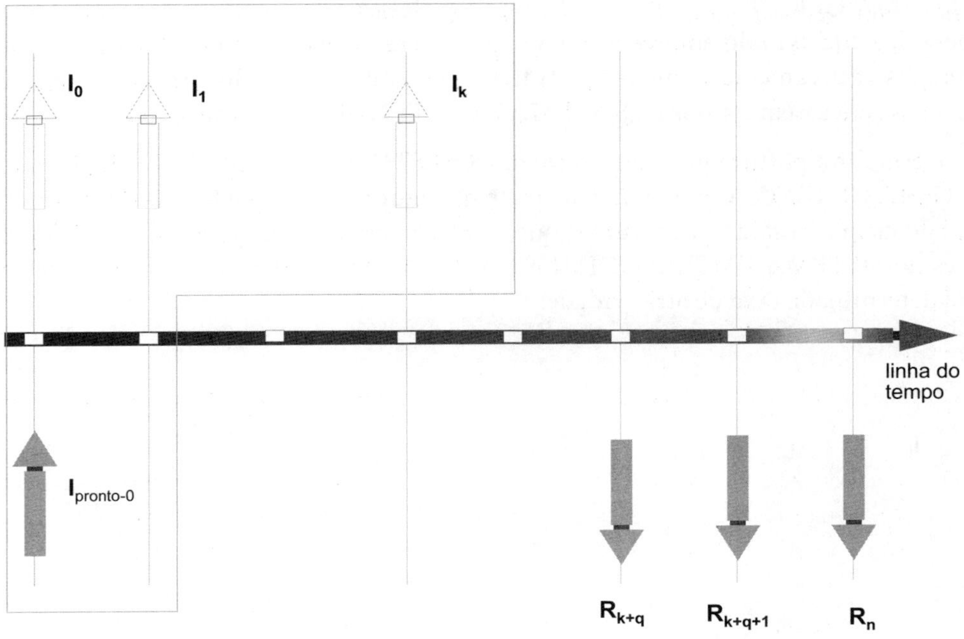

Figura 6.3 – Fluxo I_{PRONTO} x retorno.

6.3.3. O INVESTIDOR QUE EMPREENDE AVESSO AO RISCO NA CONDIÇÃO EXTREMA

Usando, ainda, o setor de real estate como referência, haverá uma condição extrema para se empreender avesso ao risco, que combina a hipótese tratada no item anterior com o conceito de que os retornos, no momento em que aparecem livres no SISTEMA EMPREENDIMENTO, estão vinculados a riscos de ocorrências futuras que poderiam, em princípio, alterar sua magnitude.

Os retornos aparecem em momentos em que é possível identificar que, nas transações futuras, não haverá necessidade destes recursos para cobrir posições de fluxo de caixa em déficit. Porém, poderão acontecer desvios entre as posições esperadas para andamento do caixa e as efetivamente verificadas, na medida em que custos poderão se desviar do projetado, por estarem baseados em orçamentos, e receitas também, por estarem baseadas em expectativas de mercado, ou, ainda, por estarem sujeitas a atrasos e inadimplências.

Essa situação poderá levar o investidor que opera avesso ao risco em uma condição extrema a esperar a conclusão do empreendimento para, então, transferir retornos para o SISTEMA GERENCIADOR. Do ponto de vista da análise, transferir efetivamente os recursos de um sistema para outro não é relevante. Para adotar este conceito de postura extrema com respeito ao risco, pode-se admitir que os recursos são transferidos para o SISTEMA GERENCIADOR, mas ficam naquele sistema constituindo um fundo à espera da conclusão do empreendimento, para, somente nesse momento, serem considerados, efetivamente, como recursos livres. No âmbito da análise, trata-se como se os recursos ficassem retidos no SISTEMA EMPREENDIMENTO até a sua conclusão.

Se esta for a postura gerencial, o fluxo INVESTIMENTO x RETORNO, visto do SISTEMA GERENCIADOR, terá o formato da Figura 6.4, em que R_F representará, ao final do ciclo n, o saldo dos recursos que, paulatinamente, foram identificados como livres no SISTEMA EMPREENDIMENTO, mas mantidos dentro deste aplicados a uma determinada taxa de atratividade.

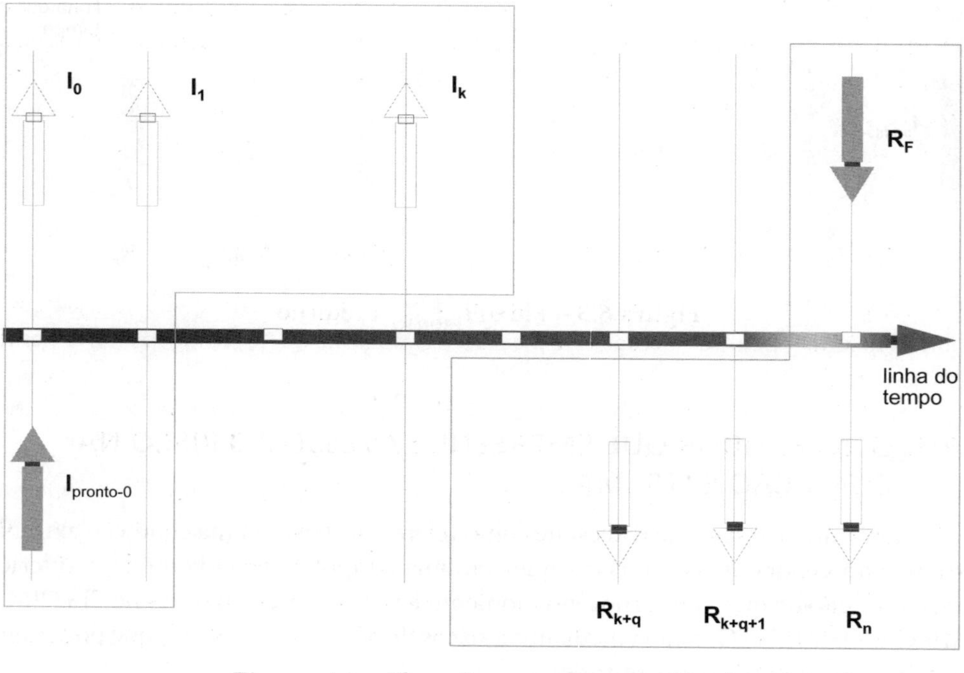

Figura 6.4 – Fluxo I_{PRONTO} x Retorno Final.

6.4. O CÁLCULO DA TAXA DE RETORNO

TAXA DE RETORNO sempre se mede, em análise, no conceito de taxa de equivalente, uma vez que não se relaciona específicas posições de investimento com outras de retorno, mas se considera que, em determinado ciclo, o SISTEMA GERENCIADOR perde poder de compra por se imobilizar diante das necessidades do SISTEMA EMPREENDIMENTO, para, em outro ciclo, recobrar poder de compra em outro nível, diante do potencial de liberar recursos apresentado pelo SISTEMA EMPREENDIMENTO.

Isso significa que sua medida está presa à consideração da existência de uma operação virtual, que se repete a cada intervalo de tempo e que, para um ciclo equivalente ao do empreendimento, promove efeitos de ganhos de poder de compra de mesma monta. Dessa forma, se o empreendedor aplicasse seus recursos nessa operação virtual, em vez de fazê-lo no SISTEMA EMPREENDIMENTO, produziria sobre essa massa de recursos a mesma alavancagem. A operação equivalente é, assim, artificial e faz a medida da TAXA DE RETORNO por via indireta, mas permite que se homogeneíze a sistemática de tomada de indicador da qualidade para diversas hipóteses de investimento, para que seja possível hierarquizá-las, com o objetivo de comparar e, mesmo, de escolher diante de um conjunto de alternativas viáveis.

A TAXA DE RETORNO se mede no conceito do crescimento relativo de poder de compra dentro de um certo intervalo de tempo e, quando se usa a imagem da operação equivalente, a TAXA DE RETORNO DA OPERAÇÃO EQUIVALENTE, ou, simplesmente, a TAXA DE RETORNO EQUIVALENTE, se mede no conceito de crescimento relativo de poder de compra em uma certa unidade de tempo pré-definida.

6.4.1. TAXA DE RETORNO PARA O FLUXO BÁSICO

A TAXA DE RETORNO, no conceito equivalente, para o fluxo básico da Figura 6.2, é aquela de uma operação virtual, que produz, a cada unidade de tempo, os movimentos idênticos ao do fluxo, como se fosse representada por um FUNDO DE APLICAÇÕES FINANCEIRAS, no qual o empreendedor INVESTE seus recursos, no regime dos I_k e retira recursos – RETORNO – no regime dos R_k.

- Assim, entre as posições 0 e 1, sendo ti a taxa de retorno equivalente, medida no conceito de crescimento relativo de poder de compra, o saldo credor do investidor, nesta operação equivalente, antes do investimento I_1, será $S_1 = I_0(1+ti)$. Neste momento, "entra" o investimento I_1, de forma que, no momento 2, antes da entrada do investimento I_2, o saldo será $S_2 = (S_1 + I_1).(1+ti)$, ou seja, $S_2 = I_0(1+ti)2 + I_1(1+ti)$.
- Na posição k, o saldo S'_k, após o investimento I_k, será:

  $$S'k = \sum_{j=0}^{k} Ij\left(1+ti\right)^{k-j}.$$

  Quando se sucedem investimentos, esse saldo S' vai evoluindo segundo essa expressão, para, a partir a ocorrência dos retornos, tudo se passar como se, do FUNDO criado para refletir a operação equivalente (virtual), o empreendedor sacasse recursos, em montantes idênticos aos apresentados no fluxo de retorno.
- Admitindo que a primeira posição de retorno, segunda a Figura 6.2, seja k+q, antes do saque do retorno, o saldo do fundo representado pela operação equivalente será:

$$S'k+q=\sum_{j=0}^{k}Ij\left(1+ti\right)^{k+q-j}.$$

Após o saque de R_{k+q} o saldo será $S'_{k+q} = S_{k+q} - R_{k+q}$.

- Daí em diante, o saldo S'_j é que passa a ser remunerado à taxa ti, no FUNDO – operação equivalente –, de forma que, quando se atinge o final do ciclo do empreendimento, na posição n, teremos:

$$Sn=\sum_{j=0}^{k}Ij\left(1+ti\right)^{n-j}-\sum_{j=k+q}^{n-1}Rj\left(1+ti\right)^{n-j}.$$

O saldo do FUNDO, após o saque de R_n, será necessariamente zero, pois a operação se encerrou, com a transferência de todo o fluxo de retorno para o empreendedor.

- Então, ao final, $S'_n = S_n - R_n = 0$, resultando, de forma genérica:

$$\sum_{j=0}^{n}Ij\left(1+ti\right)^{n-j}=\sum_{j=0}^{n}Rj\left(1+ti\right)^{n-j}.$$

Essa expressão que permitirá o cálculo da TAXA DE RETORNO no conceito equivalente, quando se tem o fluxo INVESTIMENTO x RETORNO que a representa, pode ser apresentada na seguinte forma, que resulta, meramente, de dividir os termos por (1+ti)n:

$$\sum_{j=0}^{n}\frac{Ij}{\left(1+ti\right)^{j}}=\sum_{j=0}^{n}\frac{Rj}{\left(1+ti\right)^{j}}.$$

A *taxa de retorno equivalente, medida com o fluxo básico* se denomina TAXA INTERNA DE RETORNO EQUIVALENTE e serve para indicar o poder de alavancagem que o SISTEMA EMPREENDIMENTO pode oferecer para o fluxo dos investimentos que absorve, *se a postura gerencial do investidor for a de trabalhar com o maior nível de riscos na transferência de recursos entre o* SISTEMA GERENCIADOR e o SISTEMA EMPREENDIMENTO. Sua medida será indicada por [% período unitário] – por exemplo, taxa interna de retorno = 12% equivalente anual, efetiva, acima do IPCA, significando que a operação virtual se maneja promovendo ganhos de poder de compra de 12% a cada final de ciclo de um ano, em relação ao poder de compra do final do ciclo anterior e acima de um índice de inflação que se entende refletir com qualidade a perda do poder de compra da moeda na economia brasileira. Esta unidade de medida independente de se tratar de taxa interna, ou qualquer outra forma de considerar a postura gerencial.

6.4.2. TAXA DE RETORNO PARA A POSTURA DE INVESTIR COM MENOR RISCO

Essa é a postura que se recomenda para arbitrar o comportamento do IAR na condição de empreendimentos do setor de real estate. Admitir o fluxo de maior risco significará assumir uma continuidade no regime de empreender praticamente impossível de ser alcançada.

Contudo, é importante não confundir que a recomendação deste conceito para arbitrar como o IAR se conduz na gestão do empreendimento se traduza no aconselhamento de que os empreendimentos só devem ter partida se I_{PRONTO} estiver recolhido e aplicado num fundo a custo de oportunidade. A arbitragem para análise substitui simplificando o conceito de que os recursos que compreendem o potencial de investimento dentro do SISTEMA GERENCIADOR tendem a ficar "estacionados" esperando que se acumulem, para suportar posições de investimento já comprometidas ou por serem, ainda, analisadas. Uma postura avessa ao risco para investir decidiria por estabelecer um programa de investimento em certo empreendimento adiantado relativamente ao que se vislumbra que possa vir a retornar de empreendimentos que já estão girando a esta postura levada ao limite, que é o é correto para indicar em uma técnica consistente de arbitragem, conceitua a definição de I_{PRONTO}.

O fluxo INVESTIMENTO x RETORNO, do ponto de vista do SISTEMA GERENCIADOR, reproduz o fluxo dos investimentos exigidos no SISTEMA EMPREENDIMENTO. Então, teremos, genericamente:

$$I_{PRONTO-0} = \sum_{j=0}^{n} \frac{Ij}{(1+cop)^j} ,$$

sendo cop = custo de oportunidade.

Em tese, pode-se arbitrar esta taxa de aplicação, todavia, quando se arbitra IAR, já que estamos considerando postura avessa ao risco, sempre falamos em custo de oportunidade, taxa que está, tecnicamente, ancorada ao conceito de "taxa isenta de risco, ou de risco zero".

Daqui em diante, consideramos a mesma rotina usada para cálculo da taxa interna, com o mesmo conceito de FUNDO, como operação equivalente, o que nos levará a:

$$I_{PRONTO-0} = \sum_{j=0}^{n} \frac{Ij}{(1+cop)^j} = \sum_{j=0}^{n} \frac{Rj}{(1+tr)^j} ,$$

onde tr é a taxa que reflete esta postura de gerenciar a política de investimentos dentro do sistema gerenciador.

A *taxa de retorno equivalente, medida com o conceito de* I_{PRONTO} para substituir o fluxo de investimentos, se denomina TAXA DE RETORNO RESTRITA EQUIVALENTE. O conceito de taxa equivalente sempre prevalece e o termo restrito se associa a não vincular os diversos empreendimentos num regime de transição e fusão de riscos, já que esta postura procura segregar cada empreendimento para operar o fluxo de investimentos no conceito de recursos reservados dentro do SISTEMA GERENCIADOR, sem tratar da sua origem.

Já o conceito de taxa interna vincula os diversos empreendimentos sob gerenciamento do SISTEMA GERENCIADOR, uma vez que a hipótese de trabalho é que recursos não ficam estacionados dentro do sistema, esperando para serem investidos, sempre havendo trânsito entre retornos e novos empreendimentos. Essa agilidade não se encontra no setor do real estate e, em realidade, em poucas situações de investimento, podendo, eventualmente, se associar aos ciclos repetitivos numa operação industrial seriada, ou nas aplicações de uma entidade financeira. Mesmo assim, está implícita nessa postura uma certa homogeneização entre os diversos empreendimentos, o que, para muitas situações, é uma simulação com cenário mal construído.

6.4.3. TAXA DE RETORNO PARA A POSTURA DE EMPREENDER AVESSO AO RISCO, NA CONDIÇÃO EXTREMA

Considerado esta postura gerencial, refletida na Figura 6.4 e sendo ta a taxa na qual se faz a acumulação dos retornos, conforme vão aparecendo, até o final do ciclo do empreendimento, o SISTEMA GERENCIADOR "vê" o fluxo de INVESTIMENTO x RETORNO *segundo duas únicas posições*, I_{PRONTO} e RF. A *taxa de retorno assim medida*, tm, ainda no critério de taxa equivalente, será denominada de TAXA DE RETORNO NO CONCEITO DE MENOR RISCO, EQUIVALENTE, segundo a expressão RF = $I_{PRONTO}\,(1+tm)^n$, sendo que RF será resultado da aplicação do fluxo RJ até a posição n, à taxa de atratividade arbitrada ta.

Então, genericamente:

$$\sum_{j=0}^{n} Rj\left(1+ta\right)^{n-j} = \left(1+tm\right)^{n} \sum_{j=0}^{n} \frac{Ij}{\left(1+cop\right)^{j}}.$$

6.5. UMA POSTURA GERENCIAL ESPECÍFICA DIANTE DO RISCO

Não são muitas as situações em que, já na análise de empreendimentos, o planejador se defronta com a descrição clara de uma postura gerencial diante do risco que não possa ser coberta com a indicação do espectro composto por ti, tr, tm. Na maioria das situações, basta até mesmo um só cálculo, para que já se tenha um indicador suficiente para tomar decisões de empreender. Entretanto, poderá se dar uma condição peculiar em que a análise deve ser conduzida levando em conta, especificamente, como se comporta o SISTEMA GERENCIADOR, na decisão diante do risco, para extrair uma TAXA DE RETORNO que reflita esta configuração.

Como se trata de uma situação qualquer, usamos, aqui, um Caso para mostrar as diferentes taxas de retorno, calculadas segundo os três critérios recomendados pela boa técnica de análise e, mais, a que resulta de inferir a postura específica do decisor, aqui conhecido:

- Uma empresa analisa a oportunidade de desenvolver um empreendimento, cujo fluxo de custeio, segundo orçamento, e expectativa de receita estão descritos no quadro 6.1. A postura gerencial que será adotada relativamente aos investimentos é formar recursos prontos para investir ao custo de oportunidade de 6% equivalente-ano na moeda referencial de análise e, para fazer acumulação de retorno, 10% equivalente-ano. A taxa de atratividade arbitrada pelo empreendedor, para este tipo de negócio, é de 18% equivalente-ano e sua política diante do risco só admite a retirada de retornos após completados 70% do custeio das obras.

O Quadro 6.1 já mostra o fluxo de caixa resultante e o fluxo básico INVESTIMENTO x RETORNO.

A TAXA DE RETORNO no conceito da TAXA INTERNA se calcula pelo fluxo do Quadro 6.1. Resulta ti = 33,54% ano, equivalente, na moeda de referência.

Usando critério de TAXA DE RETORNO RESTRITA, teremos o fluxo INVESTIMENTO x RETORNO do Quadro 6.2, onde também está o fluxo para o critério de TAXA DE RETORNO COM CONCEITO DE MENOR RISCO.

As taxas se apresentam: tr = 29,15% ano, equivalente na moeda de referência e tm = 22,93% ano equivalente, na moeda de referência.

Quadro 6.1 – Fluxo de caixa e fluxo investimento x retorno

MÊS REF	CONTAS DE CUSTEIO	RECEITA LÍQUIDA	MOVIMENTO NO PERÍODO	FLUXO DE CAIXA	INVESTI-MENTO	RETORNO
1	(1.866)	-	(1.866)	(1.866)	1.866	-
2	(870)	-	(870)	(2.736)	870	-
3	(832)	-	(832)	(3.568)	832	-
4	(714)	-	(714)	(4.282)	714	-
5	(714)	-	(714)	(4.996)	714	-
6	(714)	(163)	(877)	(5.873)	877	-
7	(716)	(163)	(879)	(6.752)	879	-
8	(601)	126	(475)	(7.227)	475	-
9	(605)	299	(306)	(7.533)	306	-
10	(608)	480	(128)	(7.661)	128	-
11	(613)	670	57	(7.604)	-	(57)
12	(617)	871	254	(7.350)	-	(254)
13	(621)	1.078	457	(6.893)	-	(457)
14	(459)	1.177	718	(6.175)	-	(718)
15	(459)	1.177	718	(5.457)	-	(718)
16	(459)	1.177	718	(4.739)	-	(718)
17	(459)	1.177	718	(4.021)	-	(718)
18	(459)	1.177	718	(3.303)	-	(718)
19	(459)	1.177	718	(2.585)	-	(718)
20	(777)	1.177	400	(2.185)	-	(400)
21	(777)	1.177	400	(1.785)	-	(400)
22	(777)	1.177	400	(1.385)	-	(400)
23	(777)	1.177	400	(985)	-	(400)
24	(777)	1.177	400	(585)	-	(400)
25	(777)	1.177	400	(185)	-	(400)
26	(989)	1.177	188	3	-	(33)
27	(989)	1.177	188	191	-	-
28	(989)	1.177	188	379	-	-
29	(989)	1.177	188	567	-	-
30	(990)	1.235	245	812	-	-
31	(964)	-	(964)	(152)	-	-
32	(98)	4.568	4.470	4.318	-	(4.470)
TOTAL	(23.515)	27.833	4.318		**7.661**	**(11.979)**
RESULTADO		**4.318**				(4.318)

Notar que a coluna FLUXO DE CAIXA é virtual, tendo em vista que mostra déficits, que serão cobertos com investimentos, e superávits, que se transformarão nos retornos. Essa medida serve para auxiliar o cálculo dos montantes de investimento e de retorno.

A postura gerencial faz retardar a transferência do retorno para o SISTEMA GERENCIADOR, relativamente à condição-limite, ou seja, a partir do mês 11 (Quadro 6.1).

Quadro 6.2 – Fluxo de investimento x retorno para as duas posturas de aversão ao risco

MÊS REF	FLUXO I x R	
	RESTRITO	MENOR RISCO
1	7.545	7.545
2		
3		
4		
5		
6		
7		
8		
9		
10		
11	(57)	
12	(254)	
13	(457)	
14	(718)	
15	(718)	
16	(718)	
17	(718)	
18	(718)	
19	(718)	
20	(400)	
21	(400)	
22	(400)	
23	(400)	
24	(400)	
25	(400)	
26	(33)	
27		
28		
29		
30		
31		
32	(4.470)	(13.041)
TOTAL	**(4.434)**	**(5.496)**

No Quadro 6.3 está o fluxo de retorno para a condição imposta, de somente dar início à transferência de fundos quando completados 70% do custeio. O fluxo de retorno é apresentado segundo dois critérios: i. considera que os retornos possíveis se acumulam na moeda de referência; e ii. admite rendas de aplicação equivalentes à taxa arbitrada de 10% ano, equivalente, na moeda de referência.

Quadro 6.3 – Fluxo de investimento x retorno para postura gerencial específica

MÊS REF	CONTAS DE CUSTEIO	CUSTEIO ACUMULADO	FLUXO I x R (1)	FLUXO I x R (2)
1	(1.866)	7,9%	7.545	7.545
2	(870)	11,6%	-	-
3	(832)	15,2%	-	-
4	(714)	18,2%	-	-
5	(714)	21,2%	-	-
6	(714)	24,3%	-	-
7	(716)	27,3%	-	-
8	(601)	29,9%	-	-
9	(605)	32,5%	-	-
10	(608)	35,0%	-	-
11	(613)	37,6%	-	-
12	(617)	40,3%	-	-
13	(621)	42,9%	-	-
14	(459)	44,9%	-	-
15	(459)	46,8%	-	-
16	(459)	48,8%	-	-
17	(459)	50,7%	-	-
18	(459)	52,7%	-	-
19	(459)	54,6%	-	-
20	(777)	57,9%	-	-
21	(777)	61,2%	-	-
22	(777)	64,5%	-	-
23	(777)	67,8%	-	-
24	(777)	71,1%	(7.076)	(7.519)
25	(777)	74,5%	(400)	(400)
26	(989)	78,7%	(33)	(33)
27	(989)	82,9%	-	-
28	(989)	87,1%	-	-
29	(989)	91,3%	-	-
30	(990)	95,5%	-	-
31	(964)	99,6%	-	-
32	(98)	100,0%	(4.470)	(4.470)
TOTAL	**(23.515)**		**(4.434)**	**(4.877)**

Nesta postura, a TAXA DE RETORNO, equivalente anual, na moeda de referência será tG1 – hipótese de fluxo (1) = 23,89% e tG2 – hipótese de fluxo (2) = 25,76%.

Este Caso enseja a possibilidade de se discutir sobre a decisão diante do espectro de taxas.

- A TAXA DE RETORNO é o indicador mais recomendado – e usado – para tratar da qualidade do investimento em empreendimentos, no aspecto econômico, mas não deve ser entendido como medida de um atributo do empreendimento. A TAXA DE RETORNO sempre é medida por meio de simulação, pois o uso fundamental deste indicador é no sentido de tomar decisões durante o processo de planejamento do empreendimento, seja para a decisão de fazer ou para formatar a estratégia de implantação, ou ainda para, durante o procedimento de implantação ou de operação, reorganizar rotinas. Assim, *trata-se de medida que reflete potencial do empreendimento em oferecer, ao investidor, ganhos de poder de compra, segundo uma certa postura gerencial, a ser adotada para desenvolvê-lo.*
- Assim, muitas vezes, é conveniente mostrar o espectro para a TAXA DE RETORNO, com medidas tomadas segundo diferentes critérios de gestão, a não ser em situações em que as posições de maior risco deste espectro representem informações enganosas, por induzir posturas gerenciais de alto risco, ou que não poderão ser aplicadas, em razão das características estruturais, seja do SISTEMA EMPREENDIMENTO, do SISTEMA GERENCIADOR, do AMBIENTE ECONÔMICO em que o empreendimento se insere, ou mesmo da CONJUNTURA ECONÔMICA.
- Sabemos que os indicadores da qualidade do investimento tendem a ter um comportamento de mostrar posições mais favoráveis para níveis de risco mais elevados e, usando o Caso como referência, nosso espectro de taxas se verifica segundo a Figura 6.5.
- ti = TAXA INTERNA DE RETORNO está condicionada ao sistema gerencial de maior risco em relação ao manejo da política de investimentos no SISTEMA GERENCIADOR, de forma que, no espectro, sempre estará em primeira posição. Para determinados ambientes econômicos, não reflete uma postura viável para administrar, como é o caso do setor do real estate com seu sistema de segregação por empreendimento.
- tr = TAXA DE RETORNO RESTRITA já reflete uma condição mais próxima da realidade do setor de real estate, sendo o conceito que se recomenda usar como preferencial, quando se trata de arbitrar as posturas do IAR. Situa-se sempre abaixo da ti,[5] por refletir a menor agilidade no manejo financeiro dos recursos disponíveis para investimento no SISTEMA GERENCIADOR. Dentro do espectro, está acima de tm, por refletir uma condição mais ágil de gestão, associada a maiores riscos. Do ponto de vista do cálculo, aqui há que

5 Na situação particular de que ti < cop, tr seria maior do que ti. Entretanto, nesse caso, o empreendimento será abandonado como inviável, o que, em planejamento, produzirá o efeito de não se medir o espectro de taxas, mas já promover a declaração de inviabilidade ao medir ti. Assim, diremos que, para empreendimentos com algum sentido de viabilidade, tr < ti.

ser feita, também, uma ressalva, mas numa situação que, do ponto de vista prático, não deverá ocorrer, por ferir a lógica. A taxa tm será maior do que tr, se a taxa arbitrada pelo empreendedor, ou pelo planejador, para formar o retorno acumulado na condição de menor risco – tfR – for maior que tr.

- tm = TAXA DE RETORNO NO CONCEITO DE MENOR RISCO sempre aparecerá abaixo das demais, pela própria natureza da sua formatação, com as ressalvas matemáticas das notas anteriores.

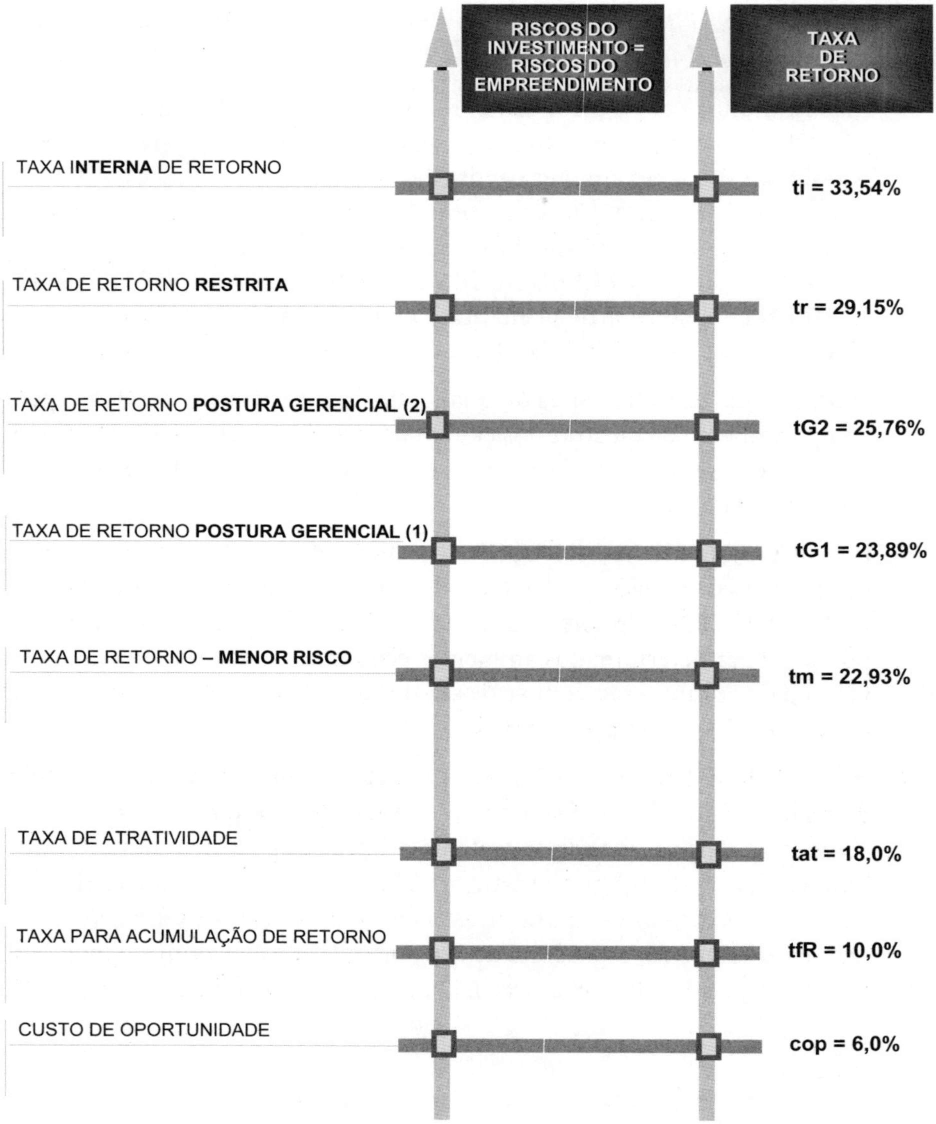

Figura 6.5 – Hierarquização de taxas de retorno diante da postura gerencial e riscos.

Para calcular estes três indicadores e para estabelecer padrões de comparação, no planejamento, devemos ARBITRAR as taxas:

- tat = TAXA DE ATRATIVIDADE, como sendo o padrão que o empreendedor admite para o mínimo de remuneração que pretende para desenvolver este particular empreendimento. Essa arbitragem obedece a critérios técnicos sobre os quais não nos estendemos, mas que podem ser encontrados em outros textos que tratam de política de investimento e análise de investimentos para o setor de real estate. Para empreendimentos, esta taxa está situada normalmente acima dos padrões de aplicação financeira que podem estar disponíveis para o SISTEMA GERENCIADOR, admitindo-se que o natural comportamento da economia situa as aplicações financeiras nos níveis de risco mais baixos. Neste Caso, como tr e tm se situam acima da atratividade, o investidor se conduziria por decidir empreender, admitindo que análises de risco específico, relativamente aos fluxos de receita e custeio, dessem sustentação para esta posição.
- tfR = TAXA PARA ACUMULAÇÃO DE RETORNO, serve para calcular R_F, que leva a tm, e está, evidentemente, no nível das aplicações financeiras, devendo se situar abaixo de tat.
- cop = CUSTO DE OPORTUNIDADE, e a taxa que se arbitra para as aplicações de risco desprezível na conjuntura econômica que serve de ambiente para a análise, sendo, sempre, o referencial do espectro, pois baliza a condição "zero" para o vetor CONDIÇÃO DE RISCO (Figura 6.5), necessária, até, para a própria construção do processo de decisão.

Evidentemente que os empreendimentos não terão suas taxas ti, tr e tm sempre posicionadas acima de tat, já que esta é arbitrada pelo empreendedor. Poderá, então, ocorrer uma situação como a da Figura 6.6, em que o indicador TAXA DE RETORNO mostra um empreendimento mais arriscado do que o Caso deste item.

O que se vê, neste exemplo, é que, para desenvolver o empreendimento, o investidor deverá admitir a possibilidade de trabalhar com uma postura mais agressiva diante do risco, já que a posição mais conservadora leva o indicador de qualidade do empreendimento abaixo da condição que arbitrou como mínima para empreender.

Por sua vez, posturas gerenciais específicas conduzem a taxas de retorno sempre acima de tm, pois esta já indica a postura mais conservadora. No Caso, como se vê na Figura 6.5, tG2 está acima de tG1, pois naquele cálculo se admitiu a hipótese de remunerar os retornos, enquanto disponíveis no nível do SISTEMA EMPREENDIMENTO, mas ainda não liberados para uso no SISTEMA GERENCIADOR.

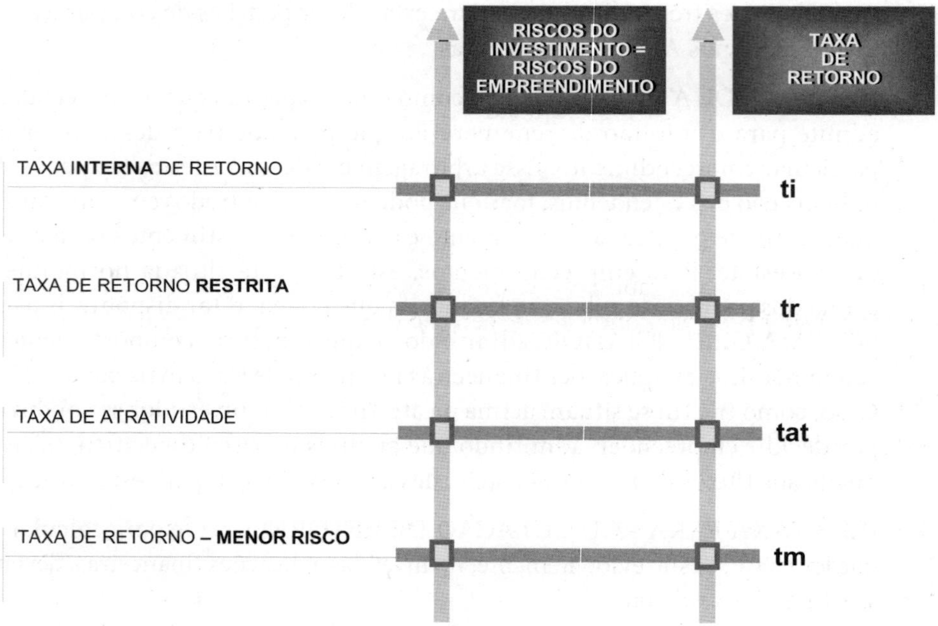

Figura 6.6 – Hierarquização de taxas de retorno diante do patamar de riscos.

6.6. OUTROS CRITÉRIOS DE CÁLCULO DA TAXA DE RETORNO

Para encerrar este capítulo, fazemos um comentário crítico sobre alguns aspectos destes métodos de cálculo do indicador e sobre outros métodos que podem ser encontrados na literatura técnica.

Primeiramente, devemos considerar que as medidas de tr e tm são afetadas pela arbitragem de cop e tfR. Isso significará, em princípio, introduzir um fator perturbador da qualidade do método de análise em si. Já vimos que o procedimento de simulação afeta a TAXA DE RETORNO, como, também, a postura gerencial do empreendedor. Quanto a este último aspecto, resolvemos por construir um espectro de taxas de retorno, posicionando os seus limites máximos e mínimos, respectivamente em ti e tm. Em relação ao modelo de simulação, estaremos sempre na dependência da qualidade do procedimento de planejamento, o que é natural.

Todavia, deixar a qualidade da análise presa à pura arbitragem de fatores conjunturais, como cop e tfR, que poderão, inclusive, no horizonte de desenvolvimento do empreendimento, se alterar, poderá, para o decisor, ou até para o planejador, deixar o método com um sabor de risco em aberto. Nesse caso, nossa recomendação é usar ambas as taxas em "zero". Isso afeta os valores sempre de forma conservadora, de modo que as taxas tr_0 e tm_0 serão menores relativamente aos níveis em que se apresentariam, usando valores positivos para as taxas de mercado financeiro, que devem ser arbitradas.

No nosso Caso, teríamos tr_0 = 28,04% e tm_0 = 18,89%. Quando se adota esse princípio, convém ressaltar o sufixo "0", para mostrar uma condição de ocorrência conservadora, mas teórica, na medida em que estas taxas arbitradas poderão ser pequenas, mas nunca zero. Pode-se dizer que as taxas com sufixo zero são a forma como pode contribuir o empreendimento no sentido de ganhos de poder de compra, ficando o restante da contribuição para ser dada pelo mercado financeiro, com o uso dos recursos flutuantes do SISTEMA EMPREENDIMENTO, quando se fala em retornos, e do SISTEMA GERENCIADOR, quando se tratar dos investimentos. Assim, as tr_0 e tm_0 serão "puras" e as taxas tr e tm uma combinação entre alavancagem que o empreendimento pode produzir por suas próprias condições de geração de resultado, mais aquelas que produz indiretamente, pelos recursos que flutuam no seu horizonte de desenvolvimento.

Um segundo aspecto crítico – esse grave – é sobre o método denominado de cálculo da taxa de retorno pelo fluxo de caixa descontado, na forma como ainda se encontra relatado em alguma literatura técnica. Esse é um procedimento errado.

Quando fazemos esta afirmação, não estamos dizendo que o procedimento matemático para cálculo da taxa de retorno tenha sofrido mutações e inovações, desde que se viu tratado na forma de *discounted cash flow*. O que dizemos é que os métodos com vínculo em processos de simulação e, principalmente, na simplificação que os modelos produzem, em relação à forma como os empreendimentos serão efetivamente administrados, não podem conduzir a análise por veios de risco, somente para se produzir algum tipo de brilho matemático.

Calcular a taxa de retorno com este método seria calcular a TAXA INTERNA DE RETORNO, usando, porém, no âmbito do SISTEMA EMPREENDIMENTO, o fluxo MOVIMENTO NO PERÍODO (Quadro 6.2), em vez do INVESTIMENTO x RETORNO.

Isto significaria que a simulação indica a possibilidade de que recursos que flutuam no caixa do SISTEMA EMPREENDIMENTO sejam remunerados, no período em que estão ociosos, à TAXA DE RETORNO do próprio empreendimento. Essa é a afirmação que se constitui em erro, porque o máximo que se pode esperar de recursos flutuantes, por períodos curtos, dentro do SISTEMA EMPREENDIMENTO, uma vez que são necessários em momentos seguintes para sustentar o giro do sistema, é que sejam remunerados em taxas extremamente conservadoras, mesmo abaixo do cop arbitrado para o horizonte do empreendimento.

Procedendo por este método, a taxa que se calcula considera, então, uma postura de gestão com uma agilidade inatingível na prática, de forma que a TAXA DE RETORNO fica superdimensionada em relação ao potencial de geração de resultado que o empreendimento pode apresentar.

No nosso Caso, ti iria de 33,54% para 33,96%, apresentando uma pequena diferença, porque o fluxo dos investimentos está concentrado em poucos meses, no início do ciclo, e ocorrem poucos meses em que se verificam recursos flutuantes de monta – do mês 30 para o mês 31 flutuam 964.

Nas técnicas abordadas neste capítulo, as transações de recursos entre períodos, dentro do SISTEMA EMPRENDIMENTO, são admitidas na moeda de referência. Isso implica a ideia de sempre trabalhar, na análise, com moedas fortes, para poder, em ciclos "curtos", prescindir de introduzir a taxa de inflação na moeda de referência, para discutir a transição de recursos flutuantes dentro do SISTEMA EMPREENDIMENTO entre períodos do fluxo de caixa, na análise. Quando for o caso de se trabalhar com moeda em cenário de patamar de inflação muito alto, de forma a não ser possível, entre períodos, garantir a recuperação do poder de compra dos recursos flutuantes, devemos introduzir um deflator, para fazer a transição.

Essa forma de trabalhar tem, assim, implícita, a condição de que existem na conjuntura meios de aplicar os recursos flutuantes entre períodos, para preservar o seu poder de compra, relativamente à inflação, sem, entretanto, considerar qualquer ganho adicional. Assim, a TAXA DE RETORNO que resulta não é totalmente "pura", na medida em que a mera manutenção de uma moeda forte no modelo de simulação já está produzindo ganhos fora do ambiente do empreendimento, porque derivados do mercado financeiro, ainda que estes ganhos aqui representem "não perdas".

Ainda assim, entendemos que esta é a técnica mais recomendável, porque, em geral, ou a taxa de inflação é muito baixa, de forma que a moeda corrente na economia, em ciclos curtos, pode ser tomada como moeda forte, ou, então, sempre se encontra no ambiente financeiro a possibilidade de fazer aplicações com risco zero, para produzir a compensação de perdas inflacionárias, com respeito aos recursos flutuantes no SISTEMA EMPREENDIMENTO. Deflacionar os recursos flutuantes à taxa de inflação, ou trabalhar com moeda corrente sem ajuste, traz a TAXA DE RETORNO para baixo, então, não de forma conservadora, mas deformada em relação ao verdadeiro potencial do empreendimento. Poderíamos dizer que, deflacionando, estaríamos produzindo modelos de simulação de baixa qualidade.

6.7. A QUALIDADE DO INDICADOR

Já fizemos referência, no correr do capítulo, que a TAXA DE RETORNO não é um atributo do empreendimento, pois, calculada em procedimento de simulação, tem sua qualidade associada à melhor aproximação que o modelo simulador pode fazer das transações, dentro do horizonte de desenvolvimento do empreendimento, segundo as práticas gerenciais que serão adotadas para os movimentos entre o SISTEMA EMPREENDIMENTO e o SISTEMA GERENCIADOR.

Já foi feita, também, a referência de que elementos do cenário podem perturbar a qualidade do indicador, de forma genérica, como se dá em qualquer processo de planejamento e, de forma particular, quanto à arbitragem de cop e tfR.

Acrescentamos algumas observações, de caráter prático, para que a informação oferecida pela TAXA DE RETORNO, quando usada para a decisão de empreender, tenha qualidade compatível com o padrão de riscos nessa conjuntura, sempre usando o ambiente do setor do real estate como referência.

Um fator que afeta o nível do indicador é a periodicidade que se usa para construir o fluxo de caixa. Dois fatores devem aqui ser considerados: i. usar uma periodicidade compatível com a introdução de informações confiáveis no cenário; e ii. usar periodicidade que não seja fator de distorção na medida dos investimentos e retornos, mesmo que isto não afete a medida do resultado.

Para mostrar esta situação – hipótese [ii] – *consideraremos o* Caso *mostrado no fluxo de caixa do Quadro 6.4, que corresponderia a uma operação de implantar e vender um edifício de apartamentos. Admitimos que a informação sobre transações com periodicidade mensal venha de cenários com confiabilidade compatível com o risco.*

Sucessivamente, os Quadros 6.5 e 6.6, mostram o mesmo fluxo de caixa, "compactando-se" a informação por *quinzena* e por *mês*, respectivamente.

Vemos uma grande alteração na imagem dos fluxos INVESTIMENTO x RETORNO.

Quadro 6.4 – Fluxo de investimento x retorno – periodicidade semanal

SEMANA REF	CONTAS DE CUSTEIO	RECEITA LÍQUIDA	MOVIMENTO NO PERÍODO	FLUXO DE CAIXA	INVESTI-MENTO	RETORNO
S1	(1.737)		(1.737)	(1.737)	1.737	-
S2	(761)		(761)	(2.498)	761	-
S3	(1.238)		(1.238)	(3.736)	1.238	-
S4	(1.723)	6.508	4.785	1.049	-	-
S5	(1.551)		(1.551)	(502)	-	-
S6	(1.031)		(1.031)	(1.533)	-	-
S7	(1.286)		(1.286)	(2.819)	-	-
S8	(1.089)	3.756	2.667	(152)	-	-
S9	(921)		(921)	(1.073)	-	-
S10	(1.645)		(1.645)	(2.718)	-	-
S11	(918)		(918)	(3.636)	-	-
S12	(1.523)	3.363	1.840	(1.796)	-	-
S13	(1.694)		(1.694)	(3.490)	-	-
S14	(1.459)		(1.459)	(4.949)	1.213	-
S15	(1.137)		(1.137)	(6.086)	1.137	-
S16	(1.640)	6.213	4.573	(1.513)	-	(675)
S17	(1.474)		(1.474)	(2.987)	-	-
S18	(1.176)		(1.176)	(4.163)	-	-
S19	(1.248)		(1.248)	(5.411)	-	-
S20	(1.271)	6.971	5.700	289	-	(3.062)
S21	(837)		(837)	(548)	-	-
S22	(1.051)		(1.051)	(1.599)	-	-
S23	(750)		(750)	(2.349)	-	-
S24	(882)	5.507	4.625	2.276	-	(536)
S25	(1.671)		(1.671)	605	-	-
S26	(1.123)		(1.123)	(518)	-	-
S27	(1.295)		(1.295)	(1.813)	-	-
S28	(818)	5.336	4.518	2.705	-	(4.518)
TOTAL	(34.949)	37.654	2.705		**6.086**	**(8.791)**
RESULTADO		**2.705**				(2.705)

Quadro 6.5 – Fluxo de investimento x retorno – periodicidade quinzenal

QUINZENA REF	CONTAS DE CUSTEIO	RECEITA LÍQUIDA	MOVIMENTO NO PERÍODO	FLUXO DE CAIXA	INVESTI-MENTO	RETORNO
Q1	(2.498)		(2.498)	(2.498)	2.498	-
Q2	(2.961)	6.508	3.547	1.049	-	-
Q3	(2.582)		(2.582)	(1.533)	-	-
Q4	(2.375)	3.756	1.381	(152)	-	-
Q5	(2.566)		(2.566)	(2.718)	220	-
Q6	(2.441)	3.363	922	(1.796)	-	-
Q7	(3.153)		(3.153)	(4.949)	2.231	-
Q8	(2.777)	6.213	3.436	(1.513)	-	(786)
Q9	(2.650)		(2.650)	(4.163)	-	-
Q10	(2.519)	6.971	4.452	289	-	(2.564)
Q11	(1.888)		(1.888)	(1.599)	-	-
Q12	(1.632)	5.507	3.875	2.276	-	(1.081)
Q13	(2.794)		(2.794)	(518)	-	-
Q14	(2.113)	5.336	3.223	2.705	-	(3.223)
TOTAL	(34.949)	37.654	2.705		**4.949**	**(7.654)**
RESULTADO		**2.705**				(2.705)

Quadro 6.6 – Fluxo de investimento x retorno – periodicidade mensal

QUINZENA REF	CONTAS DE CUSTEIO	RECEITA LÍQUIDA	MOVIMENTO NO PERÍODO	FLUXO DE CAIXA	INVESTI-MENTO	RETORNO
M1	(5.459)	6.508	1.049	1.049	-	-
M2	(4.957)	3.756	(1.201)	(152)	152	-
M3	(5.007)	3.363	(1.644)	(1.796)	1.644	-
M4	(5.930)	6.213	283	(1.513)	-	(283)
M5	(5.169)	6.971	1.802	289	-	(1.802)
M6	(3.520)	5.507	1.987	2.276	-	(1.987)
M7	(4.907)	5.336	429	2.705	-	(429)
TOTAL	(34.949)	37.654	2.705		**1.796**	**(4.501)**
RESULTADO		**2.705**				(2.705)

Comparando os resultados dos fluxos INVESTIMENTO x RETORNO nos três quadros, o que se nota é que, tendo como base o Quadro 6.4, certas posições de investimento vão sendo mascaradas, por se admitir transações concentradas em periodicidade mais dilatada, distorcendo a informação, contra a segurança, porque a massa de retornos diminui para, evidentemente, o mesmo resultado. Vejamos o resumo no Quadro 6.7.

Quadro 6.7 – Investimento, retorno e resultado, conforme a periodicidade

INVESTIMENTO - RETORNO RESULTADO			
valores na moeda da base da análise			
PERIODICIDADE ADOTADA	INVESTI--MENTO	RETORNO	RESULTADO
SEMANA	6.086	(8.791)	(2.705)
QUINZENA	4.949	(7.654)	(2.705)
MÊS	1.796	(4.501)	(2.705)

Essa distorção provoca medidas de taxa de retorno completamente diferentes, crescendo, no sentido dos modelos que "indicam" menor necessidade de investimento, como se pode se observar no Quadro 6.8.

O que se conclui desta observação é que a qualidade da informação, para que não interfira na qualidade da decisão, está presa, de forma muito clara, à formatação do modelo simulador, que, como sempre em planejamento, deve simplificar as transações no SISTEMA EMPREENDIMENTO, mas com o rigor técnico de não mascarar posições de investimento. No setor de real estate, a imagem deste Caso é bastante comum para as operações de empreitada e os empreendimentos de ciclo curto, com grandes superposições de receita com custeio, como os empreendimentos imobiliários.

Quadro 6.8 – Taxa de retorno conforme postura gerencial e periodicidade

CÁLCULO DAS TAXAS DE RETORNO			
%mês equivalente, na moeda de referência			
PERIODICIDADE ADOTADA	TAXA DE RETORNO NO CONCEITO		
	INTERNA	RESTRITA	MENOR RISCO
SEMANA	8,8%	7,2%	6,5%
QUINZENA	11,5%	8,8%	7,5%
MÊS	43,0%	22,8%	17,0%

6.8. CONCLUSÃO

Usamos a conclusão deste capítulo para dar ênfase aos aspectos principais do conceito de ANÁLISE DA QUALIDADE DO INVESTIMENTO (|AQI|) em empreendimentos do real estate por meio do indicador TAXA DE RETORNO.

Trata-se de um indicador fácil de manipular para decidir, pois mede como o SISTEMA EMPREENDIMENTO contribui para fazer com que o SISTEMA GERENCIADOR ganhe poder de compra com os recursos que imobiliza para implantar o empreendimento.

Mede-se a TAXA DE RETORNO por meios de simulação, explorando o desempenho esperado do empreendimento, balizando seu comportamento para fazer receitas e os custos que se incorre para implantar e operar o empreendimento. Essa simulação se resume na montagem do fluxo de caixa esperado no ciclo de análise do empreendimento.

Do fluxo de caixa, destaca-se o fluxo básico INVESTIMENTO x RETORNO, que ilustra as transações esperadas entre o SISTEMA EMPREENDIMENTO e o SISTEMA GERENCIADOR, em seu maior potencial de alavancagem de poder de compra sobre os investimentos.

À vista do fluxo básico e dos sistemas gerenciais que serão adotados para fazer frente aos riscos do empreendimento, dentro do SISTEMA GERENCIADOR, arbitra-se o fluxo INVESTIMENTO x RETORNO para esta configuração. Quando se necessita, em planejamento, arbitrar pela postura do IAR, há três posições extremas a considerar: i. a de maior risco, que leva ao cálculo da TAXA INTERNA DE RETORNO, não recomendada para empreendimentos do real estate; ii. a de risco restrito ao ambiente do próprio empreendimento, no conceito de formação de valor pronto para investir, calculando-se a TAXA DE RETORNO RESTRITA; e iii. no conceito de menor risco, quando os recursos só saem do SISTEMA EMPREENDIMENTO, em bloco, no final do ciclo operacional, resultando do cálculo da TAXA DE RETORNO NO CONCEITO DE MENOR RISCO.

Com estas três posições – ou duas, no caso do setor de real estate – se tem uma extensão dentro da qual caberá a TAXA DE RETORNO para uma determinada postura gerencial, que o empreendedor implantará no seu SISTEMA GERENCIADOR.

E, por fim, insistimos na observação de que, como sempre em planejamento, um indicador da qualidade do investimento terá sua qualidade intrínseca associada à boa técnica, mas, principalmente, à qualidade do modelo de simulação do qual é extraído, manipulado com um cenário que contenha expectativas confiáveis. Deste modo, só se decide com conforto se esta rotina for cumprida, não bastando que se usem conceitos avançados e técnicas apropriadas para cálculo dos indicadores. A recomendação de cuidar que o brilho matemático não ofusque a qualidade da base de dados de referência é outra advertência importante, pois não observá-la pode conduzir o decisor ao erro. Cabe, portanto, ao planejador, não instrumentar a decisão por caminhos cuja ilusão de um tratamento matemático mais sofisticado esconda a falta de qualidade dos sistemas empregados para análise.

CAPÍTULO 7

Indicadores avançados e rotinas para análise da qualidade dos investimentos no real estate

Claudio Tavares de Alencar

CONCEITOS APRESENTADOS NESTE CAPÍTULO

Neste capítulo estão apresentados os principais indicadores avançados para realização de análise da qualidade de investimento em empreendimentos para geração de renda, os denominados empreendimentos de base imobiliária. As rotinas e procedimentos de análise para geração dos indicadores associados aos ciclos dos empreendimentos estão delineados no capítulo. Uma seção especial sobre a formação da taxa ao longo do ciclo operacional dos empreendimentos de base imobiliária está presente neste capítulo. O capítulo também traz a conceituação e o método de cálculo dos indicadores DURATION e TOTAL RETURN. Finalizamos com a exploração de um Caso para exemplificar numericamente o cálculo dos indicadores.

7.1. INTRODUÇÃO

Quando se analisa a qualidade de investimentos em empreendimentos de base imobiliária (EBI), como edifícios de escritórios para locação, shopping centers e hotéis, por exemplo, é necessário tomar cuidado com o fato de que os métodos de medida levam em conta a manutenção do investimento por ciclos muito longos, o que pode provocar uma distorção na interpretação da informação. Especialmente quanto à medida da taxa de retorno, tomada para o horizonte do ciclo operacional – usualmente de vinte anos –, é muito comum a imagem do empreendedor que "lê" esta informação como sendo a rentabilidade que se espera o empreendimento venha a oferecer a cada ano.

Como descrito no Capítulo 6, a TAXA DE RETORNO mede, no conceito de média anual equivalente, o ganho de riqueza que o empreendedor pode esperar quando INVESTE no empreendimento, para obter RETORNO. No caso dos EBI, o retorno é gerado por meio do fluxo dos resultados operacionais disponíveis a cada ano, agregado ao valor do empreendimento ao final do ciclo operacional, como se estivesse pronto em caixa, taxa medida do ponto de vista do final do ciclo operacional, olhando para trás. Assim, admitindo o ciclo operacional de vinte anos, o valor medido da taxa de retorno poderá ser verificado no ANO 20, o que, visto isoladamente, é informação técnica frágil para ser usada como base da decisão de investir.

Assim, a recomendação técnica que fazemos, para conceber um padrão de informação de melhor qualidade, é que se demonstre a curva de FORMAÇÃO DA TAXA DE RETORNO dentro do ciclo operacional, indicando o seu nível esperado a cada ano. A informação assim elaborada não pode ser confundida com a rentabilidade esperada a cada ano, cuja medida também deve ser feita, para ilustrar decisões que envolvam o dimensionamento do caixa que o empreendimento disponibiliza para o empreendedor, que o faz retomar uma certa capacidade de investimento, com a natural medida do PRAZO DE RECUPERAÇÃO DA CAPACIDADE DE INVESTIMENTO – payback.

Medir a taxa de retorno dentro do ciclo operacional implica arbitragem para caracterizar o valor do empreendimento ao final do ciclo, tema cujo aprofundamento foge ao escopo deste capítulo, mas que aqui está sintetizado e explorado para dar suporte lógico ao encadeamento da rotina de construção dos indicadores para subsidiar decisões de investimentos em EBI. Ademais, no Capítulo 9, que contém a aplicação num protótipo de EBI dos conceitos e indicadores, revisitaremos a temática do valuation no real estate. Medir, entretanto, a curva de formação da taxa de retorno implica exercitar inúmeras arbitragens, passo a passo, dentro do ciclo operacional, de sorte que o tratamento dessa matéria deve se revestir do cuidado de não fazer o decisor mergulhar em dúvidas diante da informação. Essa rotina de arbitragem é o cerne do que discutimos no corpo deste capítulo, estabelecendo um sistema de análise que traz uma informação medida a favor da segurança, de modo que a resposta será uma curva de formação da taxa de retorno que se admite que possa ser representada por linhas-limite de possibilidades, apoiadas na hipótese de que o comportamento do empreendimento não se desvia do cenário referencial.

Como sempre é conveniente estabelecer análises de risco, pode-se conceber uma família de curvas de formação, que reproduzem, no mesmo critério de arbitragem, o reflexo de distúrbios de comportamento produzido por cenários estressados. Essa exploração resultará em exercitar a mesma rotina várias vezes, usando fronteiras para diversas variáveis de comportamento, com o intuito de construir amostras de laboratório com imputação de variações randômicas entre as fronteiras arbitradas, para, destas amostras, extrair conclusões sobre posições de risco.

A digressão teórica sobre o método de arbitragem para avaliar a formação da taxa de retorno resulta em estabelecer o conjunto de equações que permite medir a informação desejada. Neste capítulo, para facilitar a discussão, formulamos um caso protótipo, explorado numericamente, para que o leitor possa se aperceber das diferenças entre usar um ou outro meio de arbitragem. Usando esse protótipo, perpetramos as análises de riscos, mostrando a família de curvas de formação da taxa de retorno, quando o desempenho do empreendimento sai do cenário referencial ou quando está submetido à condições de estresse de cenário, provocando impactos de quebra de desempenho, reduzindo o fluxo dos retornos e, por consequência, baixando a expectativa de rentabilidade do investimento.

7.2. INDICADORES PARA ANÁLISE DA QUALIDADE DE EBI

Para dar continuidade à discussão dos princípios que norteiam as |AQI| de EBI, se faz necessário introduzir a nomenclatura da Figura 7.1, para indicar os diferentes estágios do programa de implantação e operação de um empreendimento de base imobiliária.

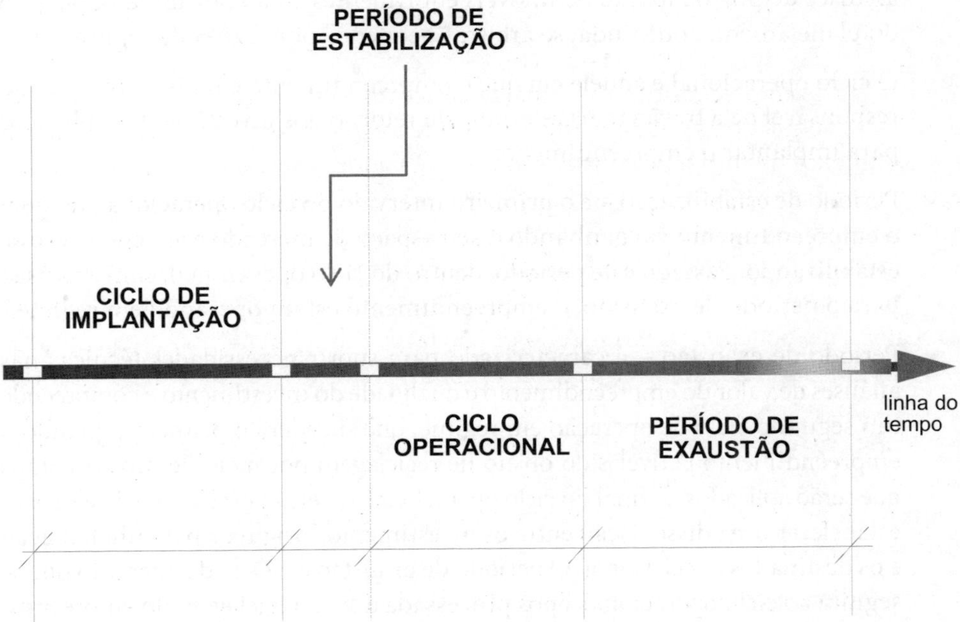

Figura 7.1 – Ciclos de um EBI.

- Ciclo de implantação – é o período no qual se faz investimentos sem a contrapartida de retorno de caixa, mas com a consolidação do lastro, porque vai se implantando o empreendimento, que é a base para geração de retorno. Acentuamos que este capítulo está voltado, exclusivamente, para os empreendimentos de base imobiliária.

- Ciclo operacional – é o horizonte no qual se pode identificar a possibilidade de que o empreendimento mantenha sua qualidade, no sentido de ser capaz de gerar renda nos padrões para os quais foi planejado, sofrendo atualizações funcionais cobertas com recursos recolhidos para um FUNDO DE REPOSIÇÃO DE ATIVOS, previamente calibrado. O ciclo operacional é o período dentro do qual o empreendimento apresenta condições de manter um padrão uniforme de desempenho, compatível com as expectativas do cenário esperado, tendo sua base operacional em constante atualização, pela aplicação dos recursos recolhidos para o Fundo para Reposição de Ativos (FRA). O FRA tem o sentido de recolher recursos para que a unidade gerencial do empreendimento, a despeito de qualquer interferência do empreendedor, seja capaz de manter a base imobiliária e seus acessórios operacionais, inclusive sistemas para gerenciamento, em um padrão de qualidade e desempenho compatíveis com os parâmetros originais do empreendimento e que deram razão à proposição das expectativas de desempenho incluídas no cenário esperado, para ocorrerem dentro do ciclo operacional. Como se vê, então, o ciclo operacional se arbitra a partir de análises de pós-ocupação de imóveis equivalentes e não por mera imposição do planejamento, ou, ainda, se arbitra "pequeno" por razões de segurança.

  O ciclo operacional é aquele em que o empreendimento é mais "ativo", sendo responsável pela fração mais relevante do retorno dos investimentos aplicados para implantar o empreendimento.

- Período de estabilização – é o primeiro intervalo no ciclo operacional, no qual o empreendimento vai ganhando o seu espaço de mercado e as rendas vão se estabilizando. Passado este período, dentro do ciclo operacional, com extensão para o período de exaustão, o empreendimento estará operando em regime.

- Período de exaustão – é caracterizado para suprir necessidades técnicas nas análises de valor do empreendimento e qualidade do investimento e compreende um segundo ciclo de operação em regime, que sucederá o primeiro, quando o empreendimento já tiver sido objeto de reciclagem por meio de investimentos que serão aplicados ao final do ciclo operacional. O termo exaustão se insere para estabelecer uma dissociação entre os investimentos originais para implantação e os destinados à reciclagem. O período de exaustão é o cicio de operação que se seguirá ao ciclo operacional, após processada a total reciclagem do empreendimento. Sua extensão deverá ser calibrada em função de amostra adequada, em estudos de pós-ocupação e, na sua falta, usamos exaustão = ciclo operacional. Com respeito aos equipamentos, certamente exaustão = ciclo operacional, na medida em que se considera a total reposição. Quanto à base imobiliária em si, também é perfeitamente natural usar exaustão = ciclo operacional, a não ser em casos de degeneração urbana, onde a inserção de mercado do empreendimento enfraquece no tempo, porque a sua vizinhança perde qualidade.

A capacidade do empreendimento de apresentar uma condição econômica aceitável, segundo os padrões do investidor, está associada ao fato dos RETORNOS oferecidos pelo empreendimento conterem, relativamente aos INVESTIMENTOS que o empreendimento exigiu para sua implantação, um agregado de riqueza, indicado por um ganho de poder de compra destes retornos em relação àqueles investimentos, no ambiente econômico em que o empreendedor está imerso.

Nos empreendimentos de base imobiliária, esse ganho é medido por indicadores diferentes, nos ciclos de implantação e operacional.

- No ciclo de implantação, os investimentos vão se transformando na base imobiliária e seu equipamento, de modo que o poder de investir do empreendedor, representado pela sua disponibilidade de recursos financeiros, vai diminuindo, pela transformação de parte destes em ativos, que se sintetizarão no empreendimento pronto para operar. O que se faz é medir indicadores para caracterizar a qualidade desta transformação.

Primeiramente, comparamos a MASSA DE RECURSOS DE INVESTIMENTO IMOBILIZADA com o VALOR DO EMPREENDIMENTO PRONTO PARA OPERAR.

O que deverá ocorrer é que o seu VALOR deverá ser maior do que os INVESTIMENTOS NA IMPLANTAÇÃO, porque a operação de implantar tem riscos, e riscos elevados, como se sabe da história do setor de real estate, vinculados à própria estrutura dos sistemas de produção, como, também, à conjuntura setorial. De outro lado, no ciclo de implantação, quando se vai imobilizando recursos, o empreendimento não apresenta capacidade de oferecer retorno, a não ser a médio prazo, quando pronto para operar. Entretanto, quando pronto, este oferecerá retorno imediato, o que caracteriza duas situações de risco bastante diversas. Assim, o VALOR DO EMPREENDIMENTO PRONTO PARA OPERAR deverá ser maior do que a MASSA DE RECURSOS DE INVESTIMENTO MOBILIZADA PARA IMPLANTÁ-LO. Quando a equação de fundos para implantação do empreendimento compreender a aplicação de recursos de terceiros, essas observações ficam válidas, entretanto relativas à fração do valor do empreendimento que tiver contrapartida nos investimentos processados. Lendo de outra forma, o VALOR DO EMPREENDIMENTO EXCLUSIVE OS DÉBITOS COM TERCEIROS deverá ser superior à MASSA DE INVESTIMENTOS QUE COMPÔS A EQUAÇÃO DE FUNDOS PARA IMPLANTAÇÃO.

Por sua vez, se o empreendedor não tivesse imobilizado recursos neste empreendimento, teria alternativas, outras para ganhar riqueza e, dentre estas, aquelas que admitem como de risco setorial equivalente (outros EBI). O ganho que obteria numa alternativa de risco setorial equivalente é denominado taxa de atratividade setorial.

Investindo nesta alternativa de "risco setorial equivalente", no mesmo regime exigido pelo empreendimento, ao final do ciclo de implantação o empreendedor teria mais riqueza, que a mera soma dos investimentos, e a esta riqueza potencial denominamos de NÍVEL DE EXPOSIÇÃO DO INVESTIDOR em relação ao empreendimento.

Já que o empreendimento tem riscos intrínsecos, o que interessará ao empreendedor é que, ao implantá-lo, alcance um VALOR DO EMPREENDIMENTO PRONTO PARA OPERAR maior do que o seu NÍVEL DE EXPOSIÇÃO – senão, melhor seria agir no sentido de investir na alternativa de risco setorial, em princípio menor do que o do empreendimento, pois a sua componente de risco intrínseco não está presente, ou disseminada pelo setor homogeneamente.

Os indicadores que estarão na análise de qualidade, relativos ao ciclo de implantação serão:

- NÍVEL DE EXPOSIÇÃO DO INVESTIDOR, correspondendo ao saldo credor que teria numa aplicação à taxa de atratividade setorial do fluxo os recursos que o cenário mostra como necessários para cumprir com o programa de investimentos na implantação do empreendimento, o que se resume na expressão:

  [1] $$EXP_0 = \sum_{k=0}^{pi} I_k \left(1 + TATimp\right)^{pi-k} .$$

  Em que,

  EXP0 é o nível de exposição do empreendedor no momento em que o empreendimento se encontra pronto para operar.

  I_K representa cada posição de investimento medida no modelo de análise.

  TATimp é a taxa de atratividade que o empreendedor arbitra, quando analisa a conjuntura para o ciclo de implantação. Corresponde à menor taxa de retorno que o empreendedor espera obter e que será por ele imposta com base em um prêmio de risco, vinculado à sua percepção do risco do investimento no empreendimento.

  pi é o prazo para implantação.

  k é um contador de tempo.

  Para homogeneização de critérios de análise, quando se mede EXP0 a consideração é que todo o fluxo de recursos para implantação será coberto com investimentos. Nos casos em que se supre o fluxo com recursos de terceiros, há necessidade de discutir o sistema de sua devolução, que deixamos de detalhar neste capítulo, por ser mais um tema de método de cálculo do indicador, do que de princípio de análise.

- VALOR DO EMPREENDIMENTO PRONTO PARA OPERAR, cuja expressão estará referida adiante – VOI0, e que significa quanto um INVESTIDOR

UNIVERSAL AVESSO AO RISCO E NÃO APARENTE, IAR[1] – avesso especificamente aos riscos vinculados com implantação de empreendimentos da tipologia do que está em análise e do seu setor econômico –, pagaria pelo empreendimento naquele momento.

- ALAVANCAGEM NO CICLO DE IMPLANTAÇÃO, significando quanto será o ganho relativo que poderá ter o investidor que implantou o empreendimento, relativamente ao seu valor pronto para operar. A medida da alavanca se faz de duas formas: i. a primeira por meio da medida simples da ALAVANCAGEM entre VOI0 e EXP0; e ii. a segunda, por meio da TAXA DE ALAVANCAGEM média equivalente, no ciclo de implantação.

$$[i] - ALV_0 = \frac{VOI_0}{EXP_0}.$$

O ciclo operacional o ganho é medido por meio de dois indicadores básicos:

- TAXA MEDIA DE RENTABILIDADE – TM por período do ciclo, considerado o retorno oferecido pelo empreendimento, quando em operação, em relação ao nível de exposição EXP0, retorno representado pelo RESULTADO OPERACIONAL DISPONÍVEL, LIVRE NO AMBIENTE DO EMPREENDIMENTO, PARA SER TRANSFERIDO PARA EMPREENDEDOR – RODi. A análise de rentabilidade é feita em relação a EXP0 e não à somatória dos investimentos, porque esse valor significará, em tese, por quanto o empreendedor deveria "comprar" o empreendimento no início do ciclo operacional, de modo a remunerar de forma conveniente os recursos que investiu para implantar o projeto.

TRM será medida pela expressão:

$$[2] \qquad TRM = \frac{\sum_{k=1}^{ciclop} RODi_k}{EXP_0.ciclop}.$$

ODik será o resultado operacional disponível a cada período k do ciclo operacional, de horizonte = ciclop.

TRM mostrará a renda que o investidor terá, em média no ciclop, sobre o seu nível de exposição, sem a consideração da devolução da capacidade de investimento, que terá sua contrapartida na manutenção de valor da base imobiliária em níveis iguais ou acima do valor de EXP0. Ou seja, em palavras simples, usar TRM como indicador de qualidade significará analisar a renda esperada dos investimentos, considerando que eles têm um determinado nível de proteção para o principal investido, compreendido pela base imobiliária. Essa forma de analisar é mais simplificada, mas tem restrições com ciclop de horizonte longo,

---

[1] Como definido no Capítulo 6, refere-se à posição que assume o planejador quando o investidor não está aparente para indicar a forma como decide e os cenários para análise.

pois, a depender de como se comporta a base imobiliária na sua inserção de mercado, ela poderá deteriorar, deixando de representar sustentação.

A imagem de que o imóvel representa uma sustentação perene é absolutamente falsa. Especialmente quando se tratar de empreendimento de base imobiliária, o seu valor estará associado ao desempenho da atividade que nela se desenvolve, podendo divergir totalmente dos custos para implantação.

- TAXA DE RETORNO – TRR média equivalente no período, considerado como pronto para investir o valor EXP0 no inicio do ciclo e, como retorno, o fluxo dos RODi, agregado ao valor de oportunidade de investimento representado pelo empreendimento no final do ciclo, entendido como pronto em caixa.

  TRR será a taxa que satisfaz a expressão:

  $$[3] \quad EXP_0 = \frac{VOI_n}{(1+TRR)^{ciclop}} + \sum_{k=1}^{ciclop} \frac{RODi_k}{(1+TRR)^k} ,$$

  onde:

  VOIn indica o valor do empreendimento ao final do ciclo operacional.

Quando se analisa usando o indicador TRR já se considera a renda associada à devolução do principal do investimento. Todavia, então, fica necessário explorar o valor VOIn, para o final do ciclop, que é uma exploração para um horizonte extremamente longo. Esse elemento pode introduzir riscos, de forma que convém tratar de como se desvia o indicador em relação a alterações nesse valor VOIn; no presente capítulo, mais adiante discutiremos este tema em profundidade.

Estas duas taxas são a referência mais sólida para medida de qualidade do empreendimento, do ponto de vista econômico.

Outra medida que pode ser usada é a TAXA DE RETORNO – TRRc, levando em conta não EXP0, mas o FLUXO DOS INVESTIMENTOS NA IMPLANTAÇÃO, da forma como está previsto. A taxa assim medida deverá ser menor que TRR, na medida em que copi deverá ser menor do que TRR, pois se admite que a taxa copi reflete uma condição de risco desprezível.

A taxa TRRc será a que satisfaz a expressão:

$$[4] \quad \sum_{k=0}^{pi} \frac{I_k}{(1+cop_i)^k} = \sum_{k=pi+1}^{pi+ciclop} \frac{RODi_k}{(1+TRR_c)^k} ,$$

Onde:

cop_i é o custo de oportunidade que o empreendedor arbitra, quando analisa a conjuntura e caracteriza qual condição alternativa para aplicação de seus recursos será o que entende como isenta de risco, num prazo médio equivalente ao de implantação do empreendimento.

Ainda que, tecnicamente, não haja como criticar o uso deste indicador TRRc para decisão, entendemos que seja melhor trabalhar a partir do conceito de nível de exposição, porque ele compreende destacar os dois ciclos do empreendimento – implantação e operação –, analisando cada um deles em separado, por meio de indicadores medidos com critérios aos quais esteja associado o conceito de risco dentro de cada ciclo.

É natural que se o empreendedor adquirir o empreendimento em operação, seu nível de exposição se confundirá com o preço de compra.

O empreendimento compreenderá uma composição financeira sustentável se a sua equação de fundos tiver equilíbrio no ciclo de implantação e uma configuração que atenda interesses ou necessidades do empreendedor no ciclo operacional.

Estas duas hipóteses são medidas por meio de diferentes indicadores:

- Equação de fundos equilibrada no ciclo de implantação significará que o empreendedor tem CAPACIDADE DE INVESTIMENTO seja pela cobertura com recursos próprios seja com recursos de terceiros, para suprir o fluxo de investimentos exigido para implantação do empreendimento, no montante e forma esperados, como mostrar o planejamento. Essa capacidade de investimento não será medida especificamente por um indicador, mas mostrada pela conformação do fluxo dos investimentos para implantação, no ambiente do empreendimento, que o empreendedor deverá comparar com sua disponibilidade de recursos, no ambiente do seu Sistema Gerenciador de Investimentos.

  Deve-se observar, que diferentemente da condição econômica, em que ao empreendimento serão associados indicadores que, ao juízo do empreendedor, representarão boa ou má qualidade para investir, a condição financeira para implantação não é característica do empreendimento, mas do empreendedor em relação ao empreendimento. Dessa forma, segundo a visão financeira, o empreendimento nunca deixa de ter qualidade em si mesmo, mas terá menor ou maior qualidade para um determinado empreendedor, conforme seja a sua condição de sustentação do fluxo dos investimentos exigidos para implantar o projeto.

- Já no ciclo operacional, quando aplicados recursos de terceiros na implantação, a configuração que atende os interesses do empreendedor estará vinculada à possibilidade de que o empreendimento seja capaz de sustentar o programa de pagamento desses recursos de terceiros alocados ao empreendimento, sem a necessidade de promover investimentos. Isto significará que o empreendimento é autossustentado, do ponto de vista dos financiamentos contratados para sua implantação.

  No planejamento de empreendimentos de base imobiliária, que estejam previstos para serem implantados com recursos financiados, deve-se cuidar do regramento do sistema de pagamento, pois é usual que, para que o empreendimento seja autossustentado no ciclo operacional, sejam necessários prazos longos para pagamento e, principalmente, carência no ciclo de estabilização, quando a geração de renda ainda não se produz na plenitude esperada.

Essa mesma situação ocorre quando os empreendimentos são montados com capitais de parceria com risco limitado, para os quais o empreendedor oferece níveis diferenciados, de garantia de renda ou de repagamento do investimento. O estudo de prazos e limites para estes temas deve ser balizado em análises de risco, no sentido de orientar as negociações, para que não se conformem situações em que sejam exigidos investimentos no ciclo operacional, para suportar pressões de caixa que os empreendimentos não podem sustentar.

Como fica evidente, a medida de qualidade, sob estes aspectos, não se faz pelo cálculo de indicadores, mas pela demonstração de equilíbrio entre as contas a pagar e a capacidade de geração de resultado operacional disponível do empreendimento, quando em operação.

- Ainda no ciclo operacional, mede-se um indicador que mostra a possibilidade de retomada de capacidade de investimento do empreendedor, após sua mobilização no empreendimento. O indicador é denominado de PRAZO DE RECUPERAÇÃO DA CAPACIDADE DE INVESTIMENTO – PRI, usando-se, comumente, a nomenclatura "PAYBACK", ou ainda PAYBACK primário.

O sentido da medida deste indicador é o seguinte:

- O empreendedor, ao implantar o empreendimento, perde sua capacidade de investimento, pois transforma recursos líquidos que detém – essa capacidade de investimento – em posição rígida, que corresponde à imobilização procedida. Não confundir com fazer despesa, ou fazer prejuízo. Trata-se, somente, de ter menor capacidade para fazer outros negócios, porque destinará seus recursos para este determinado em estudo.
- Quando em operação, o empreendimento gerará receitas, das quais se extrairá um resultado operacional disponível, que vai sendo derivado para o investidor;
- Este vai, assim, ganhando, paulatinamente, a capacidade de investimento perdida, o que significará perder rigidez e ganhar liquidez;
- O encaixe destes recursos permitirá ao investidor que, passado certo prazo – PRI, tenha a mesma capacidade de investimento que detinha, quando este é o PRAZO PARA RECUPERAÇÃO DA CAPACIDADE DE INVESTIMENTO que é do empreendedor, mas característica específica do empreendimento, porque sua extensão é fruto da maior ou menor capacidade de geração de RODi no ambiente do empreendimento.

A medida de PRI não está associada somente à determinação de quando a massa de recursos de investimento vai ser recuperada, no sistema de gerenciamento de investimentos do empreendedor. Ela deve ser tomada considerando-se que, no período da imobilização da capacidade de investimento, o empreendedor ficará rígido, de forma que a medida de PRI deve comportar ou uma compensação por esta rigidez, representada pela imposição de certa TAXA DE ATRATIVIDADE SETORIAL (TAT) no cálculo, ou, se os investimentos do empreendedor são sempre num certo setor, eventuais crescimentos diferenciais de preços entre a moeda da análise e os custos para implantação de projetos no setor, o que denominamos de PAYBACK alavancado.

O prazo PRI, ou PAYBACK alavancado, será o que satisfaz a expressão:

$$[5] \qquad EXP_0 = \sum_{k=1}^{PRI} \frac{RODi_k}{(1+TATs)^k}.$$

R.1 poderá ser medido, também, num conceito mais rígido, considerando-se a retomada da capacidade de investimento não relativamente a EXP0, mas à massa total investida remunerada a TAT. Neste caso a expressão para cálculo de PRI será:

$$[6] \qquad \sum_{k=0}^{pi} I_k (1+TATs)^{pi-k} = \sum_{k=pi+1}^{PRI} \frac{RODi_k}{(1+TATs)^{k-pi}}.$$

- Haverá situações em que o empreendedor tem certo programa de investimentos, de sorte que não lhe interessa medir o PRI que o empreendimento pode oferecer, mas o fluxo do retorno - resultado operacional, disponível no ambiente do empreendimento - para analisar como esta operação se comporta dentro de seu portfólio.

Por exemplo, poderá o empreendedor ter um empreendimento em andamento, para o qual se prevê, numa data futura, investimentos para reciclagem. Caso imobilize sua capacidade de investimento no empreendimento novo em estudo, deverá ter assegurada a desmobilização dos recursos que necessita para reciclar o outro que já estava em operação, sob pena de comprometer a sua qualidade.

Situações desta ordem não são analisadas pelo uso de indicadores pré-definidos, mas pela comparação de fluxos: i. de investimento no empreendimento em operação; com o ii. de retorno do empreendimento em análise, este submetido a agudas análises de risco.

Terá o empreendimento uma configuração de estabilidade validada se o LASTRO QUE A BASE IMOBILIÁRIA SIGNIFICAR, relativamente ao nível de exposição do empreendedor, e a forma segundo evolui, com respeito a esta exposição, que vai caindo no ciclo operacional, conforme o empreendimento vai devolvendo a capacidade de investimento do empreendedor estiver nivelado sempre no sentido de dar sustentação à imobilização.

O LASTRO PARA A EXPOSIÇÃO é o valor do empreendimento, relativamente ao nível de exposição do empreendedor, que, no início do ciclo operacional é mostrado pelo indicador ALV0, já referido anteriormente para outro objetivo, aqui tratado como:

$$[7] \qquad LAS_0 = \frac{VOI_0}{EXP_0}.$$

Durante o ciclo operacional, o valor do empreendimento vai sendo alterado e o nível de exposição vai caindo. A medida de LAS_k, sendo k um determinado momento no ciclo operacional, tende a ser maior que LAS_0, pois os empreendimentos tendem a ter valor estabilizado, crescente, ou, em poucos casos, decrescente num gradiente bastante baixo, enquanto EXP_k vai decrescendo relativamente a EXP0, quando o empreendimento vai oferecendo RODi a uma taxa maior do que a de atratividade dentro do ciclo operacional.

Isso tem a seguinte explicação:

- O empreendedor decidirá que um empreendimento tem qualidade quando a TRR estiver acima de sua taxa de atratividade - TAT para esta tipologia de negócios, na conjuntura em que investiu.
- EXP_k corresponderá ao nível de exposição ajustado pela taxa de atratividade e abatido recebimento dos RODi desde o ano 1 de operação até o ano k.
- quando a taxa de retorno dentro do ciclo operacional TRR é maior do que TAT, isto significará que EXP_k é decrescente, pois RODi tem potencial de conferir renda à taxa TRR, maior do que TAT, que ajusta o nível de exposição, de forma que EXP_k se esgotará quando ocorrer o PRI.

  A expressão que define EXP será:

  $$[8] \qquad EXP_k = EXP_0 \left(1+t\right)^k - \sum_{q=1}^{k} RODi_q \left(1+t\right)^{k-q} .$$

  Na posição k = PRI, teremos $EXP_{PRI} = 0$. Daí em diante, o indicador EXP não tem significado coerente.

  O valor do empreendimento (VOI_k) é aquele que o IAR pagaria, pronto em caixa, no momento k, cuja definição veremos mais adiante.

  O lastro LAS_k será sempre a relação entre VOI_k e EXP_k até o momento PRI, em que EXP se tornará zero, a partir do qual não há mais sentido em medir o indicador, porque a capacidade de investimento do empreendedor foi totalmente recuperada.

- Também no ciclo operacional, devem ser medidos dois indicadores avançados. O primeiro, denominado de DURATION - D mostra o prazo ponderado dentro do qual o investimento realizado no empreendimento é integralmente remunerado à taxa de retorno medida (TRR), considerando todo o ciclo operacional do empreendimento. O segundo indicador é denominado de TOTAL RETURN - TRT, e exibe o total de recursos disponível ao empreendedor ao final do ciclo operacional, admitindo-se que cada parcela do fluxo de RODi gerado passa a ser remunerado a uma outra taxa (TMR), diferente daquela em que estava em giro no empreendimento, desde o momento em que ocorrem até o final do ciclo.

O sentido da medida destes indicadores é o seguinte:

- É comum a interpretação equivocada de que o indicador taxa de retorno reflete o ganho de riqueza anual, proporcionado pelo empreendimento, sobre o total do investimento. Em verdade, cada parcela de retorno ocorrida anualmente remunera à taxa de retorno calculada (TRR) somente uma parte do total do investimento, a sua totalidade só é integralmente remunerada à taxa medida ao final do ciclo operacional;
- Quando em operação, o empreendimento gerará receitas, das quais se extrairá um resultado operacional disponível, que vai sendo derivado para o investidor e que simultaneamente remunera parte do investimento à taxa de retorno do empreendimento;
- O investidor vai, assim, ganhando paulatinamente a capacidade de investimento perdida, o que significará perder rigidez e ganhar liquidez para realizar novos investimentos no mercado, proporcionado, assim, um novo destino aos recursos, que poderão alcançar patamar de remuneração distinto daquele alcançado no empreendimento que gerou o fluxo de RODi;
- Os mercados operando em ondas vão oferecer, portanto, de em tempos em tempos padrões de remunerações médios que flutuam. Deste modo, conforme estiver posicionado o horizonte do empreendimento, ou antes o seu fluxo de geração de RODi, dentro do ciclo do mercado, deverão resultar para o empreendedor ao final do ciclo operacional diferentes patamares de geração de ganho total de riqueza, tendo em conta a remuneração obtida pela imobilização dos recursos no empreendimento e, em seguida, depois de livres e caracterizados como retorno, reinvestidos em novas operações às taxas médias do mercado (TMR).

Portanto, os indicadores DURATION e TOTAL RETURN agregam qualidade às decisões de investimento em EBI na medida em que permitem incorporar nas análises informações acerca das expectativas de evolução de mercado e os possíveis impactos na remuneração total dos recursos dentro do horizonte de análise. Se a expectativa é de expansão do mercado, caracterizada pela disseminação de uma melhoria dos indicadores médios de mercado, empreendimentos com DURATION mais curtos proporcionarão maiores TOTAL RETURN. De outro lado, se a tendência é de retração do mercado, quando os indicadores de desempenho apresentam queda em relação aos patamares históricos, empreendimentos com DURATION mais longos oferecerão TOTAL RETURN de maior monta.

Poderia se especular em que grau o comportamento médio do mercado afeta o próprio empreendimento, que afinal está inserido neste mercado, de modo que as tendências apontadas anteriormente se invalidassem, resultando sempre em média em maiores em TRT com o mercado em expansão e menores com o mercado em retração. Primeiro, tal situação só ocorreria em empreendimentos-protótipos que servem de imagem para o comportamento médio do mercado, porém sempre haverá uma dispersão do desempenho dos empreendimentos reais no mercado no entorno da média de comportamento. Segundo, para EBI com contratos de longo prazo para uso do espaço, há a geração de receita estabilizada, também de longo prazo, muitas vezes superior à extensão dos ciclos de mercado, o que denota uma inércia maior da resposta do (gestor) empreendimento às ocorrências do mercado, que por fim se consolida com um mecanismo de *hedge* do empreendedor contra o mercado.

O prazo DURATION, ou D, será o que satisfaz a expressão:

$$[9] \qquad D = \frac{\sum_{k=1}^{ciclop} \frac{RODi_K}{(1+TRR)^k}.K}{INV}.$$

TOTAL RETURN, ou TRT, será o que satisfaz a expressão:

$$[10] \qquad TRT = \sum_{k=1}^{ciclop} RODi_k (1+TRM)^{ciclop-k}.$$

A taxa combinada (TV), de alavancagem de riqueza, derivada do empreendimento e do mercado será a que satisfaz a expressão:

$$TV = \left(\frac{TRT}{INV}\right)^{\frac{1}{ciclop}} - 1.$$

7.3. A TAXA DE RETORNO DENTRO DO CICLO OPERACIONAL

A análise dos EBI, no seu cicio operacional, se baseia em tomar um princípio para reger a decisão de um IAR, relativamente a pagar certo preço pelo empreendimento pronto para operar, com a expectativa de que possa vir a manter no seu ciclo operacional um determinado padrão de desempenho. Assim posicionado, o planejador, por meio de um modelo de análise, formatará indicadores para mostrar padrões de qualidade no conceito econômico, financeiro e de segurança. Como já dito em capítulos anteriores, usar estes indicadores para referenciar se o empreendimento tem qualidade ou não é restrito ao empreendedor, que os manipulará, levando em conta as posições de cenário que arbitrar, associadas àquelas que arbitrou o planejador, quando se posicionou como um IAR, com a extensão de distorção que pretender e que deverá estar mostrada nas análises de risco.

Em outras palavras, o princípio fundamental da análise, que o planejador perpetrará, será:

- Posicionar-se como um IAR, para arbitrar como este decide. Essa posição está presa a técnicas de planejamento, não a uma atitude particular de cada planejador, e corresponderá a definir um princípio universal, que sustentará a qualidade da análise em si, baseada na boa técnica. Dessa posição se extrai o elenco de informações necessárias para decidir.

- Com base neste princípio, que é a essência da técnica de planejamento, o planejador montará o modelo para análise e, na posição de um IAR, arbitrará um cenário para comportamento do empreendimento e da conjuntura, com dados de projeções, ou somente de expectativas, como for possível obter informações com mais ou menos sustentação em dados históricos, ou exclusivamente de expectativas, relacionadas com o comportamento de empreendimento, na sua inserção de mercado.
- Resultam os indicadores de qualidade e as análises de risco, terminando a análise, ficando para o que decidirá sobre o investimento a posição de manipular estes indicadores.

Posicionar-se como um IAR quer dizer, em um primeiro nível, estabelecer os princípios que este usará para decidir, e isso é matéria da técnica de planejamento. Posteriormente, arbitrar o cenário, como sendo este IAR, é papel do planejador em cada análise.

O conceito mais avançado de planejamento nesta área indica a posição de decisão do IAR como centrada nos seguintes tópicos, que constituem o fundamento dos princípios de análise qualidade do investimento em EBI:

- O IAR pagará pelo empreendimento pronto para operar um PREÇO tal que, no conceito de INVESTIMENTO obtenha um RETORNO, resultado da operação do empreendimento, no ciclo operacional, dentro do cenário esperado, que produza uma TRR acima da sua taxa de atratividade baliza – TATco para a análise deste particular negócio.
- Entretanto, esse investimento deverá, ainda, mostrar uma TRRa no mínimo TATco, em determinado limite de quebra de qualidade no desempenho do empreendimento, que o empreendedor entenda satisfatório segundo suas expectativas sobre a evolução da conjuntura.
- Ainda será necessário que o empreendimento seja capaz de oferecer TRRc, equivalente ao custo de oportunidade, estabelecido com referência em suas alternativas para investir a risco desprezível, em uma posição de quebra de desempenho acentuada relativamente aos níveis do cenário esperado.
- O PRI para o investimento, dentro do cenário esperado e na situação de quebra de desempenho caracterizada para TRRa, deverá sempre estar dentro do cicio operacional.
- O empreendimento terá um determinado valor VOI0, que, relativamente ao preço, deverá representar um lastro acima de 1,000 com desempenho no cenário esperado e na condição de desvio que dá TRRa.

Esse valor VOI0 é denominado VALOR ARBITRADO PARA O EMPREENDIMENTO NO CONCEITO DE VALOR DA OPORTUNIDADE DE INVESTIMENTO e se caracteriza pelo preço que um IAR poderia pagar pelo empreendimento para que, no cenário esperado, sua TRR fosse igual à TATco. Isso quer dizer que VOI0 será o valor arbitrado para o empreendimento, de forma que o investimento neste nível, contra o retorno representado pelo RODi no ambiente do empreendimento, dentro do ciclo operacional, agregado ao valor VOIn, deste mesmo empreendimento ao final do ciclo, esteja, para o empreendedor, sendo calibrado a uma TRR igual à taxa de atratividade que este arbitra. No caso de uma análise, o investidor não está aparente, então o planejador é que arbitrará a taxa de atratividade, fazendo-se de IAR.

VOI0 será calculado pela expressão:

$$[11] \qquad VOI_0 = \frac{VOI_n}{(1+TATco)^{ciclop}} + \sum_{k=1}^{ciclop} \frac{RODi_k}{(1+TATco)^k} \quad .$$

O valor VOIn é aquele que outro IAR pagaria pelo empreendimento, ao final do ciclo operacional, disposto a investir os recursos necessários para reciclagem do empreendimento, de forma que, no período de exaustão, tivesse uma operação segura e rentável. Nesse momento, o empreendimento já tem uma história de desempenho dentro do ciclo operacional, de forma que suas expectativas futuras de comportamento estarão baseadas em dados históricos de grande qualidade, ainda que o vetor conjuntural possa ter o mesmo padrão de incerteza que quando se faz a arbitragem de valor no momento "zero". A postura que se arbitra para este IAR, que entraria no empreendimento com muito mais segurança que o primeiro, é que VOIn se sustenta com os RODi à taxa de atratividade arbitrada para o período de exaustão (TATex) inferior àquela do ciclo operacional (TATco) e que o valor do empreendimento ao final do período de exaustão deverá sustentar, à TATco, os novos investimentos em reciclagem e, à diferença entre TATco e TATex, o valor VOIn.

VOIn é calculado com a expressão:

$$[12] \qquad VOI_n = \alpha \sum_{k=1}^{exaustão} \frac{RODi_k}{(1+TATex)^k} .$$

Por ora, é suficiente entender que alfa é um fator de ajuste para calibre da dimensão dos investimentos em reciclagem necessários para manutenção da inserção de mercado do empreendimento. Este fator será mais bem detalhado na Seção 7.5 a seguir.

A relação investimento-retorno é o elemento de base para construção do modelo de análise, pois dela se extraem os conceitos que sustentam todos os indicadores de qualidade e as análises de risco, usando as expressões deste capítulo.

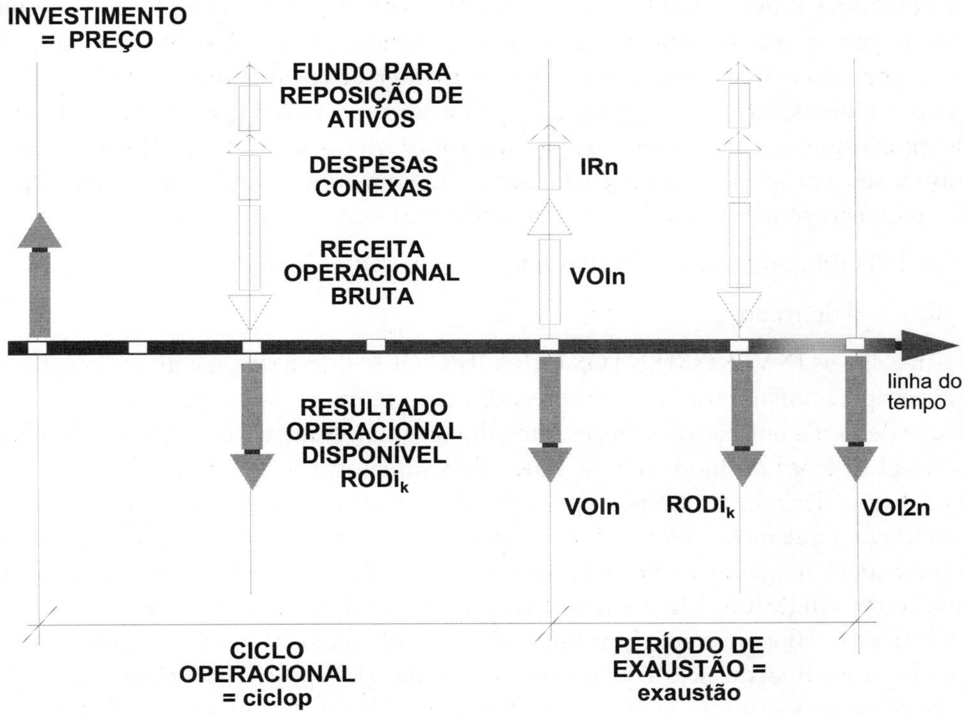

Figura 7.2 – Movimentações no ciclo operacional e período de exaustão.

Na Figura 7.2 está o conceito deste fluxo, cujos termos são:

PREÇO – quanto o investidor paga pelo empreendimento, medido no conceito de valor pronto em caixa no início do ciclo operacional. Para pagamentos a prazo, não se recomenda abater das parcelas o valor do retorno esperado para indicar os investimentos, pois são valores de intensidade de risco diferente. Nestas situações, o PREÇO será o montante que o empreendedor deverá ter pronto em caixa, numa aplicação de risco controlado, com liquidez garantida, para produzir o fluxo de pagamento das parcelas do preço.

RODik – RESULTADO OPERACIONAL DISPONÍVEL NO AMBIENTE DO EMPREENDIMENTO, indicando o volume de recursos, resultado da operação do empreendimento, que será derivado para o empreendedor. Corresponde ao resultado entre a RECEITA OPERACIONAL BRUTA e as DESPESAS CONEXAS com a sua aquisição, reservados, no ambiente do empreendimento, fundos para cobrir a contínua atualização da base física e do empreendimento, constituindo o FUNDO PARA REPOSIÇÃO DE ATIVOS (FRA).[2]

---

2 Em casos particulares, poderão ser alocados recursos para outros fluidos, por exemplo, nos shopping centers, o FUNDO PARA PROMOÇÃO.

O FUNDO PARA REPOSIÇÃO DE ATIVOS (FRA) tem o sentido de recolher recursos para que a unidade gerencial do empreendimento, a despeito de qualquer interferência do empreendedor, seja capaz de manter a base imobiliária e seus acessórios operacionais, inclusive sistemas para gerenciamento, em um padrão de qualidade e desempenho compatíveis com os parâmetros originais do empreendimento e que deram razão à proposição das expectativas de desempenho incluídas no cenário esperado, para ocorrerem dentro do CICLO OPERACIONAL.

CICLO OPERACIONAL – já definido.

V0In – já definido.

IRn – são os INVESTIMENTOS PARA RECICLAGEM a serem aplicados no final do ciclo operacional para que o empreendimento retome a sua capacidade plena de geração de RODi nos padrões de desempenho original. Aqui, naturalmente, está uma das simplificações do modelo, pois estes investimentos, sobre um empreendimento em operação, deverão ser diferidos por um certo prazo, compatível com uma logística de reciclagem que menos afete o funcionamento corrente da operação. Não há lógica em pretender calcular este valor no momento "zero" da análise, de forma que o que se pratica com o indicador IRn é um teste de capacidade de suporte. Esse teste se prende a comparar o valor do imóvel no início do ciclo operacional = VOI0, devidamente ajustado para o final do ciclo, com o máximo IRn que seria possível considerar, levando em conta as taxas de atratividade e custo de oportunidade arbitrados para o PERÍODO DE EXAUSTÃO – exaustão e a manutenção de RODi, sem quebras de desempenho. Quanto maior a relação entre IRn máximo viável e VOI0 ajustado, mais seguro será usar esta metodologia sem alteração, porque essa relação é uma medida de segurança. Caso a relação seja baixa, deveremos arbitrar uma condição satisfatória para IRn e abater a diferença do valor de VOIn, calculado segundo a expressão já mostrada.

Exaustão – já definido.

O fluxo investimento-retorno, para o empreendedor, será o da Figura 7.3.

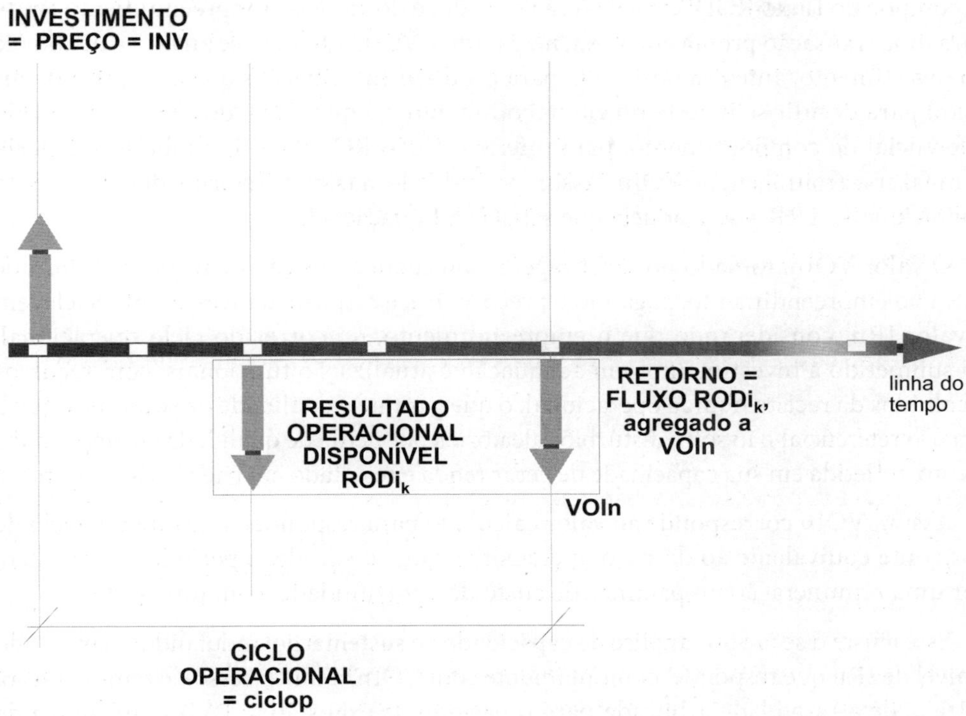

Figura 7.3 – Fluxo de Investimento x Retorno para cálculo da taxa de retorno dentro do ciclo operacional.

Esta figura faz a imagem de como está tratado o INVESTIMENTO neste capítulo. Trata-se de considerar o empreendimento no seu ciclo operacional, de forma que não está discutido o ciclo de implantação, sendo INV, então, o preço de compra do empreendimento pronto para operar, ou o nível de exposição do empreendedor, nesse momento, se foi ele que investiu o fluxo de implantação do empreendimento de base imobiliária.

7.4. A FORMAÇÃO DA TAXA DE RETORNO

Para o EMPREENDEDOR que pratica investimento em empreendimento de base imobiliária, a TAXA DE RETORNO DENTRO DO CICLO OPERACIONAL (TRR) se mede usando a expressão abaixo, cujas variáveis estão identificadas na Figura 7.3.

$$[13] \quad INV = \frac{VOI_n}{(1+TRR)^n} + \sum_{k=1}^{n} \frac{RODi_k}{(1+TRR)^k} \quad .$$

Esta medida de taxa de retorno (TRR) é tomada, assim, como média anual equivalente, para todo o ciclo operacional, quando o empreendedor estiver posicionado em n, olhando para a posição 0, na qual fez o investimento, e levando em conta que seu retorno se compõe do fluxo RODik que já terá recebido, e do valor do empreendimento em n, para uma transação pronta em caixa, no patamar VOIn. Quando se analisa a qualidade do investimento, antes da posição 0, para produzir informações que o empreendedor usará para decidir se investe no empreendimento, há que se: i. construir um cenário referencial de comportamento, para inferir o fluxo RODik; e ii. estabelecer critério para fazer a arbitragem de VOIn. Assim procedendo, a taxa de retorno, dentro do ciclo operacional – TRR – será aquela que satisfaz a Equação 13.

O valor VOIn, tomado por arbitragem, considera a posição de um investidor que entra no empreendimento, pagando o preço VOIn, e disposto a investir em reciclagem o valor IRn, considerando que o empreendimento, no correr do ciclo operacional, foi submetido a investimentos em adequação e atualização funcionais, com recursos recolhidos da receita líquida operacional, o que garante a qualidade de se admitir que o cenário referencial não sofre distúrbios aleatórios por perda de qualidade do empreendimento, refletida em sua capacidade de gerar renda e resultado em padrões homogêneos.

Assim, VOIn corresponde ao valor calculado para responder, durante um ciclo de horizonte equivalente ao do ciclo operacional e que o sucede, o período de exaustão, por uma remuneração no patamar de custo de oportunidade, com um ajuste α.

Esse ajuste α se faz por análise de capacidade de sustentação: induzindo ou medindo o nível de IRn que responde, conjuntamente com VOIn, a um excesso de remuneração, da taxa de atratividade arbitrada para o período de exaustão = TATex, até a taxa de atratividade arbitrada para o ciclo operacional = TATco.

Taxas são arbitradas na análise e a capacidade de sustentação representada por IRn deve ser aceita como capaz de cobrir investimentos em reciclagem.

VOIn se calcula pela expressão que segue, já apresentada:

$$[14] \qquad VOI_n = \alpha . \sum_{k=1}^{exaustão} \frac{RODi_k}{(1+TATex)^k}.$$

IRn pode ser imposto, resultando o cálculo do ajuste α da expressão:

$$[15] \qquad \left\{ \alpha = \frac{RC.(RE-IRn).(1+TATco)^n}{RC.(1+TATco)^n+(IRn-RE)} . \frac{1}{RO} \right\} \geq 0; \leq 1,$$

Sendo:

$$[16] \qquad RC = \sum_{k=1}^{n} \frac{RODi_k}{(1+TATco)^k}.$$

$$[17] \qquad RE = \sum_{k=n+1}^{2n} \frac{RODi_k}{(1+TATco)^{k-n}}$$

$$[18] \qquad RO = \sum_{k=n+1}^{2n} \frac{RODi_k}{(1+TATex)^{k-n}}$$

- Pode-se calcular IRn pela expressão que segue, com a consideração de que $\alpha = 1$. Então, se avalia a capacidade de suporte de IRn para cumprir com a finalidade de reciclar o empreendimento.

$$[19] \qquad \left\{ IRn = RE + RO.\left[\frac{1}{1+\frac{RC}{RO}.(1+TATco)^{n}} - 1 \right] \right\} \geq 0$$

Nessa hipótese, quando não se aceita o patamar de IRn encontrado, deve-se arbitrar um novo α diferente de 1, substituir na expressão o valor RO por α RO, e proceder aos cálculos sucessivos, até uma posição em que seja registrada uma configuração de segurança aceitável.

Conforme já exposto nas Seções 7.2 e 7.3, o lastro do investimento no início do ciclo operacional corresponde à relação entre: i. o valor do empreendimento - VOI0 - no conceito de valor da oportunidade de investimento, para uma taxa de retorno arbitrada no patamar de taxa de atratividade, com a configuração que o comportamento do empreendimento no ciclo operacional, estendido para o período de exaustão, se fará com absoluta aderência às expectativas do cenário referencial; e ii. o valor do investimento (INV).

A medida da taxa de retorno TRR tem, como se vê, efeito de dois vetores de arbitragem: i. a expectativa de evolução das variáveis de comportamento do empreendimento, lançada no cenário referencial; e ii. os critérios para determinação de VOIn.

Para dar qualidade aos instrumentos de informação, objetivando sustentar a decisão de investimento no empreendimento, convém, sempre, medir a contribuição exclusiva do fluxo dos RODik na formação de TRR, para isolar os efeitos das duas arbitragens. Desta forma, mede-se TRRa, como na expressão abaixo, que é a parcela de TRR devida exclusivamente ao fluxo RODik.

$$[20] \qquad INV = \sum_{k=1}^{n} \frac{RODi_k}{(1+TRRa)^k}.$$

TRRa depende da arbitragem de RODik e TRR - TRRa da arbitragem de VOIn. No caso apresentado ao final deste capítulo simulamos numericamente a contribuição relativa de cada parcela, RODik e VOIn, na remuneração total do INV em um EBI protótipo.

7.5. PRAZO DE RETENÇÃO DO INVESTIMENTO

Até este ponto sustentamos a construção do indicador de rentabilidade a partir da arbitragem de valor do empreendimento, sempre com a hipótese de que o investidor reterá sua posição de investimento até o final do ciclo operacional, de horizonte n.

Todavia, manter o investimento até o fim do ciclo operacional não pode ser uma hipótese necessária para a tomada de decisão de investir, especialmente quando se considera o avanço nos métodos de compartilhamento do investimento nos negócios de base imobiliária por meio de meios de securitização. Usando a hipótese dos Fundos de Investimento Imobiliário (FII) como referência, o investidor, ao adquirir uma cota de um FII que abriga um empreendimento de base imobiliária, e cujas cotas são negociadas diariamente na Bovespa (B3), deve fazer considerações para decidir sobre o prazo conveniente de retenção de seu investimento, já que a premissa da mobilidade é uma das que fundamenta a qualidade dos meios de securitização.

Quando se entra na discussão do prazo de retenção do investimento para efeito técnico, novamente se mergulha na necessidade de arbitragem dos mesmos elementos necessários para determinar a taxa de retorno, principalmente o valor VOIj, que será o valor do empreendimento em um momento j qualquer do ciclo operacional. Para a arbitragem de VOIj não é válido estabelecer as mesmas considerações usadas para referir VOIn, de forma que esta arbitragem deverá se fazer por meios indiretos e, então, com uma reserva de segurança mais alta.

No sentido de obedecer à segurança necessária para se medir indicador da qualidade do investimento que permita ao empreendedor tomar a decisão de investir, o que indicamos como procedimento técnico mais correto é construir uma envoltória para a evolução da taxa de retorno dentro do ciclo operacional, considerando posições-limite para o VALOR DE SAÍDA DA POSIÇÃO DE INVESTIMENTO – VOIj – a cada momento do ciclo operacional, caracterizando, cada um, um PRAZO DE RETENÇÃO DO INVESTIMENTO – PRIj – contado desde o início do ciclo operacional até o momento de saída.

Esta envoltória compreende duas curvas-limite:

- O limite inferior configura a hipótese de que o VALOR DE SAÍDA DO INVESTIMENTO É "ZERO", de forma que se medirá a taxa de retorno somente com a contribuição do fluxo RODik até cada posição j, encontrando taxas de retorno TRRjZ, como está na Expressão 21:

$$[21] \qquad INV = \sum_{k=1}^{j} \frac{RODi_k}{(1+TRRjZ)^k}.$$

- O limite superior configura a hipótese de que o valor do investimento evolui, desde a posição INV no início do ciclo operacional até a posição VOIn, ao seu final, numa tendência constante, o que faria o valor de saída a cada momento j ser identificado por VOIj calculado como na Expressão 22:

$$[22] \qquad VOI_j = INV.\left(\frac{VOI_n}{INV}\right)^{\frac{j}{n}}.$$

Então, a taxa de retorno a cada ponto j, TRRjV, se calcula usando a expressão:

$$[23] \qquad INV = \frac{VOI_j}{(1+TRRjV)^j} + \sum_{k=1}^{j} \frac{RODi_k}{(1+TRRjV)^k} \quad .$$

Esse limite superior poderá ser definido com a hipótese de que o valor de saída VOIj seja sempre igual a INV, nas hipóteses em que se encontrem empreendimentos de base imobiliária cujo valor decresça dentro do ciclo operacional, o que é uma hipótese excepcional, pois a condição que mais se verifica é a de crescimento.

Como a curva de formação da taxa de retorno, para a hipótese de que o valor de saída seja estabilizado em INV é uma informação que convém sempre estar presente, entendo que a indicação das três curvas referidas acima é o meio mais completo de oferecer a informação sobre a qualidade do investimento.

Dessa forma, a imagem da informação sobre a formação da taxa de retorno é a representada pelo Gráfico 7.1. Neste gráfico, indicamos uma hipótese em que a fronteira superior da envoltória mostra uma taxa de retorno decrescente, até TRR na posição n do ciclo operacional. A curva de formação da taxa de retorno para a hipótese de que o valor de saída do investimento cresça na proporção indicada na expressão para cálculo VOIj, caracteriza, no gráfico, a taxa TRRjV.

Nesse mesmo Gráfico 7.1, TRRjZ indica a formação-fronteira para a taxa de retorno quando se considera "zero" o valor de saída do investimento. A curva TRRjZ só indicará taxa de retorno a partir da posição de "payback" primário, quando o fluxo dos RODik já devolveu o valor INV.

A curva TRRjI, sempre situada "dentro" da zona em que estará a taxa de retorno, indica situações em que o investidor sai da posição de investimento a cada ano j pelo valor INV.

Aqui se indica, assim, os limites em que, com maior probabilidade, estará a taxa de retorno, se o investidor pretender sair da sua posição de investimento dentro do ciclo operacional.

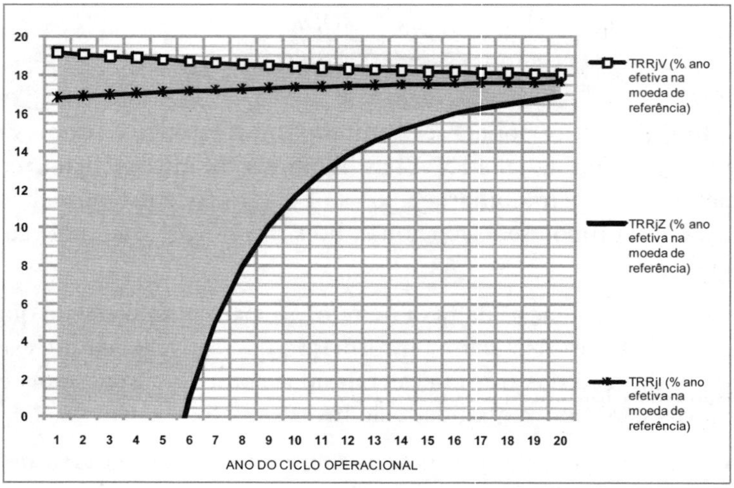

Gráfico 7.1 – Envoltória para caracterizar a formação da taxa de retorno dentro do ciclo operacional.

Nas curvas de formação da taxa de retorno, as posições TRR e TRRa estão identificadas como está mostrado no Gráfico 7.2.

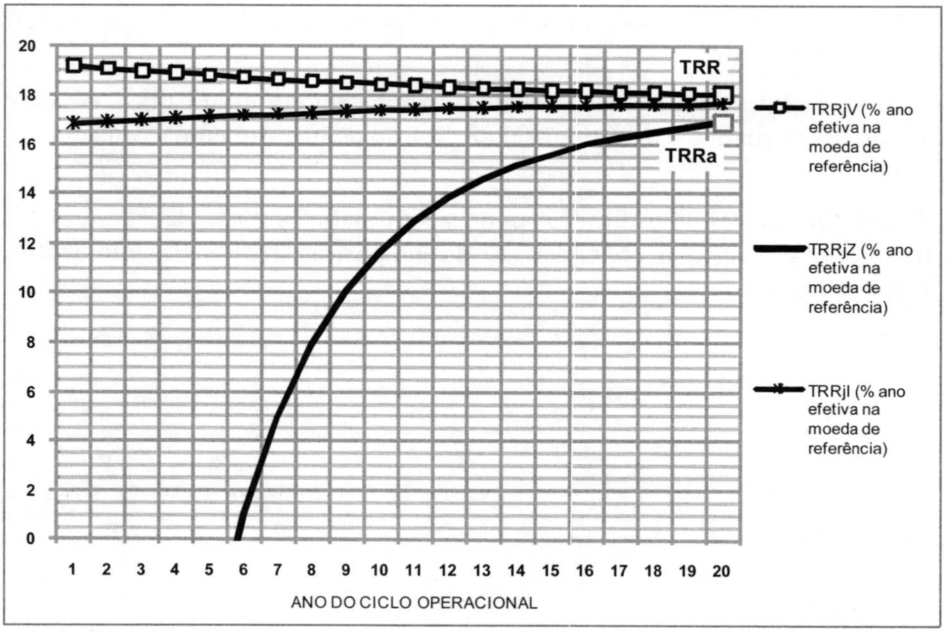

Gráfico 7.2 – Indicação das posições e TRR e TRRa nas curvas de formação da taxa de retorno.

Reforça-se o princípio de que, em procedimentos de planejamento, o que se busca é estruturar um conjunto de informações que habilite o decisor – nesse tema, o investidor – a decidir dentro de padrões de riscos confortáveis. Quando se constrói a informação de planejamento, não se verifica nem se busca a iluminação de reconhecer como será o futuro, mas, a partir de imagens de comportamento esperado do empreendimento e do seu ambiente econômico, plotadas no cenário referencial, o que se pretende calcular são indicadores de desempenho – nesse tema, da qualidade do investimento –, indicadores capazes de orientar a decisão, como sendo metas possíveis de se atingir.

Entretanto, especialmente neste caso de formação da taxa de retorno, o que se considera como cenário referencial são hipóteses-limite de saída da posição de investimento em qualquer momento j do ciclo operacional. O valor de saída do investimento não depende do investidor, mas deste encontrar outro investidor que tome a posição, ocorrendo, então, uma transação, em que dois juízos de valor estarão em confronto – o do investidor que sai do investimento e o daquele que toma a posição – até que se atinja um nível de equilíbrio, que permita a conclusão da transação. Dessa forma, o valor de saída será único e dependerá de acontecimentos que fogem do ambiente do planejamento, sendo regrados por pressões de mercado que não poderão, inclusive, sofrer monitoramento do investidor.

Por estas razões, identificar a envoltória de taxas de retorno é informação de relevo, para que o investidor no empreendimento tome contato com o mais provável conjunto de alternativas com as quais se defrontará sempre que o comportamento do empreendimento e de seu ambiente tenham completa aderência às expectativas do cenário referencial. Como informação complementar, é importante desenhar envoltórias de igual teor em análises de risco, produzindo sobre o cenário referencial configurações de estresse, no sentido de ser possível medir padrões de flutuação e de sustentação da envoltória que está associada aos padrões de comportamento do cenário referencial.

Para poder mostrar situações intermediárias, ilustramos este capítulo com um caso, onde estão exploradas alternativas de comportamento futuro, numa posição de saída do investimento, para indicar como esta taxa de retorno única se sustenta, relativamente aos parâmetros estabelecidos em função do cenário referencial.

A curva de formação de TRRjZ isoladamente é importante para oferecer dois indicadores que, para decisão de investir são relevantes:

- PRAZO DE RECUPERAÇÃO DA CAPACIDADE DE INVESTIMENTO – payback – indica para o investidor o grau de imobilização que o empreendimento vai exigir dele. Quanto mais longo o payback, maior tempo de maturação apresenta o empreendimento, o que significa menos segurança, na medida em que certo patamar de qualidade, associado aos critérios para medir o payback e arbitrado pelo investidor, só se verificará mais tarde, exigindo-se maior aderência aos padrões de comportamento arbitrados no cenário referencial.

- A "curvatura" da curva TRRjZ, que traduz também um conceito de maturação do investimento, quando se arbitra uma certa taxa de atratividade.

  Quanto ao payback, o Gráfico7.3 mostra as quatro posições mais relevantes:

- Posição I – denominada de payback primário, que indica quando o empreendimento devolveu ao investidor uma massa de recursos. Quando se faz análises deste caráter, fica implícito que INV e RODik deverão estar referidos por meio de uma moeda de poder de compra estabilizado, sem o que a informação não terá o menor valor para decisão.

$$[24] \qquad INV = \sum_{k=1}^{posição I} RODi_k \quad .$$

- Posição II – que indica quando o empreendimento devolveu ao investidor uma certa massa de recursos, correspondente ao seu investimento original, ajustado pela taxa de inflação diferencial entre o índice geral de preços, que deverá estar refletido nos INV e RODik utilizados no cálculo, e o índice de crescimento de custos do tipo de investimento que está praticando. Essa posição indicará quando o investidor estará capacitado a reproduzir o investimento original e, se houver descolamento entre o índice de custos e o índice geral de preços, obviamente, a posição II acontece mais tarde que a posição I.
- Posição III – payback a custo de oportunidade, identifica o tempo que o empreendimento demora para devolver ao empreendedor uma condição de capacidade de investimento equivalente àquela que teria se tivesse aplicado a mesma massa de investimentos INV numa alternativa que arbitra como sendo "isenta" de risco.
- Posição IV – payback a taxa de atratividade, identifica o tempo que o empreendimento demora para devolver ao empreendedor seus investimentos na taxa que arbitrou como sendo aquela mínima que o atrai para investir.

  Qualquer posição de payback é determinada pela expressão:

$$[25] \qquad INV = \sum_{k=1}^{posição} \frac{RODi_k}{(1+t)^k},$$

  onde [t = taxa que caracteriza a posição desejada], seja [des = descolamento da inflação de custos para o índice geral de preços], [cop = custo de oportunidade], ou [tat = taxa de atratividade].

Em relação ao regime de formação da taxa de retorno, a "curvatura" da TRRjZ indicará, por meio das mesmas posições de payback, especialmente a posição IV, o prazo de maturação que o empreendimento necessita para oferecer aos investimentos uma determinada taxa de retorno.

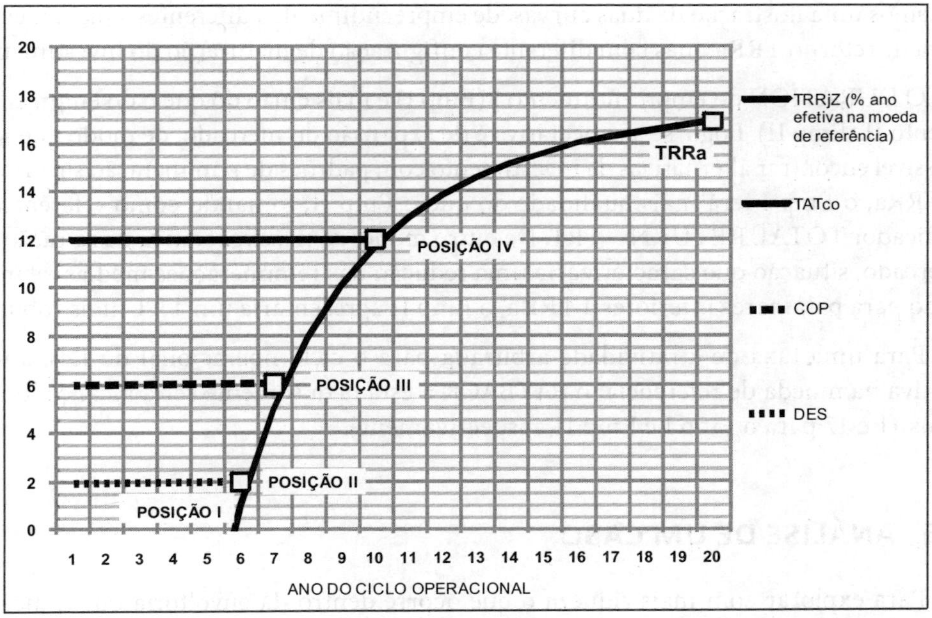

Gráfico 7.3 – Posições de payback na curva TRRjZ.

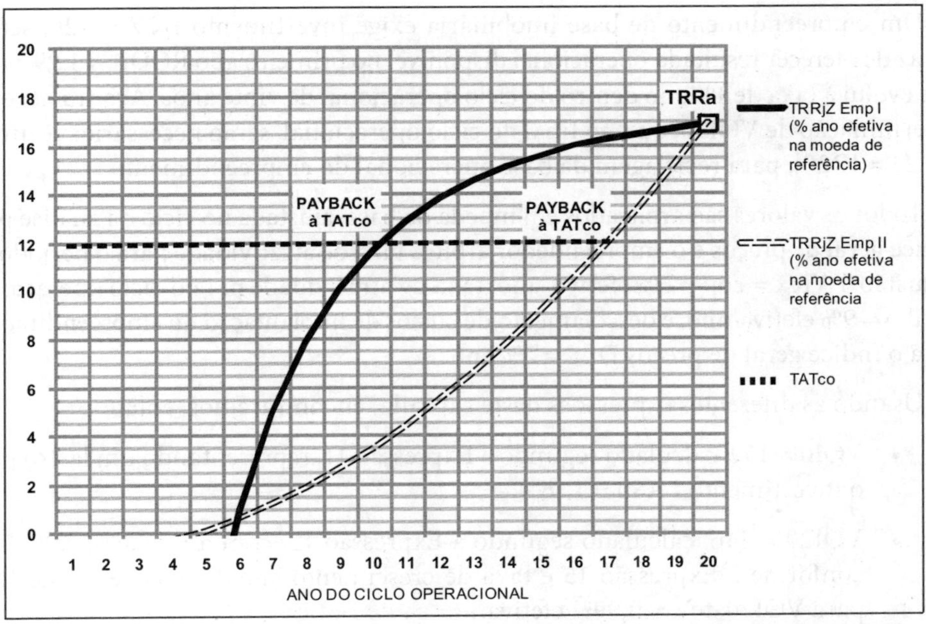

Gráfico 7.4 – Curvas de TRRjZ com diferentes prazos de maturação e mesma TRRa.

Quando se fala da posição IV, esse prazo indicará uma posição de saída segura para o investidor, pois está determinado para um valor de saída "zero". No Gráfico 7.4

fazemos uma ilustração de duas curvas, de empreendimentos diferentes, com a mesma taxa de retorno TRRa, mas com diferente configuração de maturação do investimento.

O DURATION do empreendimento I (Emp I) é mais curto do que o do empreendimento II (Emp II). Logo, se a expectativa é de expansão do mercado, de modo que será possível encontrar alternativas de investimento com padrões de remuneração superiores à TRRa, o Emp I terá mais qualidade do que o Emp II, tomando como referência o indicador TOTAL RETURN – TRT. De outro modo, com a expectativa de retração do mercado, situação que caracterizaria uma redução das remunerações médias de mercado para patamares inferiores à TRRa, o Emp II apresentaria um TRT mais robusto.

Para uma taxa de atratividade arbitrada para o ciclo operacional de 12% anual efetiva na moeda de referência, o PAYBACK a esta taxa somente seria alcançado nos anos 11 e 17 para o Emp I e Emp II, respectivamente.

7.6. ANÁLISE DE UM CASO

Para explorar com mais riqueza o que ocorre dentro da envoltória que indica as diferentes posições possíveis de taxa de retorno, usemos um caso e identifiquemos diferentes situações relativas à posição de saída do investidor dentro do ciclo operacional. O Caso terá o seguinte contorno e com os valores expressos em R$ milhão da base:

Um empreendimento de base imobiliária exige investimento INV = 120, sendo capaz de oferecer resultado operacional disponível no primeiro ano RODi1 = 12,9, valor que evolui à taxa de 1% ano dentro do ciclo operacional de vinte anos. Arbitra-se, para determinação de VOI20, que, ao final do ciclo operacional, serão necessários recursos de [24 = IR20], para reciclagem da base operacional do empreendimento.

Todos os valores são arbitrados em moeda da base, ajustada no ciclo da análise pelo índice geral de preços e o empreendedor arbitra taxa de atratividade para o período de exaustão TATex = cop = 6% efetivo-ano, taxa de atratividade para o ciclo operacional TATco = 9% efetiva-ano, e descolamento de custos de implantação do empreendimento para o índice geral de preços DES = 2% ano.

Usando as diferentes expressões deste capítulo, encontraremos, então:

- VOI0 = 139, calculado segundo a Expressão 11, representando um lastro para o investimento LAS0 = 1,16.
- VOI20 = 146, calculado segundo a Expressão 12, com α = 75,0%, calculado conforme a Expressão 15 e taxa de crescimento anual equivalente, de INV para VOI20, teV = 0,99% efetiva.
- TRR = 11,7% equivalente ano, efetiva, calculada segundo a Expressão 13.
- TRRI = 11,2% equivalente ano, efetiva, calculada segundo a Expressão 13, substituindo o valor VOIn, aqui VOI20, por INV.

- TRRa = 9,7% equivalente ano, efetiva, calculada segundo a Expressão 20.

As curvas de formação da taxa de retorno, nos limites de TRRjZ e TRRjV ajustada estão no Gráfico 7.1.

Ali também se denota a curva TRRjI. Como nela se verifica, a posição de saída a INV e não a VOIj faz uma pequena diferença em termos de taxa de retorno dentro do ciclo operacional, o que é uma característica de operações como edifícios de escritórios para locação, shopping centers e hotéis, os tipos de empreendimentos mais comuns, dentre os de base imobiliária.

Neste caso, por exemplo, se tomarmos o valor de saída, ao final do ciclo operacional, como sendo 120 = INV e não 146 = VOI20, a taxa de retorno TRR salta de 11,7% para 11,4% equivalente ano, efetiva.

Isso indica que, numa análise expedita e com critério conservador, pode-se adotar a arbitragem de fazer o valor de saída VOIj = INV, sem a preocupação de usar métodos mais complexos para arbitrar VOIj, ou VOIn.

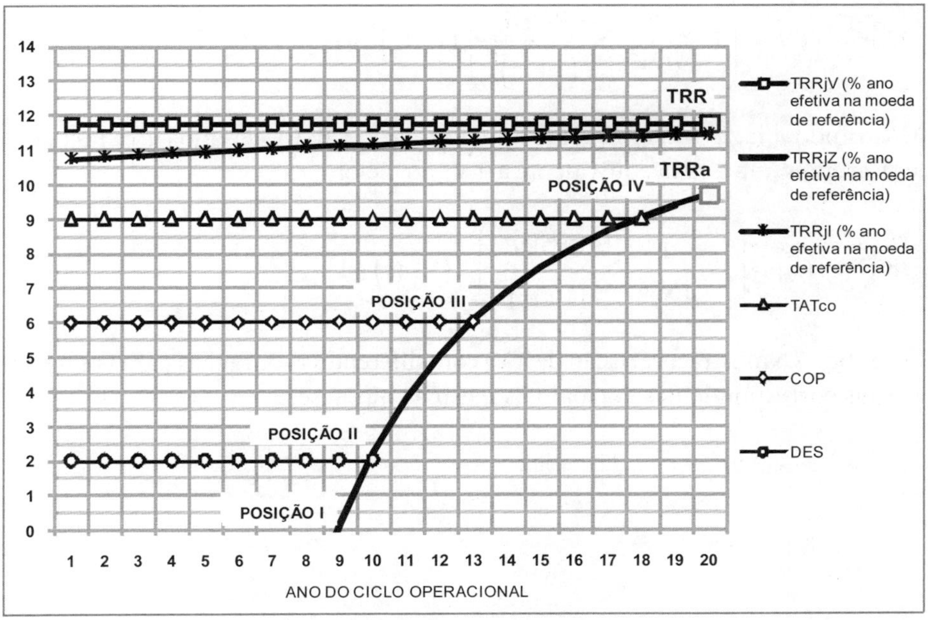

Gráfico 7.5 – Curvas de Formação da taxa de retorno do Caso.

Um aspecto que convém analisar diz respeito aos requisitos de valorização, ou à capacidade de suporte para desvalorização do empreendimento dentro do ciclo operacional, de forma a garantir a saída do empreendedor a uma certa taxa de retorno.

As posições naturais de análise para taxa de retorno de saída são: cop, TATco, TRRa e TRR. O que se mede, para oferecer esta informação, é a taxa média anual de valorização (ou desvalorização) – tV – que deve, ou pode, ocorrer, desde o início do ciclo operacional até um ponto de saída j, de forma que o investidor, que aplicou INV, ao sair do empreendimento tenha uma taxa de retorno equivalente anual, no ciclo em que permaneceu investido, igual a cada um dos patamares referidos anteriormente.

A informação é de leitura mais fácil quando em gráfico, no formato do Gráfico 7.6 ou do Gráfico 7.7.

Pretendendo o investidor, num ciclo de extensão j, manter seu investimento, de modo a sair dessa posição de investimento a uma certa taxa ts equivalente anual, o valor de saída da posição de investimento será igual a VSj, no momento j, respeitada a Expressão 10:

$$[26] \qquad INV = \frac{VS_j}{(1+ts)^j} + \sum_{k=1}^{j} \frac{RODi_k}{(1+ts)^k}.$$

Indicando a taxa de valorização necessária para sustentar a variação, de INV no momento 0 até VSj no momento j, por TVj, teremos o resultado da Expressão 11:

$$[27] \qquad TV_j = \left(1 - \frac{1}{INV} . \sum_{k=1}^{j} \frac{RODi_k}{(1+ts)^k}\right) . (1+ts)^j - 1.$$

Mostrando a taxa TVj em média anual no ciclo [0; j], teremos a Expressão 11a, onde tVj representa a taxa equivalente a TVj no ciclo:

$$[28] \qquad tV_j = \left(1 - \frac{1}{INV} . \sum_{k=1}^{j} \frac{RODi_k}{(1+ts)^k}\right)^{\frac{1}{j}} . (1+ts) - 1.$$

O Gráfico 7.6 mostra a variação de TVj com diferentes arbitragens para ts e o Gráfico 7.7 as suas correspondentes tVj, para as mesmas hipóteses.

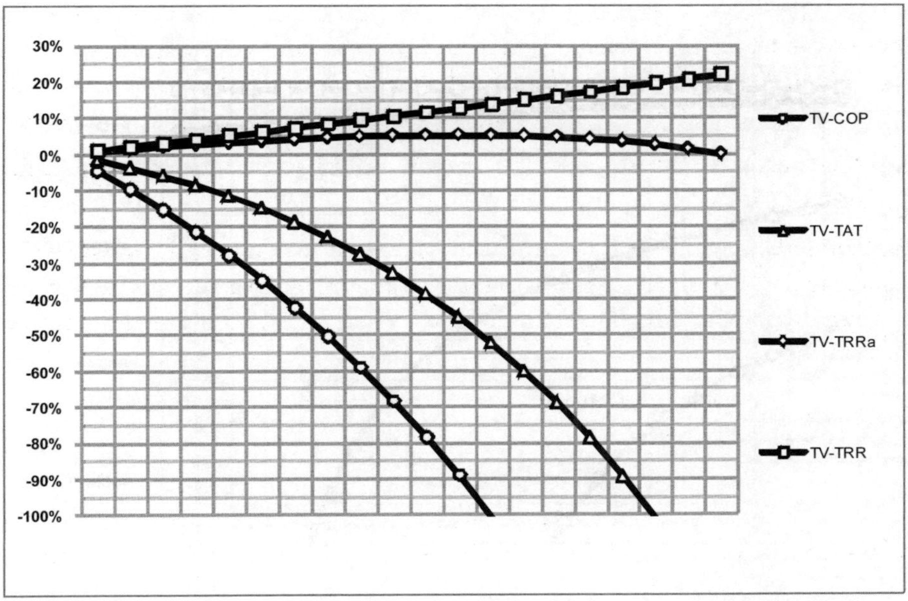

Gráfico 7.6 – Flutuação da taxa de (des)valorização admitida para INV, considerando diferentes taxas de retorno no prazo de retenção do investimento – Taxas Tv medidas no ciclo.

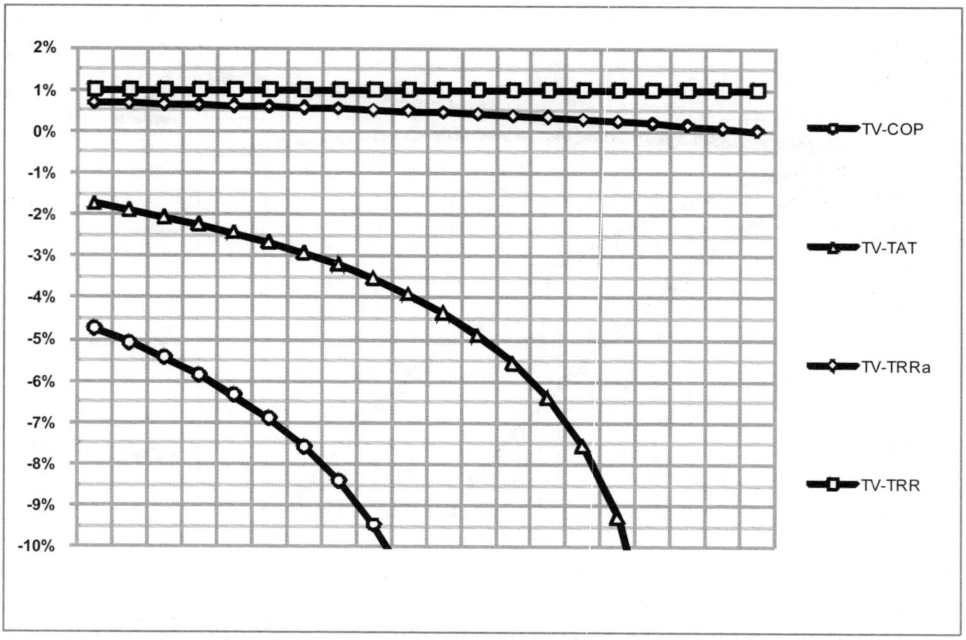

Gráfico 7.7 – Flutuação da taxa de (des)valorização admitida para INV, considerando diferentes taxas de retorno no prazo de retenção do investimento – Taxas tV equivalentes anuais no ciclo.

Como se vê, usando os parâmetros do Caso, para cop, TAT e TRRa como taxas de saída, a partir de um certo ponto, já se suporta desvalorização, relativamente a INV. Arbitrando cop e tat como taxas de saída, há posições a partir das quais já se pode tomar o valor de saída como sendo "zero", que são aquelas com 100% de desvalorização e cujos pontos j correspondem ao payback a estas taxas, já mostrado no Gráfico 7.5.

Nas análises de risco sobre a flutuação da taxa de retorno, quando se produzem distúrbios de comportamento do empreendimento, em relação às expectativas do cenário referencial, ou conturbações no seu ambiente, que afetarão o fluxo RODik, comprometendo a rentabilidade:

- Podemos usar o caminho de promover análises de sensibilidade, plotando a envoltória da formação da taxa de retorno, com a indicação de curvas no limite máximo de quebra de desempenho, ou
- Podemos indicar o patamar de sustentação de TRR e TRRa, quando se produzem quebras de desempenho em efeitos cruzados e de geração aleatória dentro do ciclo operacional, entre fronteiras arbitradas.

Usando o nosso Caso, consideremos um fator de desempenho que está em 1,00 no cenário referencial e que pode flutuar até o limite de 0,80, arbitrado como a posição mais conservadora. No Gráfico 7.8 está indicada a envoltória da posição inferior de desempenho para os três indicadores de taxa de retorno, TRRjV, TRRjI e TRRjZ. Com este gráfico, o decisor poderá vislumbrar as posições mais extremadas de comportamento de seu investimento.

Fazendo a análise de flutuação pelo ANO 20 do ciclo operacional, vemos as perdas apresentadas pelos indicadores, quando o fator de desempenho do empreendimento se apresenta, dentro de todo o ciclo operacional na posição-limite inferior, com quebra de 20% relativamente às expectativas do cenário referencial.

TRR sai de	11,7%	para	9,6%
TRRI sai de	11,4%	para	9,2%
TRRa sai de	9,7%	para	6,8%

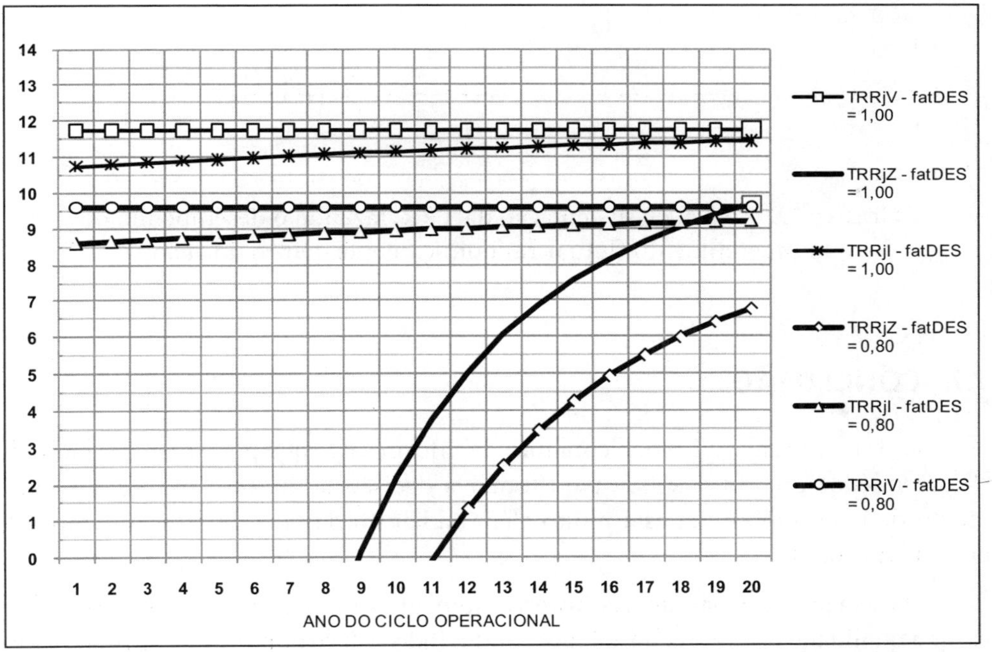

Gráfico 7.8 – Formação da taxa de retorno – posição no cenário referencial e posição-limite com quebra de desempenho.

Também usando o Caso, trabalhando a variável RODik com impacto de fatDes, variando entre os limites 1,00 e 0,80, de forma randômica dentro do ciclo operacional, podemos construir uma amostra de qualidade suficiente para extrair informações sobre a flutuação dos indicadores de taxa de retorno, com caráter probabilístico.

Assim, podemos encontrar:

- no Gráfico 7.9, o intervalo de confiança, com confiabilidade de 90% para a taxa de retorno TRR, medida ao final do ciclo operacional.

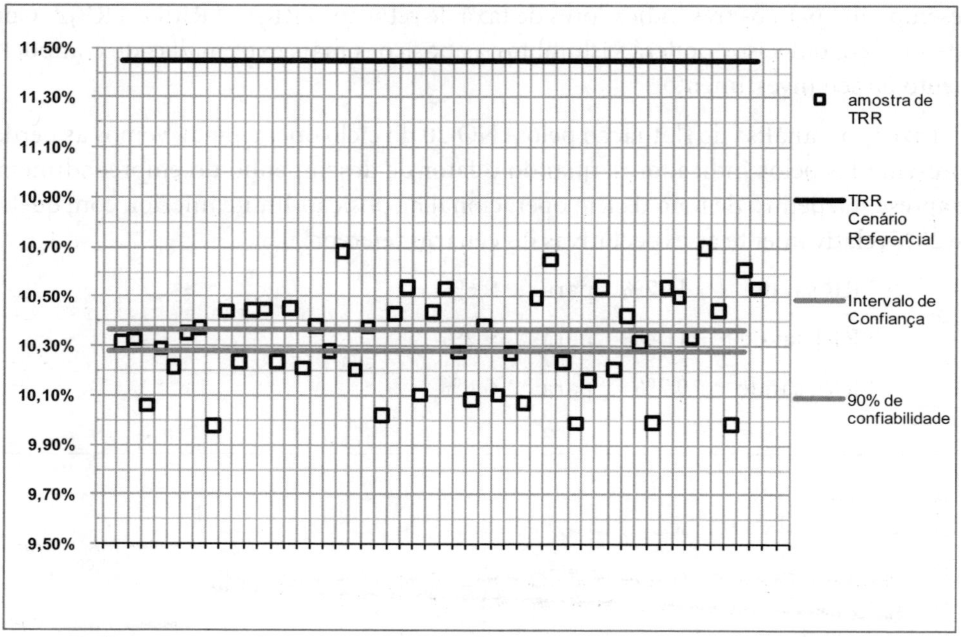

Gráfico 7.9 – Nível de sustentação da TRR, fazendo o desempenho do empreendimento flutuar randomicamente dentro do ciclo.

7.7. CONCLUSÃO

Como se vê neste capítulo, o conjunto de informações que pode oferecer para um empreendedor uma base sólida para tomar a decisão de investir num empreendimento de base imobiliária está muito além da leitura da taxa de retorno dentro do ciclo operacional.

Não é exagero afirmar, que, ao inverso, somente a informação da TRR pode mascarar a qualidade do empreendimento, conduzindo o decisor por um caminho onde a avaliação dos riscos do negócio, com respeito à sua maturação, fica "escondida" numa taxa de retorno que pode transparecer como aceitável, ou conveniente.

Sempre é importante lembrar que a decisão de investir, ou empreender, se toma avaliando um binômio [qualidade x riscos] e, quanto à condição econômica, esse binômio indicará [rentabilidade x riscos]. Dessa forma, o conjunto de informações que sustenta a decisão extrapola o simples cálculo de TRR, sendo que os demais indicadores apresentados neste capítulo e aqueles explorados no Caso, compreendem o elenco de informações que capacitarão o investidor a tomar suas conclusões sobre o binômio de referência da condição econômica do empreendimento em estudo. No Capítulo 9 retomaremos em maior detalhe e profundidade a aplicação dos conceitos apresentados neste capítulo.

CAPÍTULO 8

Análise da qualidade do investimento em empreendimentos imobiliários para venda

João da Rocha Lima Jr.

CONCEITOS APRESENTADOS NESTE CAPÍTULO

Os aspectos doutrinários para a análise de investimentos em real estate expostos neste livro são conjugados neste capítulo, para tratar das análises da qualidade do investimento |AQI| dos empreendimentos imobiliários destinados à venda. Uma |AQI| deve entregar ao empreendedor o conjunto de informações que dê suporte à decisão. Nesse capítulo exploramos a rotina de construção da |AQI| no primeiro nó do sistema de decisões de uma empresa de real estate: validar uma alternativa de investimento. Discutimos como construir o cenário referencial, como encontrar as fronteiras dos cenários estressados, como mostrar os indicadores da qualidade do investimento e de como fazer referência aos riscos. Como não há modelos universais, esta rotina é discutida diante de um empreendimento-protótipo.

8.1. INTRODUÇÃO

Empreendimentos do real estate podem ser classificados em imobiliários ou de base imobiliária.

Nos empreendimentos imobiliários, o foco do empreendedor é produzir para vender, sendo o exemplo mais corrente o dos conjuntos residenciais – no Brasil edifícios de apartamentos. Nos empreendimentos de base imobiliária, a serem discutidos em outro capítulo, os empreendedores implantam, ou compram um edifício, para explorar, objetivando auferir renda do seu investimento.

Os empreendimentos residenciais, que são os empreendimentos imobiliários mais correntes, são indicados na literatura técnica internacional como *residential real estate developments*, sendo que, em alguns mercados, empreendimentos horizontais (conjuntos de casas isoladas) têm a mesma relevância que os edifícios, sendo até privilegiados em algumas regiões dos Estados Unidos, por exemplo.

Neste capítulo, usaremos um protótipo de edifício de apartamentos para venda para sustentar a demonstração da rotina do planejamento, no preparo da |AQI| destinada à validação de uma oportunidade de investimento.

Empreendimentos não são iguais, somente podem guardar semelhança. Edifícios de apartamentos para vender, nosso protótipo de empreendimento, podem guardar semelhança, mas não são iguais dentro de conjunturas diferentes, mercados geograficamente diferentes e segmentos de mercado distintos, quando separados pela renda do público-alvo. No Brasil nesta conjuntura (2010), por exemplo, um edifício residencial destinado a famílias de renda média alta na cidade de São Paulo deve ser avaliado sob modelo simulador de estrutura diferente do que a de um modelo destinado a validar empreendimento para baixa renda no âmbito do programa denominado Minha Casa, Minha Vida. Nos dois casos, os empreendimentos têm: i. suporte de financiamentos à produção, mas com estrutura muito diferente; e ii. relacionamento empreendedor x mercado na venda também completamente diferente. Essas condições de financiamento e de relacionamento são indutoras da estrutura do modelo simulador. Diferentes, por exemplo, são também os modelos simuladores de empreendimentos desenvolvidos em fases. Nesses, o modelo simulador deverá tratar do estoque de terreno que gira a renda zero, esperando o momento de ocorrer a fase para a qual ele foi destinado. Empreendimentos em fases tendem a apresentar expressivo montante de recursos ociosos, cujos fluxos devem receber tratamento especial, o que já não ocorre nos empreendimentos de uma única fase.

Tendo em vista as diferenças entre empreendimentos, é importante advertir que o modelo simulador usado neste capítulo para discutir um empreendimento-protótipo não deve ser entendido como um modelo paradigma, aplicável a qualquer empreendimento. O que é paradigma é a doutrina de estruturação do modelo, dos cenários, da lógica de apresentação dos indicadores e da análise de riscos. Mesmo assim, poderá ser exigida uma configuração particular para empreendimentos que, semelhantes ao protótipo, ocorram em conjunturas diferentes da criada para esta discussão, ou apresentam características estruturais diferenciadas. Exemplo de diferenciação pode ser a compra do terreno, quando feita por meio da entrega da uma participação no negócio ao proprietário, direta, ou indireta, protegida ou de risco aberto. Exemplo de diferenciação pode estar também na estrutura de funding, na qual um dos fornecedores de recursos de investimento seja investidor passivo, porém, tenha certa renda mínima garantida, ou na qual o gestor do investimento tenha um prêmio de performance, contra a garantia de renda. Condições particulares de mercado ou ações mitigadoras de risco podem exigir a construção de modelo simulador especial.

Por sua vez, é importante advertir que modelos simuladores não devem ser vistos como meros "montadores de fluxo de caixa esperado", de onde se retiram os indicadores da qualidade e dos riscos do investimento. Um modelo simulador deve se apoiar no que há de mais qualificado da inteligência da empresa, ou que a empresa possa comprar de consultoria. Esta é uma ação em que a empresa deve estar concentrada em fazer informação para sustentar as decisões de investimento com segurança e confiabilidade.

Um modelo simulador não prevê o que acontecerá no empreendimento, até porque, ao simular, simplifica os indutores do conjunto das informações que se traduzem nos indicadores. A simplificação exige cuidados técnicos para que não seja ela a indutora de distorções nas medidas, que podem inverter decisões (fazer para não fazer, ou vice-versa), ou mascarar condições de risco. Exemplos: i. a curva de custos de construção no modelo pode mascarar a necessidade de investimentos; ii. a curva da receita no modelo pode adiantar retornos, ou mascarar a necessidade de investimentos; iii. desprezar o descolamento entre INCC e IGP-M pode mascarar a necessidade de investimentos e levar à medida inadequada da rentabilidade; iv. considerar que o crédito à produção gira na moeda da base, para facilitar a montagem do fluxo de caixa esperado, quando a prática é financiar em moeda nominal, o que mascara a necessidade de investimentos.

i) A rotina de preparo da |AQI|, numa fase em que o projeto é representado por um plano de massas, com uma breve indicação do produto, tendo em vista a capacidade de pagar do público-alvo, compreenderá:

- a demonstração da equação de fundos, para comparar a necessidade de investimentos com a capacidade de investimento do empreendedor. Nas avaliações de risco, medir como o empreendedor deve estar "pronto para investir" (stand-by), nas configurações estressadas, sob desvios de custos, receita e velocidade de vendas;
- os indicadores de resultado – balanço e taxa de retorno. No balanço, os indicadores de peso das diferentes contas na geração do resultado, o que auxilia entender o risco isolado da distorção de cada uma delas. Esses indicadores de risco isolado permitem que o empreendedor verifique como as simplificações do modelo simulador podem afetar desvios de qualidade – contas mais representativas têm maior repercussão no resultado. Um proxy global de risco é a margem sobre o preço – margens baixas podem estar associadas a resultados expressivos, bastando que se consiga estruturar o funding com poucos investimentos. Margens baixas, entretanto, podem mostrar riscos elevados, porque tendem a sofrer impactos fortes sob pequenas distorções de custo ou de receita. A margem não é um indicador da qualidade do investimento: uma oportunidade de investimento com margem menor que outra pode, por diversos motivos, ter melhor qualidade;
- os indicadores auxiliares da qualidade do investimento, como payback e duration. Nos empreendimentos com elevadas taxas de financiamento de comercialização, payback e duration tendem a ter pouca importância, porque

partes importantes da devolução dos investimentos e do resultado acontecem no final do empreendimento. Nos empreendimentos em fases esses indicadores são importantes, porque podem mostrar quanto da qualidade do empreendimento é prejudicada pela ociosidade das frações do investimento no terreno que "esperam" ser rentabilizadas, uma vez que estão alocadas em fases futuras;

- o comportamento do empreendimento diante dos cenários estressados, para reconhecer os vetores de maior risco e a intensidade do impacto de desvios de comportamento na qualidade do investimento.

ii) Para formular, no planejamento, o conjunto adequado de informações, que suportará a decisão de fazer (ou não) o empreendimento, deverá ser concebido o modelo simulador, que requisita dados de entrada (cenário) na exata medida em que é possível produzi-los – o modelo não deve aglutinar informação, nem desagregar. Exemplo de desagregação: no momento da análise eleito neste capítulo, o produto é identificado pelas massas de construção, de sorte que o modelo simulador não pode requisitar um cronograma de construção e um plano de contas baseado em tarefas como fundações, estrutura de cada pavimento (o nosso protótipo é um edifício), acabamentos, instalações de serviço e utilidades... Nesse exemplo, o orçamento será baseado em índices de custos paramétricos, já indicando risco elevado, que deve ser considerado na análise, e que seria ainda mais elevado, se o modelo simulador procedesse a uma desagregação do valor global, por meio de índices paramétricos, para chegar a cada uma das contas requisitadas. Exemplo de aglutinação: as contas pré-operacionais, correspondentes a projetos, custos de estruturação legal e de planejamento operacional e do empreendimento, são contas de investimento, porque não há cobertura de receita nesse ciclo (vendas só depois de passada a fase destas ações), nem cobertura de financiamento à produção (financiamento só cobre contas de produção e a partir do início das obras). Se o modelo simulador trabalhar com uma conta única agregada de implantação e com uma curva paramétrica de custos, essa aglutinação, seguida de desagregação paramétrica, pode mascarar os investimentos e, portanto, medir taxa de retorno fora do que se pode esperar do empreendimento.

Os itens desse capítulo são formatados como pergunta e resposta. Lembrando da doutrina:

i) quanto aos indicadores financeiros, econômicos e de risco, quem pergunta é o empreendedor, quem responde é o planejador, por meio de um processo de simulação, para o qual constrói um modelo adequado;

ii) quanto ao cenário referencial, quem pergunta é o planejador, para tornar o seu modelo simulador operacional, e quem responde é o empreendedor, porque é este que deve configurar as metas dentro das quais pretende conter as ações e transações do empreendimento;

iii) quanto aos cenários estressados, da mesma forma – o planejador pergunta as fronteiras e o empreendedor responde até qual limite pretende fazer flutuar as variáveis de comportamento do empreendimento;

iv) com respeito ao ambiente (inflação, taxa básica de juros e outros indicadores que afetem o investimento), a arbitragem pode ser do planejador ou do empreendedor. É mais comum que este cenário seja descrito pelo planejador;

v) quanto aos padrões de custo de oportunidade, atratividade setorial e atratividade do empreendedor, para definir as fronteiras de enquadramento das oportunidades de investimento, que estão sendo julgadas pelo empreendedor, o planejador pergunta e o empreendedor responde.

8.2. A QUESTÃO FINANCEIRA

Pergunta: para empreendimento com as características descritas (o protótipo que utilizaremos para basear este capítulo), qual será a necessidade de investimentos e qual será a equação de fundos para cobertura dos custos do empreendimento?

Resposta: o modelo simulador opera com um cenário referencial para produzir o fluxo de caixa esperado, por meio do qual é possível responder a estas questões. O fluxo de caixa esperado confronta as transações de custeio da operação (terreno, projetos, obras etc.) com a expectativa de receita, logo a resposta depende da identificação completa do cenário referencial, seguindo a matriz dos blocos do Quadro 8.1, no qual já entramos com os números do protótipo. Do cenário vamos ao fluxo de caixa e, então, aos indicadores.

8.2.1. O CENÁRIO REFERENCIAL

i) A primeira parte do Cenário Referencial está no Quadro 8.1.

- Encontramos uma breve descrição do projeto, destacando-se as áreas que são utilizadas para orçamento de custos e definição de preços de venda.
- A área privativa da unidade é a base mais evidente para que o comprador faça a comparação com outras ofertas do mercado competitivo. Numa identificação simples, trata-se da área da unidade que é utilizada pelo proprietário, sem vínculo com as demais áreas do edifício.[1] Por esta razão, o meio de comparação (benchmark) que as empresas tendem a usar no mercado competitivo, para fazer os preços dos seus produtos, é o preço/m² de área privativa da unidade.

---

1 A norma brasileira define como medir a área privativa, indicando como se devem considerar paredes internas, de divisão entre apartamentos e do fechamento do edifício.

Quadro 8.1 – Cenário referencial: parte 1/5 – projeto e plano de ação

cenário referencial - parte 1 / 5					
I.	**características do projeto**				
	áreas em m2				
1	terreno		3.000		
2	projeto	unidades residenciais (edifícios)	64 (1)	área privativa da unidade (AP)	118,00
		pavimentos por edifício (unidades por pavimento)	16 (4)	área equivalente de construção (AEC)	11.000
				área total do Edifício (ATE)	15.381

II.	**prazos e datas marco do empreendimento**			
	meses, com mes base = 1 (compra do terreno)		prazo	do mês até o mês
3	ciclo de estruturação: projeto, planejamento e estruturação legal		5	[1 - 5]
4	início das vendas no mês		6	
5	ciclo intensivo de vendas (lançamento)	absorção = 60% das unidades	6	[6 - 11]
6	vendas dos saldos (sustentação)	absorção = 40% das unidades	12	[15 - 26]
7	construção		16	[12 - 27]
8	üüüüüü==üüüü		14	[14 - 27]
9	repasses e quitação do financiamento à produção			[no mês 29]

- A área equivalente de construção compreende a "área custo" do empreendimento e é uma figura virtual. Para fazer comparações com outros empreendimentos, objetivando produzir orçamentos expeditos de custo, numa fase em que ainda não se têm todos os projetos e especificações, como é a nossa data 0, na qual estamos buscando produzir uma |AQI| para validar o investimento no empreendimento, calcula-se uma área equivalente de custo homogêneo, aplicando pesos às diferentes áreas, definidas na data 0 por meio de massas, para fazer referência aos custos relativos. Exemplo: se, nos orçamentos que o empreendedor produz para suas obras encontra a referência amostral de que o custo/m^2 de subsolo equivale a 45% do custo/m^2 de um pavimento do edifício, para um peso 1 de área do pavimento, aplica-se o peso 0,45 para a área do subsolo, criando-se uma área de construção virtual de peso 1. Se encontrarmos a referência de que As (área da subsolo) pode custar 45% da Ap (área do pavimento), então a AEC (área equivalente de construção), será $Orçamento = AEC \cdot cm^2$ e o orçamento expedito, para um custo/m^2 paramétrico de cm^2, será $AEC = Ap + As \cdot 0{,}45$.

- Na elaboração de uma |AQI|, para validação de uma oportunidade de investimento, a precipitação na identificação dos parâmetros de custo pode ser prejudicial. Tanto o parâmetro cm^2 deve ser encontrado por meio de referência amostral confiável, como o cálculo da área equivalente de construção $AEC = \sum Area_k \cdot peso_k$, onde k é a especificação de cada área (pavimento, garagem em subsolo, jardim, térreo coberto etc.), deve ser baseado em pesos encontrados também por meio de referência amostral confiável.

Nota: De nada adianta fazer uma |AQI| usando rotinas e métodos avançados se os dados de arbitragem do cenário referencial apresentarem frágil ou nenhuma sustentação. Não se deve pretender projetar o futuro, mas os dados do cenário devem ter sustentação e, para não transferir as inseguranças na sua inserção para a informação que será usada para decidir, é que se devem processar as análises de risco. Não há |AQI| confiável, que não apresente capítulo de análise de riscos, com a leitura dos indicadores econômicos e financeiros do empreendimento, sob comportamentos estressados.

- Os prazos são parâmetros que merecem cuidados na arbitragem, tendo em vista que taxa de retorno mede velocidade de geração de retorno contra o investimento e os fluxos financeiros estão presos às arbitragens de prazos.

Existem situações em que o terreno está estocado na empresa, tendo sido pago muito antes da data 0. Como tratar esse assunto, quando se elabora a |AQI| para dar partida ao empreendimento?

a) Terreno estocado não tende a valorizar na mesma taxa de retorno encontrada nos empreendimentos. A tendência é valorizar a uma taxa muito inferior, tendo em vista os binômios [risco x rentabilidade] que se formam no mercado. O estoque de um terreno é um empreendimento em si mesmo, de risco baixo comparado com o risco de empreender em real estate para vender produto. Assim, numa conjuntura não especulativa na economia, no ciclo de estocagem, a taxa de retorno medida pelo custo da compra contra o valor de mercado na data 0 tenderá a ser menor do que a do empreendimento. Então, se a |AQI| levar em conta o preço de compra do terreno, na data da compra, contra o empreendimento construído e vendido a partir da data 1, por exemplo, a taxa de retorno de ponta a ponta (compra do terreno até o final do empreendimento), poderá estar fora do intervalo de atratividade do empreendedor.

b) Terreno estocado, para se desenvolver o empreendimento muito tempo mais tarde, deve ser lido por duas vertentes. Um empreendimento virtual compreende a compra do terreno, contra o retorno virtual, representado pelo seu valor à vista na data 0, que é a de referência da |AQI| do empreendimento. Esse empreendimento pode até se apresentar sem taxa de retorno. O segundo é o empreendimento em si, ao qual se atribui um investimento virtual a vista na data 0, equivalente ao valor do terreno, para então julgar a qualidade do investimento.

Exemplo na imagem da Figura 8.1, com prazos em meses: i. o terreno foi comprado por 1.000 (moeda da base -24) e tem valor de 1.350 na data 0 (moeda da base 0); ii. estamos fazendo a |AQI| na data 0, tendo sido a inflação pelo IGP-M de 8% ano no período [-24 até 0]; iii. marcando um investimento a vista na data 1 de 2.000 (moeda da base 0); iv. para um retorno de 5.000 (moeda da base 0) na data 24. Como se trata de empreendimento imobiliário para venda, os fluxos financeiros da |AQI| consideram a evolução de custos e preços ao ritmo da variação do INCC. No ciclo do empreendimento [1 até 24], as expectativas são de IGP-M = 7% ano e INCC = 6% ano.

- O empreendimento estocar terreno compreende o investimento na data 24, que, traduzido para a moeda da data 0, indicaria $INVet = 1.000 \cdot (1+igp)^{0+24} = 1.166$. Como o terreno no mercado vale 1.350, a taxa de retorno desse investimento será a que satisfaz a expressão $(1+TRet)^{\frac{(0+24)}{12}} = \frac{1.350}{1.166}$. TRet = 7,6% ano, acima do IGP-M.
- O empreendimento imobiliário apresenta duas posições de investimento: i. virtual no terreno, na data 0, equivalente a 1.350, que é o valor de mercado do terreno; e ii. 2.000 na data 1, medido em moeda da data 0, pelo INCC. Apresenta uma posição de retorno na data 24, equivalente a 5.000 na moeda da data 0, pelo INCC. Esse fluxo leva à taxa de retorno tremp, equivalente mensal, que satisfaz a expressão $1.350 + \frac{2.000}{(1+tremp)^1} = \frac{5.000}{(1+tremp)^{24}}$, resultando na taxa anual equivalente $TRemp = (1+tremp)^{12} - 1 = 22,8\%$, equivalente ano, acima do INCC. Esta taxa, traduzida para o poder de compra pelo IGP-M, será calculada por meio de $(1+TRemp-igp) = (1+22,8\%) \cdot \frac{(1+6\%)}{(1+7\%)}$, onde TRemp–igp = 21,6% ano, acima do IGP-M.

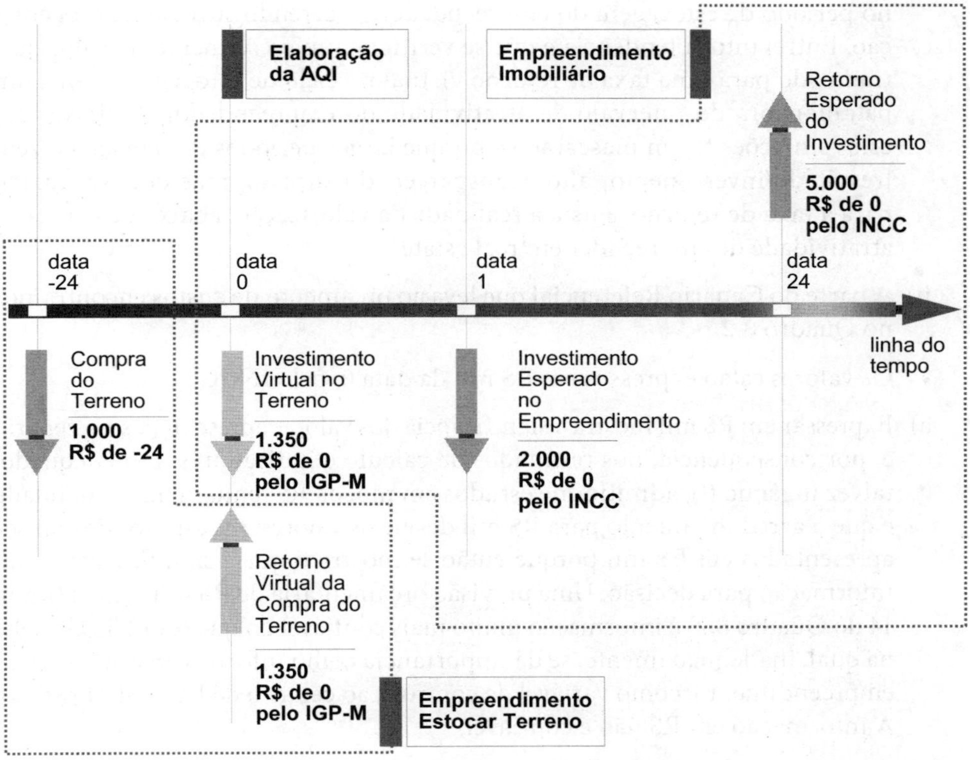

Figura 8.1 – Exemplo de efeito da estocagem de terreno.

- Se o negócio fosse analisado de ponta a ponta, a taxa de retorno seria um misto entre 7,6% e 21,6%. Essa taxa de retorno, trpp equivalente mensal, seria medida com todos os valores expressos na mesma moeda, o que exigiria traduzir o valor do investimento na compra do terreno para a moeda da data 0 pelo INCC, ou traduzir investimento na data 1 e retorno na data 24 em moeda deflacionada pelo IGP-M. Usando a variação do IGP-M como referência $INV1 = \dfrac{2.000 \cdot (1+incc)^1}{(1+igp)^1} = 1.998$ e $RET24 = \dfrac{5.000 \cdot (1+incc)^{24}}{(1+igp)^{24}} = 4.907$. Então, trpp é a taxa que satisfaz a equação $\dfrac{1.166}{(1+trpp)^{-24}} + \dfrac{1.998}{(1+trpp)^1} = \dfrac{4.907}{(1+trpp)^{24}}$, resultando a taxa anual, equivalente, acima do IGP-M, de $TRpp = (1+trpp)^{12} - 1 = 17,2\%$.

c) Estocar terreno é postura especulativa, não é empreender. Terrenos tendem a valorizar em patamares e não a ter crescimento contínuo de preços no mercado. Podem ocorrer circunstâncias nas quais o valor do terreno cresce justamente no período de estocagem do empreendedor, ocorrendo sucesso na especulação. Entretanto, a tendência é que se verifique um crescimento de valor que, traduzido para uma taxa de retorno virtual no ciclo de estocagem, atinja um patamar fora do intervalo de atratividade do empreendedor. Muitas vezes estas situações ficam mascaradas, porque largos períodos de retenção fazem [resultado/investimento] alto, transparecendo sucesso, mas que, se trazido para a taxa de retorno, ajusta a realidade da valorização, abaixo das taxas de atratividade de empreender em real estate.

ii) A parte do Cenário Referencial que leva ao orçamento de custos encontramos no Quadro 8.2.

- Os valores estão expressos em R$ mil da data 0, pelo INCC.

a) Expressar em R$ mil mostra a significância dos valores apresentados no cenário e, por consequência, nos resultados de cálculo e indicadores. É inadequado, talvez ingênuo (!), admitir que estudos em moeda R$ tenham mais qualidade e que o arredondamento para R$ mil desvie os valores. Os estudos devem ser apresentados em R$ mil porque então se mostra o que é significativo como informação para decisão. Uma previsão orçamentária de R$ mil 13.530 (linha 14 do Quadro 8.2) é informação muito mais confiável do que R$ 13.529.999,99, na qual, inadequadamente, se dá importância como informação e, adiante no empreendimento, como variável de controle, ao centavo de R$ ali desprezado. A informação em R$ não é confiável.

b) Expressar em moeda ajustada pelo INCC deve respeitar a premissa de que custos e preços seguem esta variação. Sabemos que aceitar esta premissa para os custos é perigoso, sendo razoável introduzir uma margem de segurança, para cobrir o descolamento entre a variação dos preços da cesta de insumos que está no INCC e a realidade das contas de custo de construção de cada obra. Para os preços, a questão é invocar comportamento do mercado competitivo, arbitrando que será possível corrigir os preços da oferta seguindo o INCC. Ajustar prestações das vendas pelo INCC também é uma questão do mercado competitivo. A insegurança dessa arbitragem, com respeito aos preços, deve ser objeto de análise de riscos em cenários estressados.

- O custo do terreno e a forma de pagamento. No protótipo, as prestações estão na moeda da base 0, admitindo-se então seu ajuste pela variação do INCC.

Quadro 8.2 – Cenário referencial: parte 2/5 – parâmetros para orçamento e orçamento de custos para implantação

	cenário referencial - parte 2 / 5				
III.	**orçamento dos custos da implantação do empreendimento**				
	valores em R$mil da data 0 pelo INCC			parâmetros (▪) / indicadores (□)	
10	custo do terreno (TER)		6.300	**834**	□ R$ / m²-AP
	entrada	2.300			
	parcelas (10), primeira no mês 5	4.000			
11	contas conexas com a aquisição do terreno		252	4,00%	▪ TER
12	contas relacionadas com a estruturação do empreendimento		617	1,95%	▪ receita bruta de vendas (VGV)
13	projetos e planejamento		202	1,50%	▪ CDC
14	custos diretos da construção (CDC)		13.530	**1.230**	▪ R$ / m²-AEC
15	+ administração da construção		812	6,00%	▪ CDC
16	+ contas da administração da SPE-LP do empreendimento		271	2,00%	▪ CDC
17	gerenciamento do empreendimento		635	2,00%	▪ VGV
18	**custo orçado da implantação (total de 11 até 17)**		16.319	**2.161**	□ R$ / m²-AP

- O orçamento de custos é totalmente paramétrico, nesta fase de produzir a |AQI| para decidir sobre a oportunidade de investimento. A empresa deve buscar reconhecer os diversos parâmetros em amostras confiáveis, derivadas de orçamentos detalhados de empreendimentos que já estão em fase de implantação, ou por meio do controle de custos de empreendimentos concluídos. Na falta dessas referências para a informação (por exemplo, um investidor estrangeiro, buscando negócios no mercado brasileiro), cabe ao planejamento desenhar o cenário, utilizando-se de informações coletadas no mercado competitivo.

- A estrutura de orçamento, usando parâmetros para cobrir as contas ali descritas, é adequada nesta fase da decisão. Isolar contas pequenas, por exemplo, a da linha 16, não significa preciosismo, contra uma conta tão relevante, como a da linha 14. As contas da administração (linhas 15, 16 e 17) devem ser controladas, porque são consumidoras de resultado e o seu montante é um dos indicadores da eficiência de gerenciamento da empresa empreendedora. Geralmente, as empresas fazem benchmark no seu mercado competitivo, buscando reconhecer o tamanho destas contas nos concorrentes. As contas das linhas 11, 12 e 13 sempre são cobertas com investimento e, ainda que de pequena monta contra a da construção (linha 14), são relevantes contra a conta de investimento (no protótipo, representam 13,6% dos investimentos exigidos, ainda que signifiquem 6,6% do custo orçado).

- Os custos de construção são marcados pelo parâmetro de custo/m² de área equivalente de construção, agregado a uma margem para cobertura do desajuste da cesta de insumos do INCC contra a cesta dos insumos do empreendimento. No protótipo, o parâmetro de custo é 1.200 R$/m²AEC e a margem agregada é de 2,5%.

Os valores do orçamento devem ser levados para um fluxo de caixa, para servir para os cálculos dos indicadores econômicos e financeiros. Como passar a conta de R$ 13.530 mil e mais as contas de administração agregadas para o fluxo de caixa? Há a necessidade de impor uma curva de custos. Com respeito a esse assunto, tanto para as fases preliminares, como nas avançadas, nas quais o orçamento está mais detalhado, a curva que se deseja é a das transações, ou seja, a curva do pagamento do conjunto dos insumos que está no orçamento. Para traçar esta curva, deveríamos construir um plano de suprimentos e arbitrar a forma de pagamento de cada insumo, para ser possível considerar quando pagar cada conta. Muitas das contas são pagas numa programação diferente da aplicação do insumo na obra (exemplo: as portas de um edifício, sendo compradas num único lote, para aproveitar a escala e conseguir melhor preço, numa visão de economia de custos focada exclusivamente em suprimentos, serão pagas em fluxo diferente daquele da sua instalação).

A informação de custeio da produção derivada do programa de suprimentos não está disponível na data 0 da |AQI|, de modo que se exige uma arbitragem. O razoável é (Figura 8.2):

a) adotar a curva de produção em substituição à curva de custeio da produção, por ser mais segura e ser possível de construir. A curva de produção considera que a transação de pagamento de cada conta se faz no mês em que a atividade é executada na obra. A curva de produção é uma combinação do orçamento com o cronograma;

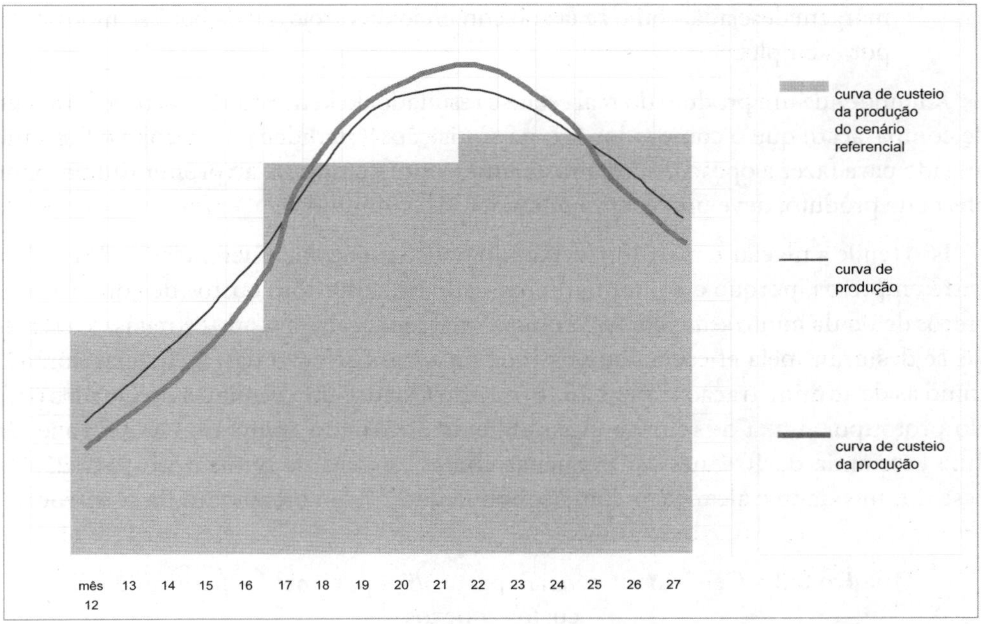

Figura 8.2 – Curvas de custeio e de produção.

b) adotar uma curva de custeio paramétrica, nas fases em que se tem uma expectativa de prazo de execução, mas não ainda um cronograma (exemplo, a formulação da |AQI| deste capítulo, na data 0), indicada por patamares, que substituem a curva de custeio.

c) levar para análise de riscos o efeito dessas aproximações.

Esse procedimento não foge da expectativa de transações no ciclo operacional, porque ele pode ser indutor do programa de suprimentos. Custo de cada conta de obra e a transação de pagamento dos insumos podem ser tratados em dois programas separados: i. custos são controlados pelo valor dos insumos aplicados, contra a conta de orçamento ajustada; e ii. os patamares da curva de custeio da produção do cenário referencial definem verbas, que funcionam como metas para o programa de suprimentos. A política de suprimentos (compras e programa de pagamentos) deverá ser conduzida no sentido de utilizar as verbas disponíveis no formato dessa curva.

- O valor do terreno e o orçamento global expressos como custo/m^{2}AP (custo/m^2 de área privativa) indicadores das linhas 10 e 18 são calculados para poder ser mais facilmente confrontados com o preço de venda, cuja referência é sempre a área privativa.

iii) A parte do Cenário Referencial que leva às medidas da receita e ao fluxo da receita líquida encontramos no Quadro 8.3.

- O preço de referência é imposto pelos padrões de competitividade desejados. Em real estate não há como definir preços a partir dos custos mais a margem desejada, como se faz no comércio de varejo, ou de bens semiduráveis, por exemplo.

A liquidez de um produto do real estate é resultado do benchmarking (procedimento de comparação) que o comprador faz, na aquisição. [Qualidade x Preço] é o binômio julgado para fazer a opção de compra, de modo que a empresa, ao propor um preço de oferta de produto, deve proceder como se fosse o comprador.

Isso tende a nivelar o mercado, deixando pouco espaço de diferenciação de eficácia entre empresas, porque o conjunto do mercado trabalha com custos de construção e preços de venda muito semelhantes. Como as margens acabam sendo estreitas, as empresas se destacam pela eficácia demonstrada na administração das "pequenas contas", como as da administração (linhas 15,16, e 17 do Quadro 8.1 e linha 24 do Quadro 8.2). No protótipo, a taxa de retorno esperada é de 21,3% ano acima do INCC. Fazendo uma economia de 10% nestas "pequenas contas", a taxa de retorno vai para 23,6%. Esse mesmo efeito é alcançado com economia de 2,5% no orçamento da construção.

Quadro 8.3 – Cenário referencial: parte 3/5 – parâmetros para vendas e custos conexos

	cenário referencial - parte 3 / 5			
IV.	**preço de venda e forma de pagamento**			
	valores em R$ da data 0 pelo INCC		parâmetros	
19	preço de venda de referência		4.200	R$ / m²-AP da unidade
20	preço médio de venda das unidades (PMV)	495.600		
	forma de pagamento do preço			
21	sinal e entrada		10%	PMV
22	durante a construção		20%	PMV
23	financiamento bancário para aquisição		70%	PMV
V.	**custos conexos com vendas**			
	parâmetros sobre o VGV		parâmetros	
24	propaganda e marketing		5,00%	(verba, a ser distribuída)
25	corretagem		4,00%	(no ato da venda)
26	encargos sobre a receita (em SPE-LP)		3,65%	(no fluxo da receita)
27	impostos aplicados sobre a receita (em SPE-LP)		3,08%	(no fluxo da receita)
28	custos administrativos para obtenção do financiamento de aquisição		0,35%	(na data do repasse)

- A forma de pagamento do preço é paramétrica. Não há necessidade de maior detalhamento do que a divisão nessas três partes, não só pela influência desprezível de prestações intermediárias, antes da entrega, mas porque esse detalhamento gera uma informação não confiável. Cada venda será objeto de uma negociação particular, de forma que pretender alimentar o modelo com mais detalhe tem o mesmo efeito já comentado de pretender trabalhar com a moeda R$ contra a recomendada R$ mil.

  Para encontrar o fluxo de caixa, esta forma de pagamento deverá ser colocada contra a velocidade de absorção do produto (ou velocidade de vendas), que é estimada em curva uniforme seguindo os parâmetros arbitrados no Quadro 8.1 (linhas 5 e 6). Como esta arbitragem pode influir na segurança do investimento, deve ser respondida em análises de risco, sob cenários estressados até as posições-limite (venda zero no lançamento e venda de 100% no lançamento, dentro de prazo arbitrado – no protótipo seis meses – Quadro 8.1, linha 5).

- Contas de propaganda e marketing são marcadas por parâmetros (linha 24), mas não devem seguir a curva de vendas ou a curva da receita. A verba arbitrada deve ser distribuída segundo o plano estratégico da comercialização.

- Contas de corretagem devem ser aplicadas contra a curva de vendas. Em geral, corretagem é paga à vista na data da venda. Mesmo que, num caso particular, se faça algum parcelamento, por questão de segurança e de irrelevância no detalhamento, o recomendável é manter o modelo simulador da |AQI| sob esta premissa.

- Contas de encargos e impostos (linhas 26 e 27) devem respeitar os preceitos legais. No Brasil, nesta conjuntura (2010), em SPELP as contribuições e impostos são pagos mensalmente, seguindo a curva da receita.

- A conta da linha 28 serve para cobrir custos de fazer o "repasse" do financiamento.

Nota: o termo repasse é um jargão do mercado brasileiro. O financiamento para aquisição é dado diretamente ao comprador e os recursos, que devem ser pagos ao empreendedor são creditados à sua conta devedora do financiamento da produção (quando houver), até a liquidação do saldo devedor ao final do empreendimento. Desse ponto em diante, os recursos são pagos diretamente ao empreendedor. Portanto, não há repasse de dívida do empreendedor para o comprador.

iv) A parte do Cenário Referencial que contém os indicadores da economia encontramos no Quadro 8.4.

- Inflação setorial (INCC) e na economia (IGP-M) neste protótipo tem expectativas diferentes. Assim, é necessário escolher a moeda da análise num dos índices. Recomendável é fazer a análise em INCC, que está mais perto das contas dos empreendimentos (custos e preços). Entretanto, é conveniente fazer a tradução dos resultados de rentabilidade para o IGP-M, o que é um procedimento simples, tomado ao final da análise (na apresentação da taxa de retorno), tendo em vista que, se TRi é a taxa esperada na moeda INCC e TRg é a taxa esperada na moeda IGP-M, traduzimos a primeira para a segunda por meio da expressão $TRg = (1+TRi)\cdot\frac{(1+INCC)}{(1+IGP\text{-}M)}-1$.

- A TR (taxa referencial) é aplicada nos financiamentos à produção no Brasil, ajustando o saldo devedor dos financiamentos. A denominada "taxa referencial" é medida no mercado por meio de média ponderada das taxas de certificados de depósitos bancários de um mês, colocados no mercado, excluindo-se uma parte, que corresponde à taxa de inflação implícita. Representaria a taxa efetiva da aplicação de recursos no mercado financeiro e serve para ajustar a moeda do sistema financeiro da habitação, tanto na captação (cadernetas de poupança), quanto na aplicação (financiamentos à produção e para aquisição de residências).

Quadro 8.4 – Cenário referencial: parte 4/5 – indicadores da economia para o ciclo do empreendimento

	cenário referencial - parte 4 / 5		
VI.	indicadores da economia		
	taxas anuais equivalentes		
29	inflação setorial pelo INCC	8,00%	
30	inflação na economia pelo IGP-M	6,20%	
31	TR referencial, para composição do custo do financiamento à produção	2,00%	
32	CDI referencial (taxa básica de juros para benchmark)	12,00%	
33	custo de oportunidade arbitrado - múltiplo 1,0 da taxa CDI	5,50%	acima do IGP-M

- A taxa básica de juros na maioria das economias é expressa em rendimento nominal, como é a taxa CDI utilizada no Brasil, baseada na média verificada nas transações de segunda linha (mercado interbancário) diariamente. A taxa CDI (certificados de depósitos interbancários) se aproxima da taxa arbitrada pelo Banco Central para as transações dos títulos públicos e pode ser arbitrada como sendo o custo de oportunidade para investimentos de grande porte (95% a 100% da taxa CDI são praticados). O rendimento nominal deve ser traduzido para rendimento acima da inflação pelo IGP-M (linha 32 transforma-se na linha 33 considerando a expressão $1+CDIe=\frac{1+CDIn}{1+igp}$, sendo CDIe a taxa efetiva (linha 33), CDIn a taxa nominal (linha 32) e igp a taxa de inflação pelo IGP-M (linha 30).

A imposição desta taxa no cenário só é conveniente para se fazer o benchmark da taxa de retorno do empreendedor no empreendimento contra ela. Na comparação, deve-se considerar que rendas de aplicações financeiras são submetidas a tributação e que a taxa de retorno medida em SPELP já é isenta de tributação. Para benchmark, é adequado calcular a taxa de retorno como múltiplo da taxa CDI equivalente (depois de impostos).

v) A parte do Cenário Referencial que contém os indicadores do financiamento à produção encontramos no Quadro 8.5.

Quadro 8.5 – Cenário referencial: parte 5/5 – indicadores do financiamento à produção

	cenário referencial - parte 5 / 5			
VII.	financiamento à produção			
	valores em R$mil da data 0 pelo INCC	parâmetros		
34	total do orçamento de custos, sem terreno = 18 (TOC)	16.319		terreno não é financiável
35	parte financiável do orçamento (PFO) projetos, construção e gerenciamento = 13+14+15	14.544	89,1%	TOC
36	financiamento à produção	10.181	70,0%	PFO
37	ajuste do montante do financiamento em R$ nominais		mês 5	
38	financiamento à produção ajustado para o mês 5 (valor ajustado para a moeda da base 0)	9.274		
39	início das liberações		mês 14	
40	juros do financiamento *(equivalente anual, cobrado mensalmente)*		11,50%	
41	outros custos mensais do financiamento *(cobrados sobre o saldo devedor)*		0,20%	
42	taxa TR de referência *(equivalente anual)*		2,00%	
43	custo efetivo dos recursos financiados *(equivalente anual, acima da inflação pelo INCC)*		8,04%	

- O financiamento à produção não faz parte do cenário do empreendimento, mas do cenário de como o empreendedor pretende estruturar o funding para desenvolver o empreendimento. Ainda que os negócios do real estate para venda, em todas as economias cujo real estate funcione seguindo sistemas modernos, seja fundamentado em crédito, tanto para produção como para a aquisição, o empreendimento apresenta uma capacidade de gerar taxa de retorno sobre os investimentos que exige, que é característica dele (preços contra custos). Essa taxa de retorno pode ser explorada pelo empreendedor, fazendo o funding com recursos que exijam (taxa de juros) renda menor do que a taxa de retorno do empreendimento. Com isso, os seus investimentos (do empreendedor) serão remunerados acima da taxa de retorno do empreendimento, ganhando eficácia. Como sabemos, mais renda (taxa de retorno), mais risco. Empreendimentos financiados não deixam o comportamento de mercado do empreendedor totalmente livre, porque dele se exige uma estratégia de vender para atender ao pagamento da dívida da produção, qualquer que seja a conjuntura de mercado. Exemplo: no Brasil é comum que agentes financeiros exijam a concretização de certa porcentagem de vendas para iniciar a liberação do financiamento à produção – no programa Minha Casa Minha Vida, venda de 70%. Então, não há muita possibilidade de o empreendedor se proteger (fazer *hedge*) no seu estoque de produto em conjunturas de mercado, nas quais admita que os preços estão abatidos para os custos esperados, o que deve projetar melhores preços adiante (no ciclo da construção), do que os possíveis de competir no lançamento.

- No caso do protótipo, inserido na conjuntura brasileira, o financiamento à produção, no sistema financeiro da habitação (SFH), corre segundo as seguintes premissas: i. o montante a ser financiado é baseado no orçamento da produção, que compreende todas as contas operacionais ligadas à construção (linha 35); ii. os agentes não financiam todos os custos, sendo o mais comum entre 70% e 85% (no protótipo adotamos 70%); iii. os recursos só são liberados depois de cumprida uma certa porcentagem de vendas (no protótipo admitimos os 60% da fase de lançamento como padrão válido para contratação do financiamento à produção); iv. os recursos são liberados na moeda nominal da contratação, sem reajuste pelo INCC (no protótipo admitimos que a definição do montante do financiamento é feita no mês 5, final do ciclo de estruturação e anterior ao lançamento – linha 3 do Quadro 8.1); v. os juros são pagos mensalmente sobre o saldo devedor apurado; vi. o saldo devedor é ajustado mensalmente pela TR e liquidado contra os repasses; vii. no ciclo das liberações, em geral são cobradas taxas para cobertura de custos de serviço e seguro. Computando todos esses movimentos – liberações em R$ nominais, TR no saldo devedor, custos e juros cobrados mensalmente e a liquidação do saldo devedor no repasse – resulta um custo efetivo dos recursos de 8,04% ano, acima do INCC.

No exemplo do protótipo, vejamos como funciona a montagem do fluxo do financiamento:

i) o montante, calculado na data da |AQI|, ainda na moeda da base, será 70% da parte financiável do orçamento, equivalente a 10.181 (linha 36);

ii) esse valor vai ser ajustado em R$ nominais, até a data 5, quando o contrato de financiamento será firmado, resultando em $10.512 = 10.181 \cdot \left(1 + incc_{mensal}\right)^5$;

iii) a parcela desse financiamento, no mês k, no qual a produção será pk (% do total), em moeda da data 0, base da |AQI|, será $Fk = \dfrac{pk \cdot 10.512}{\left(1 + incc_{mensal}\right)^k}$;

iv) o saldo devedor do financiamento nesse mesmo mês k será, em moeda da data

$$0\ SDk = \frac{1}{\left(1+incc_{mensal}\right)^{k}} \cdot \left[SD_{k-1} \cdot \left(1+tr_{mensal}\right) + Fk\right];$$

v) e os juros pagos no mês serão, em moeda da data 0,

$$Jk = \frac{1}{\left(1+incc_{mensal}\right)^{k}} \left[SD_{k-1} \cdot \left(1+tr_{mensal}\right) \cdot tr_{mensal}\right].$$

Ainda haverá o pagamento dos custos cobrados sobre o saldo devedor, cuja taxa tc (linha 41), leva ao pagamento de $Ck = \frac{1}{\left(1+incc_{mensal}\right)^{k}} \left[SD_{k-1} \cdot \left(1+tr_{mensal}\right) \cdot tc\right]$.

O cálculo do custo efetivo de 8,04% (linha 43) é feito por meio da taxa interna de retorno do financiador, num fluxo que dispõe os movimentos de liberação de recursos, pagamento de taxas de juros e de custos e da liquidação do saldo devedor ao final. A renda do financiador, logo a sua Tir, na contrapartida, é o custo dos recursos financiados para o empreendedor.

No Quadro 8.6 mostramos os movimentos do financiamento à produção, seguindo essas regras particulares do SFH:

Quadro 8.6 – Fluxo do financiamento à produção

fluxo do financiamento à produção							
valores em R$ mil							
mês ref	curva de custos (financiamento liberado no mês 2 da obra)	Desembolsos do Financiamento		Saldo Devedor no mês 29		Juros e custos	Contas do Financiamento à Producão
		em moeda nominal do mês 5	em moeda da base pelo INCC	em moeda nominal do mês 29	pagamento do Saldo Devedor: em moeda da base pelo INCC	em moeda da base pelo INCC	desembolsos - custos - pagamento = XXI em moeda da base pelo INCC
	A	B	C	D	E	F	G
TOTAL	**100,0%**	**10.512**	**9.274**	**10.659**	**(8.907)**	**(866)**	**(499)**
			100,00%			-9,34%	
			100,00%		96,04%		
1							
2							
3							
4							
5							
6							
7							
8							
9							
10							
11							
12							
13	4,0%						
14	4,0%	1.261	1.160				1.160
15	4,0%	420	384			(13)	371
16	4,0%	420	381			(18)	363
17	4,0%	736	664			(22)	642
18	7,0%	736	660			(29)	631
19	7,0%	736	656			(36)	620
20	7,0%	736	652			(43)	609
21	7,0%	736	647			(50)	597
22	7,0%	788	689			(57)	632
23	7,5%	788	684			(65)	619
24	7,5%	788	680			(72)	608
25	7,5%	788	676			(79)	597
26	7,5%	788	671			(87)	584
27	7,5%	791	670			(94)	576
28	7,5%					(101)	(101)
29				*10.659*	(8.907)	(100)	(9.007)
30							

- é importante sempre notar que, quando juros e taxas do financiamento à produção são cobrados e não debitados, o montante de recursos que contribui para o funding do empreendimento cai – no protótipo, em moeda da base da |aqi|, 9,34% dos recursos desembolsados para o empreendimento são retidos por conta de contas do próprio financiamento;
- outra questão notável é que, sendo a evolução da TR inferior à do INCC, em moeda da base, a conta de liquidação do financiamento é inferior ao montante dos desembolsos (coluna E < coluna C).

8.2.2. O FLUXO DE CAIXA ESPERADO

De posse de todas as informações do cenário referencial, o modelo simulador pode ser ativado para responder à questão deste item: necessidade de investimentos e estrutura do funding.

O fluxo de caixa esperado é elaborado na moeda da data 0 pelo INCC. Essa é a melhor estratégia do ponto de vista operacional do modelo simulador e de transmissão da informação. Ela carrega a premissa implícita de que os custos podem ser controlados seguindo a evolução do INCC e que a margem de 2,5% agregada ao parâmetro de 1.200 R\$/m²-AEC (linha 14, Quadro 8.2) é adequada para cobertura do desajuste entre a cesta do índice e a estrutura de custos desse empreendimento. A outra premissa implícita é que preços e as parcelas do preço serão ajustados no ritmo do INCC.

Este procedimento vai fazer com que os indicadores econômicos taxa de retorno-Tir, payback e duration se refiram, respectivamente, a taxa acima do INCC e prazos para repor poder de compra segundo a variação do INCC (payback) e ciclo de rendimento na taxa de retorno acima do INCC. A Tir acima do INCC pode ser traduzida para Tir acima do IGP-M, se necessário, de forma simples, pela expressão: $\left(1+Tir_{igp}\right)=\left(1+Tir_{incc}\right)\cdot\dfrac{1+INCC}{1+IGP}$. O cálculo do payback acima do IGP-M exige a formulação do fluxo de investimentos e retornos em moeda da data 0 pelo IGP-M, o que implica tomar cada movimento no mês k (investimento ou retorno) e recalcular, seguindo a expressão: $Mk_{igp}=MK_{incc}\cdot\left(\dfrac{1+incc_{mensal}}{1+igp_{mensal}}\right)^{k}$. Para empreendimentos residenciais para venda, devido ao peso dos repasses no fluxo de retorno, o payback tende a coincidir com o final do empreendimento, qualquer que seja a referência de inflação utilizada.

O Quadro 8.7 contém a primeira parte do fluxo de caixa esperado, compreendendo as contas de custeio da implantação.

Quadro 8.7 – Custeio das contas da implantação do empreendimento

contas de custeio da implantação
ambiente da SPE-LP empreendedora

valores em R$mil da data 0 pelo INCC

mês ref	Pagamento do Preço do Terreno TER	Contas de Custeio da Implantação contas das linhas 11 até 17 do Quadro 2							Total das Contas de Custeio
		contas conexas com a aquisição do terreno	contas da estruturação do empreendimento	projetos e planejamento	custos diretos da construção	administração da construção	administração da SPE-LP	gerenciamento do empreendimento	
	I	II	III	IV	V	VI	VII	VIII	IX
TOTAL	**6.300**	**252**	**617**	**202**	**13.530**	**812**	**271**	**635**	**22.619**
	27,85%	1,11%	2,73%	0,89%	59,82%	3,59%	1,20%	2,81%	**100,00%**
	46,56%	1,86%	4,56%	1,49%	**100,00%**	6,00%	2,00%	4,69%	167,16%
1	2.300	126							2.426
2		126	154	50					330
3			154	50					204
4			154	50					204
5	400		155	52					607
6	400						12	6	418
7	400						12	7	419
8	400						12	8	420
9	400						12	8	420
10	400						12	9	421
11	400						12	10	422
12	400				541	32	12	4	989
13	400				541	32	12	4	989
14	400				541	32	12	4	989
15					541	32	12	6	591
16					541	32	12	7	592
17					947	57	12	7	1.023
18					947	57	12	8	1.024
19					947	57	12	8	1.024
20					947	57	12	9	1.025
21					947	57	12	10	1.026
22					1.015	61	12	10	1.098
23					1.015	61	12	11	1.099
24					1.015	61	12	13	1.101
25					1.015	61	12	15	1.103
26					1.015	61	12	25	1.113
27					1.015	62	19		1.096
28									
29								446	446
30									

- As colunas II, III e IV devem respeitar fluxos reconhecidos pela empresa. Quando se trabalha na |AQI| para validar a oportunidade de investimento, movimentos uniformes não comprometem a qualidade do modelo simulador.
- A conta dos custos diretos da construção (coluna V) respeita os patamares (20%, 35% e 45%), adequados para edifícios de apartamentos nessa fase de análise. Na análise de riscos, quando se avalia não só o efeito de comportamentos estressados, mas também de simplificações arbitradas no modelo simulador,

pode-se fazer uma discussão de comportamento do empreendimento, quando a curva de custos foge dos patamares. Não é necessário produzir esta discussão em toda e qualquer |AQI|, mas o empreendedor deve reconhecer o impacto dessa arbitragem em análises paramétricas regulares, até utilizando protótipos, como fazemos neste capítulo.

- A conta da administração da construção (coluna VI) acompanha a curva de custos, aplicando-se a taxa de 6%, que está no cenário (Quadro 8.2), quando esta atividade for terceirizada. Quando se tratar de margem de contribuição, do Sistema Empreendimento (aqui a SPE) para o Sistema Gerenciador de Investimentos, a conta deve ser dividida igualmente pelos meses da construção (12 até 27), ou do empreendimento (6 até 29, ou 1 até 29), a depender de como o empreendedor organiza seu orçamento empresarial.
- A conta de administração da SPE (coluna VII) é margem de contribuição, logo a verba deve ser distribuída uniformemente no ciclo do orçamento programa (no protótipo de 6 até 29).
- A conta gerenciamento do empreendimento (coluna VIII) segue o mesmo princípio das contas de gestão: caso seja terceirizada, seu pagamento se dá pela aplicação da taxa (linha 17 do Quadro 8.2), contra a curva da receita e caso seja margem de contribuição deve ser distribuída uniformemente no ciclo (6 até 29).

O Quadro 8.8 ilustra as contas da receita de vendas, combinadas com as contas conexas, sejam as relacionadas a vendas (propaganda, marketing e corretagem, nas linhas 24 e 25 do Quadro 8.3), sejam as contribuições e impostos, que são pagos na curva da receita bruta de vendas.

- As contas da receita respeitam a curva de vendas (absorção pelo mercado ou velocidade de vendas) do cenário referencial (linhas 5 e 6 do Quadro 8.1) e o parcelamento do preço do Quadro 8.3 (linhas 21, 22 e 23). A absorção em cada ciclo é admitida uniforme no modelo simulador, o que é adequado para esta fase de análise. Não está errado fazer uma curva com diferente expectativa a cada mês, mas isso exigirá uma análise de riscos sob muitas alternativas, o que pode confundir a decisão. Com esta hipótese de vendas uniformes, a análise de riscos se resume a um gráfico explorando indicadores da qualidade do investimento para diferentes velocidades no lançamento, como será mostrado adiante, neste capítulo, o que já dá uma informação suficiente para entender o impacto da arbitragem dessa variável.

Quadro 8.8 – Contas da receita e conexas

contas de receita e conexas no ambiente da SPE-LP empreendedora

valores em R$mil da data 0 pelo INCC

mês ref	Receita Bruta de Vendas VGV	Contas Conexas contas 24 até 28 do Quadro 3					Receita de Vendas depois das Contas Conexas
		propaganda e marketing	corre-tagem	encargos sobre a receita Pis+Cofins	impostos sobre a receita IRenda+ CSocial	custos adminis-trativos no repasse	
	X	XI	XII	XIII	XIV	XV	XVI
TOTAL	**31.718**	**(1.586)**	**(1.285)**	**(1.157)**	**(981)**	**(112)**	**26.597**
	100,00%	-5,00%	-4,05%	-3,65%	-3,09%	-0,35%	83,86%
1							
2							
3							
4		(148)					(148)
5		(148)					(148)
6	317	(148)	(128)	(12)	(10)		19
7	348	(148)	(128)	(13)	(11)		48
8	381	(148)	(128)	(14)	(12)		79
9	416	(148)	(128)	(15)	(13)		112
10	453	(148)	(128)	(17)	(14)		146
11	493	(153)	(127)	(18)	(15)		180
12	217			(8)	(7)		202
13	217			(8)	(7)		202
14	217	(33)		(8)	(7)		169
15	322	(33)	(43)	(12)	(10)		224
16	341	(33)	(43)	(12)	(11)		242
17	362	(33)	(43)	(13)	(11)		262
18	385	(33)	(43)	(14)	(12)		283
19	411	(33)	(43)	(15)	(13)		307
20	441	(33)	(43)	(16)	(14)		335
21	476	(33)	(43)	(17)	(15)		368
22	518	(33)	(43)	(19)	(16)		407
23	570	(33)	(43)	(21)	(18)		455
24	640	(33)	(43)	(23)	(20)		521
25	745	(34)	(43)	(27)	(23)		618
26	1.244		(45)	(45)	(38)		1.116
27							
28						(112)	(112)
29	22.204			(810)	(684)		20.710
30							

- As contas de propaganda e marketing não tendem a se distribuir uniformemente, havendo mais pressão no lançamento do que na sustentação. Ainda mais, é importante levar em conta que os custeios tendem a se antecipar à receita de vendas, o que, por provocar investimento, deve ser destacado.
- A conta de corretagem geralmente implica um pagamento único na data da venda, como está refletido no Quadro 8.8. Notar que o resultado da soma da coluna está em 4,05% da receita bruta de vendas e não de 4,00%, como é a taxa de corretagem do cenário referencial (linha 25 do Quadro 8.3), o que ocorre pelo arredondamento dos valores do fluxo a cada mês. Lembramos que sempre convém trabalhar com números arredondados a cada transação (mensal no protótipo), para não ferir a confiabilidade da informação.
- Contribuições e impostos seguem a curva da receita. Notar a questão do arredondamento nas colunas XIII e XIV.
- A conta XV é aplicada no fluxo segundo se descreve o impacto dela no cenário referencial.

  O Quadro 8.9 mostra o fluxo de caixa já completo e com o cálculo dos fluxos de investimentos e retorno do empreendimento protótipo.

- Uma das respostas à pergunta sobre a questão financeira (Seção 8.2) é extraída diretamente do fluxo de caixa esperado: investimentos exigidos de R$ 7.778 mil da data 0, ajustados ao longo do ciclo operacional seguindo a variação do INCC.
- Sempre convém que o fluxo de caixa, como informação para decisão, seja resumido, para permitir uma visão global. Nesse sentido, os fluxos dos Quadros 8.6, 8.7 e 8.8 contêm detalhes não relevantes e foram mostrados como instrumento didático. Também não é recomendável que a informação de fluxo de caixa seja a soma dos Quadros 8.6, 8.7 e 8.8, mais as colunas de XXII a XXV, que fecham o fluxo. O formato do Quadro 8.9 é adequado. A coluna dos recursos do financiamento não necessita de maior detalhamento, pois o que interessa é a contribuição dos financiamentos para a formação do funding do empreendimento. A coluna XXII só é necessária para facilitar a compreensão dos valores nos fluxos de Investimento e Retorno.

Quadro 8.9 – Fluxo de caixa esperado do empreendimento

fluxo de caixa no ambiente da SPE-LP empreendedora *valores em R$mil da data 0 pelo INCC*									
mês ref	Receita Bruta de Vendas VGV	Pagamento do Preço do Terreno TER	Despesas Conexas com a Receita Propaganda Marketing Corretagem Encargos e Impostos	Custo Total para Implantação -Terreno = IX-I	Contas do Financiamento à Produção desembolsos - custos - pagamento	*Fluxo de Caixa na SPE-LP antes de Investimentos e Retornos (virtual)*	Recursos do Empreendedor no Empreendimento **Investimentos**	 **Retornos**	Fluxo de Caixa na SPE-LP **recursos ociosos em destaque**
	XVII	XVIII	XIX	XX	XXI	XXII	XXIII	XXIV	XXV
TOTAL	**31.718**	**(6.300)**	**(5.121)**	**(16.319)**	**(499)**		7.778	(11.257)	
	100,00%	-19,86%	-16,15%	-51,45%	-1,57%		24,52%	-35,49%	
							100,00%	144,73%	
				100,00%			47,66%		
1		(2.300)		(126)		*(2.426)*	2.426		0
2				(330)		*(2.756)*	330		0
3				(204)		*(2.960)*	204		0
4			(148)	(204)		*(3.312)*	352		0
5		(400)	(148)	(207)		*(4.067)*	755		0
6	317	(400)	(298)	(18)		*(4.466)*	399		0
7	348	(400)	(300)	(19)		*(4.837)*	371		0
8	381	(400)	(302)	(20)		*(5.178)*	341		0
9	416	(400)	(304)	(20)		*(5.486)*	308		0
10	453	(400)	(307)	(21)		*(5.761)*	275		0
11	493	(400)	(313)	(22)		*(6.003)*	242		0
12	217	(400)	(15)	(589)		*(6.790)*	787		0
13	217	(400)	(15)	(589)		*(7.577)*	787		0
14	217	(400)	(48)	(589)	1.160	*(7.237)*			340
15	322		(98)	(591)	371	*(7.233)*			344
16	341		(99)	(592)	363	*(7.220)*			357
17	362		(100)	(1.023)	642	*(7.339)*			238
18	385		(102)	(1.024)	631	*(7.449)*			128
19	411		(104)	(1.024)	620	*(7.546)*			31
20	441		(106)	(1.025)	609	*(7.627)*	50		0
21	476		(108)	(1.026)	597	*(7.688)*	61		0
22	518		(111)	(1.098)	632	*(7.747)*	59		0
23	570		(115)	(1.099)	619	*(7.772)*	25		0
24	640		(119)	(1.101)	608	*(7.744)*			28
25	745		(127)	(1.103)	597	*(7.632)*			140
26	1.244		(128)	(1.113)	584	*(7.045)*			727
27				(1.096)	576	*(7.565)*			207
28			(112)		(101)	*(7.778)*	6		0
29	22.204		(1.494)	(446)	(9.007)	3.479		(11.257)	0
30									0

- O roteiro para calcular investimentos e retornos está nos capítulos anteriores deste livro.
- O fluxo depois de investimentos e retornos tem várias posições equilibradas (zeros na coluna XXV) e algum montante de recursos ocioso. Os recursos ociosos são derivados dos fluxos do financiamento à produção e da receita líquida, quando gerados num mês, mas necessários mais adiante no empreendimento. À taxa CDI do cenário referencial, essa massa de recursos ociosos é capaz de gerar uma renda adicional de R$ 11 mil da data 0 (0,14% dos investimentos), antes dos impostos, o que, para o movimento financeiro desse empreendimento, não é relevante. As empresas, como estratégia operacional mais eficaz, devem

utilizar recursos ociosos para adiantar suprimentos ou parcelas de contratos de serviço, com descontos, que, em geral, são muito superiores aos ganhos financeiros na utilização dos resíduos ociosos de caixa.

Fluxo de caixa esperado, em geral, é uma informação que os decisores exigem, mas cuja leitura é superficial. Na maioria das situações, a leitura do fluxo é feita mais quanto à forma do que com relação aos valores individuais, especialmente quando a |AQI| é feita para validar uma oportunidade de investimento. O fluxo dos investimentos e retornos é informação mais relevante. Na produção de uma |AQI| é recomendável que o corpo da análise traduza o fluxo de caixa numa síntese, ou num gráfico, acompanhado de outro gráfico destacando investimento, devolução do investimento e entrega do resultado para o empreendedor.

Esses dois gráficos podem tomar a forma dos Gráficos 8.1 e 8.2 adiante:

- no Gráfico 8.1 mostramos os movimentos financeiros no ambiente da SPE, da mesma forma como estão os valores no fluxo de caixa do Quadro 8.8.

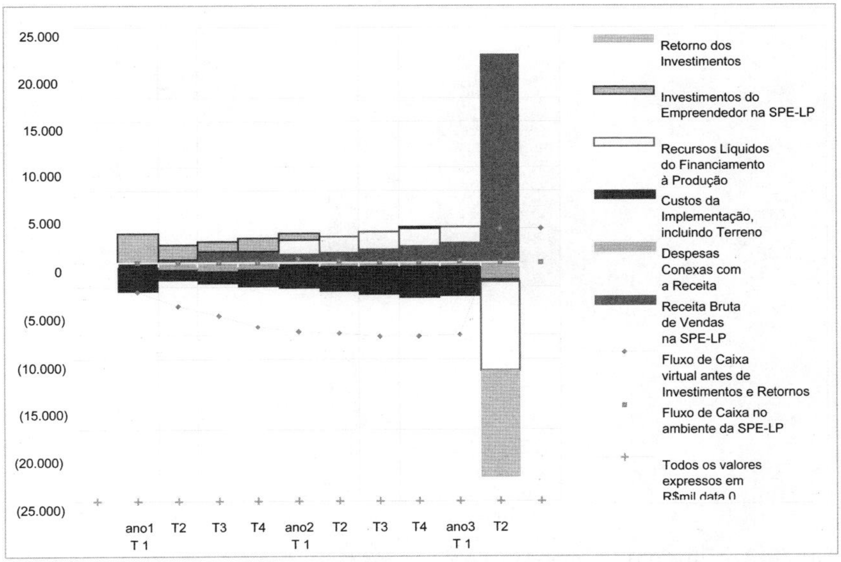

Gráfico 8.1 – Fluxo de caixa do empreendimento, com financiamento à produção, em periodicidade trimestral.

Vale notar que o fluxo está em movimento trimestral, porque o objetivo é mostrar o andamento financeiro, cujos números em detalhe podem ser encontrados no fluxo de caixa do Quadro 8.9.

- no Gráfico 8.2 mostramos os movimentos de investimento e retorno. Lembrar que o fluxo dos investimentos é o fluxo dos recursos do empreendedor para o ambiente do empreendimento, para cobrir os déficits de caixa esperados. O fluxo do retorno representa o movimento dos recursos livres no ambiente do empreendimento (recursos não mais necessários para manter o giro do negócio) e que são derivados para o empreendedor. O retorno compreende a devolução dos investimentos e o resultado e, como o fluxo de caixa está calculado com valores na moeda da data 0, a devolução do investimento não é nominal, mas representa a devolução do poder de compra dos investimentos, bem como o resultado representa ganho de poder de compra. Então, na leitura do fluxo de caixa do Quadro 8.9, em moeda R$ mil da data 0, ou seja, em poder de compra, pela variação do INCC, os investimentos são de 7.778, recursos que entram no empreendimento, o retorno corresponde à saída do empreendimento para o empreendedor de [7.778 + 3.479] = (11.257), devolução do investimento, mais resultado do investimento.

Nos movimentos de investimento e retorno, seja no Quadro 8.9 ou nos Gráficos 8.1 e 8.2, vemos que, nos empreendimentos residenciais para venda, com parcela expressiva de financiamento para aquisição, devolução de investimentos e resultado estão concentrados no final do ciclo do empreendimento.

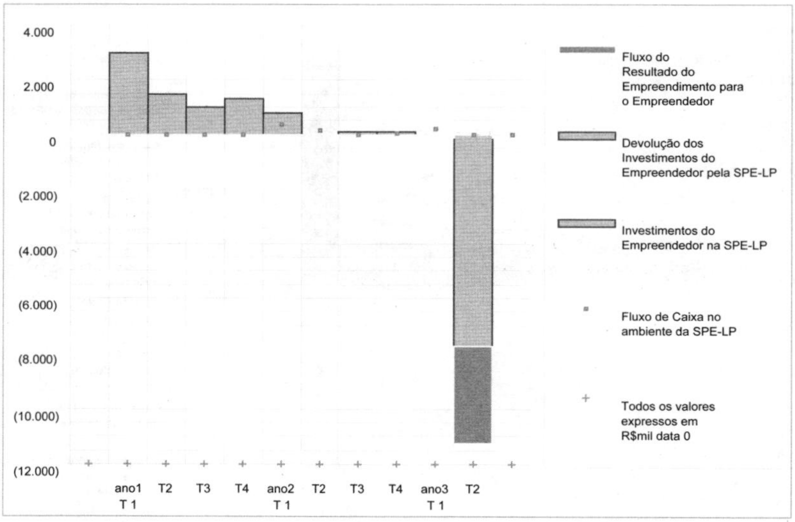

Gráfico 8.2 – Fluxo dos investimentos e dos retornos do empreendimento em periodicidade trimestral.

8.2.3. A EQUAÇÃO DE FUNDOS

A equação de fundos no ambiente do empreendimento num primeiro movimento para suprir os recursos necessários ao desenvolvimento do negócio e, no seguinte, para mostrar como são distribuídos os recursos originados no ambiente do empreendimento, até a geração do retorno dos investimentos, é a questão que fecha a análise financeira dentro do comportamento do cenário referencial. Ainda fica em aberto a medida de necessidade de recursos stand-by para suportar efeitos de desvios de comportamento, que é assunto para a análise de riscos.

No Quadro 8.10 temos os dados das equações de fundos do empreendimento, originados dos fluxos contidos nos Quadros 8.6, 8.7, 8.8 e 8.9.

Quadro 8.10, no primeiro bloco – equação para cobertura dos recursos necessários para a implantação do empreendimento (todos os valores citados estão em R$ mil da moeda da base, ou da moeda da data 0):

- na linha 46 está o total dos recursos necessários para terreno, construção e administração do empreendimento, total das contas das linhas ali anotadas e que estão nos quadros do cenário referencial;

Quadro 8.10 – Equação de fundos do empreendimento

	equação de fundos no desenvolvimento do emprendimento, com financiamento à Produção		
	valores em R$mil da data 0 pelo INCC		
	equação para cobertura dos recursos necessários para a implantação do empreendimento		
44	**recursos necessários para o desenvolvimento do empreendimento = 45+46**	**(23.027)**	**100,00%**
45	contas vinculadas a vendas, não cobertas pela receita (fluxo, nos meses 4 e 5)	(296)	1,29%
46	recursos necessários para a implantação = 10+18+28	(22.731)	98,71%
47	**provisionamento de recursos para o desenvolvimento do empreendimento = 48+49+50**	**23.027**	**100,00%**
48	financiamento à produção (líquido dos custos pagos durante a produção)	8.408	36,51%
49	recursos da receita de vendas usados na implantação	6.841	29,71%
50	**investimento do empreendedor**	**7.778**	**33,78%**
	geração dos recursos livres dentro do empreendimento		
51	**üüü=üüü=üüüü = VGV-Pis-Cofins-propaganda-corretagem**	**27.690**	**100,00%**
52	contas vinculadas a vendas, não cobertas pela receita = -45	296	1,07%
53	parte da receita utilizada para cobertura de custos da implantação = 46	(6.841)	-24,71%
54	pagamento do financiamento à produção	(8.907)	-32,17%
55	impostos sobre o lucro, aplicados sobre a receita (SPE-LP) = 27	(981)	-3,54%
56	recursos livres no empreendimento = **retorno do empreendedor = 51+52+53+54+55**	**11.257**	**40,65%**
	geração do resultado do empreendedor no empreendimento		
57	recursos do empreendedor aplicados no empreendimento = 50 = **investimento**	7.778	100,00%
58	recursos livres no empreendimento derivados para o empreendedor = 56 = **retorno**	11.257	144,73%
59	**resultado do empreendedor, depois dos impostos = 58-57**	**3.479**	**44,73%**

- na linha 45 está o resíduo de investimento necessário para dar partida às vendas, que correspondem às contas de propaganda e marketing que devem ser custeadas antes do início das vendas (meses 4 e 5 do fluxo do Quadro 8.8, na coluna XVI);
- o empreendimento exige, portanto, 23.027 para ser implantado;
- esses recursos são provisionados segundo a estrutura mostrada nas linhas 48, 49 e 50. A contribuição do financiamento à produção está no Quadro 8.6 (9.274 – 866 = 8.408), os investimentos estão calculados no Quadro 8.9 e a parte da receita de vendas usada na implantação pode ser calculada por diferença, controlando-se pela parte do fluxo da receita que, no Quadro 8.9, se mostra fazer parte do funding do empreendimento. O protótipo mostra que, dimensionando um financiamento à produção que, na origem correspondia a 70% da parte financiável do orçamento, ou seja [70% x 89,1% = 62,4%] do orçamento (Quadro 8.5, linhas 34, 35 e 36), a contribuição final é de 36,51% dos recursos necessários para o funding do empreendimento (linha 48).

Quadro 8.10, no segundo bloco: geração de recursos livres dentro do empreendimento (todos os valores citados estão em R$ mil da moeda da base, ou da moeda da data 0):

- dos recursos gerados pelo empreendimento [receita de vendas – contas conexas] (linha 51), 40,65% representam o retorno dos investimentos do empreendedor, sendo o restante utilizado no custeio da produção. Esse montante (11.257) representa 35,5% da receita de vendas do empreendimento, sendo, portanto, 64,5% da receita de vendas utilizados para pagar contas do próprio empreendimento.

Quadro 8.10, no terceiro bloco – geração do resultado do empreendedor no empreendimento (todos os valores citados estão em R$ mil da moeda da base, ou da moeda da data 0):

- o resultado representa 44,73% dos investimentos (margem sobre o investimento), 12,56% da receita líquida de vendas (margem sobre a receita líquida) e 10,97% da receita bruta de vendas (margem sobre a receita bruta, ou margem sobre o VGV). Margem é indicador que sugere riscos, mas não é indicador da qualidade.

8.3. A QUESTÃO ECONÔMICA

Pergunta: para empreendimento com as características descritas (o protótipo que utilizamos para basear este capítulo), quais são os padrões de rentabilidade e qual é a influência do financiamento à produção na geração da rentabilidade?

Resposta: dentro do comportamento arbitrado no cenário referencial, o empreendimento devolve retornos aos investimentos que exige, gerando uma taxa de retorno equivalente a 18,1% ano, acima do INCC, ou 20,1% ano, acima do IGP-M. Como o empreendedor faz uma parte do investimento coberta com financiamento à produção (36,51% do funding a implantação na linha 48 do Quadro 8.10) e esses recursos têm custo equivalente a 8,04% ano, acima do INCC (linha 43 do Quadro 8.5) "sobra resultado" para remunerar os investimentos alocados pelo empreendedor, nessa equação mais agressiva. A taxa de retorno dos investimentos do empreendedor no empreendimento, no comportamento do cenário referencial, será 21,3% ano, acima do INCC, ou 23,4% acima do IGP-M.

8.3.1. BALANÇO DO EMPREENDIMENTO

Considerando o comportamento do empreendimento dentro dos parâmetros do cenário referencial, no Quadro 8.11, indicamos o resultado do investimento no empreendimento e como são os fatores que o compõem. A composição do resultado é relevante para se traçar metas de mitigação de riscos e metas de controle, na operação do empreendimento.

No Quadro 8.11, deve-se destacar:

- o Ebitda (*earnings before interests, taxes, depreciation and amortization* = resultado antes de juros, impostos, depreciações e amortizações) na linha 69, é um indicador que as empresas usam para fazer o seu benchmark contra o mercado competitivo. A margem Ebitda sobre a receita (15,63%) lida no ambiente do empreendimento que não apresenta contas de depreciação e amortização é um indicador para a empresa balizar a contribuição do empreendimento para suas metas empresariais;
- como o empreendimento é desenvolvido em ambiente de SPE-LP (sociedade de propósito exclusivo, sob regime tributário de lucro presumido), o cálculo do resultado já é feito depois de impostos. Para benchmark de taxa de retorno contra a taxa de atratividade ou contra o custo de oportunidade no ambiente do mercado, esse estado (depois de impostos) deve ser levado em conta;

Quadro 8.11 – Balanço do empreendedor no empreendimento

balanço do empreendedor (dentro de uma SPE-LP)					
valores em R$mil da data 0 pelo INCC					
60	**receita bruta de vendas dos apartamentos (VGV)**		**31.718**	**100,00%**	
61	encargos sobre a receita (em SPE-LP)		(1.157)	-3,65%	
62	contas de propaganda, marketing e corretagem		(2.871)	-9,05%	
63	**üüü=üüü=üüüü = 60-61-62**		**27.690**	**87,30%**	
64	preço do terreno	(6.300)		-19,86%	
65	projetos, planejamento e estruturação	(1.071)		-3,38%	
66	construção do edifício	(13.530)		-42,66%	
67	contas de administração e gerenciamento = 15+16+17+28	(1.830)		-5,77%	
68	**custo total para a implantação = 64+65+66+67**		**(22.731)**	**-71,67%**	**100,00%**
69	**EBITDA do empreendimento = 68-63**		**4.959**	**15,63%**	**21,82%**
70	custos do financiamento à produção, amortecidos		(499)	-1,57%	-2,20%
	juros e custos	(866)			
	diferença entre liberações e pagamento da dívida	367			
71	impostos sobre o lucro, aplicados sobre a receita (SPE-LP)		(981)	-3,09%	-4,32%
72	**resultado do empreendedor, depois dos impostos = 69-70-71**		**3.479**	**10,97%**	**15,30%**
				margem sobre a receita	margem sobre o custo

- o resultado medido em balanço não pode ser qualificado (ruim, moderado ou bom), porque não é um indicador que possa ser usado para classificar a qualidade do empreendimento, contra outras oportunidades de investimento disponíveis, nem contra o ambiente (atratividade ou fronteira isenta de risco). A margem sobre a receita também não é indicador adequado para hierarquizar oportunidades de investimento pela qualidade, tendo em vista que qualidade só pode ser referida por indicador que faça a medida da velocidade de geração de resultado, contra a obrigação de investimento (taxa de retorno);
- o resultado medido no balanço no formato desse Quadro 8.11 é o do empreendedor no empreendimento (vide a nomenclatura utilizada), porque uma das contas do balanço não é do empreendimento, mas do empreendedor. A conta da linha 70, custos financeiros do financiamento à produção, está relacionada com a estratégia utilizada pelo empreendedor para fazer a equação de fundos do

empreendimento, mas não é uma conta de custos do empreendimento. Custos do empreendimento são as contas que agregam valor, direta ou indiretamente (cimento, areia, terreno, administração, projeto...). O resultado do empreendimento será, portanto [3.479 + 499 = 3.978], com margem sobre a receita de 12,54% (10,97% + 1,57%), do qual o empreendedor consome 499 (1,57% da receita) para custear os recursos de terceiros que toma para o funding dos investimentos que o empreendimento exige.

8.3.2. INDICADORES DO INVESTIMENTO E DA QUALIDADE DO INVESTIMENTO

Os indicadores econômicos do empreendimento, tratados no cenário referencial, devem ser mostrados em duas fronteiras para o funding: i. investimento puro, condição que responde pelos indicadores no estado em que o empreendimento é capaz de oferecer e dos resultados que é capaz de produzir; ii. o empreendedor no empreendimento, na estrutura de funding do cenário referencial, que pode apresentar a estratégia de financiar a produção, para cobrir parte dos investimentos exigidos pelo empreendimento, como é a do protótipo, ou outra qualquer pela qual opte o empreendedor.

É sempre adequado mostrar os dois estados: i. o do empreendimento nu, para ser possível reconhecer a sua capacidade de geração de resultado; e ii. o empreendimento visto pelo empreendedor, cumprindo uma estratégia de formatação de funding. A comparação dos indicadores mostrará quanto eficaz é a estratégia de funding e o prêmio (ou penalidade) gerado pela agressividade no funding. Vale notar que poderá ocorrer penalidade, o que não inviabiliza nem o empreendimento, nem a estratégia de funding. Haverá penalidade (taxa de retorno mais baixa) na hipótese com financiamento quando o custo dos recursos financiados for maior do que a taxa de retorno do empreendimento nu.

A estratégia de funding de um empreendimento pode ser mais complexa do que simplesmente financiar a produção. Há casos em que o empreendedor aglutina grupos de investimento, cujas parcerias carregam regras específicas, por vezes de proteção do investidor "passivo", que acompanha o empreendedor. Havendo estruturas mais complexas, o modelo simulador deve ser estendido, para identificar os indicadores da qualidade do investimento.

Exemplo: no protótipo, com o concurso de financiamento à produção, o empreendedor deve investir R$ 7.778 mil, da data 0 e só dispõe da capacidade de investimento de R$ 4.000 mil. Agrega um parceiro, para suprir os R$ 3.178 mil faltantes, sob o critério de dividir o resultado na proporção do investimento, mas aceitando que o parceiro aplique seus recursos depois de esgotados os R$ 4.000 mil do empreendedor.

Nesse cenário, os fluxos de investimento e retorno acompanham os movimentos do Quadro 8.12, que, traduzidos para indicadores de rentabilidade, mostrarão que: i. enquanto a taxa de retorno do investimento de R$ 7.788 mil no empreendimento protótipo, com o concurso de financiamento à produção, é de 21,3% equivalente ano, acima do INCC, na mesma medida; ii. a taxa de retorno do empreendedor, limitando sua participação no funding a R$ 4.000 mil, será de 17,9% ano e; iii. a do parceiro, privilegiado por investir mais tarde, 27,1% ano. No Quadro 8.12 notamos o retardo do fluxo de investimento do parceiro (quatro meses), aparentemente moderado, mas as taxas de retorno calculadas mostram o grande impacto da parceria nos moldes previstos.

Quadro 8.12 – Fluxos de investimento e retorno do empreendedor e do parceiro, na hipótese do exemplo

fluxos [investimento x retorno],
na regra de parceria do exemplo

valores em R$mil da data 0 pelo INCC

mês ref	Recursos do Empreendedor no Empreendimento		Contribuição do Empreendedor		Contribuição do Parceiro Investidor	
	Investi-mentos	Retornos	Investi-mentos	Retornos	Investi-mentos	Retornos
	XXIII	XXIV				
TOTAL	7.778	(11.257)	**4.000**	**(5.789)**	**3.778**	**(5.468)**
	100,00%		51,43%		48,57%	48,57%
1	2.426		2.426			
2	330		330			
3	204		204			
4	352		352			
5	755		688		67	
6	399				399	
7	371				371	
8	341				341	
9	308				308	
10	275				275	
11	242				242	
12	787				787	
13	787				787	
14						
15						
16						
17						
18						
19						
20	50				50	
21	61				61	
22	59				59	
23	25				25	
24						
25						
26						
27						
28	6				6	
29		(11.257)		(5.789)		(5.468)
30						

O empreendimento-protótipo apresenta os indicadores econômicos do Quadro 8.13, mantido o comportamento do cenário referencial, mas alterado o cenário de funding: i. cenário que representa a natureza do empreendimento; e ii. o cenário compreendendo estratégia de financiamento à produção.

Quadro 8.13 – Indicadores do investimento e da qualidade do investimento

indicadores do investimento e
da qualidade do investimento no empreendimento
em cenários fronteira para o funding da produção e dos investimentos

valores em R$mil da data 0 pelo INCC

	I - Cenário Referencial + Natureza do Empreendimento	II - Cenário Referencial + Estratégia de Funding do Empreendedor	Efeito do Financiamento à Produção
	Empreendimento com Investimento Puro	Empreendimento com Financiamento à Produção, em 70%	
Investimentos Exigidos INV	16.286	7.778	-52,2%
üüü=üüüüüüüü RET	20.264	11.257	-44,4%
Resultado dos Investimentos = RET-INV	3.978	3.479	-12,5%
Resultado / Investimentos	24,4%	44,7%	+ 20,3 pontos %
taxa de retorno dos investimentos (% ano, acima da inflação pelo INCC)	18,1%	21,3%	+ 3,2 pontos %
taxa de retorno dos investimentos (% ano, acima da inflação pelo IGP-M)	20,1%	23,4%	+ 3,3 pontos%
taxa de retorno expressa em múltiplo da taxa CDI-equivalente	2,70	3,04	+ 0,34 pontos

Nota: Não importa que o empreendedor não aceite a estratégia do cenário I, mesmo que seja capaz de fazer o investimento. É adequado medir indicadores nos dois cenários para mostrar a qualidade do empreendimento e o efeito da estratégia de funding. Em muitas situações, o empreendedor, à vista da existência da oferta de "recursos baratos", como é o caso do SFH no Brasil, prefere alavancar mais sua capacidade de investimento, na busca de mais rentabilidade, usando o financiamento à produção no máximo limite ofertado. Recursos ofertados são baratos, quando o seu custo é sensivelmente menor do que a taxa de retorno do empreendimento, indicando que, mesmo em comportamentos estressados, a estratégia de funding é competitiva. Mais rentabilidade significa sempre maiores riscos. No caso da alavancagem-limite, o empreendedor multiplica a sua capacidade de produção, o que deve ser acompanhado de planejamento e controles mais agressivos, além de ser apoiado por uma estrutura gerencial, que pode exigir expansão, sob risco de descontrole.

No Quadro 8.13:

- menor investimento está associado com menor retorno, mas o retorno cai menos do que o investimento, porque o financiamento, com a taxa de juros menor do que a taxa de retorno no cenário I, impõe custos que consomem menos retorno, entregando, proporcionalmente mais resultado. O Gráfico 8.3 mostra as curvas de investimento nos dois cenários, enfatizando a contribuição do financiamento à produção na estrutura de funding do empreendimento;

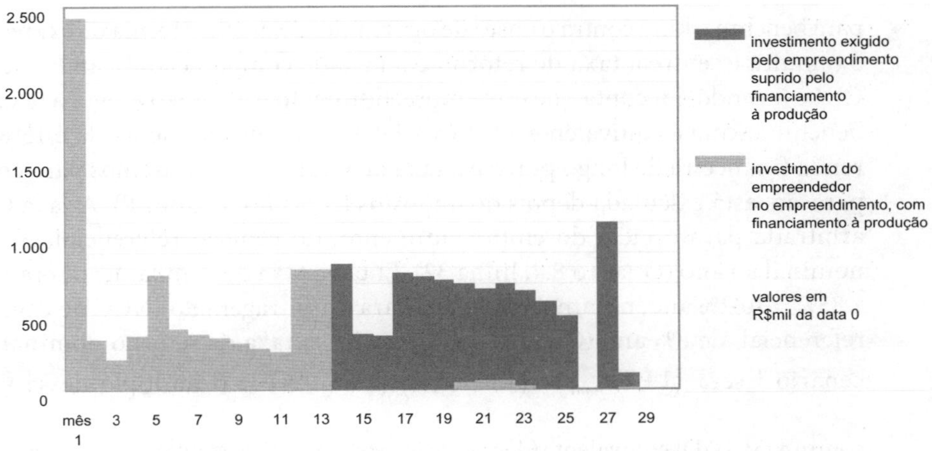

Gráfico 8.3 – Fluxos de investimento nos dois cenários de funding.

- o resultado dos investimentos cai na razão dos movimentos do financiamento [3.978 – 3.479 = 499], sendo 499 o total dos custos do financiamento amortecidos (linha 70 do Quadro 8.11). O resultado deve cair numa menor proporção do que a queda de retorno, porque o retorno contém a devolução dos investimentos e a razão é sempre "custos do financiamento menores do que taxa de retorno";
- a taxa de retorno dos investimentos equivalente anual é medida pela expressão $(1+Tir)=(1+tir)^{12}$, onde tir é a taxa equivalente mensal, que satisfaz a expressão $\sum \frac{INV_k}{(1+tir)^k} = \sum \frac{RET_k}{(1+tir)^k}$, onde as posições mensais (contador k) de INV e RET são as das colunas XXIII e XXIV do Quadro 8.9, RET com sinal positivo. Como o fluxo de caixa (Quadro 8.9) está na moeda da data 0 pelo INCC, os valores descrevem o poder de compra das transações no ciclo do empreendimento, deflacionando os movimentos em R$ nominais pela taxa de inflação pelo INCC. Então, a taxa de retorno medida por essa expressão é a taxa 18,1%

no cenário I e é 21,3% no cenário II. O efeito da alavancagem fica evidenciado e, nos padrões de comportamento do mercado brasileiro, é um efeito relevante;

- a medida da taxa de retorno acima do IGP-M não exige reescrever o fluxo de caixa com outro fator de deflação. Esse outro fluxo de caixa deveria ter todas as variáveis que se movimentam pelo INCC (arbitragem do cenário referencial), inflacionadas pela estimativa de INCC e deflacionadas pela estimativa de IGP-M, o que, para medir taxa de retorno não é necessário. Basta calcular segundo a expressão $\left(1+Tir_{IGP-M}\right)=\left(1+Tir_{INCC}\right)\cdot\dfrac{1+INCC}{1+IGP-M}$;
- para benchmarking contra o custo de oportunidade, melhor forma de expressão é o múltiplo entre a taxa de retorno e a taxa de comparação. Usando a taxa CDI e levando em conta que este empreendimento é de prazo longo, a taxa de benchmarking é equivalente a 85% x CDI, pois o imposto de renda é 15% da renda financeira de longo prazo e a taxa de retorno, que usaremos para comparação, está calculada depois de impostos (conceito de SPELP). A taxa CDI arbitrada para o ciclo do empreendimento, do cenário referencial, é 12% nominal ao ano (Quadro 8.4, linha 32). Então a taxa de comparação será 12% x 85% = 10,2% ano, nominal em Reais. Para a arbitragem do INCC do cenário referencial, de 8% ano (Quadro 8.4, linha 29), a taxa de retorno nominal do cenário I será $\left(1+Tir_{nom}\right)=\left(1+18{,}1\%\right)\cdot\left(1+8{,}0\%\right)$ e o múltiplo dessa taxa contra a taxa CDI equivalente (depois de impostos), será $m\acute{u}ltiplo=\dfrac{Tir_{nom}}{10{,}2\%}=2{,}70$;
- os fluxos de investimento e retorno indicam que o payback do investimento ocorre no final do empreendimento, logo é um indicador desnecessário de figurar na |AQI|. Duration, para uma única posição de retorno (mês 29) também é medida desnecessária, para qualificar o empreendimento.

8.4. RISCOS DO INVESTIMENTO NO EMPREENDIMENTO

Não há como responder à pergunta "Qual é o risco do investimento no empreendimento?". Risco não se mede genericamente, mas diante de determinada conjuntura estressada, ou diante da avaliação do efeito de alguma simplificação, ou arbitragem do cenário referencial. Assim, vamos percorrer as questões mais comuns na análise de investimento em real estate para venda. Ainda que façamos um trajeto longo na análise de riscos, um determinado investidor poderia questionar sobre o efeito de outras configurações estressadas, seja por características particulares de determinado empreendimento, ou condições do ambiente, na economia, ou no mercado competitivo. Vamos, então, tratar das variáveis do protótipo sobre as quais mais frequentemente se trabalha na avaliação dos riscos do investimento.

Riscos podem ser analisados estressando uma única variável, para avaliar efeitos discretos da mesma ou um conjunto de variáveis, para analisar efeitos cruzados.

Riscos não devem ser avaliados sob efeitos cruzados, posicionando as variáveis na fronteira conservadora de distorção, porque a medida é muito agressiva e o natural é que o empreendimento não suporte esse nível de estresse. Por que não? Porque as variáveis mais estratégicas – custos, preços, velocidade de vendas e prazos de implantação – têm comportamento semelhante entre os empreendimentos do mercado competitivo, o que faz com que o "consciente coletivo" dos empreendedores, em mercados equilibrados, faça uma relação entre elas, que resulte numa taxa de retorno compatível com o risco setorial e não compatível com a fronteira limite de estresse. O empreendedor que enfrentar o maior aumento de custos, maior queda de preços, atraso de obras exagerado e velocidade de vendas lenta, vai, provavelmente, perder, porque o prêmio do risco da taxa de retorno do empreendimento, num mercado equilibrado, não pode proteger uma configuração de fracasso.

Se o mercado estivesse operando dentro de parâmetros que protegem o fracasso, os empreendedores mais estruturados venderiam a preços mais competitivos, por ter mais controle de desempenho, mais certeza da sua competência e menor medo do fracasso. Esses empreendedores balizariam o mercado a taxas de retorno mais moderadas, trazendo os preços para baixo e, ao colocar o mercado competitivo em outro patamar, quebrariam a pretensa proteção ao fracasso.

Em conjunturas de mercado distorcidas pela demanda, os preços podem estar descontrolados para cima e o fracasso, representado pelo acúmulo de comportamentos em posições de fronteira conservadora, pode estar aparentemente protegido. Mas também não estará, porque os empreendimentos têm ciclo longo e podem ser afetados pelo anticiclo, no qual os custos vão subir desproporcionalmente (demanda de insumos acima da capacidade de suprimento verificada) e os preços irão para baixo (final da demanda artificial devolve o mercado ao seu crescimento orgânico), custos e preços atingindo fronteiras estressadas ainda mais agressivas.

Em conjunturas de mercado distorcidas pela oferta, as taxas de retorno já estão comprimidas e não haverá proteção para uma combinação de posições estressadas e mesmo a arbitragem de maior desastre parece não ser um modo racional de arbitrar desvios, para analisar riscos. Nessas conjunturas, pode-se admitir um futuro mais equilibrado, porém trata-se não de discutir riscos, mas de fazer incursões pela fantasia de admitir num prazo certo (o ciclo do empreendimento) a retomada de uma configuração equilibrada no mercado, que é função de variáveis totalmente fora do controle ou da influência do empreendedor. É inadequado, do ponto de vista da segurança da decisão de investimento em empreendimento de real estate, fundamentar-se em cenários agressivos, cuja única sustentação seja o otimismo com a evolução favorável da conjuntura.

Pergunta 1 - A curva de custeio da produção utilizada no cenário referencial da |AQI| tem efeito sobre a taxa de retorno, porque afeta os fluxos de investimento, do financiamento à produção e de retorno. A necessidade de investimentos e a qualidade do investimento do empreendedor no empreendimento são alterados a ponto de inverter a decisão de investimento (fazer para não fazer)?

Resposta 1 - Essa questão um empreendedor pode responder uma vez só, avaliando os efeitos da curva de custos num protótipo. Utilizando configurações extremas e controláveis para a curva de custos, caso os desvios ocorridos não demonstrem uma migração da decisão de investimento, não há por que avaliar cada empreendimento. Quando se traça a curva de custos baseada na curva de produção, por entender que a curva de custos nunca estará disponível nos momentos de elaboração de |AQI| para sustentar a decisão de investimento, configura-se uma curva de verbas para custeio da produção (ver fluxo de caixa do empreendimento nos Quadros 8.7 e 8.9). Um programa de suprimentos sempre pode ser encaixado nessa curva, sob pequenos desvios, se a curva estiver baseada numa arbitragem por meio de amostragem adequada. Por consequência, estudando impactos da curva de custos em posições extremas e não encontrando flutuações de indicadores de investimento e da qualidade do investimento que traduzam fazer em não fazer, analisar de tempos em tempos esse impacto e tomar decisões gerenciais para suprir os efeitos é suficiente.

No protótipo, fazemos dois cenários alternativos para a curva de custos. A curva do cenário referencial está em patamares de 20%, 35% e 45%, e para posições estressadas usaremos: i. 45%, 35% e 20%, invertendo os patamares; e ii. uma curva uniforme de desembolsos nos suprimentos da obra. A imagem mês a mês dessas curvas está no Gráfico 8.4.

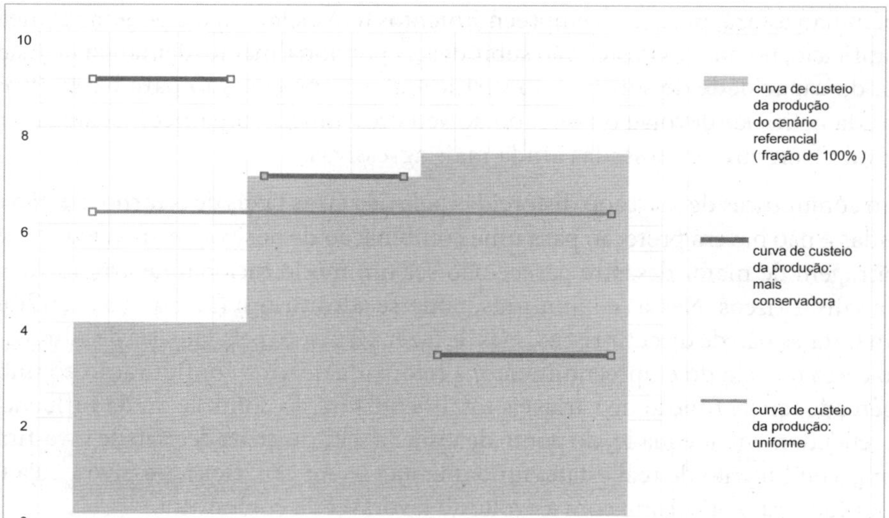

Gráfico 8.4 – Curvas de custeio da produção alternativas, valores em % do orçamento, na moeda da base.

Para estas três configurações, resultam os indicadores do Quadro 8.14, no qual vemos:

- os investimentos podem crescer de até 16,2%. Isso induz o empreendedor a constituir uma folga entre a sua capacidade de investimento e os recursos que dedica ao empreendimento. Essa condição stand-by – pronto para investir, pode ser suprida pelo acesso a crédito de curto prazo em capital de giro, que consome taxa de retorno, mas não prejudica o empreendimento;

Quadro 8.14 – Flutuação dos indicadores do investimento e da qualidade do investimento, levando a curva de custeio da produção para fronteiras mais conservadoras

efeito nos indicadores do investimento e da qualidade do investimento no empreendimento alterando a curva de custeio da produção

Empreendimento com Financiamento à Produção, em 70%

valores em R$mil da data 0 pelo INCC

	curvas de custeio arbitradas			efeito da curva de custeio	
	cenário referencial I	mais conservadora II	uniforme III	II x I	III x I
Investimentos Exigidos (INV)	7.778	9.040	8.225	+ 16,2%	+ 5,7%
Retorno dos Investimentos (RET)	11.257	12.368	11.649	+ 9,9%	+ 3,5%
Resultado dos Investimentos = RET-INV	3.479	3.328	3.424	-4,3%	-1,6%
Resultado / Investimentos	44,7%	36,8%	41,6%	- 7,9 pontos%	- 3,1 pontos%
taxa de retorno dos investimentos (% ano, acima da inflação pelo INCC)	21,3%	18,9%	20,4%	- 2,4 pontos%	- 0,9 pontos%

- se a alternativa para a configuração “pronto para investir” for a de tomar financiamento, isso pode ser avaliado no modelo simulador estendido. Vemos, no Quadro 8.15, como seria o fluxo dos investimentos nos Cenários II e III, se o empreendedor limitasse seus investimentos a R$ 7.778 mil, deixando para cobrir eventuais necessidades geradas por desvios de comportamento com financiamento de capital de giro a custo equivalente anual a 2,0 CDI. Os dados do Quadro 8.15 indicam que a taxa de retorno na configuração do Cenário II vai para 19,3% ano, contra os 18,9% fazendo todo o investimento e contra 21,3%, que é a posição do cenário referencial. No Cenário III, a taxa de retorno vai para 20,6%, contra 20,4% fazendo todo o investimento, contra os mesmos 21,3% do cenário referencial;

Quadro 8.15 – Fluxos financeiros, com suporte de capital de giro, limitando os investimentos em R$ 7.778 mil

fluxos [investimento x retorno], com suporte de financiamento para capital de giro

valores em R$mil da data 0 pelo INCC

mês ref	Recursos do Empreendedor no Empreendimento		Investimentos e Retorno no Cenário II			Investimentos e Retorno no Cenário III		
	Investi-mentos	Retornos	Fluxo Investi-mento Exigido x Retorno	Investi-mentos do Empreen-dedor x Retorno	Financia-mento para Capital de Giro	Fluxo Investi-mento Exigido x Retorno	Investi-mentos do Empreen-dedor x Retorno	Financia-mento para Capital de Giro
	XXIII	XXIV						
TOTAL	7.778	(11.257)	**(3.328)**	**(3.076)**	**(252)**	**(3.424)**	**(3.334)**	**(90)**
INV			9.040	7.778		8.225	7.778	
RET			(12.368)	(10.854)		(11.649)	(11.112)	
Financiamento para Capital de Giro								
empréstimo					1.262			447
pagamento					1.514			537
1	2.426		2.426	2.426		2.426	2.426	
2	330		330	330		330	330	
3	204		204	204		204	204	
4	352		352	352		352	352	
5	755		755	755		755	755	
6	399		399	399		399	399	
7	371		371	371		371	371	
8	341		341	341		341	341	
9	308		308	308		308	308	
10	275		275	275		275	275	
11	242		242	242		242	242	
12	787		1.505	1.505		1.111	1.111	
13	787		1.505	270	1.235	1.111	664	447
14						(113)	(113)	
15								
16								
17								
18								
19								
20	50							
21	61		27		27			
22	59		(130)	(130)				
23	25		(172)	(172)		(35)	(35)	
24			(231)	(231)		(89)	(89)	
25			(321)	(321)		(169)	(169)	
26			(295)	(295)				
27								
28	6							
29		(11.257)	(11.219)	(9.705)	(1.514)	(11.243)	(10.706)	(537)
30								

- as taxas de retorno do Quadro 8.14 e a sua flutuação quando o empreendedor introduz financiamento de capital de giro para cobrir exigências de investimento adicional, forçadas pela incapacidade gerencial de fazer o programa de suprimentos acompanhar a curva de verbas (custos) dispostos no cenário referencial, ilustram que esse não é um risco. Considerando que o protótipo pode espelhar a conjuntura brasileira em 2010, para empreendimentos destinados à classe média, cuja imagem se aproxima deste protótipo, essa não deve ser uma preocupação na |AQI|. Enfatizando: em cada conjuntura, uma única análise, por meio de protótipos, permite que o empreendedor tenha uma visão da intensidade do risco da arbitragem dessa curva de custos, sem que ocorra a necessidade de trabalhar o tema em cada |AQI| específica.

Pergunta 2 - Como a velocidade de vendas (absorção do produto) afeta o investimento e a qualidade do investimento?

Resposta 2 - Tendo em vista que o fluxo da receita de vendas contribui para a composição do funding do empreendimento (29,71% dos recursos exigidos no empreendimento são supridos pela receita de vendas – Quadro 8.10, linha 49), retardo das vendas no lançamento pode provocar aumento de investimentos e queda da taxa de retorno. Da mesma forma, aumento da velocidade de vendas no lançamento pode causar o efeito contrário. A medida do efeito contrário não é um indicador direto de risco, mas é um indicador de dependência: fazer pressão para cumprir as metas de venda da |AQI| (60% nos seis meses do lançamento e o saldo até o final do empreendimento), melhora em muito a qualidade do investimento, ou não é tão relevante? A queda da velocidade de vendas no lançamento tem efeito muito agressivo, ou é suportável, para garantir a composição do funding e não entrar em mais investimentos ou tomar financiamento para capital de giro, para substituir recursos não gerados na venda? Esse efeito pode ser analisado como o da Pergunta 1, via um protótipo numa certa conjuntura, ou deve ser medido caso a caso?

A resposta a estas questões pode ser dada com a imagem do Gráfico 8.5, em que, para cada patamar de velocidade de vendas no lançamento (seis meses), sempre escoando o saldo do produto até o final do empreendimento (não há estoques), identificamos o índice de investimento, relativamente ao valor de R$ 7.778 mil, do cenário referencial e a taxa de retorno, expressa em múltiplo da taxa CDI equivalente.

Analisar o efeito de estoques de produto exige a montagem de cenários estressados muito abertos. Quantidade de estoque, curva de liquidação e preços praticados com desconto sempre provocam efeitos graves no desempenho dos empreendimentos. Isso porque: i. as margens sobre a receita são estreitas (a do protótipo é menor do que 11%), o que indica que o resultado do investimento está nas últimas vendas (no protótipo, nas últimas 11% unidades vendidas é que está o resultado); ii. estoques não giram a preços agregados mensalmente da taxa de retorno dos investimentos, de forma que a retenção do estoque se faz à taxa de retorno zero, se for possível corrigir os preços pelo patamar do INCC, ou pior do que isso, se for necessário fazer descontos para sair da posição.

Ou seja, estoques não representam risco, mas um cenário indesejável, de forma que há sempre a recomendação gerencial de procurar escoar produto. Entretanto, pode-se chegar próximo ainda com estoques. Nesse momento, o empreendedor deve ser agressivo e, para orientar a ação diante dessa posição crítica (crise), deve-se produzir uma |AQI|, cujo objetivo seja medir quais são os limites aceitáveis de esforço (mais publicidade, desconto nos preços, vantagens colaterais na aquisição) para sair dos estoques.

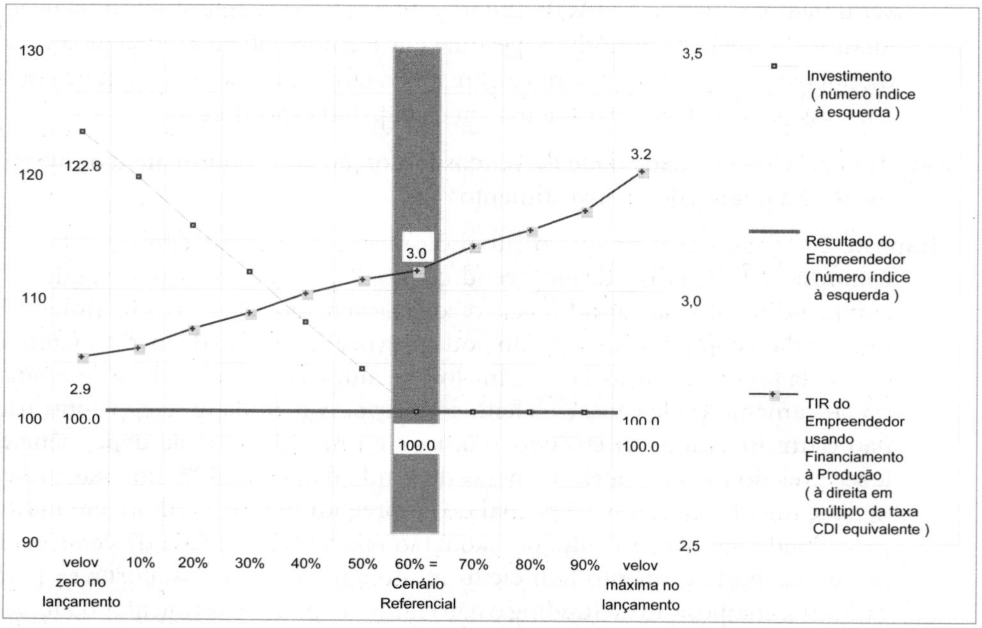

Gráfico 8.5 – Indicadores de investimento e da qualidade do investimento, variando a velocidade de vendas no lançamento.

O Gráfico 8.5 mostra que:

- a flutuação da taxa de retorno não é relevante para variações moderadas da velocidade de vendas no entorno do cenário referencial. No extremo mais conservador, que é um limite teórico, porque com velocidade de vendas igual a zero provavelmente o empreendimento deva ser desativado, haverá necessidade de mais 22,8% de investimento do que o previsto, mas, ainda assim, a taxa de retorno oscila pouco;
- da velocidade de vendas do cenário referencial para cima, os investimentos não são abatidos, mas o retorno é acelerado, não produzindo, entretanto, vantagens expressivas na taxa de retorno. Essa é uma característica dos empreendimentos com financiamento à produção, o que recomendaria os esforços moderados de custo para comercializar (publicidade e vantagens). A agressividade que se verifica no mercado é necessária para não gerar estoques, que prejudicam

muito a qualidade do investimento, mas não para melhorar de forma relevante a qualidade do investimento;

- o resultado não se altera, porque o cenário não contempla variação de custos e preços.

Pergunta 3 - Como a qualidade do investimento é afetada pela variação de custos e receita dentro do ciclo operacional?

Resposta 3 -

i) A primeira providência para oferecer resposta a esta questão, que é a mais relevante na análise de riscos, porque estas variáveis são as mais abertas do cenário referencial e, assim, as de maior impacto na qualidade do investimento, é conceber uma estrutura de cenário estressado, que respeite uma lógica aceitável. Não é aceitável, no cenário estressado, admitir que os custos cresçam, digamos de 5%, uniformemente todos os meses, contra o orçamento do cenário referencial, nem que a receita caia, digamos de 2,5%, todos os meses do ciclo operacional, contra as expectativas do cenário referencial. Ou seja, uma análise de riscos que posiciona a receita para baixo e os custos para cima, contra as arbitragens de orçamento e VGV do cenário referencial é inadequada, porque impõe um comportamento estressado improvável.

Um determinado empreendedor pode pretender fazer um teste de estresse para o orçamento, ou para os preços de venda, o que não é análise de riscos. Havendo dúvida (insegurança) quanto à qualidade da informação do cenário referencial, esse teste representa um procedimento válido dentro da |AQI|. Mas ele deve ser denominado de teste de estresse (alguns usam o termo análise de sensibilidade), para não confundir com análise de riscos. Num teste com este propósito, o cenário referencial vai sendo alterado, seguindo maiores custos e menores preços e se mede flutuação de investimento (a questão financeira) e taxa de retorno (a questão econômica). Nesses testes, não se desenham cenários estressados, porque não se avaliam desvios de comportamento, mas a capacidade de suporte do empreendimento para diferentes padrões de custos e preços. O objetivo é medir situações-limite, que conduzem a qualidade do empreendimento a fronteiras de validação (taxa de atratividade ou custo de oportunidade para a taxa de retorno são fronteiras).

Utilizando o protótipo, uma imagem de teste de estresse para a taxa de retorno, como fruto de maior orçamento ou abatimento de preços, está no Gráfico 8.6.

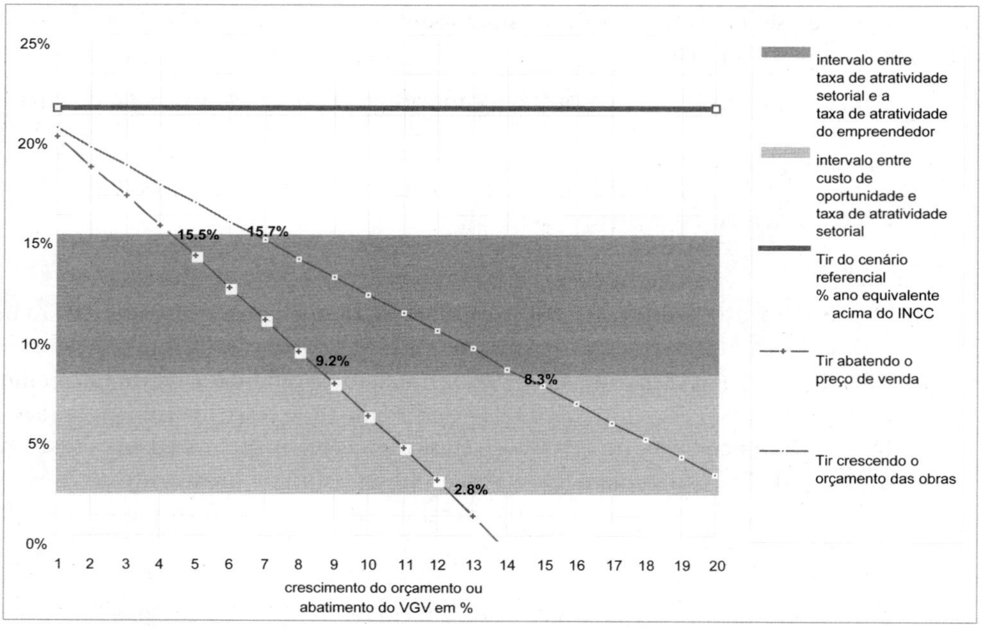

Gráfico 8.6 – Taxa de retorno do investimento do empreendedor no empreendimento, contra fronteiras crescentes de orçamento no cenário referencial.

Arbitrando que a taxa de atratividade setorial (tatset) esteja em 8% ano, acima do INCC e que a referência de atratividade do empreendedor (tatemp) esteja em 15%, a configuração de desempenho do protótipo, mostra, seguindo os dados do Gráfico 8.6:

- que a capacidade de suporte de abatimento de preços é próxima de 4% para atingir a tatemp, pouco acima de 8% para atingir tatset e 12% para chegar ao custo de oportunidade. Essa imagem mostra o risco de empreender em real estate, setor no qual as margens são estreitas, para taxas de retorno altas, devido à contribuição da receita de vendas e de financiamentos à produção "baratos" na composição do funding dos negócios. No protótipo, dos recursos necessários para fazer o empreendimento, somente 33,78% são cobertos com investimento, o que faz, com baixa margem, alta taxa de retorno, mas, por sua vez, faz capacidade de suporte baixa para as variáveis mais relevantes (custos e preços);
- que a capacidade de suporte para aumento de orçamento é pouco acima de 6% para fazer a taxa de retorno igual a tatemp e próxima de 14% para chegar a tatset.

Análise de capacidade de suporte em geral não é necessária para cada |AQI| de empreendimento particular, podendo o empreendedor reconhecer, por meio de protótipos que espelham cada conjuntura (as relações entre preços e orçamentos são do mercado), as fronteiras dentro das quais pode operar. Exemplo: empresas maiores podem ter orçamentos de custos de insumos melhores que a média do mercado, se tiverem grande escala na aquisição de suprimentos, mas, certamente, terão outras contas acima da média, tendo em vista os custos de gerenciamento e controle, sendo que a combinação desses dois fatores tem a tendência de desequilibrar o orçamento para cima. Admitindo que o protótipo reflete uma certa conjuntura, uma empresa que tiver uma conta de gerenciamento maior do que a média de mercado, provocando orçamento de custos 3% maior do que essa média, perderia perto de 5 pontos de porcentagem de taxa de retorno, como ilustra a imagem do Gráfico 8.6 (Tir de 23,1% contra 18,5%). Essa empresa necessitaria de preços perto de 2% maiores do que a média de mercado para compensar esse abatimento de taxa de retorno derivado do orçamento mais elevado do que a média.

ii) Análise de riscos de desvio de custos contra o orçamento, com impacto discreto, se faz traçando uma fronteira para os desvios e cenários estressados, nos quais os custos variam, mensalmente, entre a posição do cenário referencial e a fronteira, como é a imagem do Gráfico 8.7.

Cada cenário estressado é formatado randomicamente pelo modelo simulador, na medida em que deve espelhar uma situação qualquer dentro do ciclo do empreendimento adiante. A cada cenário estressado corresponderá uma necessidade de investimentos e uma taxa de retorno.

Construindo uma amostra de cenários estressados (mínimo 50 cenários), teremos duas amostras, uma para a necessidade agregada de investimentos, outra para a flutuação da taxa de retorno. Os investimentos podem ser referenciados por meio de um número índice, adotando a posição do cenário referencial associada ao índice 100, de sorte que, para um cenário k, o índice do investimento exigido do empreendedor será $IndInv_k = \frac{INV_k}{100}$.

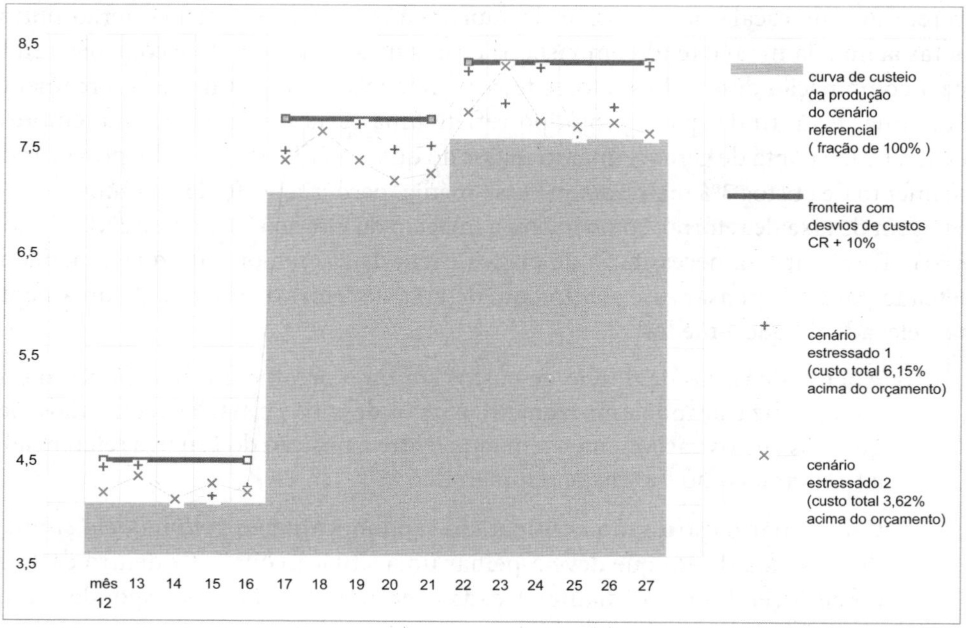

Gráfico 8.7 – Cenários estressados para análise do risco de desvio de custos, contra o orçamento, arbitrando fronteira de desvios de +10%.

Um exemplo de amostra de IndInv para o protótipo está no Gráfico 8.8. Cada elemento da amostra está associado a um cenário estressado, cujo crescimento do custo total contra o orçamento estará no intervalo [0% ~ 10%], verificando-se que a média de variação na amostra construída foi de + 5,0%.

Essa amostra é de laboratório, mas se apoia em comportamentos prováveis dos custos no ciclo do empreendimento, limitadas as distorções pela fronteira, que é arbitrada. A amostra pode ser tratada estatisticamente. Diz-se que é 90% confiável considerar que o IndInv estará no intervalo de 1,645 desvios padrão da amostra, no entorno da sua média, considerando, então, que o conjunto das hipóteses de cenários estressados acompanha uma curva normal de distribuição. Vale notar que não é válido dizer 90% de probabilidade, porque os elementos da amostra são construídos em laboratório, por representar eventos futuros (no ciclo do empreendimento), razão pela qual se usa 90% de confiabilidade para a informação. Explorando a amostra, encontramos para IndInv o intervalo [108,2~113,1] para o índice do investimento (100 no cenário referencial) construindo cenário estressados para desvios de custos mensais contra o orçamento até a fronteira de +10%.

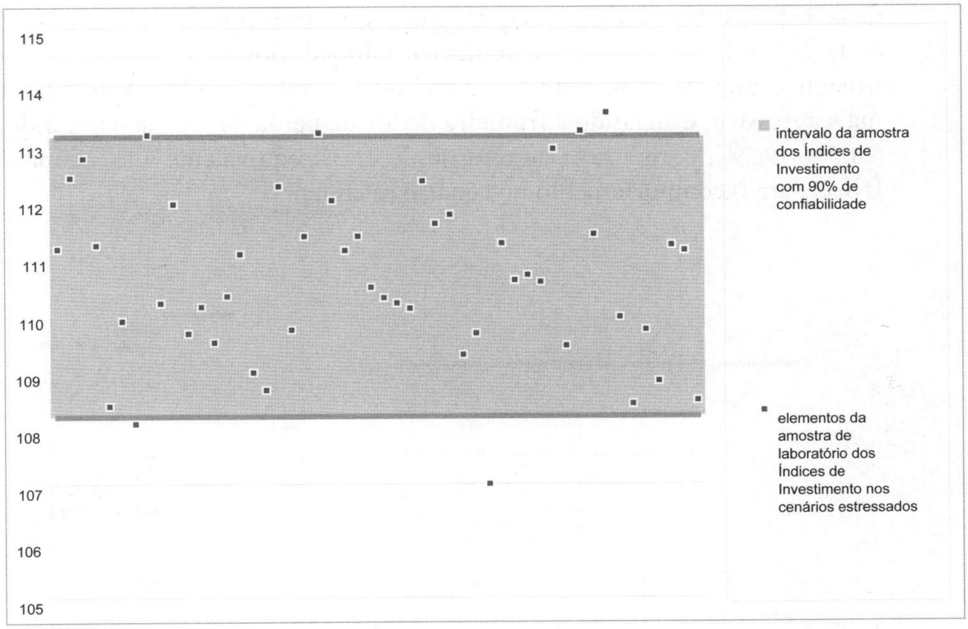

Gráfico 8.8 – Amostra de laboratório para IndInv, considerando-se cenários estressados, com desvios de custos mensais de até +10%, contra o orçamento do cenário referencial.

A flutuação da taxa de retorno tem o intervalo com 90% de confiabilidade, extraído da sua amostra para o mesmo conjunto de cenários estressados, resultando em [14,7% ~ 17,2%] contra 23,1% equivalente ano, acima do INCC para o comportamento no cenário referencial. Como se verifica no protótipo, a fronteira de desvio de até +10% é agressiva para a variação da taxa de retorno, ainda que produza impacto moderado na necessidade de investimentos. A posição inferior do intervalo já está abaixo da taxa de atratividade do empreendedor, que impusemos ao discutir a questão do teste de estresse (Gráfico 8.6).

Essa é uma característica dos negócios do setor explorados neste capítulo: riscos elevados para desvios de custos e preços. Isso sugere: i. cuidados extremos ao fazer a |AQI| para decidir sobre uma oportunidade de investimento; ii. cuidados extremos com a qualidade intrínseca da |AQI|, na formatação do cenário referencial, dos cenários estressados e do modelo simulador; iii. cuidados extremos no controle operacional, porque qualquer fuga dos custos do orçamento referencial provoca impacto intenso na qualidade do investimento e é de difícil compensação.

iii) Análise de riscos de perda de receita (preços abatidos, reajustes, descontos, inadimplência não inteiramente compensada), com impacto discreto, se faz exatamente com o mesmo roteiro.

Para uma fronteira de perda de receita de 5%, o Gráfico 8.9 mostra a posição do cenário referencial, a fronteira e alguns cenários estressados. Na amostra de laboratório para IndInv, encontramos o intervalo com 90% de confiabilidade [102,6~103,7], denotando pouca sensibilidade dos desvios para os investimentos exigidos. Já na amostra para a taxa de retorno o intervalo é muito mais agressivo, utilizando a fronteira de 5% de perda de receita, chegando a [14,0%~19,7%], para a taxa de retorno de 21,3% equivalente ano, acima do INCC para o comportamento no cenário referencial.

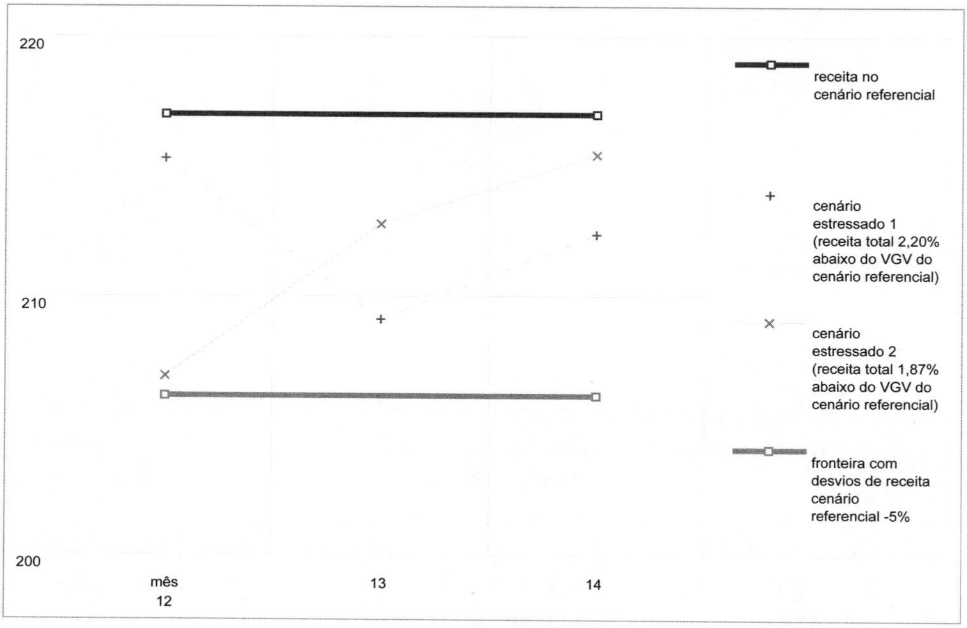

Gráfico 8.9 – Cenários estressados para análise do risco de desvio de receita, contra o VGV do cenário referencial, arbitrando fronteira de desvios de –5% (detalhe dos meses 12 até 14, para facilitar a visualização).

iv) Para a análise do efeito de impactos cruzados de perda de receita e aumento de custos o roteiro também é idêntico, no qual cada cenário estressado contempla, a cada mês do ciclo do empreendimento, uma posição de custos a maior do que o orçamento e de receita a menor, ambas posições limitadas por fronteiras arbitradas na |AQI|. Usando as mesmas fronteiras adotadas até aqui, no protótipo e com cenários estressados nas receitas até perda de 5% e nos custos até aumento de 10%, sempre contra as posições do cenário referencial, os intervalos nas amostras de laboratório levam às imagens dos Gráficos 8.10 e 8.11.

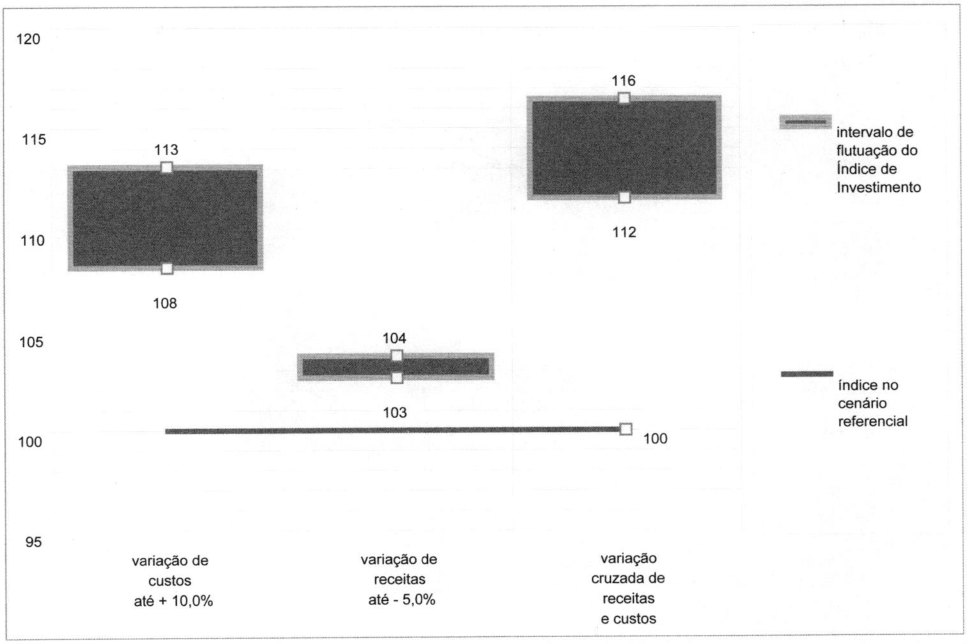

Gráfico 8.10 – Intervalos de flutuação do índice de investimento com desvios discretos de custos e receita e com desvios cruzados de custos e receitas.

No Gráfico 8.10 vemos que, mesmo usando desvios de custos e preços, a flutuação do índice de investimento é moderada - característica dos empreendimentos do real estate, cujo funding é formatado preferencialmente com receita de vendas e financiamento à produção.

No Gráfico 8.11 vemos que a flutuação da taxa de retorno é forte sob cenários estressados, o que é também característica do segmento dos empreendimentos para venda do real estate, uma vez que o reflexo de desvios impacta o resultado, que, numa pequena proporção da receita (a margem sobre o preço do protótipo está em 10,97% – linha 72 do Quadro 8.11), sofre um grande impacto, refletido na grande flutuação da taxa de retorno.

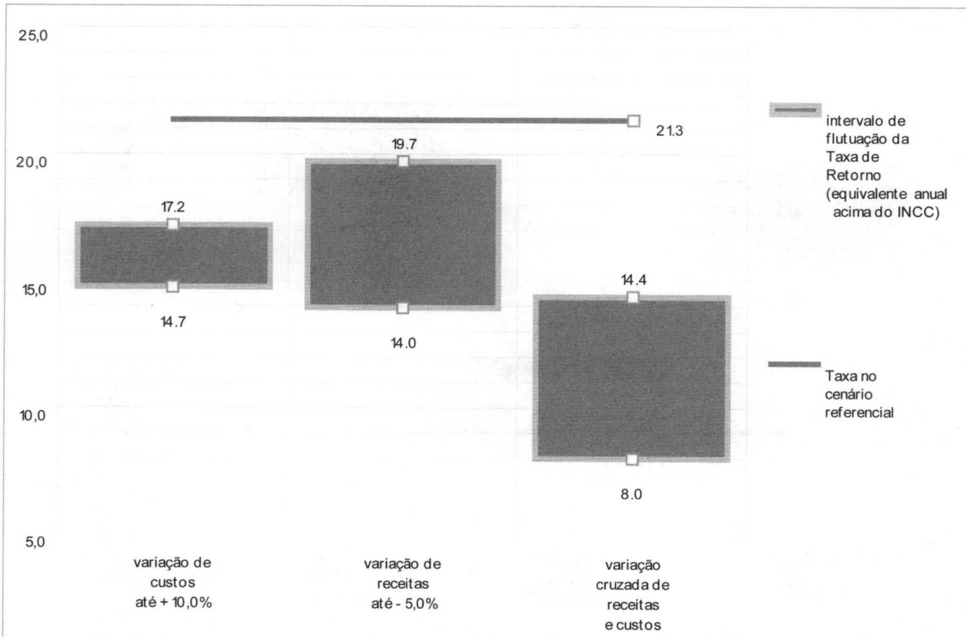

Gráfico 8.11 – Intervalos de flutuação da taxa de retorno com desvios discretos de custos e receita e com desvios cruzados de custos e receitas (taxa de retorno expressa em equivalente anual acima do INCC).

Pergunta 4 - As marcas de tempo arbitradas no cenário referencial para o início das vendas (mês 6), prazo de construção (16 meses) e data para os repasses e quitação do financiamento à produção (mês 29) influenciam a taxa de retorno e podem influenciar a exigência de investimentos do empreendedor. Como se apresenta o risco dos atrasos de cronograma?

Resposta 4 - Atrasos têm efeitos moderados na conta de investimento, mas, como as margens são pequenas, retardar o retorno faz uma flutuação importante na taxa de retorno.

Atrasos no lançamento do produto podem ocorrer motivados por problemas vinculados com autorizações para a construção e para vendas, e atrasos na construção são, erroneamente, aceitos como da natureza do negócio. Desenhando um cenário estressado, com três meses de atraso no lançamento e com quatro meses de atraso no ciclo da construção, dando início à construção somente no final do ciclo de lançamento, como é a estratégia do cenário referencial, para não forçar a conta de investimento, chegamos aos indicadores comparados do Quadro 8.16, em que se notam efeitos equivalentes ao de quebra de receitas e aumento de custos – leve pressão na conta de investimento, mas queda acentuada da taxa de retorno. Essa configuração estressada já leva à taxa de atratividade do empreendedor do protótipo (15% ano).

Quadro 8.16 – Indicadores comparados do cenário referencial com um cenário estressado conservador, refletindo atrasos no lançamento e no prazo da construção

impacto de perturbações de comportamento atrasos no lançamento e na construção *prazos e datas marco em meses* *valores em R$mil da data 0 pelo INCC*			
	CENÁRIO REFERENCIAL	CENÁRIO ESTRESSADO (mais conservador)	efeitos dos atrasos
duração do empreendimento	29 meses	36 meses	
início do ciclo de lançamento	mês 6	mês 9, com atraso de 3 meses	
ciclo de construção	prazo de 16 meses	prazo de 20 meses	
investimento do empreendedor	7.778	8.468	+ 8,9%
taxa de retorno equivalente anual, acima do INCC	21,3%	15,2%	-6,1 pontos %
taxa de retorno múltiplo do CDI-equivalente	3,04	2,39	-0,65 pontos

Nos empreendimentos com repasse, o atraso de maior impacto é o do repasse, ou atrasos que influenciem na data do repasse. No cenário estressado do Quadro 8.16, o fluxo de investimento não é muito dilatado, pois a concentração dos investimentos ocorre antes da construção, mas a dilatação de todo o programa, levando a data final do empreendimento do mês 29, no cenário referencial, para o mês 36, quando se faz o repasse, é o gerador do impacto.

Para verificar esse efeito, podemos medir a taxa de retorno deixando todos os prazos nas expectativas do cenário referencial e levando somente a data do repasse mais adiante, resultando nos dados do Gráfico 8.12, no qual se denota esse efeito. No cenário referencial, a construção se encerra no mês 27 (coluna V do Quadro 8.7) e o repasse, com pagamento do financiamento à produção, ocorre no mês 29 (coluna E do Quadro 8.6 e coluna X do Quadro 8.8), dois meses após o final da construção. No Gráfico 8.12, esse prazo de dois meses é dilatado e então se percebe o efeito desse desvio na rentabilidade do investimento. Em empreendimentos com financiamento à produção e para aquisição, uma das questões gerenciais que exige maior pressão e controle, para cumprimento de prazos, é justamente esta do repasse, e a razão é evidenciada pelos dados do Gráfico 8.12, no qual cada mês de atraso representa, no protótipo, perda próxima de 1 ponto de porcentagem na taxa de retorno. Na prática, o repasse é feito isoladamente por unidade no empreendimento, com a quitação parcial do saldo devedor do financiamento, o que só minimiza custos de juros sobre o saldo devedor no ciclo ainda em aberto, mas, como o retorno ocorre depois do pagamento do saldo devedor, são os últimos repasses que importam para a taxa de retorno. No protótipo, a receita de vendas depois das contas conexas no mês 29 (coluna XVI do Quadro 8.8) é de 20.710 e o saldo devedor do financiamento à produção é 8.907 (coluna E do Quadro 8.6). Então, os primeiros 43% da receita de repasse servem para liquidar dívidas, aparecendo o retorno a partir desse ponto.

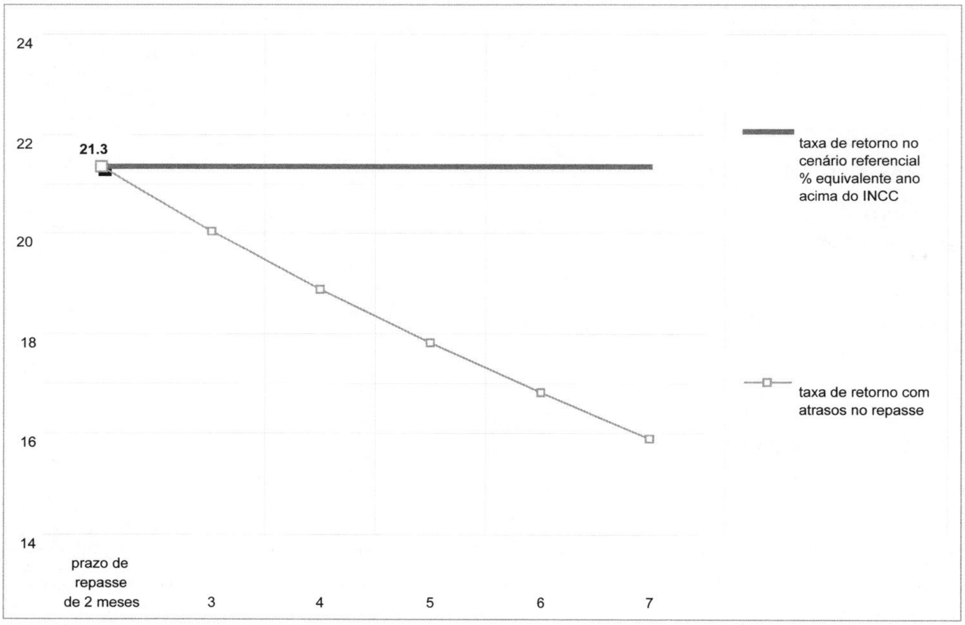

Gráfico 8.12 – Taxa de retorno do empreendedor no empreendimento considerando diferentes prazos entre o final da construção e a data do repasse (taxa de retorno expressa em equivalente anual acima do INCC).

CAPÍTULO 9
Análise da qualidade do investimento em empreendimentos imobiliários para renda

João da Rocha Lima Jr.

CONCEITOS APRESENTADOS NESTE CAPÍTULO

Empreendimentos imobiliários destinados à renda apresentam um ciclo de implantação, ou são comprados prontos para operar. De ciclo operacional muito longo, os investimentos nos empreendimentos são julgados sob dois prismas: sustentação do valor, como lastro dos investimentos, e capacidade de geração de fluxo de renda estabilizado. Este capítulo trata de como produzir uma |AQI| para investimentos com essa característica, como fazer considerações de caráter operacional para dar sustentação à possibilidade de produzir fluxo de renda harmônica e como conceituar valor e como fazer valuation (arbitrar valor). Do mesmo modo que para os empreendimentos imobiliários, o planejamento do empreendimento é discutido no momento de validação da decisão de investir, que, no caso desses empreendimentos, se abre em dois: i. implantar e operar para receber renda; ou ii. comprar para receber renda. Como a geração de renda desses empreendimentos pode advir por meio de mecanismos muito diferentes, quer se considere um edifício de escritórios, ou um shopping center, por exemplo, o protótipo que acompanha o capítulo é um edifício de escritórios para locação, que é um investimento cuja renda deriva exclusivamente da inserção do real estate na economia (o locatário paga um preço definido pelo uso do imóvel).

9.1. INTRODUÇÃO

Empreendimentos do real estate podem ser classificados em imobiliários ou de base imobiliária. Já vimos o tratamento dos empreendimentos imobiliários no Capítulo 8.

Nos empreendimentos de base imobiliária (EBI), o foco do empreendedor é receber renda por meio da exploração do espaço físico edificado, sendo o exemplo mais corrente o dos escritórios para locação (EEL) – no Brasil, edifícios de escritórios. Também são EBI os edifícios industriais ou de escritórios construídos no conceito *build to suit*, cujas características, para efeito de análise, são menos complexas do que dos EEL, porque correm menores riscos de mercado (contratos de locação de dez anos para mais). Também são EBI empreendimentos mais complexos, como shopping centers, cuja renda deriva do desempenho de vendas das lojas (valor da locação é baseado na receita das lojas), ou hotéis (renda derivada de desempenho operacional, cujo conjunto de receitas e despesas está além dos relacionados com o real estate, por exemplo, custos de pessoal e receitas e custos de alimentos e bebidas).

Os empreendimentos imobiliários para locação pura, como os escritórios, são referidos na literatura técnica internacional como *commercial real estate developments*.

Neste capítulo, usaremos um protótipo de edifício de escritórios para locação (EEL) para sustentar a demonstração da rotina do planejamento, no preparo da |AQI| destinada à validação de uma oportunidade de investimento, visto sob o prisma do empreendedor, que implanta e arrenda. No ciclo da renda, a análise se equivale à do ponto de vista do empreendedor que investe num empreendimento pronto para operar.

Aparentemente pode-se considerar que os EEL são muito semelhantes, de forma que o modelo de |AQI| deste capítulo poderia se universalizado, como instrumento de análise. Não é razoável admitir que o grau de semelhança seja tal que um determinado empreendimento, uma conjuntura particular, ou uma equação de funding sempre possam ser ajustados à configuração do empreendimento e do cenário referencial deste capítulo. Entretanto, o modelo simulador aqui descrito e a estrutura do cenário referencial podem ser considerados como de aplicação muito ampla. Os cenários estressados podem escapar mais das estruturas aqui descritas, porque são montados para capacitar o planejamento a responder às inseguranças de um determinado decisor quanto aos riscos de um determinado investimento, e isso é particular em cada caso. Exemplo: no Brasil, nesta conjuntura (2010), evidencia-se a migração de expressivos volumes de recursos de investidores estrangeiros para negócios de EEL. Para estes investidores, a questão da impossibilidade de fazer contratos de locação em moeda estrangeira (questão legal no Brasil) e o desejo de permanecer investido por ciclos inferiores até ao payback do investimento remetem à construção de estudos cuidadosos sob cenários estressados de descolamento da taxa de câmbio da moeda de origem do investimento contra os movimentos inflacionários (ajuste de aluguéis) e de preços do mercado de real estate (na saída antes do payback, como veremos, o preço de saída do edifício pode fazer mais de 50% da taxa de retorno).

Algumas questões tratadas no Capítulo 8 também podem ser remetidas para os EEL. Para não ser redundante, deixaremos de repeti-las aqui, por exemplo: i. estoque de terrenos que giram à taxa de retorno abaixo da atratividade, penalizando o empreendedor e; ii. o efeito da curva de custos na construção do fluxo de caixa da construção. Outras questões devem ser exploradas com outro formato, como a imposição de moeda na análise, porque num EEL temos a convivência obrigatória de três moedas, o que cria um viés de risco na homogeneização (não há *hedge* nos preços): os custos de construção giram na redondeza do INCC, os preços dos aluguéis, por questão legal, são balizados em Reais nominais em ciclos de doze meses, ajustados discretamente a cada ciclo, conforme a variação de índice geral de preços (IGP-M, por exemplo). Por se tratar de investimento de ciclo longo, é adequado fazer a marcação do poder de compra da moeda em IGP-M, ao que ajustaremos os movimentos em INCC e em Reais nominais.

Empreendimentos de ciclo longo devem ser analisados pelo ciclo completo de vida do empreendimento, mesmo que o empreendedor tenha o propósito de reorganizar seu portfólio de investimentos num giro mais curto. Isso porque o valor de saída do investimento é a contrapartida do valor de entrada de outro investidor, que vislumbrará o ciclo de vida do empreendimento, e, assim, sucessivamente.

Em ciclos longos, mesmo que a periodicidade de movimentação financeira (custos e preços) seja mensal, não são confiáveis cenários tão detalhados, o que recomenda fazer cenários de implantação em periodicidade mensal, mas cenários de operação em periodicidade anual. Isso obriga a ajustar cenários para integrar a base de dados de entrada no modelo simulador, sem provocar viés na informação para decisão. Quem confiaria num cenário que arbitrasse a taxa de ocupação do edifício $toc_k = \frac{Alocada_k}{ABR}$ para um determinado mês distante cinco anos da data base da |AQI| (k é contador de mês, ABR é área bruta rentável, denominação do total da área do empreendimento capaz de produzir renda e Alocada é a ABR ocupada no mês k)? Não é mais aceitável a arbitragem de que a média anual de taxa de ocupação do ano 5, contado da data base, será Toc5?

9.2. PREMISSAS PARA O INVESTIMENTO EM EMPREENDIMENTOS DE BASE IMOBILIÁRIA

Em geral, decisões de investimento em real estate tendem a ser mal fundamentadas, pela razão principal de que os investidores inferem a premissa de que a proteção natural do investimento está na existência do bem, na sua baixa velocidade de depreciação e na tendência, que se evidencia nos mercados, de que os preços de transação não sofrem bruscas alterações em ciclos curtos. Os investimentos em edifícios de escritórios para locação (EEL) são os representantes mais expressivos dessa raiz de investimentos.

Nas economias mais evoluídas, em que os EEL têm a propriedade traduzida por meio de instrumentos de investimento de grande pulverização e razoável liquidez (certamente muitas vezes maior do que a liquidez do próprio edifício, ou de parte física dele – um andar, por exemplo), esses investimentos já são analisados usando-se cenários de horizontes curtos e médios, porque a relação [renda x valor] é a referência mais expressiva para se comparar com outras oportunidades de negócio e precificar o ativo. Esta relação subsiste como o principal indicador da qualidade do investimento, porque se admite a tese de que o produto de investimento, no montante tomado por um investidor, tem liquidez perfeita e homogeneidade de comportamento em ciclos curtos e médios. Valendo essas duas premissas, no seu mercado competitivo, os investimentos, usando os títulos como condutores, tendem a ter preços com baixa oscilação e renda estável.

Se considerarmos efeitos macroeconômicos que podem afetar a competitividade de um segmento de mercado, a pretensa homogeneidade do fluxo da renda por ciclos curtos pode ser uma vantagem, caso as taxas de juros estejam oscilando para baixo, ou um ônus, no sentido inverso. Isso porque os fluxos da renda de locações não têm a mesma elasticidade do mercado de capitais, mantendo-se estáveis durante o ciclo dos contratos, podendo se alterar, caso a caso, somente entre ciclos, a depender de como o movimento de taxas de juros do mercado afete a atratividade do segmento de mercado (Figura 9.1).

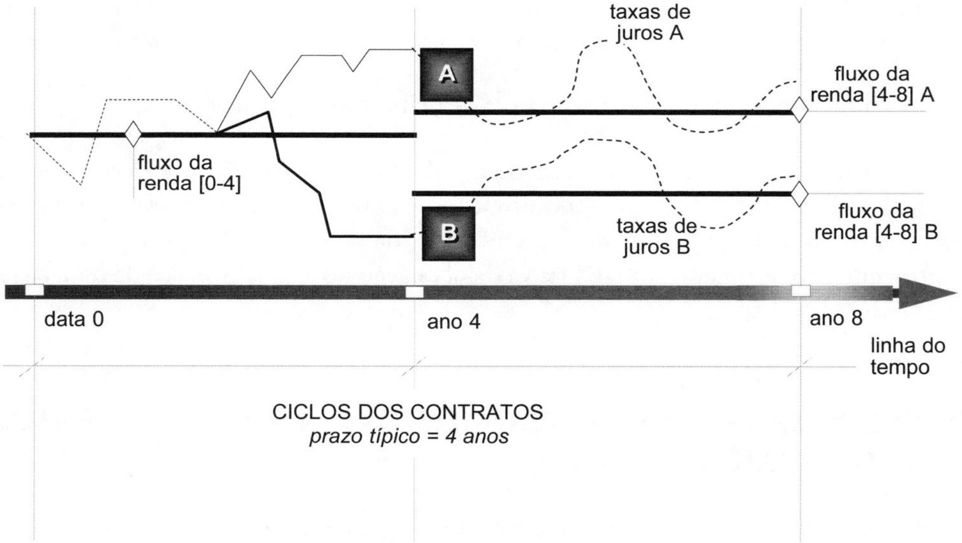

Figura 9.1 – Imagem dos fluxos de renda em EEL contra a taxa de juros.

Na imagem da Figura 9.1, quando o investimento foi precificado, o mercado apresentava um patamar de taxa básica de juros, na qual está apoiada a arbitragem da taxa de atratividade setorial e a do ativo em particular. Daí em diante, no primeiro ciclo de locações (admitimos quatro anos como um ciclo típico para o mercado brasileiro), o fluxo da renda do contrato é estabilizado e a taxa de juros se move. Admitindo a hipótese de que, a partir de um determinado ponto do ciclo, a taxa de juros descola, numa tendência flagrante, para cima (A) ou para baixo (B), o contrato poderá ser ajustado, ao final do primeiro ciclo aos parâmetros do mercado, para cima na situação A e para baixo na B. Ganhos (B) ou perdas (A) de renda no primeiro ciclo do contrato de locação não são compensados nesse ajuste. A arbitragem de valor do ativo tem por base a sua capacidade de geração de renda, relativamente às taxas de juros praticadas no mercado. Então, se a renda está acima do patamar de juros do mercado (contrato contra B no primeiro ciclo), o imóvel arrendado deve se valorizar e desvalorizar no caso contrário (contrato contra A no primeiro ciclo).

Tendo em vista os movimentos do mercado e não somente um determinado contrato de locação, esse desajuste do primeiro ciclo poderá interferir na renda do ciclo seguinte, porque o novo patamar de taxa de juros altera a atratividade do investimento, a competitividade de mercado e a oferta de novos empreendimentos. Ou seja, toda a configuração macroeconômica do mercado toma um novo estado. Para este novo estado, poder-se-ia imaginar, novamente, uma condição de equilíbrio, que pode provocar novos desequilíbrios adiante e, assim, sucessivamente. Essa imagem é um dos fundamentos para se arbitrar que podem ocorrer ciclos no mercado de real estate, como, de resto, acontecem em todos os mercados. A diferença para os EBI (no protótipo um EEL) do real estate é que a rigidez estrutural é muito elevada, seja pela vida do empreendimento, como pelo payback longo e pela manutenção de rendas fixadas também por ciclos longos, independentemente de como se movam os custos de produzir e os preços do mercado.

Como resultante desta quase certeza de instabilidade diante das oscilações das taxas de juros, que provoca descolamento entre a relativa qualidade do investimento em real estate (EEL) e os demais ativos do mercado, ora mergulhado na euforia, ora na angústia, sem que existam mecanismos eficientes de *hedge* contra essa assimetria, nas economias evoluídas os mercados seguiram para a formação de grandes carteiras de investimento, abrigadas em ambientes apropriados (o mais típico – *real estate investment trust* – REIT no mercado norte americano), já se verificando uma pálida evolução no mercado brasileiro (conjuntura de 2010), com os fundos de investimento imobiliário (FII). Com grandes carteiras, mesmo havendo ciclos de rigidez em cada contrato de locação, o conjunto de imóveis do portfólio pode promover um reequilíbrio dos descolamentos, pela não coincidência dos ciclos particulares de cada contrato de locação.

Nas economias mais atrasadas, como a brasileira, o mercado ainda se rege por compras físicas de imóveis, conjuntos comerciais para médios investidores, lajes de edifícios para grandes e edifícios para investidores institucionais. Isso significa comprar riscos de descolamento, para os quais não há *hedge* possível. No Brasil, em particular, mesmo que a criatividade do mercado fosse capaz de vender contratos de locação com preços variáveis, ou ajustáveis, a rigidez da legislação e mesmo a atuação do judiciário nos confrontos, bloqueiam inteiramente qualquer iniciativa nesse sentido.

Para situações como essas, então, cada investimento se submete à imagem da Figura 9.1. Se completarmos a imagem com a premissa de que a avidez de riqueza está e estará presente nos mercados, a isso se somarão ciclos de investimento em excesso, ou de falta de novos investimentos, relativamente à demanda, indutores de vetores de incerteza e risco dos negócios dos EBI do real estate.

Dessas considerações retiramos premissas para a decisão de investimento e para a formatação de uma |AQI|: i. os mercados mais evoluídos, nos quais se fazem investimentos por meio de títulos de boa liquidez ancorados em grandes portfólios e não diretamente nos imóveis, tendem a analisar a qualidade dos investimentos nos títulos pelo seu perfil de rentabilidade no curto prazo (ou médio); mas, ii. os mercados mais primários, no sentido de que a propriedade imobiliária é diretamente objeto do investimento e o investidor se vincula diretamente com os contratos de locação, devem se munir de sistemas de avaliação dos investimentos mais sofisticados, do que meramente relacionar aluguéis praticados no mercado com o preço dos imóveis, para inferir taxa de rentabilidade estática e com esta informação tomar a decisão de investimento.

Essa diferenciação se faz quando pensamos no investidor, mas quando se analisa o investimento no EBI, mesmo nos mercados evoluídos, as carteiras de investimento só existirão se foram comprados imóveis um a um, o que exige que cada investimento sofra, no ambiente do gerenciador da carteira, uma análise equivalente àquela que se praticaria no mercado primário.

Entretanto, seja nos mercados de investimentos primários, seja nos de portfólios (conjunto de primários) o que se evidencia são decisões de investimento apoiadas quase que exclusivamente na relação entre aluguel praticado e preço da transação. Exemplo: alguns investidores e até mesmo empreendedores no Brasil, vinham praticando, desde muito tempo até antes da crise de 2007-2009, uma análise expedita de dizer que um imóvel comercial valia, no máximo, 100 vezes o aluguel mensal a ser praticado. O número 100 deriva do fato de que a taxa de atratividade de 1% nominal ao mês para o investimento foi referência de mercado por muito tempo. Nessa imagem havia a hipótese implícita de que o valor da propriedade se ajustava pelo menos no patamar da inflação, de forma que esta taxa nominal, combinada com o ajuste "automático" do valor de mercado fazia a taxa de atratividade ser 1% mês efetiva. Esse 1% tende a não acontecer em ciclos longos, porque ocorrem as incidências de custos operacionais, de vacâncias, de custos para relocar, de perdas inflacionárias implícitas, de recursos para reinvestimento, que não agregam valor, mas somente repõem perdas de valor e tantos outros efeitos, que devem estar presentes na análise de investimentos de largo horizonte de maturação, como nos EEL.

Cada investimento em EEL é de vulto, de ciclo longo e apresenta rigidez muito alta. Não há como flexibilizar um investimento desse tipo: um EEL tem uso e destino perenes, sem possibilidade lógica de reorganização do produto, para buscar a recuperação de eventuais perdas advindas de desajustes ao mercado. Se os EEL têm essas características, é natural concluir que fortes análises de risco do investimento devem ser produzidas para apoiar a decisão de investir. E essas análises devem estar centradas no desenho de cenários de comportamento não determinísticos no ciclo operacional (vinte anos) que permitam ao investidor reconhecer a intensidade que pode esperar na flutuação da sua rentabilidade. Nas |AQI| dos EEL, riscos de comportamento já estão incorporados no cenário referencial.

Vislumbrar as análises primárias da microeconomia de cada negócio é uma necessidade em qualquer estágio em que se encontre o mercado, porque mesmo os portfólios não sofrem exclusivamente impactos de efeitos macroeconômicos, uma vez que se compõem de unidades de investimento sempre de vulto, quando lidas isoladamente. Fazer avaliações macroeconômicas do setor, lendo e especulando sobre o comportamento de títulos, pode ser interessante para evidenciar comportamentos passados, mas não há como se extrair dessas análises elementos de confiança para conduzir a decisão de investir. Somente uma análise focada exclusivamente no EEL objeto da oportunidade de investimento pode permitir que se "escape" dos ciclos de real estate, porque desenhos de cenários de vinte anos fazem com que a análise do investimento fuja do indicador primário da rentabilidade aparente, para produzir informação de taxa de retorno, lastro, payback, duration e suas derivações e, especialmente, capacidade de sustentação da rentabilidade e da segurança do investimento entre fronteiras que o investidor entende como atrativas e aceitáveis.

A premissa que se deve mais enfatizar é que o negócio de EEL deve merecer uma volta às origens, na análise dos investimentos, saindo das discussões macroeconômicas para fazer ênfase na formatação de sistemas de análise qualificados, sob pena de se verificarem, de tempos em tempos, consolidados em concreto e aço, os erros na decisão conduzida pelo viés de entender que o futuro é espelho necessário do momento, premissa implícita quando se decide sem apoio em indicadores da qualidade do investimento no EEL objeto, mas somente em indicadores macroeconômicos.

9.3. O CICLO DE GERAÇÃO DE RENDA NUM EMPREENDIMENTO DE BASE IMOBILIÁRIA

Quando se avalia a qualidade do investimento num EEL, deve-se levar em conta aspectos de caráter doutrinário e, adiante, ajustar a análise para refletir a postura do investidor. O ciclo do investimento é um indicador que se define no âmbito das estratégias do investidor, mas que, na análise, deve ser tratado de forma mais abrangente.

O investimento no EEL é entendido em duas vertentes, tendo em vista os riscos:

i) implantar para deixar pronto para operar é um empreendimento cujo risco se concentra em prazos e custos de implantação e na arbitragem de uma capacidade de penetração no mercado para geração de renda, que só será comprovada ao final da implantação (podemos considerar um prazo agressivo de três anos, desde a decisão de investir até a possibilidade de entrar no mercado para competir na locação dos espaços);

ii) operar o edifício com o propósito de auferir renda regular significa outro empreendimento, que tem início com um investimento definido (preço de edifício comprado, ou valor dos investimentos aplicados na implantação) e ocorre num ciclo longo de vinte anos.

Nota: O ciclo de análise, denominado ciclo operacional, de vinte anos não deveria ser um ponto de discussão, mas é comum verificar estudos em |AQI| abrangendo dez anos e até menos. O argumento para ciclos mais curtos é que o investidor pode pretender sair do investimento mais cedo. Acontece que, para que ele saia do investimento alguém deve entrar e, na saída, o valor de venda tem peso relevante na determinação da taxa de retorno dentro do ciclo operacional. Exemplo: no protótipo utilizado neste capítulo, saindo do investimento no ano 10 de operação, o valor de saída responde por perto de 40% do investimento à taxa de retorno e esse valor é função do desempenho da renda nos próximos anos. Os argumentos para defender ciclos longos são: i. esse do exemplo, que mostra que a decisão de investimento não pode se pautar por uma variável tão aberta quanto o valor do empreendimento no final do ciclo – usando vinte anos, a parte do investimento ancorada no valor do imóvel, já submetido a uma grande desvalorização, segundo a regra da |AQI| do protótipo, será equivalente a pouco menos do que 14%; ii. a capacidade de inserção no mercado competitivo dos EEL, quando submetidos a investimentos para adequação e atualização funcional continuadas, pode ser verificada estar por volta dos vinte anos, ao final dos quais são exigidos investimentos para revitalização, ou até para reciclagem, para devolver a competitividade. Em algumas situações, a profundidade da revitalização deixa o EEL inteira ou parcialmente fora de operação até os serviços encerrarem. Assim, vinte anos é adequado e defensável, contra ciclos mais curtos, mas não é uma marca resolvida teoricamente. Não seria passível de crítica um estudo que contemplasse 25 ou 30 anos de ciclo operacional na |AQI|.

A análise do investimento num EEL se submete aos seguintes princípios operacionais, que também se usam para os outros tipos de EBI:

i) o investidor opera o empreendimento, auferindo renda por um ciclo de vinte anos, cuidando de manter, nesse ciclo, o empreendimento capaz de competir no seu segmento de mercado com o mesmo vigor. O critério de competitividade estabilizada é necessário para conferir confiabilidade às arbitragens de taxa de ocupação e preço da locação do EEL. Se o edifício perde competitividade, a arbitragem de queda de preços associada seria não sustentada e completamente aleatória;

ii) a competitividade é garantida pela aplicação de investimentos à conta de adequação e atualização funcional, o que se faz por meio de um fundo para reposição de ativos (FRA), ao qual o empreendedor recolhe recursos, da receita mensal, que ficam sob reserva para esse fim. O FRA deve ser calibrado, tendo em vista arbitragens das intervenções continuadas no edifício dentro do ciclo operacional;

iii) o valor do empreendimento ao final do ciclo operacional de vinte anos deve ser arbitrado do ponto de vista de venda a mercado, considerando que o comprador será um investidor que analisa o valor do edifício no conceito de valor da oportunidade de investimento, considerando que deverá investir para reciclá-lo e torná-lo capaz de permanecer competitivo por mais um ciclo operacional de vinte anos. A esse segundo ciclo, para análise do investimento no início do ciclo operacional, se dá a nomenclatura de período de exaustão, porque, do ponto de vista desse investidor, o investimento (valor e renda) não mais é influenciado por eventos a partir daí;

iv) o fluxo da renda será uma combinação de recursos em caixa e um valor virtual de venda ao final do ciclo operacional, valor esse determinado em função de se explorar o evento da reciclagem e o desempenho virtual no período de exaustão. Com esse fluxo se medem os indicadores da qualidade do investimento no EEL.

A estratégia do investidor quanto à manutenção da sua posição no EEL pelo período que venha a ser, não pode se confundir com estes dois parâmetros - ciclo operacional de vinte anos e período de exaustão de outros vinte anos.

Qualquer que seja a dimensão do portfólio no qual está integrado o EEL, duas rotinas de análise devem ser perpetradas:

i) o investimento será avaliado isoladamente, imputando-se o ciclo operacional completo, para medir indicadores que são, segundo a arbitragem de cenário do momento da análise, características intrínsecas da qualidade do EEL, porque são medidas levando em conta a vida do investimento; e

ii) o investimento será avaliado segundo as premissas do investidor, com respeito à sua estratégia de retenção da posição de investimento.

Assim, se analisa o EEL por intermédio de indicadores da sua qualidade como investimento, no horizonte do ciclo operacional e com vínculo num determinado cenário referencial de comportamento e as suas fronteiras estressadas, e se pode analisar a qualidade do investimento de um determinado investidor no EEL levando em conta sua estratégia de entrada e saída da posição de investimento.

Quanto mais curto, em relação ao horizonte do ciclo operacional, for o prazo arbitrado pelo investidor para manter seu investimento, mais sua qualidade será referenciada pela evolução do valor do EEL no mercado. Por exemplo, usando o protótipo, mantendo o investimento por cinco anos, o valor de saída do investimento sustentará ~66% do valor do investimento à taxa de retorno esperada e o saldo (~34%) será sustentado pelo fluxo da renda livre nesse período. Mantendo os vinte anos, ~13% do valor do investimento depende do valor de saída e o saldo (~87%) do fluxo da renda.

Como a arbitragem do valor de saída é mais vulnerável do que a arbitragem do fluxo da renda, quanto mais cedo for a meta de saída do investimento, mais especulativo ele será. Os EEL são investimentos da categoria conservadora, de forma que se admite que a expectativa do investidor seja de fluxo de renda estabilizado por ciclos longos e não especulação sobre valorização do ativo.

Para grandes portfólios, a análise primária deve contemplar a manutenção do empreendimento por ciclo longo, de modo a conferir ao investimento na carteira um teor de risco baixo. Vender e comprar não devem ser a estratégia principal de fundos de investimento focados em EEL, mas, sempre que a identificação de seu valor tópico no mercado mostrar um descolamento da curva de arbitragem que conduziu à decisão de investimento, para mais, o ativo deveria ser vendido, havendo alternativa de qualidade para reposição da carteira. Caso não se verifiquem descolamentos, ou caso haja depreciação, o que parece ser a política de gestão mais correta é manter o portfólio gerando renda, para que o retorno dos investimentos a taxas atrativas tenha o menor vínculo com o valor de desativação do EEL.

Por sua vez, o investidor em títulos ancorados no portfólio pode esperar um padrão de renda homogêneo e não balizará seu investimento nas taxas de retorno que identificaram cada EEL na decisão primária de incorporá-lo ao portfólio. A decisão de investir em títulos ancorados em grandes portfólios pode ser tomada com apoio em indicadores de curto e médio prazos. Com a estabilidade do fluxo da renda dentro de intervalo de flutuação limitado, o que influenciará para alterar o preço do ativo (o valor de mercado do título de investimento), no curto e no médio prazo, são associações com indicadores macroeconômicos e do mercado financeiro. A taxa de renda dos títulos flutuará num ritmo associado aos movimentos do custo de oportunidade soberano em cada economia e, como o fluxo da renda permanecerá dentro de um intervalo estreito, o ajuste se faz pelo valor de mercado dos títulos.

Como os mercados internacionais já derivaram para que uma expressiva parte dos recursos de investimento em EEL seja carregada por meio de títulos, entende-se que exista a tendência de trabalhar com ciclos curtos de análise, vislumbrando somente o fluxo da renda produzido pelo portfólio em ciclos curtos.

Entretanto, para os mercados onde os investimentos ainda são focados no produto primário (o EEL) e para os gestores dos portfólios que transacionam EEL e não títulos, a avaliação da qualidade dos investimentos deve necessariamente estar apoiada nos ciclos de vinte anos, especialmente para equilibrar as condições de risco dos elementos que compõem o portfólio.

Quando se fala de ciclos longos, pode-se considerar que a influência da renda esperada sobre a qualidade do investimento cai com o tempo, de forma que o que interessaria é analisar o curto prazo. Essa visão é perigosa se não entendida numa extensão mais ampla, como se poderá verificar usando os dados do protótipo.

9.4. A ESTRUTURA DO FLUXO INVESTIMENTO X RETORNO

Para analisar a qualidade do investimento, usamos um fluxo [investimento x retorno] fundamentado no investimento à vista, comprando o EEL pronto para operar. Essa visão, aparentemente simplista, é que permite tomar conclusões mais abrangentes sobre o caráter da atratividade e dos riscos nesse segmento de mercado.

O ciclo de implantação tem duração e regime de investimento não regrados e que não podem ser parametrizados, pois estão associados a temas relacionados com prazos voláteis para demarragem de negócios após a compra do terreno, que compreendem aprovações legais, estruturação de meios de aglutinação de investimento, projetos, contratação de construção além da própria capacidade de investimento para implantar.

O investimento em empreendimento de base imobiliária (EBI) nunca deve ser analisado desde o início da sua implantação até o final do ciclo operacional, como sendo uma única operação. Considerar um ciclo único provoca distorções nos indicadores da qualidade do investimento, quando lidos diante dos riscos dos ciclos. Analisar a qualidade do investimento num EEL exige a fragmentação do empreendimento em dois negócios sucessivos.

i) O primeiro negócio corresponde a investir para implantar até que o EEL esteja pronto para operar e se desenvolve no ciclo de implantação. O conceito de "pronto para operar", ou "pronto e operando" está associado à marca na qual o empreendimento inicia a produção da renda derivada da sua exploração. No ciclo de implantação (Figura 9.2) ocorre um investimento de risco acentuado e a qualidade desta operação está associada a quanto se pode alcançar de preço de venda do empreendimento pronto e operando, mesmo que o propósito seja o de explorar o EEL e não de vendê-lo. É evidente que, se for possível comprar numa condição melhor do que a de construir, o primeiro ciclo não tem sentido.

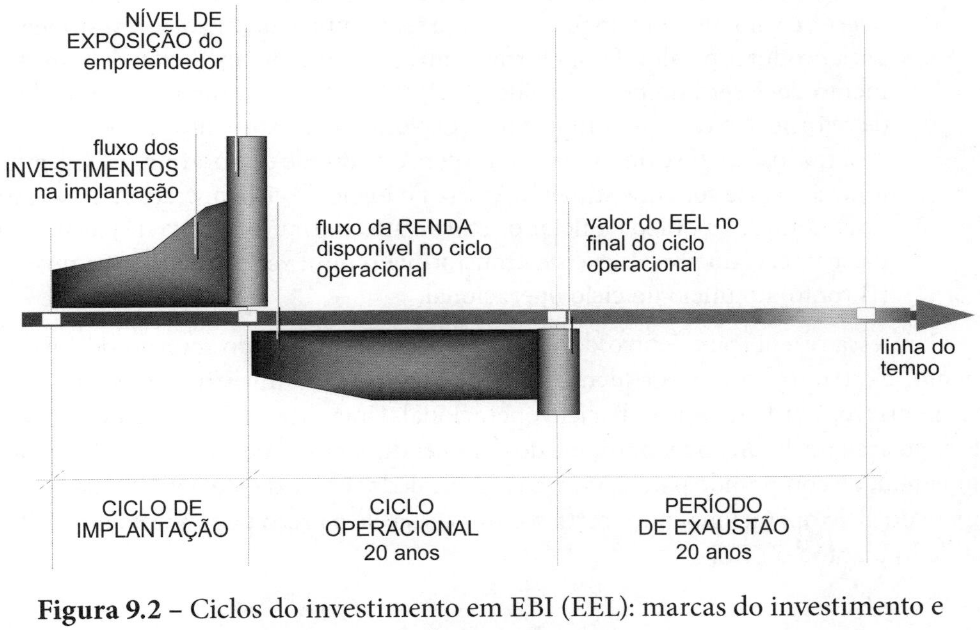

Figura 9.2 – Ciclos do investimento em EBI (EEL): marcas do investimento e do retorno.

O valor do EEL pronto e operando do EEL é aquele pelo qual pode ser comercializado, considerando-se as marcas de referência do mercado. O negócio de implantar será atrativo se o valor (VOI-0) possível de comercializar superar o nível de exposição do empreendedor (EXP-0) nesse ponto, calculado a uma taxa de atratividade também referência de mercado.

O nível de exposição do empreendedor num empreendimento é equivalente ao valor dos investimentos nele internados. Se, para implantar o empreendimento, o empreendedor aplicou um fluxo de recursos {Ik} e se a taxa de atratividade arbitrada para remunerar investimentos em construção e venda de empreendimentos verificada é equivalente a timp, o valor EXP-0, que é o nível de exposição ao final da implantação, ponto zero para a análise da qualidade do investimento dentro do ciclo operacional de vinte anos, será $EXP-0=\sum_{k=1}^{ci} Ik\cdot\left(1+timp\right)^{ci-k}$, onde k é o contador de meses e ci é a extensão do ciclo de implantação.

Num mercado com um certo nível de equilíbrio deve-se considerar que os preços de mercado para investimento estarão próximos de EXP-0. Há que se considerar um espaço entre preço possível de praticar (PRE-0) e retorno mínimo desejado (EXP-0) dos investimentos na implantação, para cobrir custos de comercialização, impostos sobre o preço, eventuais parcelamentos e prazo que decorre entre a oferta ao mercado e a venda.

ii) Ao termo do ciclo de implantação, para o empreendedor que implanta para operar, o valor do seu estoque é que deve ser remunerado e não os investimentos para produzir o valor. Desta forma, entrando no ciclo operacional, o investimento deve ser lido pelo seu valor EXP-0 e, então, contraposto com o fluxo de retorno. No caso de comprar para explorar, o investimento será PRE-0. Por essa razão, a análise do investimento conservador de explorar um EEL sempre toma a análise com investimento à vista no início do ciclo operacional. No caso de se comprar a prazo e iniciar o retorno ato contínuo, o fluxo de pagamento das parcelas do preço deve ser transformado num valor pronto para investir (IPronto) no início do ciclo operacional.

Com essa orientação, dentro do ciclo operacional o fluxo do retorno do investimento se estrutura como está identificado na Figura 9.3. O investimento será o nível de exposição, à vista no início do ciclo operacional. Uma extensão natural do conceito de exposição do empreendedor diante do empreendimento indica que, investindo para implantar, ou comprando para operar, o empreendedor está exposto – imobilizado – no início do ciclo operacional num certo patamar, seja ele o preço pago a vista ou EXP-0, se ele implantou o EEL.

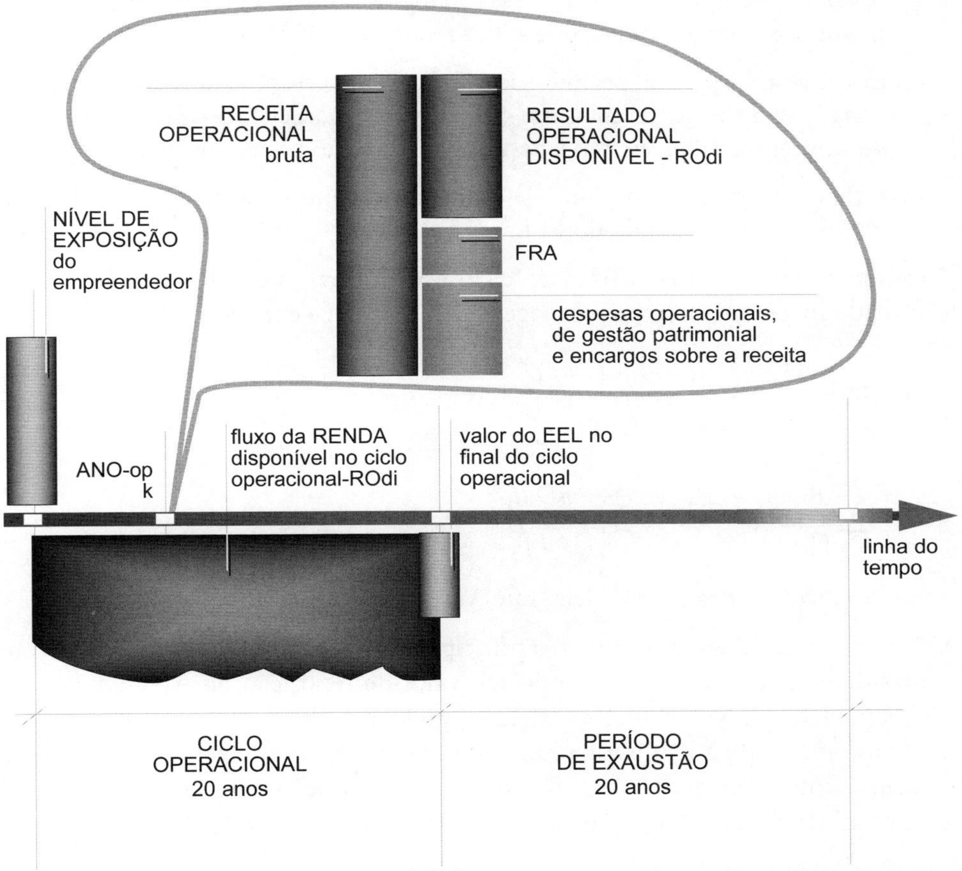

Figura 9.3 – Estrutura do fluxo de retorno.

A receita operacional bruta (receita de locações nos EEL) em geral é produzida em ciclo mensal. Os recursos da receita são usados para pagar as contas operacionais, de gestão e encargos, para fazer a reserva do fundo para reposição de ativos (FRA) e o saldo compreende o fluxo da renda do investidor, no conceito de resultado operacional disponível ROdi.

O fluxo da renda disponível – {ROdi} se agrega ao valor do EEL arbitrado para o final do ciclo operacional (VOI-20), compondo o fluxo do retorno do investimento, que servirá para medir os indicadores da qualidade do empreendimento.

9.5. OS INDICADORES PRINCIPAIS

O valor do EEL ao final do ciclo operacional é calculado seguindo as seguintes premissas:

i) o valor do empreendimento nessa marca é o preço que seria pago por um investidor avesso ao risco, que aplica recursos na taxa de atratividade setorial;

ii) esse investidor virtual promoveria a reciclagem necessária do ativo para que ele seja capaz de percorrer mais um ciclo de vinte anos, ciclo operacional para esse segundo investidor virtual e período de exaustão para o investidor original;

iii) o fluxo da renda no período de exaustão respeitaria os mesmos parâmetros de inserção de mercado do EEL.

Fazendo assim, o valor ao final do ciclo operacional (VOI-20) considerado um determinado investimento para reciclagem (IR) respeita a expressão:

$$VOI-20=\frac{(\mathrm{Re}x-IR)\cdot Rop\cdot(1+t)^{20}}{(IR-\mathrm{Re}x)+Rop\cdot(1+t)^{20}}\text{, onde}$$

$$Rop=\sum_{k=1}^{20}\frac{RODi_k}{(1+t)^k}\ ;\ \mathrm{Re}x=\sum_{k=21}^{40}\frac{RODi_k}{(1+t)^{k-20}}$$

sendo t = taxa de atratividade (cap rate),

O investimento IR é arbitrado sob o princípio de avaliar a vida dos diferentes componentes da edificação, então, orçando seu valor de reposição no ANOop 20, final do ciclo operacional. Numa análise expedita, pode-se utilizar *VOI–20=75%*·Rex, que, segundo os estudos do NRE-POLI, representa uma posição suficientemente conservadora, equivalente a uma reciclagem da ordem de 80% da edificação (a relação depende da taxa de atratividade arbitrada e da relação entre os fluxos {ROdi}).

O investimento (EXP-0) terá seu fluxo de retorno representado pelo fluxo $\{ROdi\}_1^{20}$ agregado a VOI-20 no final do ciclo. Esse fluxo é a fonte da medida dos indicadores da qualidade do investimento.

A taxa de retorno (TIR) esperada dentro do ciclo operacional de vinte anos, será a que resolve a expressão $EXP-0=\frac{VOI-20}{(1+TIR)^{20}}+\sum_{k=1}^{20}\frac{RODi_k}{(1+TIR)^k}$.

Os demais indicadores serão detalhados na exploração do protótipo.

9.6. O VALOR COMO LASTRO DO INVESTIMENTO

Quanto o empreendedor mede EXP0, impõe que este é o valor do seu investimento na implantação. Quanto paga PRE0 por um empreendimento pronto para operar, admite que este é o valor do seu investimento. No entanto, o valor do investimento que é lido pelo mercado é aquele pelo qual o EEL pode ser transacionado, sendo EXP0 e PRE0 meras referências do empreendedor.

Importante é, no início do ciclo operacional arbitrar o valor do EEL, para associá-lo ao nível de exposição (EXP0 e PRE0 são níveis de exposição na data 0 em cada uma das situações – implantação ou compra). Neste tópico vamos discutir alguns conceitos necessários para entender e arbitrar valor de um empreendimento.

i) Em diversos segmentos da economia e especialmente no real estate, vê-se confundir valor com preço, admitindo-se que o preço associado à transação de um bem se reflete em valor, que passa a acompanhar o bem transacionado. Essa imagem é a primeira que deve ser quebrada quando se trata do tema valuation aplicado aos empreendimentos de base imobiliária (EBI). Usamos *valuation* do inglês por ser termo largamente utilizado no meio técnico sem tradução, representando neologismo aceitável. Arbitragem de valor de um bem substitui *valuation* na língua portuguesa.

A identificação das diferenças entre preço e valor se inicia com a enunciação da premissa, não uma visão teórica, mas uma evidência extraída da observação do comportamento dos mercados, de que valor não é característica de qualquer bem, como são seus atributos físicos, que são indissociáveis do bem. Como exemplo, um EBI de hotel tem como atributos certo número de quartos, uma configuração de áreas de serviço, eventos e lazer, que podem ser identificados pela área construída, atributos associados indelevelmente ao hotel. Mas esse hotel, comprado por certo preço por um investidor, ou tendo custado certo montante para ser implantado, não tem valor que seja espelho do preço, dos custos de implantação, ou deles derivado, de forma a se definir um atributo.

O valor do EBI, entendido como o preço pelo qual se poderia fazer o desinvestimento, sucedendo uma compra ou implantação, não tem vínculo com preço de aquisição ou custo de implantação, porque o julgamento de qualquer agente do mercado, ao pretender adquirir esse bem, será fundamentado num conjunto de premissas das quais se excluem as informações de preço passado, ou de custos incorridos, que, para o mercado, não significam informação necessária para apoiar a decisão de comprar (investir). A seguir, verificando-se uma transação baseada um novo preço, esse, da mesma forma, não se "amarra" ao bem como seu atributo. Adiante, numa nova troca de posição, para o mercado, o preço de compra passado não compreende informação que se utiliza no conjunto dos elementos usados para julgar o valor no futuro e, assim, sucessivamente.

Nenhum bem tem como característica seu valor, mas, no mercado de real estate se promove uma pretensa imagem de segurança, procurando indicar que os bens de raiz não são submetidos aos humores especulativos dos mercados e que são imunes a perturbações de desempenho, de sorte que são capazes de preservar valor. Nada mais falso. Mesmo os bens mais primários não são capazes de preservar valor. A própria moeda e as commodities mais estabilizadas não são capazes de preservar valor.

Num mercado, o valor de um bem se fundamenta no seu poder de troca. O valor de um bem representa o quanto ele representa de poder de troca (compra) na economia, que é de natureza dinâmica, variando no tempo, submetido à influência de fatores econômicos tópicos, a anseios, desejos, necessidade e aos humores do mercado, afetados até mesmo por percepções mais vagas, como situações políticas, relações de comércio entre nações e tantas outras.

Mesmo o senso comum nos mostra imagens contraditórias acerca da percepção dos mercados sobre o valor dos bens, recaindo sobre os bens de real estate as distorções mais frequentes.

- "Esta joia vem sendo passada na família há gerações e tem um valor inestimável." Trata-se de um correto julgamento de valor para o detentor da joia, mas não para o mercado, que não confere ao bem qualquer mais valia associada à tradição. Provavelmente, o proprietário da joia, mesmo considerando-a de valor inestimável, sabe que só para alguns membros da família essa imagem pode prevalecer. Essa joia, levada a mercado, terá seu valor julgado por algum meio de comparação e poderá ser transacionada se esse valor se equilibrar com oportunidades de compra equivalentes, ao julgamento exclusivo de quem se interessar por adquiri-la. Trocada de mão, por certo preço, não representará reserva de valor nesse preço, por mais isento que tenha sido o julgamento de quem adquiriu, no sentido de usar um critério de arbitragem de valor totalmente infenso à imagem do vendedor, de que a tradição na família se reproduz em mais valor. Pode-se afirmar que, nesta circunstancia, mesmo fazendo um juízo de valor com viés emocional, se o proprietário pretender ir a mercado para vender a joia, se submeterá a comparações de preço com outras joias, cujo preço está estabelecido com apoio em valores prevalentes no mercado, expressos na avaliação da dispersão da oferta.
- "O investimento nesta ação no seu IPO [traduzindo de forma livre: investimento numa ação de companhia aberta, no seu lançamento ao mercado] foi enganoso, porque o preço não subiu como esperado." Muitos fazem a imagem de que o preço de uma ação deve sempre crescer no mercado, especialmente quando se trata do início das negociações de uma companhia. Se considerarmos que, ao fazer o lançamento ao mercado, a ação é precificada tendo em vista sua capacidade de geração de renda e que esta é derivada de um cenário traçado por analistas, que arbitram a inserção de mercado, a competitividade da empresa e a evolução implícita do seu segmento de mercado em relação ao conjunto da economia, o preço de lançamento deve ser o justo, mas não é o valor implícito da ação. Cresce o preço se a demanda pelos títulos for agressiva, não porque a empresa melhora seu comportamento, mas movido pela especulação, e cai o preço se o apetite do mercado se mostrar débil diante da oferta. Para cima ou para baixo, os preços que serão praticados se vinculam mais com situações especulativas, de sorte que nenhum dos patamares de preço significa valor e o mercado tem consciência (aparentemente) desse efeito, na medida em que são poucas as situações em que investimentos em ações têm como propósito perceber renda de dividendos. Se esse fosse o objetivo, os preços flutuariam menos ao sabor de movimentos da conjuntura, alguns dos

quais com repercussão na capacidade de geração de renda de dividendos que não está convenientemente precificada.

- "Fui ludibriado pelo construtor, porque este flat que adquiri há dois anos desvalorizou, não tendo seu valor nem mesmo acompanhado a variação da inflação." Avaliação equivocada, fundamentada na ideia de que, em real estate, ao se fazer uma aquisição, no mínimo congela-se o poder de compra equivalente ao preço da transação, cumprindo o imóvel função de reserva de valor. Usamos a imagem do flat como um paradigma do que aconteceu com investimentos em imóveis comerciais no mercado brasileiro no ciclo 2000-2005, quando uma sobreoferta, combinada com uma queda da atividade econômica, provocou o alinhamento do valor dos aluguéis para baixo, além de ter produzido quebra da taxa de ocupação, em relação à qual a oferta é passiva. Não há caminhos para emular a demanda do mercado de aluguéis, com ações de marketing ou com redução de preços. Essas ações podem fazer com que um imóvel seja mais competitivo que outro, mas o tamanho da demanda não se altera, de forma que agressividade na ação de mercado redistribui a ocupação, com preços alinhados para baixo, mas não incrementa a demanda, que é passiva em relação à oferta, vinculando-se exclusivamente a fatores macroeconômicos, com eventual acento em fatores específicos de economias regionais em que se inserem os imóveis. Esse exemplo, que corresponde ao que se discute neste capítulo, serve para ilustrar que o mercado arbitra valor dos produtos de real estate numa forma equivalente a que julga valor de outros bens. Em geral, se comparam oportunidades de investimento para fazer avaliações e, quando não se dispõe de amostras representativas, deve-se percorrer rotinas, cuja técnica de avaliação parte de premissas sustentadas e que podem ser aceitas pelo mercado como capazes de suportar o julgamento de valor apresentado. No caso do investidor no flat, por comparação o preço que pagou foi justo, à época do investimento, porque, ao ser confrontado com alternativas de investimento equivalentes, se mostrava equilibrado. Todavia, o investidor tomou um risco alto no seu investimento, o que não está sempre transparente nos preços. Há uma tendência de que o mercado arbitre preços de investimentos de longo prazo pela imagem do curto prazo, seja quanto às taxas de atratividade, seja relativamente aos cenários construídos para explorar o potencial de geração de renda para os investidores. Por esta razão, quando do investimento (ano 2000), num mercado desequilibrado, com viés de demanda e com as previsões de comportamento da economia adiante fazendo espelho da conjuntura, o preço do investimento tinha uma correspondência atrativa com a renda esperada. Ocorre que, no mercado de real estate, não se disseminam análises de riscos, especialmente criticando o método de "jogar" o futuro sempre como espelho da conjuntura. A situação econômica que se sucedeu (final de 2001 em diante) apresentou dois vetores que se potencializam: i. a oferta hoteleira terminou por estar acima até mesmo do nível da demanda, se estabilizada nos patamares do passado, provocada pelo sobreinvestimento resultado das distorcidas decisões de investimento perpetradas, ii. tendo ocorrido queda acentuada da demanda, provocada por fatores macroeconômicos. O impacto natural da acumulação desses efeitos é a queda dos preços, até que se ajustem à configuração percebida adiante, e esse ajuste, nesse exemplo para baixo, também é perverso, penalizando o valor do produto de investimento, porque o mercado volta a fazer a leitura de que a conjuntura de comportamento (taxa de atratividade, preços e ocupação) vai se perpetuar. Esse comportamento percebido no real estate é que induz a ocorrência dos chamados ciclos do mercado, que alguns, de forma errada, procuram explicar como sendo da natureza do mercado. O que os ciclos explicam é que a natureza de decidir e analisar no mercado é que se apoia em premissas frágeis, que são indutoras de decisões de investimento equivocadas.

ii) Então, se valor não é atributo característico nem mesmo dos bens de raiz, compreendidos no real estate, o que sustenta o processo de valuation de empreendimentos de base imobiliária?

Valor não é atributo, mas os investidores devem, ao se posicionar no mercado para aplicar ou desmobilizar, estabelecer um juízo de valor, propor e praticar preços, usando algum critério. As transações não se concluem ao acaso, até porque o montante investido em EBI é, em geral, expressivo, não admitindo viés de insegurança na decisão sobre o negócio. Por sua vez, as transações não podem se apoiar em comparações de preços praticados, por duas razões principais: i. a mais contundente é que, se admitirmos que só por comparação se arbitra valor de EBI, há que acontecer um conjunto de transações cujos preços serão aleatórios, até que, pouco a pouco, refinando-se as amostras, seja possível evidenciar preço justo (valor); ii. além do que a maioria das transações envolve produtos únicos, não se encontrando meio de fazer amostragem validada para comparar com transações assemelhadas.

Nota: existem consultores e autores que utilizam índices paramétricos para fazer comparações. Por exemplo: [preço por m^2 de ABR] em shopping centers, [preço por quarto de hotel], ou [preço como múltiplo do aluguel de escritórios]. A não ser em casos muito peculiares, nos quais seja possível validar uma grande identidade entre diferentes empreendimentos, o procedimento de buscar índices paramétricos para fazer arbitragem de valor constitui-se num erro grosseiro.

Valor em real estate consiste numa arbitragem que as partes envolvidas em cada transação fazem e cujo ponto de partida diverge, até que, por aproximações sucessivas, haja concordância sobre um determinado preço, que, para as partes do negócio e para a conjuntura de mercado no momento da transação, equivale ao valor do EBI. O valor pelo qual se conclui uma transação envolve a percepção de valor de cada uma das partes e é tópico e volátil, pois perde sentido após concluída a transação, não de configurando como característica do empreendimento.

Cabe então identificar como se faria juízo de valor segundo algum critério racional e sustentado, para ser possível estabelecer uma rotina técnica de valuation. Essa rotina, quando identificada, terá sempre a fronteira limitadora de que o valor encontrado por meio da sua aplicação estará sempre sujeito a que o investidor numa transação aceite como seus os princípios de julgamento utilizados, que, se contrariados, invalidam o procedimento de arbitragem para aquele determinado investidor. Ou seja, se valor não é atributo, fazer uma medida num processo de valuation não pode consignar a pretensão de encontrar uma resposta conclusiva, que seria a negação da volatilidade e relatividade do valor.

O que se pratica em valuation é encontrar o que se denomina de *fair tradable value*, ou fair value – valor para uma transação sem pressões. Considera-se que o valor de referência de uma transação só pode ser arbitrado se as partes não estiverem submetidas a qualquer pressão para comprar ou vender, tendo em vista as condições peculiares de cada uma, ou situações macroeconômicas que, segundo a visão de uma delas, possa representar qualquer risco de manter o investimento, ou risco de outra ordem, que seja mitigado fazendo o investimento. Numa linguagem livre, o valor de transação será *fair* somente se as partes negociarem o preço sem estarem condicionadas por qualquer ansiedade no sentido de concluir a transação. O valor do EBI, nesse sentido, será aquele que satisfará comprador e vendedor, numa determinada conjuntura, quando medido no conceito de valor da oportunidade de investimento, de sorte que seja provável que o fluxo da renda gerada remunere o investimento numa taxa de atratividade adequada, considerado o risco do investimento contra binômios alternativos [rentabilidade x risco] verificados no mercado na mesma conjuntura.

Usamos valor da oportunidade de investimento – VOI – para o valor do EBI resultado de um processo de valuation, justamente para enfatizar que se trata de valor associado à oportunidade de remuneração e não valor associado a características intrínsecas de um determinado bem. Essa imagem VOI distingue claramente, por exemplo, dois hotéis muito semelhantes como produto e oferta de serviços, mas implantados em segmentos de mercado competitivo com características diferentes de demanda. Aquele empreendimento que estiver imerso em mercado mais agressivo, ainda que de características equivalentes e até de mesmo custo de reprodução que o outro, terá um VOI maior.

A definição de VOI mostra a volatilidade e a configuração tópica do valor arbitrado. Façamos alguns grifos na definição, para enfatizar os indutores dessa volatilidade.

O valor do EBI, nesse sentido, será aquele que satisfará comprador e vendedor, numa determinada conjuntura, quando medido no conceito de valor da oportunidade de investimento, de sorte que seja: a. *provável que o fluxo da renda gerada remunere o investimento*; b. *numa taxa de atratividade adequada*; c. considerado o *risco do investimento*; d. contra *binômios alternativos [rentabilidade x risco] verificados no mercado na mesma conjuntura.*

a) A remuneração do investimento será verificada no tempo, com maior ou menor grau de distorção em relação às expectativas do investidor quando se imobilizou no empreendimento. Há EBI de fluxo de renda mais protegido, por exemplo, uma operação *build to suit*, mas há outros de fluxo completamente aberto, como um hotel. Mas, como o fluxo da renda sempre é aberto, a base para valuation tem um grau de probabilidade e risco, sendo que isso levará ao cálculo de VOI num espectro, nunca numa posição determinística.

Quando se calcula VOI, usando métodos adequados, a conclusão é por um intervalo de valor de investimento, que, se imobilizado no EBI, pode ser remunerado num certo padrão. Entretanto, não se afirma que o investimento, mesmo na posição mais protegida desse intervalo (o menor valor), será remunerado como traçado na análise de desempenho do investimento, feita com suporte no cenário. O cenário representa uma expectativa de comportamento, podendo se revestir de certo grau de proteção colateral, por exemplo, um contrato de arrendamento de longo prazo por valor certo e com reposição inflacionária definida. Todavia, nos casos mais correntes, o empreendimento está submetido ao andamento do mercado, fazendo o cenário o papel de especular parâmetros de estado do mercado adiante, para, então, calcular o fluxo esperado da renda do investimento. Como esse fluxo tem certo grau de incerteza, esta se projeta para a renda do investimento, razão pela qual se diz que "... seja provável que o fluxo da renda remunere o investimento...".

b) A taxa de atratividade adequada é arbitragem de cada investidor diante do risco e se configura adicionando às taxas soberanas em cada economia um agregado para cobrir a percepção de risco setorial evidenciado pelas transações no mercado e outro agregado, como prêmio do risco, na proteção pretendida pelo investidor para se imobilizar num determinado empreendimento. Ainda que o investidor comande a definição da taxa de atratividade, para EBI de característica semelhante a outro do mercado, pode-se considerar que haverá uma percepção de risco evidenciada no mercado, da qual cada investidor não poderá fugir, sob pena de impossibilitar seu investimento no empreendimento. A marcação de uma taxa de atratividade acima do patamar prevalente do mercado faz que o investidor exija um preço mais baixo pelo investimento, o que, à vista dos riscos evidenciados, significaria uma posição especulativa. Num mercado sem pressões e orientado por fair trades, uma transação especulativa não vingaria, porque sempre haveria outro investidor disposto a pagar um preço mais alto pelo investimento, que, contra a renda esperada, representaria investir na taxa de atratividade prevalente. Por exemplo, havendo diferentes negócios de shopping center em segmentos de mercado nos quais a competição se situe em padrões equivalentes, é provável que as taxas de atratividade para investir alternativamente em cada um deles sejam semelhantes para diferentes investidores, porque, de certa forma, se uniformiza um espectro, de intervalo estreito, para o prêmio do risco tópico de investir num determinado empreendimento.

Isso não significa que um investidor não pode arbitrar sua taxa de atratividade, mas sim que, ao final de uma transação, é provável que vendedor e comprador situem o preço da troca num valor associado a uma taxa de atratividade compreendida no espectro identificado como prevalente no mercado, sempre se admitindo a premissa de que o mercado esteja orientado por fair trades.

Num procedimento para valuation de um EBI, cujo investidor não esteja reconhecido, pode-se calcular VOI segundo o ponto de vista do vendedor e VOI segundo um padrão de taxa de atratividade prevalente no mercado, encontrada no planejamento. No sentido mais abstrato, quando, em planejamento, se calcula um VOI para estruturas de investimento pulverizado e disperso, deve ser imposta uma taxa de atratividade identificada como prevalente no mercado competitivo. Vistos como investimento, empreendimentos competitivos não são somente aqueles do mesmo segmento de mercado, mas os que oferecem imagem de risco equivalente. Não se deve confundir empreendimentos competitivos – aqueles que se confrontam no mesmo segmento de mercado – com investimentos competitivos, que são aqueles cujo traço de risco é equivalente. Naturalmente, empreendimentos competitivos tendem a ser investimentos competitivos, mas não o inverso. A taxa de atratividade adequada é utilizada como referência, acompanhando o espectro do mercado para investimentos competitivos, quando de partes perpetram uma fair trade, sendo, portanto, o espectro de taxas de atratividade prevalentes de mercado, identificado para um determinado segmento competitivo, a base para ser aplicada quando se procede à valuation de um EBI sem a presença dos investidores, por exemplo, para fazer uma oferta pública de investimento.

c) A leitura sobre o risco de cada investimento em EBI se apoia i) na visão do mercado competitivo adiante, traçada na rotina de valuation; e ii) em aspectos formais encontrados em contratos, se resultarem em rendas vestidas de garantias colaterais.

Investimentos em EBI se traduzem em imobilizações, cujo fluxo de retorno é gerado pela exploração do empreendimento, fluxo agregado, em proporção de menor relevância, pelo valor esperado para a desmobilização do investimento adiante. Estando a qualidade do investimento fundada nesse fluxo de retorno, a valuation se prenderá à visão de quem a procede, acerca do comportamento do mercado competitivo adiante (preços, custos, inserção de mercado, competitividade e fatores macroeconômicos) o que introduz um viés de incerteza na decisão de investimento, resultado da incerteza de seu fluxo de retorno.

O risco do investimento, com fundamento num determinado valor, está associado à identificação do impacto na qualidade do investimento provocado por desvios de comportamento, gerando fluxo de retorno mais débil que o traçado por ocasião da valuation, que tem como suporte um determinado cenário para especular o comportamento adiante. Desvios de comportamento são estudados a partir a arbitragem de fronteiras de distorção, que, ao serem impostas, passam a compor o cenário de referência utilizado na valuation.

A questão da definição dos padrões de comportamento adiante envolve, assim, não somente os parâmetros esperados, mas também os limites de distorção de comportamento e todos estes elementos não significam certezas, mas expectativas. Eles se aproximarão do comportamento que acontecerá e que resultará no fluxo de retorno do investimento adiante, somente se houverem contratos sustentando a receita, antecipadamente firmados e que induzem a formatação de um cenário de comportamento com maior grau de certeza. Nos negócios *build to suit*, por exemplo, traçamos cenários com elevado grau de certeza, na medida em que sustentam receitas definidas pelo ciclo de vida do empreendimento. Um negócio de shopping center, por exemplo, tem seu fluxo de renda derivado do desempenho comercial das lojas, sobre o qual não há garantia completa, dependendo, inclusive, de que, adiante, existam até mesmo os lojistas dispostos a pagar aluguéis nos padrões de contrato utilizados para desenhar o cenário de comportamento.

Partes que transacionam um empreendimento apresentarão diferentes visões de comportamento adiante e fronteiras de desvio, situação que também acontecerá quando um planejador desenha um cenário para proceder valuation para investidor não aparente, o que se exige, por exemplo, nos casos dos trabalhos técnicos para sustentar ofertas públicas de investimento. Isso indica que o espectro de valuation, em qualquer circunstância, reflete a visão do risco de quem a constrói, que, refletido no cenário, repercute na expectativa do fluxo de retorno do investimento.

Acrescente-se que a taxa de atratividade imposta, que, combinada com o fluxo da renda esperada, remete à valuation, tem um dos componentes vinculado ao prêmio de risco desejado pelo investidor e outro a como o mercado vislumbra os riscos do segmento econômico de inserção do EBI. Como a visão de risco é de cada investidor, o prêmio do risco tópico de investir num EBI, um dos fatores que compõe a taxa de atratividade, também o será. Essa combinação remete à consideração de que há um VOI para cada investidor em cada conjuntura e que as transações se completam somente se ocorrer uma acomodação entre as premissas utilizadas pelas partes de uma transação para configurar suas visões de risco adiante e marcar o prêmio desejado pelo investidor para tomar os riscos adiante.

iii) No início do ciclo operacional, valor do EEL (VOI0), baseado no fluxo {ROdi} e no VOI20 com a estrutura da Figura 9.3, será, no conceito de valor da oportunidade de investimento:

$$VOI-0=\frac{VOI-20}{\left(1+Tat\right)^{20}}+\sum_{k=1}^{20}\frac{RODi_k}{\left(1+Tat\right)^k}$$, onde Tat é a taxa de atratividade arbitrada.

O lastro dos investimentos na implantação será indicado, nessa marca data 0, por $LAS-0=\frac{VOI-0}{EXP-0}$, mostrando a segurança do investimento quando $LAS-0\geq 1$.

Algumas questões ficam ainda abertas e serão exploradas com os valores do protótipo: a. como traduzir valores de receita e despesa em periodicidade mensal para anual, sem distorcer VOI0, ou TIR; e b. como traçar os cenários de comportamento já que fica evidente o risco de trabalhar com informação baseada num cenário determinístico que arbitra, por exemplo, a taxa de ocupação para o EEL no ANOoperacional 10.

9.7. O CENÁRIO REFERENCIAL

i) O primeiro bloco do cenário referencial para desenvolver a |AQI| de um EEL trata da descrição do projeto e do plano de ação na implantação, como está no Quadro 9.1.

Quadro 9.1 – Descrição do empreendimento e do plano de ação na implantação

	cenário referencial - parte 1 / 5				
I.	características do projeto				
	áreas em m²				
1	terreno		3.000		
2	projeto	pavimentos do edifício (subsolos / vagas)	20 (3 / 368)	área privativa do pavimento (APP)	600
				área equivalente de construção (AEC)	21.670
				área total do Edifício (ATE)	24.540
3	Área Bruta Rentável (ABR) do edifício		20 x 600	equivale ao total da área privativa	12.000
II.	prazos e datas marco da implantação do empreendimento				
	meses, com mes base = 1 (compra do terreno)			prazo	do mês até o mês
4	ciclo de estruturação: projeto, planejamento e estruturação legal			6	[1 - 6]
5	início da implantação no mês			6	
6	construção			28	[6 - 33]
7	equipamento			10	[24 - 33]
8	início da ocupação pelos locatários				[no mês 34]

No Quadro 9.1, destacamos:

- a área equivalente de construção é uma figura virtual, destinada a se produzir um orçamento de custos de construção por meio do parâmetro referencial de custos/m², compreendendo o ajuste relativo de custos individualizados das diferentes áreas (térreo, subsolos, pavimentos e outras áreas) para um mesmo padrão de custos;
- a área bruta rentável (ABR) ou área bruta locável (ABL) é a área de referência para aplicação dos preços de locação, definição utilizada em EEL e em shopping centers. Na terminologia internacional *gross leasable area* (GLA);

- mesmo num orçamento paramétrico, construção e equipamento (linhas 6 e 7) de um EBI devem estar separados. Num EEL, como este protótipo, separamos sistemas de refrigeração e aquecimento, sistemas de tratamento de água e efluentes, sistemas de comunicação e de segurança, do que é edificação bruta (estruturas, revestimentos, linhas de utilidades, fechamento etc.);
- neste plano de ação, até o mês 33 temos o programa de investimentos na implantação, começando a geração de renda no mês 34. Notamos aqui o primeiro fator de risco evidenciado para o cenário de geração de renda – da data base da |AQI| decorrerão quase três anos para iniciar a produção de renda, numa inserção de mercado que, na análise, é arbitrada, não só com três anos de antecedência, mas para viger por vinte anos a partir do início da operação. Esse procedimento requer cuidados intensos na |AQI|, representando um erro grosseiro traçar um cenário de geração de renda espelho da conjuntura na data 0, sem crítica.

ii) O segundo bloco do cenário referencial trata da expectativa de custos de implantação, com a descrição dos parâmetros utilizados e do orçamento de custos.

No Quadro 9.2:

- percebemos o peso relativo do terreno nas contas da implantação, o que é uma constante nos negócios de EEL nos centros de negócios das grandes metrópoles;
- os custos diretos da edificação (linha 13) partem de um parâmetro de R$ 2.200 /m^{2}AEC, agregando-se a margem de 2,5% para cobertura do desajuste da cesta de insumos desta construção, contra a cesta do INCC, resultando no valor de 2.255 que ali consta;
- a conta de equipamentos, em geral, é parametrada contra a conta da edificação, com a qual a relação de custos apresenta mais aderência, e não pela AEC;
- a conta de administração no canteiro (linha 15) consideramos que trata de serviços contratados, logo cobrados contra a curva de custos, e a margem de contribuição para o custeio das contas gerais da administração (CGA), na linha 16, compreende uma verba distribuída pelo ciclo da implantação, entre os meses 1 e 33.

Quadro 9.2 – Orçamento de custos para a implantação do empreendimento

	cenário referencial - parte 2 / 5			
III.	orçamento dos custos da implantação do empreendimento			
	valores em R$mil da data 0 pelo IGP-M			parâmetros (n) / indicadores (o)
9	custo do terreno, com pagamento a vista (TER)		22.500	**1.875** o R$ / m²-AP
10	contas conexas com a aquisição do terreno		675	3,00% n TER
11	contas relacionadas com a estruturação do empreendimento		113	0,50% n TER
12	projetos e planejamento		1.130	2,00% n CCE
13	custos diretos da edificação (CDE)		48.866	**2.255** n R$ / m²-AEC
14	aquisição e montagem dos equipamentos		7.330	15,00% n CDE
	[edificação-13 + equipamento-14] (CCE)	56.196		
15	+ administração da construção e montagem		3.380	6,00% n CCE
16	+ margem de contribuição para contas gerais da administração		3.380	6,00% n CCE
17	**custo orçado da implantação (total de 9 até 15)**		64.874	**5.406** o R$ / m²-AP
IV.	**investimento exigido para a implantação**			
18	total do investimento		89.556	**7.463** o R$ / m²-AP
	terreno = 9	22.500		
	custo orçado da implantação = 17	64.874		
19	margem para cobertura do descolamento entre INCC e IGP-M	2.182		3,59 o % (de 12 até 15)

No preparo do fluxo de caixa esperado para a implantação, para definir a necessidade de investimentos, figura o aspecto da moeda da análise. Numa |AQI| de ciclo longo e cujos parâmetros de receita são ajustados por índices gerais de preço, não é razoável trabalhar na moeda INCC, sendo natural expressar os valores das transações em moeda da data 0 pelo IGP-M. Então, devemos promover um ajuste da variação pela tendência do INCC dos custos as linhas 12, 13, 14 e 15, contra a variação do IGP-M. No cenário referencial traçado, a expectativa de variação do INCC está acima do IGP-M, o que significa que a necessidade de recursos de investimento para implantar o empreendimento, na moeda da base pelo IGP-M, será maior do que o orçamento de R$ mil (64.874 + 22.500 = 37.374), ficando em R$ 89.556 mil (linha 18) com o acréscimo da margem para cobertura do descolamento, de R$ 2.182 mil (linha 19). O cálculo da margem para descolamento se faz por meio das contas do fluxo de caixa, no qual uma verba prevista no orçamento para o mês k (Vk0 em moeda do orçamento na data 0), para a qual se pretende reservar a margem, será ajustada para $Vk0aj = Vk0 \cdot \frac{(1+incc)^k}{(1+igp)^k}$, sendo incc e igp as taxas mensais equivalentes para os índices arbitrados para o ciclo da implantação. A reserva para cobertura do descolamento será $(Vk0aj - Vk0)$ e o total da reserva (linha 19) será $\sum(Vk0aj - Vk0)$.

iii) O Quadro 9.3 contém os dados para o empreendedor julgar se pode interessar vender o empreendimento, em vez de explorar sob locação.

Essa avaliação na data 0 é superficial, tendo em vista que, se o propósito do investimento é de longo prazo, a hipótese de venda deverá ser julgada com o empreendimento pronto para operar (mês 33) e eventualmente, de algum ponto do ciclo operacional, no qual o empreendedor detecte que os preços de transação estão pressionados para cima, contra o fair value dos edifícios.

Entretanto, a imagem de venda explorada na data 0 pode orientar o empreendedor no julgamento sobre o estado do mercado, podendo perceber, ao avaliar os investimentos para implantar contra os preços praticados para venda, se a conjuntura está equilibrada, ou se o mercado se apresenta desajustado. Se a avaliação da alternativa de venda ilustrar expectativas de taxa de retorno acima da atratividade, o mercado está mal suprido, apresentando desequilíbrio pela demanda e, ao contrário, haverá sobreoferta.

Esse julgamento é superficial, também porque a avaliação é feita projetando o mercado da data 0 para o mês 33, mantendo o preço de venda espelho da conjuntura. A tendência de comportamento dos EEL é que edifícios, para serem usados, sejam vendidos prontos para operar ou próximo dessa condição.

Quadro 9.3 – Mercado na data base para edifícios equivalentes ao protótipo

	cenário referencial - parte 3 / 5			
V.	mercado competitivo para venda na data base da AQI			
	valores em R$mil da data 0 pelo IGP-M			parâmetros
20	preço de mercado na data base		10.000	R$ / m²-AP da unidade
21	valor do Edifício a preço de mercado, se estivesse pronto para operar	120.000		
VI.	custos conexos com vendas			
	parâmetros sobre o Valor de Venda			parâmetros
22	corretagem e promoção		6,00%	(no ato da venda)
23	encargos sobre a receita (em SPE-LP)		3,65%	(do preço)
24	impostos aplicados sobre a receita (em SPE-LP)		3,08%	(do preço)

Considerando os dados do Quadro 9.3, a venda no mês 34 à vista do edifício nos preços do mercado do mês 0, ajustados pelo IGP-M, produziria, contra o fluxo dos investimentos, uma taxa de retorno de 11,1% equivalente ano, acima do IGP-M, depois dos impostos. Para benchmark, esta taxa equivale ao múltiplo de 1,74 da renda líquida de impostos de investimento à taxa CDI do cenário referencial (impostos de 15% sobre a renda nominal de investimentos de longo prazo – acima de dois anos), que o empreendedor deveria levar contra a sua taxa de atratividade para abandonar a hipótese de vender, ou ficar atento a essa oportunidade, na proximidade do mês 33.

iv) No Quadro 9.4 está a parte do cenário referencial relativa ao ambiente econômico, no qual se inserirá o empreendimento.

- No ciclo de implantação, as expectativas de evolução do INCC e do IGP-M servem para calcular a margem de cobertura do descolamento, uma vez que a moeda da |AQI| é ajustada pela variação do IGP-M. A expectativa de taxa básica de juros serve para a definição da taxa de atratividade do empreendedor a ser usada no cálculo de EXP0, por meio do múltiplo 2,00, imposto pelo empreendedor.

- No ciclo operacional, o cenário referencial não pode ser determinístico, apoiado por cenários estressados, tendo em vista o longo horizonte de projeção. Não será confiável um cenário referencial apresentando um comportamento do ambiente fixado em cenário espelho da conjuntura na data 0, como também não haverá sustentação para o desenho de ciclos de comportamento (ondas). O que é recomendável é determinar fronteiras para as diferentes variáveis de comportamento, para construir amostras de laboratório dos indicadores utilizados para sustentar a decisão de investimento e, dessas amostras, extrair a informação, com 90% de confiabilidade.

Quadro 9.4 – Indicadores da economia nos ciclos de implantação e operacional

	cenário referencial - parte 4 / 5			
VII.	**indicadores da economia no ciclo da implantação**			
	taxas anuais equivalentes			
25	inflação setorial pelo INCC		8,00%	
26	inflação na economia pelo IGP-M		6,00%	
27	CDI referencial (taxa básica de juros para benchmark)		12,00%	
28	taxa de atratividade, para venda de empreendimentos, bruta antes de impostos		2,00	x taxa CDI
	equivale à taxa efetiva acima do IGP-M		16,98%	
VIII.	**indicadores da economia no ciclo operacional**			
	taxas anuais equivalentes			
29	inflação na economia pelo IGP-M (média anual)	fronteira conservadora	10,00%	implica em maior perda nas locações
		fronteira agressiva	5,00%	
30	taxa básica de juros (CDI) efetiva acima do IGP-M	fronteira conservadora	4,00%	implica em menor compensação
		fronteira agressiva	6,00%	
31	taxa de atratividade, para renda de locações, bruta antes de impostos		1,250	x taxaCDI
	equivale à taxa efetiva acima do IGP-M, no intervalo (% ano)		[6,2% ~ 9,8%]	
	equivale à taxa efetiva acima do IGP-M, na média do intervalo (% ano)		8,00%	

- A arbitragem da inflação pelo IGP-M (linha 29) considera que os efeitos de perdas de renda no intervalo exposto não podem ser compensados e que, para inflação acima da fronteira conservadora, haverá meios de compensação. A arbitragem da taxa de juros básica (linha 30) tem a função de auxiliar a tradução dos movimentos mensais de receita e despesa para movimentos anuais no fluxo de caixa da |AQI|, bem como para identificar a taxa de atratividade (linhas 31).

Nota: A questão da tradução dos movimentos mensais para os fluxos anuais de receita não pode ser tratada com simplicidade, admitindo-se que os movimentos em fluxo anual equivalem a [12x] os movimentos mensais. Isso porque os contratos de locação têm ajuste pelo IGP-M, em ciclo discreto, correndo em Reais nominais da base de cada ciclo dentro de 12 meses. Como os fluxos devem estar descritos em poder de compra das transações pelo IGP-M, haverá perda de poder de compra. Por sua vez, quando se escrevem fluxos em periodicidade anual, a posição do valor em cada ano operacional é no final do ciclo, na leitura técnica para fazer as medidas de VOI-0, taxa de retorno, payback, duration e das demais informações para discutir a qualidade do investimento (exemplo: a posição descrita no ANOop1 está a doze meses (um ano) da base 0 do ciclo operacional). Isso merece uma compensação, tendo em vista que o recebimento do ROdi do investimento se dá num fluxo mais agressivo do que o ciclo anual dos fluxos de caixa. O razoável é que a compensação seja calculada à taxa básica de juros, depois de impostos. A combinação do fator de perda inflacionária com o fator de compensação, no ajuste do ciclo mensal para o anual, tende a mostrar um fator de perda de receita. Ou seja, a receita anual é menor do que a expectativa de [12x] a receita mensal. O fator de ajuste é uma combinação de um fator de perda < 1 com um fator de compensação > 1. A taxa básica de juros, depois de impostos, tende a se aproximar ou ser menor do que a referência do IGP-M, a não ser em conjunturas em que políticas monetaristas pretendam enfrentar surtos inflacionários com incentivo ao ócio dos recursos dos investidores. Usando a imagem da Figura 9.4, teríamos a seguinte rotina, para calcular o fator de ajuste:

fator de ajuste $= faFR = \dfrac{Saldo12}{12 \cdot \mathrm{Rop_k}}$, onde $\mathrm{Rop_k}$ = receita mensal nominal dentro do ciclo de doze meses e Saldo12 é um saldo virtual de uma aplicação das receitas mensais até o mês 12 de cada ano. Essa aplicação financeira virtual é feita à taxa CDI mensal e está submetida ao pagamento de imposto de renda para aplicações de curto prazo (entre 22,5% e 20%, tomamos 21,5%, como taxa única).

A parte do Saldo12 da receita do mês k será, em moeda da data base de cada ano (data 0 na Figura 9.4), equivalente a:

$Saldo12_k = Rop_k \cdot (1 + cdiL)^{12-k} \cdot \dfrac{1}{(1 + igp)^{12}}$, onde cdiL é a taxa equivalente mensal do CDI ano, já descontado o imposto de renda, e igp é a taxa mensal equivalente do IGP-M.

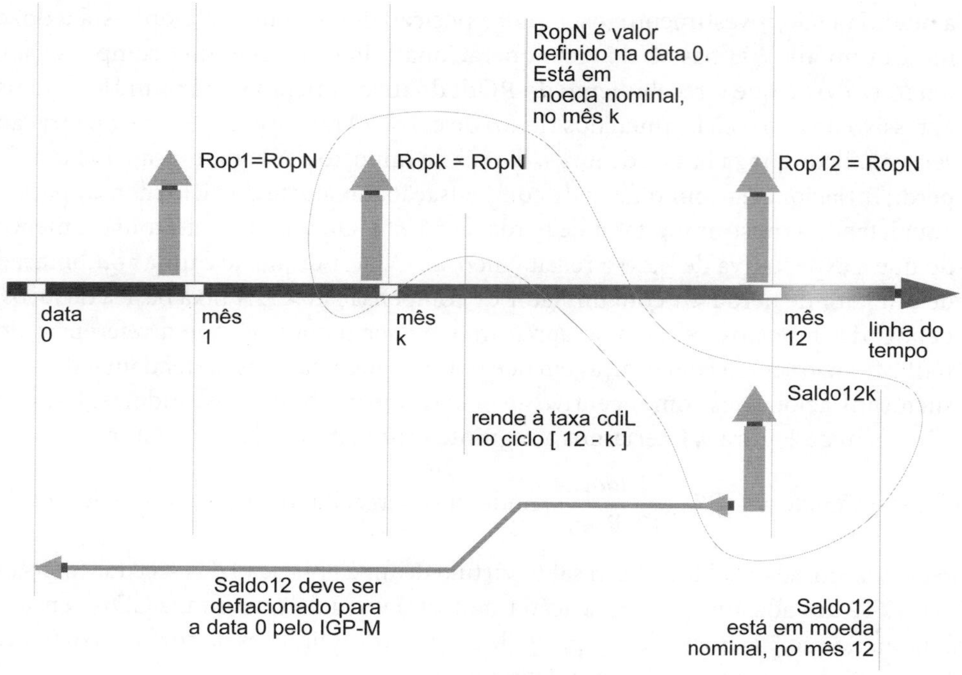

Figura 9.4 – Tradução da receita mensal em anual, para montagem do fluxo de caixa.

$Saldo12 = \sum_{k=1}^{12} Saldo12_k$, de modo que, elaborando esta expressão e a do fator de ajuste, encontraremos $faFR = \frac{CDIL}{12 \cdot cdiL \cdot (1 + IGP - M)}$, onde CDIL é a taxa anual arbitrada para a taxa básica de juros, já descontado o imposto de renda, cdiL é a taxa equivalente mensal e IGP-M é a taxa anual arbitrada para a evolução da inflação, pelo índice geral de preços. Na média dos intervalos do cenário referencial para IGP-M e CDI, faFR = 0,9721, representando ~ 2,8% de perda de receita em moeda da base, o que é relevante. Essa perda é na receita, sendo que a do ROdi ficará em 3,2%, que tem repercussão na mesma proporção, por exemplo, no valor VOI-0. A perda é expressiva, uma vez que os EBI são empreendimentos de alto vulto (no protótipo, na casa de centenas de milhões de Reais, 3,2% de diferença de valor tem elevado significado).

Pretendendo uma análise muito conservadora, podemos considerar CDI = 0, o que leva a $faFR = \frac{IGP - M}{12 \cdot igp \cdot (1 + IGP - M)}$, onde igp é a taxa mensal equivalente. No protótipo, na média dos intervalos, com CDI = 0 teremos faFR = 0,9618, representando ~ 3,8% de perda.

v) No Quadro 9.5 temos os parâmetros de inserção de mercado do EEL (taxas de ocupação e aluguéis) e os de custos operacionais. Notar que os EBI não são analisados depois de impostos, como é o caso mais comum dos empreendimentos imobiliários, que tendem a ser operacionalizados em ambiente de SPELP. O planejamento estratégico de cada investidor construirá um ambiente para abrigar o EBI, não sendo evidente, como é o caso dos empreendimentos imobiliários, que uma solução é privilegiada. Isso exige cuidado somente na imputação dos parâmetros de benchmarking.

- A taxa de ocupação arbitrada está formatada em cenário em fronteiras dentro do ciclo operacional de vinte anos. Prevê-se um ciclo de inserção no mercado de 2 anos, até que o empreendimento entra em regime, operando o EEL no ANOop1 abaixo da média de mercado. Nenhum empreendimento EEL é planejado para estar com uma parte vazia continuamente, o que seria um contrassenso. O mesmo vale para shopping centers, mas não para hotéis. Assim, o EEL protótipo trabalha com cenário de 100% de ocupação em regime, impondo-se, entretanto, uma perturbação de quebra de 6% de taxa de ocupação anual média dentro do ciclo operacional.
- Para os preços do mercado competitivo e os preços do empreendimento, arbitramos os valores das linhas 34 e 35, considerando que no ciclo operacional, em regime, os preços anuais poderão oscilar no intervalo de [–8% até 0%], do valor de referência.
- Os parâmetros de custos não devem estar em fronteiras, mas na sua posição mais conservadora na estruturação da |AQI| para validação da oportunidade de investimento no EEL.

Quadro 9.5 – Inserção de mercado e custos operacionais

	cenário referencial - parte 5 / 5				
	locação dos escritórios				
	valores em R$ da data 0 pelo IGP-M				
32	primeiro mês de locação	34	início do ciclo operacional		
		ANO-op 1	ANO-op 2	ANO-op 3 e regime	intervalo de perturbação no regime
IX.	taxa de ocupação = [área locada / ABR]				
33	taxa de ocupação arbitrada	87%	95%	100%	[-6 ~ +0] pontos%
	comportamento do mercado competitivo	90%	95%	100%	
	fator de inserção implícito	0,967	1,000	1,000	
X.	preços de locação - valores mensais / m2 ABR				
34	preços do mercado competitivo	95,00	98,00	105,00	
	nível de preços do empreendimento	0,950	0,975	1,000	
35	preços do cenário da AQI	90,25	95,55	105,00	[-8 ~ +0] %
XI.	custos operacionais				
	valores em R$ da data 0 pelo IGP-M		parâmetros		
36	custos de gestão, não repassados		6,0%	sobre a receita de locações	
37	custos dos vazios		24,00	/ m² ABR	
38	custos da corretagem e promoção, na locação		3,00	aluguéis mensais	
39	ciclos dos contratos em anos (carência em meses)		4 (2)		
40	taxa de renovação dos contratos		60,0%	saldo deve ser recolocado	
XII.	reserva				
41	taxa de recolhimento para formação do FRA		3,5%	sobre a receita de locações	

- A |AQI| utiliza o cenário referencial entre fronteiras desenhando múltiplos cenários de comportamento, que aqui não são cenários estressados, mas cenários prováveis de comportamento, medindo, para cada um deles, os indicadores desejados para dar suporte à decisão com fundamento na |AQI|. O conjunto dos indicadores constitui uma amostra de laboratório, da qual se extrai o intervalo com 90% de confiabilidade e este será o indicador utilizado pelo empreendedor. Cada um dos cenários posiciona uma das variáveis num lugar, em cada um dos vinte anos do ciclo operacional, para IGP-M, CDI, taxa de ocupação e preço da locação. Esta base de dados resulta num conjunto de indicadores (VOI0, TIR, payback e duration). Com múltiplos cenários de cada variável, será feita uma amostra de laboratório, das quais se extrai o intervalo resposta. Vale notar que os extremos dos intervalos não são posições associadas (exemplo: o extremo inferior do intervalo de VOI0 não é aquele que dá o extremo inferior do intervalo de TIR. O menor valor VOI0 da amostra está associado ao menor valor de TIR, mas não se trabalha com o conjunto de valores da amostra, somente com o intervalo de 90% de confiabilidade). O intervalo de confiança para a média da amostra costuma ser bem estreito e é uma informação de qualidade para indicar tendência. Pela média, com intervalo de confiança não relevante, a resposta da |AQI| seria, por exemplo: "a TIR tende a ser de x% ano".

Para o protótipo de EEL, o Gráfico 9.1 mostra uma imagem das fronteiras e de um cenário para preços de locação e outro para taxa de ocupação, e o Gráfico 9.2 ilustra uma amostra de VOI0, destacando-se no Gráfico 9.2A o intervalo de confiança para a média da amostra.

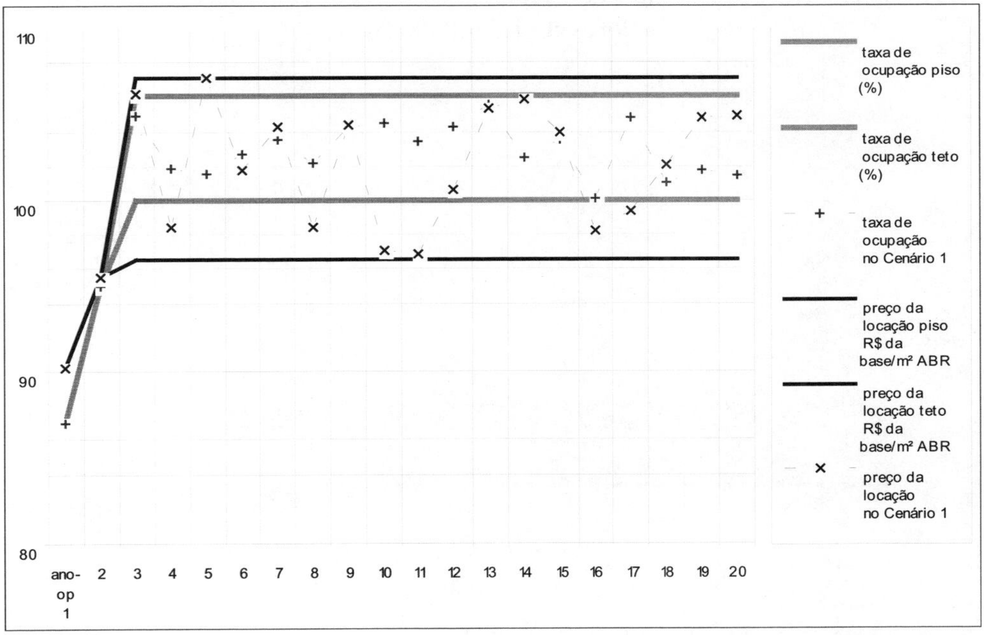

Gráfico 9.1 – Cenário para preço da locação e taxa de ocupação dentro do ciclo operacional.

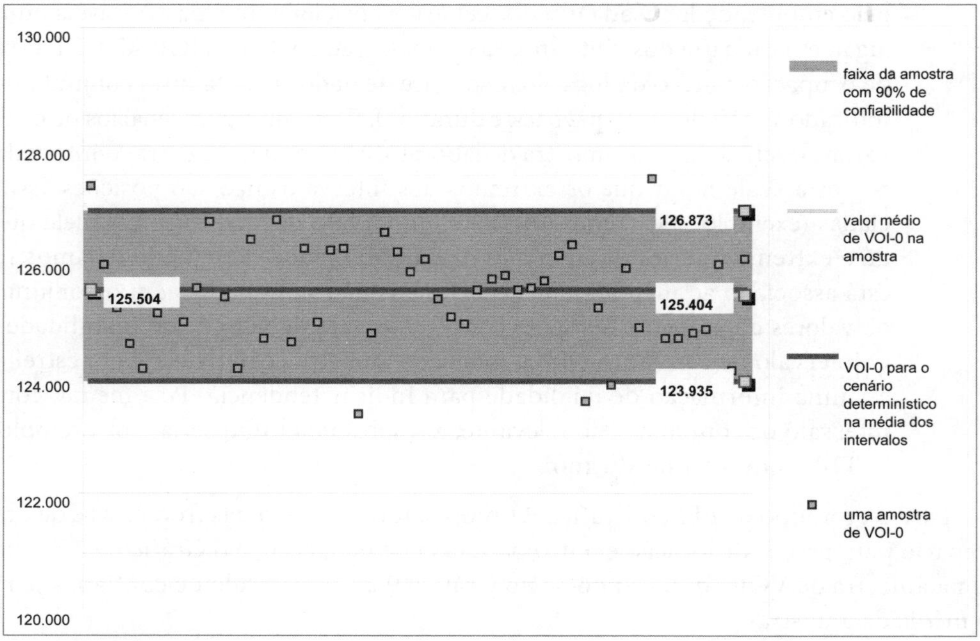

Gráfico 9.2 – Amostra de laboratório para VOI0 e valor em cenário determinístico (valores em R$ mil da data 0).

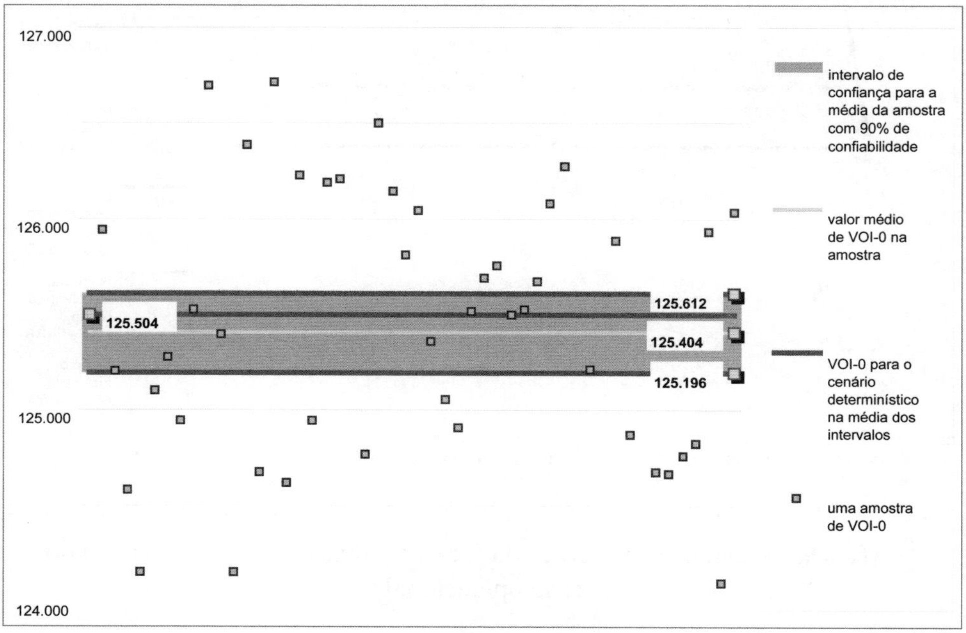

Gráfico 9.2A – A intervalo de confiança para a média da amostra do Gráfico 9.2.

9.8. OS INVESTIMENTOS NA IMPLANTAÇÃO E EXP-0

Seguindo os custos e prazos descritos no cenário referencial, o fluxo de caixa da implantação se apresenta como está no Quadro 9.6.

- Custos diretos da construção (coluna V e linha 13 do orçamento no Quadro 9.2) estão numa curva de custeio por patamares e as contas de aquisição e montagem de equipamentos (coluna VI e linha 14 do orçamento do Quadro 9.2) estão numa curva uniforme. Havendo insegurança quanto às curvas, pode-se discutir seu impacto na qualidade do investimento. A impossibilidade de operar com esta curva prédeterminada de verbas para o custeio da implantação muda o fluxo de investimento e tem influência na determinação de EXP0, mas não a ponto de inverter a decisão de investir. Se o custeio for feito inteiramente com investimentos, essa discussão é desnecessária.
- A coluna VIII mede a margem exigida para cobrir o descolamento das contas de IV até VII, que, inflacionadas a INCC no ambiente do empreendimento, estão medidas na |AQI| sempre em moeda da base pelo IGP-M. Para uma conta Ck, orçada na data 0, no mês k, a margem de cobertura, em moeda da data 0, será calculada usando a expressão

$$mc_k = C_k \cdot \left[\frac{(1+incc)^k}{(1+igp)^k} - 1 \right],$$

sendo incc e igp as taxas mensais equivalentes das arbitragens do cenário referencial (Quadro 9.4, linhas 25 e 26). A margem para cobertura de contas gerais da administração (MC-CGA) é constituída no início do empreendimento e distribuída uniformemente no ciclo da implantação. Como a contrapartida de custos da MC-CGA não é direta no empreendimento, porque representa uma contribuição para arcar com a parte atribuível ao empreendimento das contas de gerenciamento do empreendedor, não recebe o impacto do INCC, mas do IGP-M.

Quadro 9.6 – Fluxo de caixa na implantação – investimentos exigidos

contas de custeio da implantação
ambiente do empreendimento

valores em R$mil da data 0 pelo IGP-M

mês ref	Pagamento do Preço do Terreno	Contas de Custeio da Implantação contas das linhas 10 até 16 do Cenário Referencial						cobertura do descolamento INCC x IGP-M	Total das Contas de Custeio, cobertas com Investimento
		contas conexas com a aquisição do terreno	contas da estruturação do empreendimento	projetos e planejamento	custos diretos de edificação	aquisição e montagem de equipamentos	administração + margem para CGA		
	I	II	III	IV	V	VI	VII	VIII	IX
TOTAL	**22.500**	**675**	**113**	**1.130**	**48.866**	**7.330**	**6.760**	**2.182**	**89.556**
	25,12%	0,75%	0,13%	1,26%	54,57%	8,18%	7,55%	2,44%	**100,00%**
	46,04%	1,38%	0,23%	2,31%	**100,00%**	15,00%	13,83%	4,47%	183,27%
1	22.500	338					103		22.941
2		337	28	226			103	1	695
3			28	226			103	2	359
4			28	226			103	2	359
5			29	226			103	2	360
6				226	1.086		168	13	1.493
7					1.086		168	13	1.267
8					1.086		168	15	1.269
9					1.086		168	17	1.271
10					1.086		168	19	1.273
11					1.086		168	20	1.274
12					1.086		168	22	1.276
13					1.086		168	24	1.278
14					1.086		168	26	1.280
15					1.629		201	41	1.871
16					1.629		201	44	1.874
17					1.629		201	47	1.877
18					1.629		201	50	1.880
19					1.629		201	52	1.882
20					1.629		201	55	1.885
21					1.629		201	58	1.888
22					1.629		201	61	1.891
23					1.629		201	63	1.893
24					2.443	733	294	129	3.599
25					2.443	733	294	134	3.604
26					2.443	733	294	140	3.610
27					2.443	733	294	145	3.615
28					2.443	733	294	151	3.621
29					2.443	733	294	156	3.626
30					2.443	733	294	162	3.632
31					2.443	733	294	167	3.637
32					2.443	733	294	173	3.643
33					2.444	733	278	178	3.633
34									
35									
36									

- O empreendedor, no cenário referencial (Quadro 9.4, linha 27) define sua taxa de atratividade para vender empreendimentos do tipo deste EEL, como sendo equivalente a 16,98% ano efetiva, acima do IGP-M, antes de impostos. Desta forma, o seu nível de exposição ao final da implantação (mês 33) será $EXP-0=\sum_{k=1}^{33} I_k \cdot (1+tatimp)^{33-k}$, onde $tatimp=(1+16{,}98\%)^{\frac{1}{12}}-1$, resultando em

EXP0 = R$ 112.060 mil da data 0.

Esse é o investimento virtual, que deverá ser considerado na avaliação da qualidade do investimento no ciclo operacional de vinte anos.

- Se os parâmetros de mercado para venda do Quadro 9.3 forem replicados no mês 33, ajustados pelo IGP-M, o EEL poderá ser vendido por R$ 120.000 mil da data 0, produzindo uma receita líquida à vista, no mês 34, para o empreendedor de R$ 104.724 mil da data 0. A taxa de retorno desse investimento seria de 11,1% ano equivalente, acima do IGP-M, ou um múltiplo de 1,74 da taxa CDIequivalente (depois de impostos). Esta taxa é inferior à taxa de atratividade arbitrada para o cálculo de EXP0, mas, se a hipótese de venda for aceitável pelo empreendedor, este deverá ficar atento para avaliála no momento adequado. Já que esta é uma hipótese alternativa, porque compreende descartar a ideia de promover um investimento de base imobiliária, transformando o negócio num empreendimento imobiliário para venda, a leitura desses indicadores na |AQI| na data 0 só serve para avaliar o que pode ocorrer se o descarte da ideia de investir for alternativa de decisão ao final da implantação.

9.9. BALANÇO OPERACIONAL PARA UM ANO TÍPICO EM REGIME

As análises dentro do ciclo operacional são feitas por meio de fluxos da caixa formatados segundo cada cenário operacional, desenhado com as variáveis de comportamento do empreendimento e do ambiente posicionadas dentro do intervalo definido pelas fronteiras do cenário referencial. Mostramos a estrutura desse fluxo e como parametrar custos que ocorrem em ciclos discretos sem regra específica.

No Quadro 9.7 mostramos o balanço para um ano típico, já em regime.

- Os fatores que são apresentados no cenário referencial em intervalos são usados pela sua média nesse balanço. A taxa de ocupação (linha 42) que o cenário referencial arbitra entre 100% e 94% está em 97% nesse balanço e o preço da locação, que está entre 105,00-8% e 105,00+0%, na média está na linha 43. O fator de ajuste, compreendendo a perda inflacionária, utiliza a expectativa de inflação na média (7,5%, média entre 5% e 10%) e CDI na taxa efetiva de 5% (média entre 4% e 6%), resultando no fator 0,9721.
- A receita bruta (linha 44) anual corresponde à aplicação do preço para a área ocupada de (12.000 x 97%), com o fator de ajuste.

- Custos de gestão (linha 45) usam parâmetros do cenário referencial e custo dos vazios usa parâmetros do cenário referencial para a área não ocupada de (12.000 x 3%).
- Para os custos de corretagem, promoção e carências, usamos a média da ABR que é recolocada por ano do ciclo operacional. O cenário referencial contempla (linhas 38, 39 e 40) uma renovação de 60% dos contratos em ciclos de quatro anos, o que corresponde à média anual de 40% de recolocações, compreendendo $\frac{40\% \cdot 12000}{4} = 1200\,m^2$ABR a ser recolocada anualmente, com custo de três aluguéis mensais e carência de dois aluguéis mensais.
- A margem sobre a receita em EBI é sempre alta, porque os custos operacionais do empreendimento são repassados aos locatários (despesas de operação, consumos e impostos). Notamos que essa é uma regra usual nos contratos do Brasil, mas não é regra geral nas demais economias. Quando os custos de operação se incorporam ao preço dos aluguéis, o processo de gestão da propriedade é mais ordenado, não havendo riscos de inadimplência. A margem está antes dos impostos, porque nos EBI não há uma solução estrutural privilegiada, como nos empreendimentos imobiliários, nos quais, no Brasil nesta conjuntura, a solução de operar cada empreendimento em SPELP é nitidamente superior. Cada empreendedor segrega seu portfólio de investimentos com uma forma, destacando-se o crescimento dos fundos de investimento imobiliário (FII) como ambiente imune à tributação, que é o ambiente mais adequado para partilhamento do investimento, especialmente em portfólio de EEL.

Quadro 9.7 – Balanço operacional para um ano típico em regime

	balanço operacional para um ano típico em regime			
	valores em R$ da data 0 pelo IGP-M			
42	taxa de ocupação, pela média		97%	
43	preço de locação, pela média		100,80	
	fator de ajuste (fator de perda x fator de compensação)		0,9721	
44	**receita bruta anual das locações**		**13.687**	**100,00%**
45	custos de gestão, não repassados		(821)	-6,00%
46	custos dos vazios		(104)	-0,76%
47	custos de corretagem, promoção e carências		(606)	-4,43%
	corretagem	(364)		
	carência	(242)		
48	**receita operacional líquida = 44-45-46-47**		**12.156**	**88,81%**
49	reserva para o FRA	(6.300)	(479)	-3,50%
50	**resultado operacional disponível, antes de impostos = 48-49**		**11.677**	**85,31%**
				margem sobre a receita

Desse Quadro 9.7, carregamos o parâmetro de 4,43% sobre a receita bruta das locações, como sendo o custo médio das contas da linha 47 a ser utilizado nos fluxos de caixa dos diferentes cenários que serão explorados para medida de VOI0 e de TIR no ciclo operacional.

9.10. CENÁRIO DETERMINÍSTICO PARA O CICLO OPERACIONAL E INDICADORES

Para formar o entendimento das diferenças entre extrair indicadores de um cenário determinístico dentro do ciclo operacional contra a técnica de trabalhar com uma amostra de laboratório de indicadores extraída da exploração de múltiplos cenários, nos quais as variáveis de comportamento do empreendimento e do ambiente se situam entre fronteiras, fazemos o fluxo de caixa esperado e a medida dos indicadores da qualidade do investimento num cenário determinístico, no qual as variáveis de comportamento estão na média dos intervalos entre as fronteiras descritas no cenário referencial do EEL protótipo.

Usando essas posições na média dos intervalos, chegamos ao fluxo de caixa operacional do Quadro 9.8. Em cada ano replicamos a rotina de cálculo do Quadro 9.7, sendo que, a partir do ANOop 4, todos os valores são idênticos porque, seguindo esse cenário determinístico, os fatores de comportamento se estabilizam. Vale notar a identidade entre os valores do regime do Quadro 9.8 com os valores do Quadro 9.7.

Quadro 9.8 – Fluxo de caixa no ciclo operacional com comportamento segundo um cenário determinístico

fluxo das contas de receita e despesas operacionais
no ambiente do empreendimento
num cenário determinístico, na média dos intervalos

valores em R$mil da data 0 pelo IGP-M

ANO-op ref	Receita Bruta de Locações	Despeas Operacionais contas 36 até 39 do Cenário Referencial			Receita Operacional Líquida	Recolhi-mento para o FRA	Resultado Operacional Disponível
		custos de gestão não repa-ssados	custos dos vazios	contas de correta-gem, promoção e carências			
	X	XI	XII	XIII	XIV	XV	XVI
média nos 20 anos	**13.503**	**(809)**	**(124)**	**(838)**	**11.732**	**(472)**	**11.260**
	100,00%	-5,99%	-0,92%	-6,21%	86,88%	-3,50%	83,38%
					100,00%	-4,02%	95,98%
1	10.990	(659)	(449)	(4.711)	5.171	(384)	4.787
2	12.706	(762)	(173)	(1.022)	10.749	(444)	10.305
3	13.687	(821)	(104)	(727)	12.035	(479)	11.556
4	13.687	(821)	(104)	(606)	12.156	(479)	11.677
operação em regime							
20	13.687	(821)	(104)	(606)	12.156	(479)	11.677

Esse fluxo de caixa operacional permite medir os indicadores da qualidade e da segurança do investimento, que estão no Quadro 9.9.

- A taxa de atratividade arbitrada para o ciclo operacional serve para determinar valor, no conceito de fair value para o empreendedor. Neste EEL protótipo, usando esse cenário determinístico, concluímos pelo valor do empreendimento de VOI0 = R$ 125.504 mil da data 0, para um preço no mercado competitivo de R$ 120.000 mil (Quadro 9.3, linha 21). Essa proximidade entre os dois valores indicaria que o mercado competitivo trabalha com taxas de atratividade semelhantes à do empreendedor. Em conjunturas de equilíbrio na economia, a tendência é sempre de harmonia entre os preços e o fair value.

Quadro 9.9 – Indicadores do investimento em cenário determinístico

	indicadores do investimento, considerando cenário determinístico, na média dos intervalos do cenário referencial			
	valores em R$ da data 0 pelo IGP-M			parâmetros
51	taxa de atratividade arbitrada no ciclo operacional múltiplo de 1,2501 da taxa CDI			8,00%
A.	valores			
52	valor do empreendimento no início do ciclo operacional de 20 anos (VOI-0d)		125.504	
53	valor do empreendimento no final do ciclo operacional de 20 anos (VOI-20d)		86.014	0,75 alfa utilizado
54	taxa anual equivalente de variação do valor do edifício, de VOI-0d até VOI-20d			-1,87%
B.	indicadores do investimento			
55	lastro do investimento = (VOI-0d / EXP-0)		1,1200	
56	payback de EXP-0 no ano-operacional		11	ciclo operacional inicia no mês 34
57	taxa de retorno de EXP-0 no ciclo operacional (TIRd)		9,23%	anual equivalente efetiva acima do IGP-M
	parcela de TIRd devida ao fluxo ROdi	7,42%	86,9%	de EXP-0 é devolvido a TIR pelo fluxo ROdi
	parcela de TIRd devida a VOI-20d	1,81%	13,1%	de EXP-0 é devolvido a TIR pelo VOI-20d
58	duration para EXP-0 na taxa TIRd (dur)		9,76	anos

No Quadro 9.9:

- os valores nas linhas 52 e 53 estão calculados seguindo o fluxo dos ROdi do Quadro 9.8 e as expressões deste capítulo;
- a taxa anual de variação de valor, que aqui mostra uma depreciação de 1,87% recorrente anual, é usada para a medida da taxa de retorno de saída do empreendedor dentro de cada ano do ciclo operacional. Analisar para ciclo operacional de vinte anos é uma questão da técnica, mas o empreendedor sai da posição quando entender conveniente;
- o lastro do investimento para o nível de exposição costuma se apresentar em mercado equilibrados, mostrando uma segurança ao redor de 10% a 15% de excesso, o que significa a margem para cobertura dos riscos de empreender;
- o payback de EXP0 ocorre dentro do ANOop 11. Negócios de EBI têm payback longo. Uma forma de encurtar o payback é alavancar o investimento por meio de financiamentos de prazo longo de liquidação, linhas que não existem no mercado brasileiro, mas que são muito comuns nas economias mais evoluídas. Financiando parte do investimento a uma taxa de juros sensivelmente inferior a TIR e com prazo de pagamento de vinte anos dentro do ciclo operacional,

o payback do investimento ainda necessário seria encurtado. Outra forma de encurtar o payback é securitizar, seja uma parte do empreendimento, ou os direitos de recebimento da locação. Numa securitização, o fluxo de ROdi é adiantado para o empreendedor, deflacionado a uma taxa inferior a TIR, o que abate EXP0, restando um fluxo livre que faz um payback mais curto para a parte de EXP0 não amortizada na securitização;

- a taxa de retorno para EXP0 (9,23% na linha 57) está acima da atratividade de 8% ano, porque VOI0 > EXP0. Quando o lastro descola de 1,00, a taxa de retorno descola da taxa de atratividade. É sempre importante indicar na |AQI| de um EBI como é a influência do fluxo {ROdi} na formação da TIR do investimento, porque o segundo elemento que serve para compor a taxa é o valor VOI20, cuja arbitragem é muito aberta. Neste EEL protótipo, VOI20 faz 20% da TIR, que está no patamar característico dos EBI (15% até 22% é usual). Também é adequado mostrar quanto do investimento (referido por EXP0) faz a taxa de retorno TIR contra o fluxo {ROdi} e quanto depende de VOI20. Vemos que 86,9% de EXP0 tem sua TIR de 9,23% sustentada pelo fluxo {ROdi}, sendo o saldo (13,1%) sustentado pelo valor VOI0, logo sujeito a risco muito maior do que a outra parte;
- a duration do investimento (representado por EXP0), à taxa TIRd, estará em 9,76 anos, também longa como acontece com os empreendimentos de geração de renda uniforme, caso dos EBI. Os empreendimentos de base imobiliária são investimentos preferidos pelos administradores de fundos de pensão justamente por manter esta característica, de manter a remuneração no patamar TIR por ciclos longos, compatíveis com as exigências de segurança e homogeneidade de retorno na administração de recursos de longo prazo de maturação.

9.11. INDICADORES USANDO OS INTERVALOS DO CENÁRIO REFERENCIAL

A melhor técnica para preparar uma |AQI| de EBI recomenda utilizar intervalos para as varáveis de comportamento do empreendimento e do ambiente, porque transmite maior confiança na qualidade das respostas, sem exigir mergulho por análises de risco que nunca terminariam.

Exemplo: usando um cenário determinístico, no passo seguinte apareceria a questão: "e se a taxa de inflação descolar para cima da arbitragem utilizada?". Essa questão seria sucedida por "descolar no início do ciclo operacional e descolar no final do ciclo operacional, que efeitos promove?". Idem para preços dos aluguéis, taxa de ocupação e taxa CDI.

Quando se analisa considerando as fronteiras, esses efeitos já estão contemplados, mas sem criar regras de variação dentro das fronteiras, permitindo que a amostra de indicadores seja apoiada num grande conjunto de cenários, que dão confiança à informação para a decisão. Notamos que a condição de comportamento será uma só nos vinte anos, mas, na análise por meio de amostras, nas quais o comportamento é imposto em cada cenário referencial aleatoriamente, contido somente pelas fronteiras que são arbitradas, a identificação de que a resposta, ao avaliar a amostra de laboratório, tem um grau de flutuação baixo transmite a confiança necessária no uso da informação para a decisão de investimento.

O Quadro 9.10 mostra o fluxo de caixa esperado considerando um dos cenários produzido dentro do modelo aleatoriamente, sem interferência do planejador.

Vale notar que não interessa reconhecer quais são os parâmetros que conduziram à formatação de um determinado fluxo de caixa (Quadro 9.10), tendo em vista que a |AQI| não apoia a medida de indicadores num cenário referencial, mas na amostra de laboratório dos indicadores produzidos utilizando múltiplos fluxos de caixa, cada um deles preso a um determinado cenário referencial.

Quadro 9.10 – Fluxo de caixa esperado, tendo como base as variáveis de um cenário dentro do intervalo do cenário referencial

fluxo das contas de receita e despesas operacionais no ambiente do empreendimento num dos cenários dentro dos intervalos

valores em R$mil da data 0 pelo IGP-M

ANO-op ref	Receita Bruta de Locações	Despeas Operacionais contas 36 até 39 do Cenário Referencial			Receita Operacional Líquida	Recolhimento para o FRA	Resultado Operacional Disponível
		custos de gestão não repassados	custos dos vazios	contas de corretagem, promoção e carências			
	X	XI	XII	XIII	XIV	XV	XVI
média nos 20 anos	**13.406**	**(804)**	**(131)**	**(851)**	**11.620**	**(468)**	**11.152**
	100,00%	-6,00%	-0,98%	-6,35%	86,68%	-3,49%	83,19%
					100,00%	-3,99%	96,01%
1	10.978	(659)	(449)	(4.711)	5.159	(384)	4.775
2	12.702	(762)	(173)	(1.039)	10.728	(444)	10.284
3	13.239	(794)	(112)	(709)	11.624	(463)	11.161
4	14.070	(844)	(34)	(643)	12.549	(492)	12.057
5	13.319	(799)	(61)	(609)	11.850	(466)	11.384
6	13.293	(798)	(198)	(607)	11.690	(465)	11.225
7	13.396	(804)	(193)	(612)	11.787	(468)	11.319
8	14.288	(857)	(77)	(653)	12.701	(500)	12.201
9	13.390	(803)	(182)	(612)	11.793	(468)	11.325
10	13.563	(814)	(121)	(620)	12.008	(474)	11.534
11	13.527	(812)	(81)	(618)	12.016	(473)	11.543
12	14.150	(849)	(81)	(647)	12.573	(495)	12.078
13	13.216	(793)	(179)	(604)	11.640	(462)	11.178
14	13.935	(836)	(55)	(637)	12.407	(487)	11.920
15	13.360	(802)	(71)	(611)	11.876	(467)	11.409
16	14.064	(844)	(81)	(643)	12.496	(492)	12.004
17	13.611	(817)	(127)	(622)	12.045	(476)	11.569
18	13.510	(811)	(104)	(617)	11.978	(472)	11.506
19	13.628	(818)	(45)	(623)	12.142	(476)	11.666
20	12.887	(773)	(200)	(589)	11.325	(451)	10.874

	comportamento segundo este Cenário	comportamento segundo o Cenário da Média dos Intervalos	
VOI-0	124.386	125.504	R$mil data 0
TRR	9,13%	9,23%	equivalente ano efetiva acima
payback	11	11	anos do ciclo operacional
duration	9,8	9,8	anos, dentro do ciclo operacional

Interessante notar no Quadro 9.10 a leve flutuação dos indicadores, que, se confirmada na amostra, assinalará que a decisão sobre o investimento será tomada com elevado grau de segurança. Vale notar que a decisão sobre investimentos de ciclo muito longo de operação, cujos payback e duration também tendem a ser longos, só pode se dar com elevado grau de confiança. Não é razoável admitir uma postura especulativa para decidir sobre investimentos como os EBI, de liquidez difícil e de movimentação inexpressiva de preço em ciclos curtos, com a economia em equilíbrio.

Produzindo um grande conjunto de cenários e fazendo a medida dos indicadores por intermédio das amostras de laboratório de cada um deles, chegamos aos valores do Quadro 9.11.

Quadro 9.11 – Indicadores do investimento

	indicadores do investimento, considerando os intervalos de comportamento do cenário referencial		
	valores em R$ da data 0 pelo IGP-M		
59	valor do empreendimento no início do ciclo operacional de 20 anos (VOI-0)	125.404 ± 1,2 %	
60	lastro do investimento = (VOI-0 / EXP-0) na média do intervalo de VOI-0	1,1191	
61	valor mais protegido do edifício (VOI-0mp)	123.935	
62	(VOI-0mp / EXP-0)	1,1060	
63	taxa de atratividade no ciclo da implantação que faz EXP-0 = VOI-0mp	24,91%	anual, equivalente, efetiva acima do IGP-M
64	payback de EXP-0 no ano-operacional	11	ciclo operacional inicia no mês 34
65	taxa de retorno de EXP-0 no ciclo operacional (TIR)	9,22%	± 0,15 pontos%
66	duration para EXP-0 na taxa TIR (dur)	9,60	± 0,14 anos

- O valor de VOI0 apresenta uma leve flutuação na amostra (a amostra está no Gráfico 9.2).

Notamos, também, que o valor apresenta um desvio muito leve contra o VOI0d do Quadro 9.9 (125.504), o que pode nos remeter à questão: "porque trabalhar com uma modelagem complexa, produzindo múltiplos cenários, se a resposta quase se iguala àquela apoiada num cenário determinístico?". As |AQI| devem apresentar respostas ao empreendedor sobre as questões financeiras, de rentabilidade e de riscos dos investimentos numa configuração que dê suporte à decisão. Só depois de produzir as informações dentro do intervalo do cenário referencial é que concluímos sobre essas pequenas variações. Em conjunturas equilibradas da economia, a tendência é que se verifique o que acontece nesse modelo de EEL, de forma que, numa análise expedita para decisão de investimento pode-se trabalhar no centro dos intervalos, para obter alguns parâmetros. Entretanto, para estar solidamente apoiado para a tomada de decisões de investimento nos patamares dos EBI que facilmente alcançam centenas de milhões de Reais para viger por vinte anos, a qualidade avançada é recomendada. Se o objetivo da |AQI| fosse produzir a valuation do empreendimento, ainda que de pouca margem sobre o valor total, pagar o preço VOI0d de 125.504 contra VOI0mp (posição inferior do intervalo extraído da amostra) de 123.935 significa pagar 1,19% a maior, o que parece pouco, mas que não é desprezível, quando se nota que a diferença é de R$ 1.469 mil.

- TIR, payback e duration têm um elevado nível de estabilidade. A posição mais protegida de TIR [9,22 – 0,15 = 9,07] % ano equivalente, efetiva acima do IGP-M está muito além da taxa de atratividade arbitrada de 8%.

9.12. INDICADORES COMPLEMENTARES

Nos EBI, valor, payback e taxa de retorno não são suficientes como informação, tendo em vista o ciclo operacional de vinte anos. Algumas questões complementares devem se ser respondidas.

Pergunta 1 - A taxa de retorno de 9,22% (média do intervalo) só se verificará quando o empreendedor estiver posicionado no ANOop 20 e "olhar para trás". Ainda mais, perto de 13,1% do investimento (expresso por EXP0) (Quadro 9.9) ainda não foi remunerado, e está preso ao valor do imóvel naquele momento. O que acontece com a remuneração do investimento dentro do ciclo operacional? A TIR, a cada ano que passa, dentro do ciclo operacional, vai se formando homogeneamente, ou é necessário esperar até próximo do final do investimento para encaixar resultados expressivos?

Resposta 1 - A formação da taxa de retorno se responde desenhando a curva de formação da TIR, como está no Gráfico 9.3.

A dependência da taxa de retorno do valor VOI20 é mais simples ser mostrada usando a TIRd (TIR usando o cenário determinístico), o que se faz na forma do Gráfico 9.4. Dos dados do Quadro 9.9, temos que a TIRd = 9,23% tem uma parcela de 7,42%, fruto da geração de renda do empreendimento (fluxo {ROdi}), sendo o saldo de 1,81% sustentado pelo valor VOI20d. A parcela de 7,42% se forma como mostra o Gráfico 9.4, sendo o saldo composto pelo salto do valor no ANOop 20.

Já o Gráfico 9.5 mostra como se forma o payback do investimento entre os anos 1 e 11 do ciclo operacional. Nesta imagem usamos também o cenário determinístico, para facilitar a leitura.

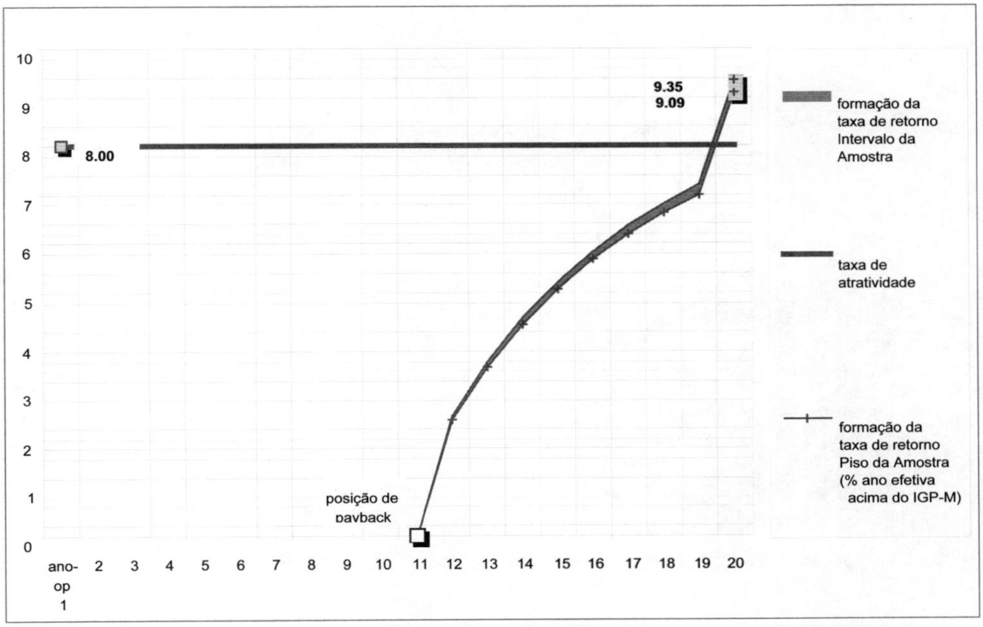

Gráfico 9.3 – Formação da taxa de retorno no ciclo operacional.

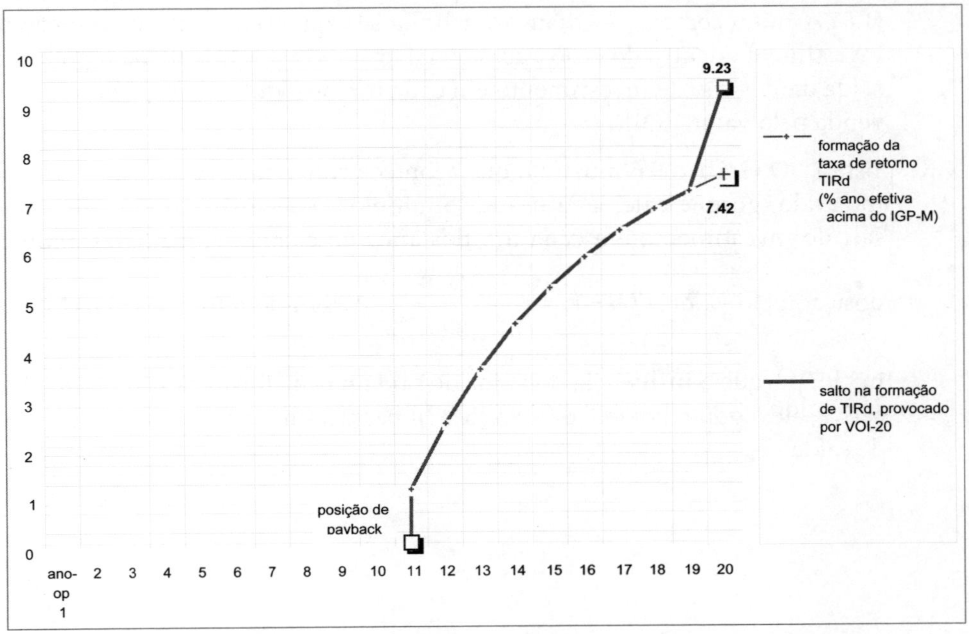

Gráfico 9.4 – Formação de TIRd, usando o cenário determinístico.

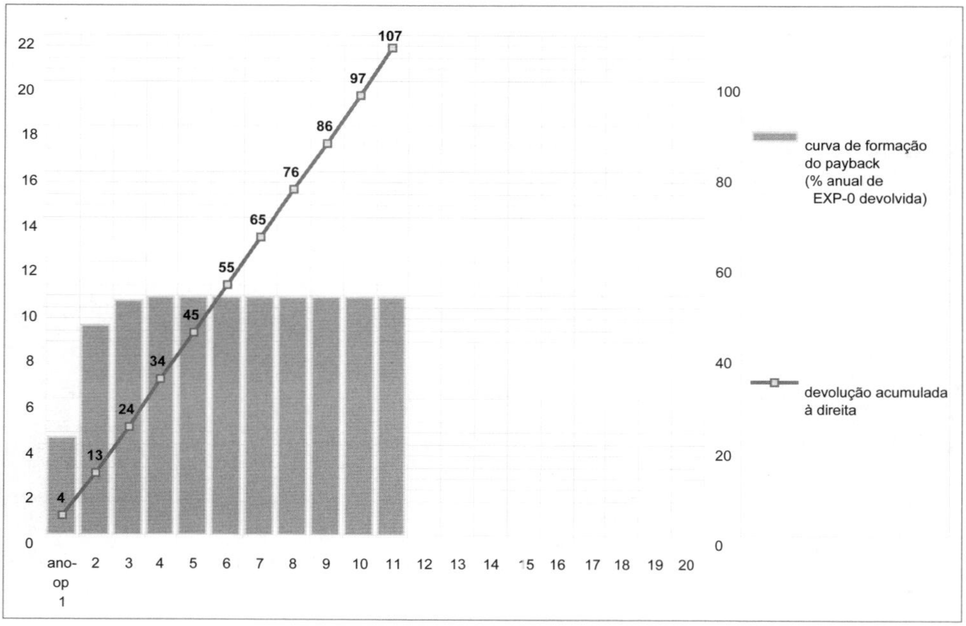

Gráfico 9.5 – Formação do payback, usando o cenário determinístico.

Pergunta 2 - Considerando a taxa de depreciação do valor do empreendimento (1,87% ano recorrente – Quadro 9.9, linha 54), qual será a taxa de retorno do investimento dentro do ciclo operacional (expresso por EXP0), na hipótese de saída da posição de investimento em cada um dos vinte anos, promovendo a venda pelo valor VOIk?

Resposta 2 - O Gráfico 9.6 mostra o que acontece com a taxa de retorno TIR (em intervalo, porque calculada usando múltiplos cenários) se o empreendedor sair do investimento em cada um dos anos do ciclo operacional, saindo da posição pelo valor $VOI-k=\dfrac{VOI-0}{\left(1+1{,}87\%\right)^{k}}$. A taxa de retorno é mais alta no início, porque a influência do valor de saída na sua formação é mais significativa, até o ponto no qual o fluxo {ROdi} passa a superar a influência do valor de saída.

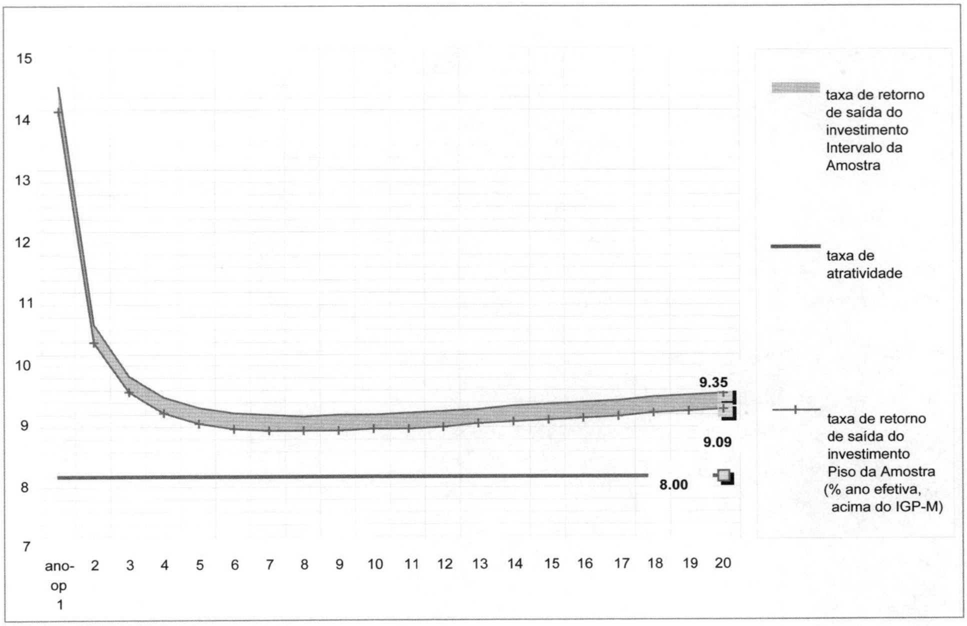

Gráfico 9.6 – Taxa de retorno para diferentes momentos de saída do investimento.

Pergunta 3 - Nas taxas TIR de saída do investimento ilustradas no Gráfico 9.6, qual parte de EXP0 é remunerada pelo fluxo {ROdi} e qual pelo valor de saída VOIk?

Resposta 3 - Como cada componente do fluxo de retorno responde pela remuneração do investimento (representado por EXP0) em cada ano do ciclo operacional está mostrado no Gráfico 9.7. Como é natural, a importância do fluxo {ROdi} cresce no tempo, contra a significância do valor de saída. Essa evidência sustenta o conceito de que não se deve produzir a |AQI| em ciclos menores do que vinte anos, justamente para que as respostas dos indicadores da qualidade do investimento não fiquem presas aos valores de saída, de arbitragem muito mais aberta na data 0 (lembrar que a data 0, na qual se decide pelo investimento, está 34 meses atrás do início do fluxo de geração de retorno do investimento).

O Gráfico 9.7 mostra, por exemplo, que na posição de payback, 45,6% de EXP0 é investimento sustentado pelo valor do empreendimento e não pela geração de renda até aquele ponto (ano 11), que só sustenta à taxa TIR 64,4% do investimento. A proporção no ANOop 20 é 13,1% e 86,9% (Quadro 9.9).

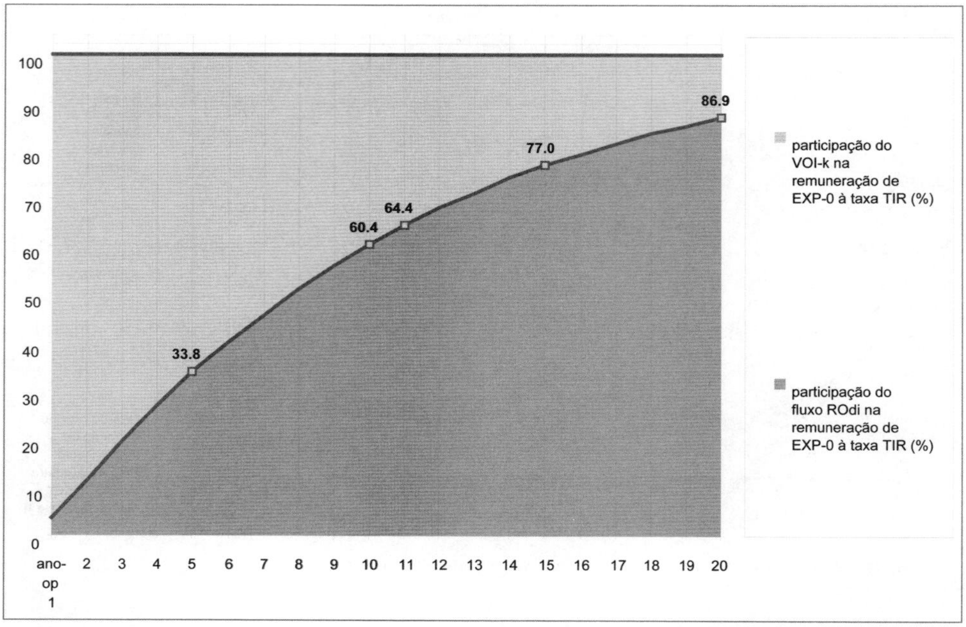

Gráfico 9.7 – Como o fluxo {ROdi} e VOIK remuneram os investimentos, considerando pontos de saída do investimento.

9.13. RISCOS PROVOCADOS POR DISTÚRBIOS NA IMPLANTAÇÃO

Os riscos do investimento em EBI vinculados a distúrbios na implantação são concentrados em duas vertentes: i. atrasos na implantação, que aumentam a exposição do empreendedor no empreendimento e retardam a geração de fluxos de retorno; e ii. crescimento de custos de implantação (edificação, equipamentos e as contas vinculadas), que fazem crescer os investimentos e a exposição sem compensação no fluxo de retorno. O crescimento do descolamento do INCC contra o IGP-M também é risco, mas o impacto é no crescimento do custo de construção.

i) Construindo amostras de laboratório, para os valores de EXP0 e TIRd, quando cada uma das contas mensais da edificação, dos equipamentos e as correlatas descolam do cenário referencial, podemos encontrar o intervalo de variação, com 90% de confiabilidade desses indicadores afetados pelo crescimento de custos.

Considerando uma variação de custos na fronteira de +10% em cada conta mensal do nosso protótipo de EEL, encontramos:

- EXP0 pode se distorcer, relativamente ao valor do cenário referencial em até +3,9%, saindo da posição 112.060, para ficar no intervalo de 115.748 ± 0,6%; e

- TIRd sai de 9,23% para o intervalo 8,87% ± 0,04 pontos de %.

ii) Os atrasos provocam impactos mais expressivos. Nos empreendimentos para viver períodos longos (vinte anos) evidencia-se certa leniência no rigor de controle de prazos de implantação, porque se compara poucos meses com muitos anos, o que transmite uma sensação de que atrasos não são relevantes.

O Gráfico 9.8 mostra o comportamento de EXP0 e de TIRd para atrasos na implantação do protótipo de EEL, contra o prazo de implantação do cenário referencial, de 28 meses, que conduz ao início do fluxo de geração de renda no mês 34.

- A flutuação de EXP0 está expressa em números índice, sendo 100 associado a 112.060, que é o valor preso ao cenário referencial, verificando-se que para atrasos de até doze meses chegamos a um limite de aumento da exposição próxima dos 10%.
- A flutuação de TIRd é mais aguda, ocorrendo que, para atrasos mais longos, a taxa de retorno se aproxima rapidamente da taxa de atratividade de 8% imposta no cenário referencial.

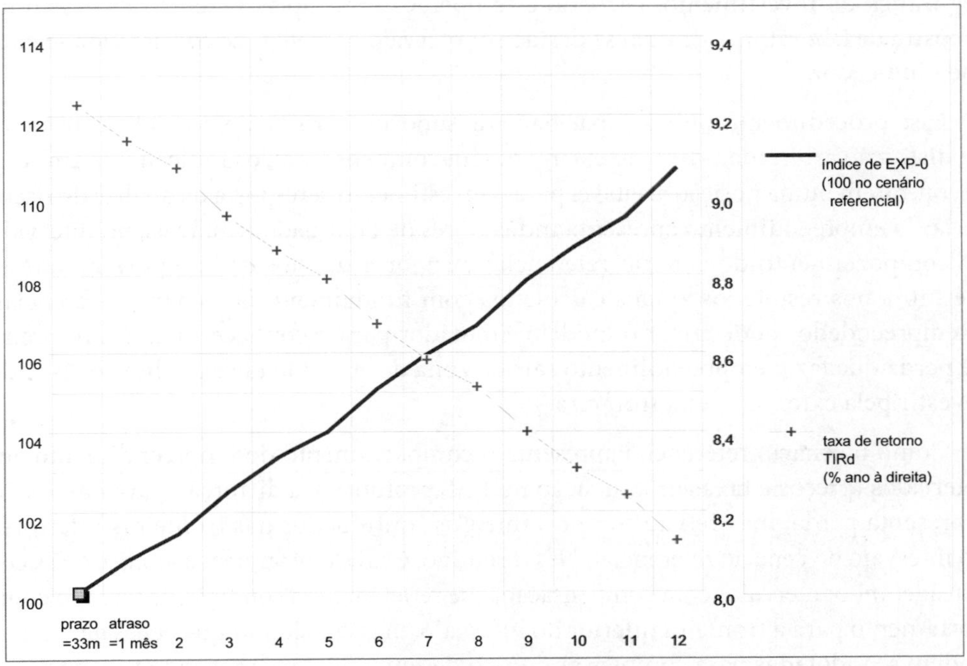

Gráfico 9.8 – Flutuação de EXP0 e TIRd sob efeito de atrasos na conclusão da implantação do empreendimento.

9.14. RISCOS PROVOCADOS POR DISTÚRBIOS NA OPERAÇÃO

Na análise de riscos de EBI, não é adequado desenhar cenários estressados, promovendo distorções nas variáveis de comportamento (preços e custos), porque: i. o cenário referencial já trabalha com intervalos, tanto que os indicadores da rentabilidade (especialmente TIR) e de segurança (especialmente VOI0) se apresentam em intervalos, o que corresponde a considerar as hipóteses de perturbação de comportamento dentro do cenário referencial; e ii. as contas de custos têm menor expressão na geração de resultados, pois os investimentos em EBI são de capital intensivo (margem operacional de 85,31% – linha 50 do Quadro 9.7).

Qualquer perturbação de comportamento nas receitas e despesas afeta o desempenho, impactando o resultado ROdi. O procedimento adequado para análise de riscos em EBI compreende impor um proxy de análise, que atinge diretamente o fluxo {ROdi}. Considera-se uma fronteira de perturbação (no exemplo tomamos [–10%], sem compensação) e aplica-se um fator redutor, gerado randomicamente, em cada ROdik, construindo um fluxo alternativo, de desempenho comprometido relativamente àquele vinculado ao cenário referencial, do qual se extraem os indicadores da qualidade e segurança do investimento. Fazendo esta operação múltiplas vezes, produz-se uma amostra de laboratório, da qual se destaca o intervalo com 90% de confiabilidade para cada indicador.

Esse procedimento indica capacidade de suporte ao risco. Se, tomada a fronteira de distorção arbitrada (–10% no exemplo, sem compensação), os indicadores ainda se encontrarem numa posição aceitável para o investimento, a resposta da análise de riscos seria: "o empreendimento apresenta indicadores de qualidade aceitáveis, no intervalo de comportamento do cenário referencial e suporta desvios de comportamento de até –10% nos resultados anuais calculados com fundamento no cenário referencial. O empreendedor pode ativar o modelo simulador para reconhecer qual é a fronteira de perda que faz o empreendimento sair da zona de atratividade e analisar o risco de investir pela extensão desta fronteira.

Como o cenário referencial apresenta o comportamento do empreendimento em intervalos (preços e taxas de ocupação no EEL protótipo), a distorção para baixo não representa perda, mas reflete comportamentos continuados nas fronteiras inferiores do intervalo do cenário referencial. Nesse sentido, é válido promover a análise de riscos considerando intervalos com compensação, que refletem uma condição de forçar o comportamento para a fronteira inferior do intervalo, mas considerar que ações gerenciais podem ser adotadas para compensar o fraco desempenho, promovendo um ajuste na matriz de preços e custos adiante. Num hotel, por exemplo, é adequado utilizar compensações, porque os custos têm grande peso no resultado, podendo se ajustar, para quebras de receita evidenciadas. Num EEL já e mais complexo ajustar a matriz, porque o empreendimento é passivo diante do mercado competitivo para os preços e, ainda que parte dos custos operacionais seja passível de ajustes, sua importância relativa na geração de resultado é pequena.

Pergunta 1 - Como se configura a perda de valor do investimento no EEL protótipo com a quebra de desempenho, gerando posições anuais do fluxo {ROdi} em até 10% menores do que as que foram calculadas na |AQI| com base no comportamento do cenário referencial?

Resposta 1 - Resposta 1 – A perda de valor do investimento se avalia pela perda de segurança, ou perda de lastro. A perda de valor do investimento é calculada pelo seu reflexo no valor de VOI0, mas será virtual para o empreendedor. A quebra de desempenho será verificada, se ocorrer, dentro do ciclo operacional, afetando a segurança adiante. No ciclo operacional o impacto será minorado com relação à quebra virtual de VOI0, porque o nível de exposição do empreendedor cai ao longo do ciclo operacional até zero, na posição de payback de EXP0 (ano 11 no EEL).

Aplicando o proxy de perda de ROdi em cada posição do fluxo dentro do ciclo operacional encontramos fluxos {ROdi} que são base para o cálculo dos VOI0 da amostra de laboratório, da qual se infere a informação sobre o risco. Para mostrar o impacto diferenciado do desempenho mais frágil, no início do ciclo operacional, no seu final e em todo o horizonte (menos provável) fazemos quatro amostras de laboratório, considerando impactos de perda em ciclos de cinco anos e outra em todo o horizonte, resultando nos dados do Gráfico 9.9.

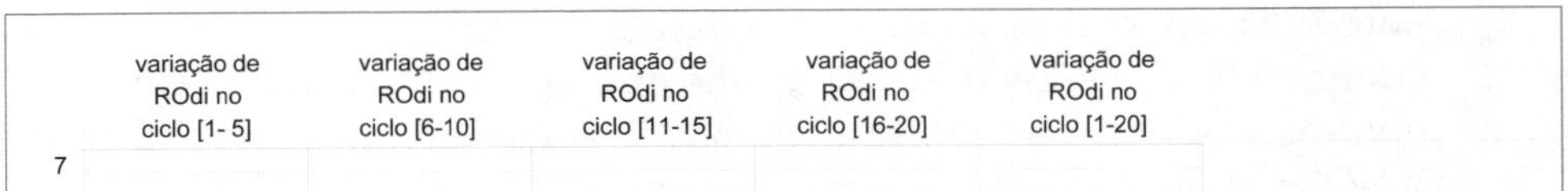

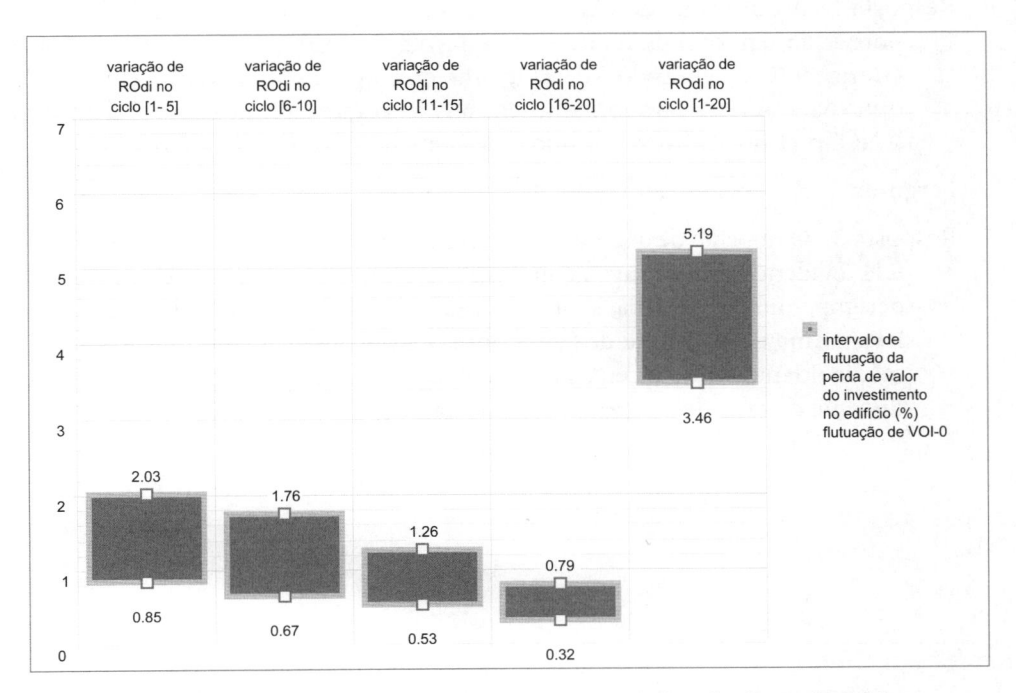

Gráfico 9.9 – Perda de investimento com quebra do fluxo {ROdi}.

No Gráfico 9.9 lemos os intervalos de perda sob efeito da quebra de desempenho restrita a ciclos intermediários e global no ciclo operacional. A maior perda é de 5,19%, o que representa uma condição de crise operacional, tendo em vista que o desempenho fora do cenário referencial se perpetuaria por todo o ciclo operacional, sem ajuste ou compensação.

Como é natural entender, o Gráfico 9.9 mostra que "errar" no início é mais grave do que no final do ciclo operacional. Esse errar no início pode ser traduzido por não ser capaz de atingir a inserção de mercado para a qual o empreendimento foi planejado, ou porque o empreendimento começa a sua vida num anticiclo do mercado em ondas. Olhando para o final, se o empreendimento for vitimado pelo anticiclo do mercado em ondas no fim do ciclo operacional, os impactos não são relevantes.

Nota: Em alguma situações pode-se se dar uma dimensão ao risco, equivalente à distorção de uma variável relevante. Neste caso, é válido dizer que o risco máximo de perda de valor do investimento é de 5,19%, que é a maior distorção verificada nas amostras de laboratório usadas na análise. Pode-se também dizer que um risco de até 2,03% de perda é o mais provável, se houver quebra de desempenho do EEL na fronteira de até 10%.

Pergunta 2 - O que acontece com o payback se o fluxo {ROdi} fica mais frágil?

Resposta 2 - A quebra de desempenho impacta diretamente o payback de EXP0, porque a menor renda retarda a sua devolução. A resposta está nos dados do Gráfico 9.10. Quebrando o desempenho do empreendimento EEL em até 10%, o payback retarda, no máximo em 6,12%, o que significa meses dentro do ANOop 11 de payback segundo o desempenho do cenário referencial.

Pergunta 3 - E a taxa de retorno?

Resposta 3 - O impacto de quebras de desempenho na TIR está mostrado no Gráfico 9.11, evidenciando-se que a condição mais agressiva de perda continuada de desempenho de até 10%, sem correção nos vinte anos do ciclo operacional, leva a uma perda limite de 0,59 pontos de porcentagem, contra os 9,22% da média do intervalo no cenário referencial, perda que deixa a TIR ainda muito distante da taxa de atratividade imposta (8%).

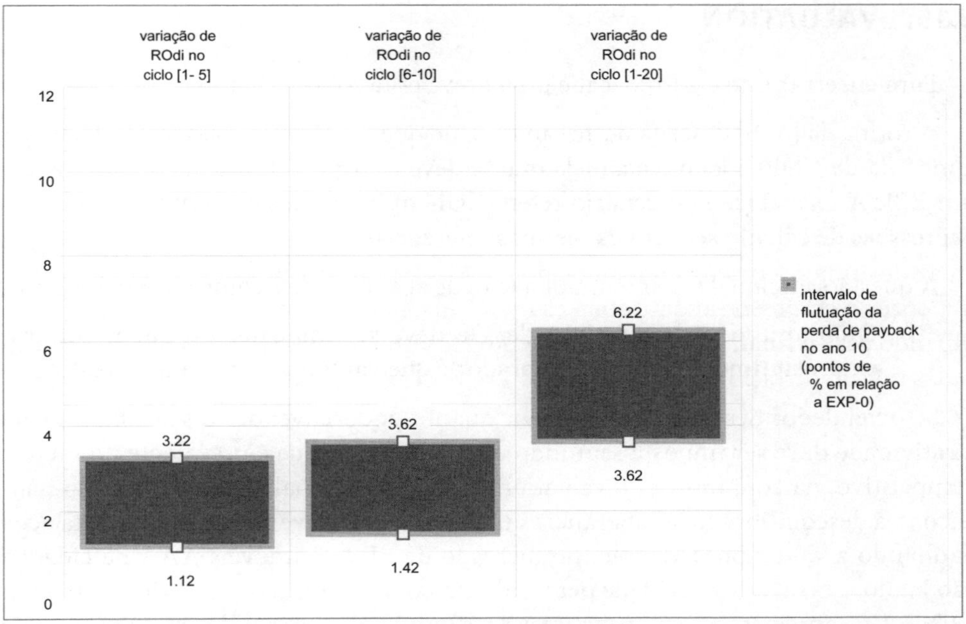

Gráfico 9.10 – Impacto de perdas de desempenho no payback de EXP0.

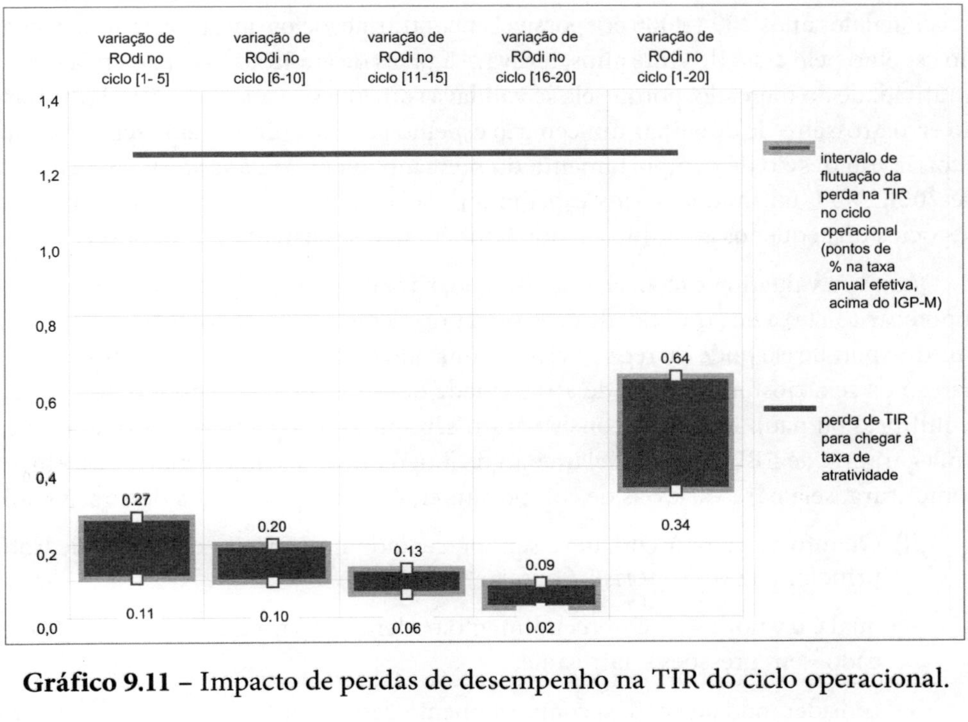

Gráfico 9.11 – Impacto de perdas de desempenho na TIR do ciclo operacional.

9.15. VALUATION

Para encerrar este capítulo, cabe uma breve nota sobre valuation.

A rotina da |AQI| descrita neste capítulo, no que se refere ao ciclo operacional, para a medida de VOI0 é idêntica àquela que se deve usar para a medida do fair value de um EBI. A formatação do cenário referencial em intervalos de comportamento e as expressões de cálculo seguem as mesmas referências.

A questão adicional é como impor a taxa de atratividade e como apresentar o valor.

i) Quanto à taxa de atratividade, ela deve ser imposta por quem compra o empreendimento, pois o comprador é que vai tomar o risco de investir.

Se o vendedor deseja reconhecer por quanto poderia vender o seu EBI, a taxa de atratividade deve ser imposta seguindo uma análise do que é prevalente no mercado competitivo, na conjuntura da valuation, cuidando de analisar se o mercado não se encontra desequilibrado (exuberância ou medo), o que deve merecer uma nota acompanhando a valuation. Exemplo: no mercado de EEL de imóveis AAA na cidade de São Paulo, a taxa de atratividade percebida em conjunturas de equilíbrio se situa entre 8,0% e 10% ano efetiva, para uma taxa de atratividade setorial de 6%. O prêmio de 2 pontos até 4 pontos se aplica considerado o risco do contrato de locação em si: grandes espaços (até edifícios) alugados num único contrato estão mais perto dos 8% e locações por andares, ou conjuntos mais perto dos 10%. Entretanto, no ciclo de exuberância irracional dos anos 2004-2006 era possível encontrar negócios que, projetados em cenário espelho pelo ciclo de vinte anos, levavam a taxas de até 15%. Essa não era a taxa de atratividade do mercado, porque ela se validava somente se a análise se fundamentasse no erro grosseiro de desenhar um cenário espelho por vinte anos, sem reconhecer que ocorria um desvio de comportamento do mercado, na onda da fantasia. No anticiclo de 2006-2008, fazendo cenários espelho, podia-se encontrar taxas de 6% ano, para negócios de pequenos conjuntos, o que também não se sustenta por períodos longos.

Quando a valuation é técnica, por exemplo, para julgar a qualidade de uma garantia hipotecária, a taxa de atratividade deve ser a prevalente no mercado, mas não a da conjuntura, porque ela pode carregar o viés de uma onda de mercado. Na valuation técnica, não só os cenários, mas a taxa de atratividade deve reconhecer o estado do mercado (equilíbrio ou não). Exemplo: consiste num erro grosseiro proceder à valuation para uma garantia de EBI para financiamento de longo prazo, usando cenários espelho da conjuntura, seja para variáveis de comportamento, como para a taxa de atratividade.

ii) Quanto ao valor VOI0, deve ser apresentado no conceito de fair value, sob o princípio de *value at risk*. Ou seja:

- qual é o valor que o empreendimento poderia ter para uma transação de mercado, sem pressões – fair value;
- considerando que não há comportamento determinístico, mas entre fronteiras, bem como as variáveis do ambiente podem flutuar (inflação, taxa básica de

juros e taxa de atratividade percebida) e que a medida de valor deve contemplar uma proteção para esses riscos de quebra e de variação do ambiente – *value at risk*. Isso significa que, para um EBI, a resposta de valuation é sempre um intervalo, cujo piso é o valor mais protegido aos riscos de comportamento dentro do ciclo operacional.

Impressão e Acabamento
Bartiragráfica
(011) 4393-2911